Analysis and Review of Selected Intellectual Property Cases

(2022)

知识产权精品案例评析

(2022)

广州知识产权法院　组织编写

主编　黎炽森

知识产权出版社

全国百佳图书出版单位

—北京—

图书在版编目（CIP）数据

知识产权精品案例评析．2022／广州知识产权法院组织编写；黎炽森主编．—北京：知识产权出版社，2023.4

ISBN 978-7-5130-8703-2

Ⅰ．①知… Ⅱ．①广… ②黎… Ⅲ．①知识产权法—案例—中国 Ⅳ．① D923.405

中国国家版本馆 CIP 数据核字（2023）第 046642 号

责任编辑： 程足芬　　**责任校对：** 潘凤越

封面设计： 纺印图文・韩力君　　**责任印制：** 刘译文

知识产权精品案例评析（2022）

广州知识产权法院　组织编写

黎炽森　主编

出版发行：知识产权出版社有限责任公司　　网　址：http //www. ipph. cn

社　址：北京市海淀区气象路50号院　　邮　编：100081

责编电话：010－82000860 转 8390　　责编邮箱：chengzufen@qq.com

发行电话：010－82000860 转 8101/8102　　发行传真：010－82000893/82005070/82000270

印　刷：三河市国英印务有限公司　　经　销：新华书店、各大网上书店及相关专业书店

开　本：720mm × 1000mm　1/16　　印　张：26.75

版　次：2023 年 4 月第 1 版　　印　次：2023 年 4 月第 1 次印刷

字　数：460千字　　定　价：128.00 元

ISBN 978－7－5130－8703－2

知识产权精品案例评析（2022）

序

2022年，我们迎来党的二十大胜利召开，开启在新时代谱写全面建成社会主义现代化强国、实现第二个百年奋斗目标，以中国式现代化全面推进中华民族伟大复兴的新华章。一年来，广州知识产权法院坚持以习近平新时代中国特色社会主义思想为指导，认真学习贯彻习近平法治思想，全面贯彻落实党的二十大精神，聚焦习近平总书记赋予知识产权保护的使命任务，以高质量知识产权司法服务经济社会高质量发展，以审判体系和审判能力现代化主动服务和融入中国式现代化进程，积极为国家现代化建设和知识产权强国建设提供有力法治保障。

一年来，广州知识产权法院时刻牢记习近平总书记关于知识产权保护工作“五个关系”的殷切嘱托，不断推进《知识产权强国建设纲要（2021—2035年）》落实，依法严格保护创新创造，全面提升知识产权司法保护水平。全年受理案件21666件，审结案件13049件，审判质效持续向好。通过加强对生物医药、信息通信、高端设备制造、植物新品种等前沿领域创新成果、知名品牌与商业秘密及优秀传统文化、广东特色文化产业的司法保护，精心打磨出一批高质量的典型案件。在棕科公司与浪升合作社侵害植物新品种权纠纷案中，在全国首次通过基因指纹图谱检测方法来确定茶花类木本植物品种特征，精准认定被诉侵权物的特征、特性与涉案授权品种的特征、特性相同，有效保护了植物新品种权人的合法权益，促进了种业科技创新。在默沙东公司与东阳光公司侵害发明专利权纠纷案中，准确认定仿制药品许可持有人向国家医疗保障局申报药品进入医保目录的行为，不属于专利法意义上的许诺销售行为，不构成专利侵权。在区某与江门市洗衣机厂职务发明创造发明人奖励纠纷案中，正确认定二者之间形成事实劳动关系，依法判决涉案企业支付相应职务发明报酬，并促使涉案企业与其他职务发明创造发明人、设计人一揽子解决纠纷，进一步激发创新创造热情，取得良好的法律效果和社会效果。在华为公司与松铃公司等侵害商标权及不正当竞争纠纷案中，依法认定“华为”商标为驰名商标，给予跨类别保护，判决全额支持诉请赔偿金额，有力打击了恶意侵权的行为。在字节跳动公司与加盐公司等侵害作品信息网络传播权纠纷案中，依法认定算法模式下的网络服务平台的主体身份、责任边界等问题，有效平衡著作权人、网络服务平台及社会公众之间的利益，对鼓励著作权人创作优质作品，促成平台经济有序健康发展，优化社会公众获取合法资讯渠道具有积极意义。

守正创新，笃行不怠。本书是广州知识产权法院《知识产权精品案例评析》系列丛书的第六辑，延续了前五辑的案例汇编思路，传承了“勠力破解审判难题、准确划定权利边界、统一侵权判定尺度、平等保护市场主体”的司法理念，内容涵盖专利权、商标权、著作权、植物新品种及不正当竞争等多个领域，生动展现了承办法官对具体案件在法律适用、裁判方法、政策理解等方面的深刻思考，精彩呈现了人民法院在守护科技创新创造、规范公平竞争秩序、服务农业农村发展、促进文化事业繁荣等方面取得的最新成果，充分体现了人民法院为创新驱动发展和知识产权强国战略所作的不懈努力。希望本书不仅能传递裁判思维、提升权利人的维权意识和水平，更能继续激发我院法官公正司法、深究问题、面向未来、不断创新的工作热情，营造尊重知识、尊重人才、尊重创造的良好法治环境。

本书编委会

2023年2月20日

目　　录

专利权案件

商标权案件

著作权案件

垄断或不正当竞争案件

植物新品种权案件

其他类型案件

专利权案件

1

博泰公司与炜天公司专利申请权权属纠纷案

阅读提示：《专利法》第六条第一款与《专利法实施细则》第十二条第一款所调整的法律关系有何不同？确定涉案发明创造是否属于职务发明的比对方法是什么？权属纠纷中是否可以支持合理维权开支？

【裁判要旨】

《专利法》第六条第一款用于解决员工和单位之间因专利权属发生争议的情况，而《专利法实施细则》第十二条第一款则用于解决员工任职的原单位和新单位之间因发明创造归属发生争议的情况。在确定涉案发明创造是否属于职务发明时通常并不一定需要进行技术方案的比对，更不要求涉案发明创造的技术方案与原单位已经形成的技术方案实质相同，应当重点审查离职员工本职工作或工作任务所属技术领域、从事的工作内容或者工作职责、技术主题、技术思路等方面的相关性，从而认定涉案专利是否属于职务发明创造。除在案证据表明存在明知他人权利而故意加以侵占等特殊情形之外，在权属纠纷中通常难以认定败诉一方具有主观上的可责性，亦不能据此判令支付包括律师费在内的合理开支。

【案号】

一审：广州知识产权法院（2021）粤73知民初473号

【案情与裁判】

原告：深圳市博泰数码智能技术有限公司（简称博泰公司）

被告：东莞市炜天智能设备有限公司（简称炜天公司）

起诉与答辩

博泰公司起诉称，博泰公司的前员工蔡某，在离职不满一年时间内，入职炜天公司，并作为发明人申请了“一种应用于不干胶标签收卷机的收卷切换装置”的发明专利（专利申请号为202010050818.X，简称涉案专利），该发明为职务发明创造，其专利申请权人应为博泰公司。炜天公司明知涉案专利属于职务发明创造而恶意申请，严重侵犯博泰公司的合法权益，由此导致博泰公司产生合理维权开支30000元，炜天公司应当向博泰公司承担赔偿责任。炜天公司在涉案专利权属争议期间故意将涉案专利在公开后又撤回，导致涉案发明专利失效，损害博泰公司合法权益。博泰公司请求法院判令：1.确认博泰公司对专利申请号为“202010050818.X”，名称为“一种应用于不干胶标签收卷机的收卷切换装置”的发明专利拥有专利申请权；2.炜天公司协助博泰公司办理专利申请权权属的变更登记事宜；3.炜天公司向博泰公司支付合理维权费用人民币30000元；4.炜天公司承担本案的诉讼费用。诉讼中，博泰公司变更第1项诉讼请求为确认涉案专利的申请人为博泰公司。

炜天公司辩称，1.涉案专利是炜天公司自行发明的技术。2.蔡某在博泰公司二次入职期间并未参与涉案专利技术相关的项目。3.蔡某在炜天公司从事的是销售工作，并未参与涉案专利的研发，虽然涉案专利的专利发明人是蔡某，但众所周知在专利申请中将自然人的名字列为发明人是具有随意性的，国家知识产权局对专利申请中所属的发明人是否真正作出了发明贡献并不作实质审查。实际上，炜天公司仅仅是为了尽可能协助员工的子女上学才将蔡某列为涉案专利的发明人。4.撤回涉案专利申请属于炜天公司的自主选择权，炜天公司可以依法提出专利申请，在适当的时机也有权选择撤回某一项专利申请，不存在损害博泰公司的合法权益问题。

一审审理查明

一、博泰公司、炜天公司及其技术研发与涉案专利相关事实

博泰公司是成立于2004年的有限责任公司（自然人独资），经营范围包括智能印刷设备的技术开发及销售、智能印刷设备及耗材的上门安装与维修等。2009—2020年，博泰公司申请了100多件专利，涉及印刷材料设备、多层标签加工设备、模切机、收卷装置等。

在蔡某入职炜天公司后，炜天公司于2020年1月17日申请的6件专利均与“不干胶标签收卷机”相关。2020年1月17日，炜天公司向国家知识产权局提出涉案专利申请，发明人为蔡某，专利申请公布日为2020年5月15日。2021年6月2日，炜天公司撤回该专利申请，国家知识产权局同意该申请并予以公告。

二、蔡某两次在博泰公司工作相关事实

（一）蔡某入职博泰公司的相关事实

2014年11月3日，蔡某第一次入职博泰公司任机械设计职务，2017年6月21日，蔡某第一次离职。

2018年6月29日，蔡某第二次入职博泰公司，双方签订的劳动合同约定蔡某的工作岗位为机械设计经理，合同期限至2021年6月28日，蔡某于2019年5月23日第二次离职。

（二）蔡某在博泰公司的工作邮件记录

关于博泰公司的俄罗斯客户项目沟通记录：2018年12月29日，博泰公司的俄罗斯客户购买下单1台SDF420、1台TR420和1台HS420。2019年1月8日，博泰公司的候某发邮件表示“目前可以做到的是HS420收卷气涨轴和TR420收卷气涨轴通用以及SDF420的放卷气涨轴与TR420的放卷气涨轴通用”并要求蔡某将已完成的最新HS420设计图纸发给商务。2019年1月16日，候某发邮件要求蔡某提供有俯视图、进气口、进电口等明确标识的最新设计图纸并表示“TR420图纸还在设计中”。2019年1月31日，蔡某对客户提出的设计图纸的若干问题逐一进行了回复。2019年2月18日，蔡某对客户提出的问题解答“TR420 cutting blade需要高速切割，附件空压机参数可供客户参考，风管对接具体位置还不能确定”。

广东省深圳市先行公证处（2021）深先证字第54304号公证书记载：2021年10月23日，公证机构到博泰公司进行证据保全。1.博泰公司的委托代理人候某对存放于研发部房间内的一台电脑进行操作，打开Foxmail，登录后查看相关邮件收发记录：（1）2019年4月28日，博泰公司的工作人员发邮件给蔡某表示沙特客户购买的TR420气涨轴漏气，需更换气囊，要求蔡某提供图号。（2）2019年3月19日，蔡某应博泰公司工作人员的要求提供了以色列培训的330设备上附档中的分切刀具体型号。（3）2019年3月7日，候某发邮件称“在意大利CDF330地脚加强方案改进中，负责此项目的项目经理蔡某，再三发生低级错误，影响生产进度，处罚500元”，蔡某回复邮件表示“图纸一共两次，第一次我签字改动尺寸，供应商没有按照我图纸做；第二次更新图纸我有仔细交代小白，检查不仔细是我的失误，我接受处罚”。（4）2019年2月21日，候某发邮件要求蔡某提供垫辊的3D安装图纸。（5）2019年2月15日，候某与蔡某通过邮件沟通设计图纸的垫辊枕肩宽度调整，蔡某回复表示“上次有出过图纸，单独配WINK可调底辊”。（6）2019年2月14日，蔡某发邮件给候某称“合同配置里的收卷直径为700mm，目前在装的标准DL330收卷直径为600mm，能否与客户沟通收卷直径做600mm？如果客户坚持要收卷直径700mm，只能用单独上收卷，并把新款分切改成老款分切才可以做到”。（7）2018年12月1日，蔡某就印度客户项目发邮件给候某称“内部讨论按以下配置：放卷单元；全轮转模切单元；模切排废单元；单收卷单元，升降结构”。（8）2018年11月23日，候某要求蔡某提供南非客户需要的印刷辊和磁性辊的图纸。（9）2018年11月25日，蔡某回复邮件称“这台是意大利展机，收卷为变频电机，没有独立分切，收卷不能顺时针、逆时针旋转，只有收卷用现在伺服电机配置可以实现”。（10）2018年10月25日，蔡某就南非客户DF330图纸需求回复邮件称“方案图已经更新给你，相比之前方案，取消带裁切的收卷单元，改成标准带压臂双收卷单元，增加一个带副轴全轮转模切单元”。（11）2018年10月9日，蔡某就客户订单的需求问题回复邮件称“收卷可以增加气动压辊，有几个问题要沟通：①收卷卷径减小；②我们可以提供气动压辊所有零配件和安装图纸；③避免改动程序，建议额外增加气动手阀，手动控制气动压辊。收卷70mm轴按照纸芯内孔70mm执行”。（12）2018年8月2日，博泰公司的工作人员要求蔡某提供SDF330设备的磁性辊的图纸，蔡某回复表示已查到这台设备的记录和图纸并提出了几个问题。2. 候某对存放于采购部经理房间内的一台电脑进行如下操作：查看该电脑桌面的“CL工作交接.xlsx”文件，文件的修改时间为2019年5月22日，打开文件内容显示蔡某辞职时交接的项目包括存放于“Office01/f/brotech/图纸”目录下的BTR530（不停机收卷）前段的放卷＋横切＋排废。

（三）博泰公司的不停机收卷设备相关设计图纸

广东省深圳市先行公证处（2021）深先证字第54302号公证书记载：2021年10月23日，公证机构到博泰公司进行证据保全。在公证人员的监督下，由博泰公司的委托代理人候某对存放于研发部房间内的一台电脑进行如下操作：

点击 Excel 表格中创建的多个链接，包括位于“Office01/f/brotech/ 图纸”目录下的“TR420 不停机收卷”“TR520 不停机收卷”“TR530 不停机收卷 /3D”等多个文件夹，查看其中的传动单元、主盘单元、传助单元、中心支撑单元、TRS30 总图等设计图纸文件，其中除了 TRS30 总图外其他所有文件的修改时间均在 2016 年至 2018 年 5 月期间，TRS30 总图的修改时间是 2021 年，创建时间和访问时间是 2019 年。公证机构对上述图纸另存为 PDF 文件保存。经比对，上述公证设计图纸与涉案专利附图基本相同。蔡某确认其在博泰公司第一次任职的时候看到过上述图纸资料，但没有参与该项目，只参与收卷设备的改进；第二次任职时只负责前段的模切及放卷设备，博泰公司的收卷设备与涉案专利类似，但其没有参与收卷设备的设计，收卷设备是博泰公司的前员工曾某亮负责。

三、其他事实

博泰公司提交了民事委托代理合同和律师费发票，主张因本案诉讼支出律师费 30000 元。

博泰公司和炜天公司就 6 件专利的专利申请权、专利权权属纠纷提起 6 件案，其中包括 3 件发明专利和 3 件实用新型专利。双方均确认发明和实用新型专利是同日提交的同样的发明创造。

一审判理和结果

一审法院审理认为，本案的争议焦点为：1. 涉案专利是否属于蔡某执行原单位任务所完成的职务发明创造；2. 炜天公司是否应该向博泰公司支付合理维权费用。

关于涉案专利是否属于蔡某执行原单位任务所完成的职务发明创造。本案应认定蔡某第二次入职博泰公司的本职工作或分配的任务与涉案发明创造有关，理由如下：其一，模切、放卷设备和收卷设备虽分别属于印刷设备的前段和后段，但两者密不可分且密切相关，在研发过程中必然存在联系和沟通。其二，根据工作邮件记录，蔡某在第二次入职期间工作内容涉及“气涨轴”“分切刀”“垫辊”“收卷”“压辊”等技术特征的设计，上述技术特征均与涉案专利技术方案相关联。其三，蔡某第二次入职期间工作内容涉及 TR 系列设备的设计，而 TR 系列设备包括涉案专利的不停机收卷设备，两者技术主题有关联。其四，博泰公司的工作人员在工作邮件中多次要求蔡某提供相关的设计图纸，且蔡某第二次离职时提交的交接文件与博泰公司在第 54302 号公证书中公证取证的设计图纸均存放于“Office01/f/brotech/ 图纸”路径下，由此可见蔡某作为机械设计研发人员理应可以接触、获取到博泰公司公证的存放于研发部门电脑中的 TR 系列设备设计图纸，而该公证设计图纸与涉案专利附图基本相同，炜天公司亦确认公证的图纸与涉案专利技术具有关联性，属于相同技术领域。此外，涉案发明创造是在蔡某离职博泰公司后 1 年内作出的。综上，涉案专利是蔡某执行博泰公司的任务所完成的职务发明创造，涉案专利的申请权应归属博泰公司所有。《专利审查指南 2010》第一部分第一章第 6.6 节规定："申请人无正当理由不得要求撤销撤回专利申请的声明；但在申请权非真正拥有人恶意撤回专利申请后，申请权真正拥有人（应当提交生效的法律文书来证明）可要求撤销撤回专利申请的声明。"专利申请权是发明创造完成人对于其发明创造所享有的申请专利的权利，既包括是否提出专利申请的权利，也包括在授权审查程序中依法所享有的修改专利申请文件、撤回专利申请等权利。专利申请权并不因非专利申请权人放弃专利申请而灭失。专利申请权人在一定条件下，仍可以根据相关规定，恢复专利申请。因此，涉案专利虽在授权前被炜天公司撤回申请，但博泰公司对涉案专利的申请权并未灭失，故博泰公司请求确认其为涉案专利的申请人及炜天公司协助办理专利申请权权属的变更登记事宜，于法有据，依法应予以支持。

关于炜天公司是否应该向博泰公司支付合理维权费用，在法律和司法解释没有明确规定权属纠纷中胜诉方合理开支应由败诉方转付，当事人之间亦无此项约定的情况下，博泰公司在本案中虽主张炜天公司恶意申请和撤回涉案专利，但并未举证证明，故其主张合理费用由炜天公司承担，缺乏依据，不予支持。

博泰公司在广州知识产权法院共提起涉及六件专利的六个系列案，在该批系列案中一审均认定专利权或专利申请权属博泰公司。该六案一审宣判后，双方均未上诉，六案判决均已经生效。

【法官评述】

专利权属争议的多发，体现了在科技日新月异的现代社会中对发明创造归属保护的迫切需求。是否属于与其在原单位承担的本职工作或者原单位分配的任务有关的发明创造的认定是专利权属纠纷中的核心争议。本案厘清了《专利法》第六条第一款与《专利法实施细则》第十二条第一款所调整的法律关系，明确了确定涉案发明创造是否属于职务发明的比对方法，并对专利权属纠纷中是否可以支持合理维权开支进行了分析。

一、《专利法》第六条第一款与《专利法实施细则》第十二条第一款所调整的法律关系

《专利法》第六条第一款规定："执行本单位的任务或者主要是利用本单位的物质技术条件所完成的发明创造为职务发明创造。职务发明创造申请专利的权利属于该单位；申请被批准后，该单位为专利权人。"《专利法实施细则》第十二条第一款规定："专利法第六条所称执行本单位的任务所完成的职务发明创造，是指：（一）在本职工作中作出的发明创造；（二）履行本单位交付的本职工作之外的任务所作出的发明创造；（三）退休、调离原单位后或者劳动、人事关系终止后1年内作出的，与其在原单位承担的本职工作或者原单位分配的任务有关的发明创造。"

为了确定涉案发明创造的归属，应当准确理解和正确适用上述法律规定，厘清《专利法》第六条第一款与《专利法实施细则》第十二条第一款所调整的法律关系。《专利法》第六条第一款是规范发明创造是职务发明还是非职务发明的条款，用于解决员工和单位之间因专利权属发生争议的情况。而《专利法实施细则》第十二条第一款则是对《专利法》第六条职务发明规定内容的进一步细化，用于解决员工任职的原单位和新单位之间因发明创造归属发生争议的情况。本案中，涉案发明创造的争议发生在员工任职的原单位与新单位之间，因此应当适用《专利法实施细则》第十二条第一款的规定来确定涉案发明创造的归属，而无须审查涉案发明创造是否属于执行新单位的工作任务或利用了其物质技术条件。

二、确定涉案发明创造是否属于职务发明的比对方法

上述条文之所以规定离职员工1年内作出的与其在原单位承担的本职工作或者原单位分配的任务有关的发明创造属于职务发明，主要是为了确保原单位在相关技术领域具有1年的"技术领先期"或者称为"知识隔离期"。该规定内在承载了保护原单位合法权益与离职员工自由流动、自主研发之间的利益平衡。即通过"1年"和"相关性"的限制，既确保在没有竞业限制的情况下员工可以自由流动，也避免了员工离职后立即利用在原单位工作期间或完成交付工作任务过程中掌握、了解的相关信息、知识申请发明创造，进而与原单位进行创新竞争。在相关技术领域保障原单位在技术研发和创新方面存在1年的领先优势，维护原单位对确属职务发明创造的科学技术成果享有的合法权利。因此，离职员工作出的发明创造是否属于职务发明创造应当满足以下两个条件：①时间要求，涉案发明创造应当是在员工的劳动、人事关系终止后1年内作出的；②内容要求，涉案发明创造与在原单位承担的本职工作或任务有关。发明创造是复杂的智力劳动，离不开必要的资金、技术和研发人员等资源的投入或支持，并承担相应的风险。在涉及与离职员工有关的职务发明创造的认定时，既要维护原单位对确属职务发明创造的科学技术成果享有的合法权利，鼓励和支持创新驱动发展，同时也不宜将《专利法实施细则》第十二条第一款第（三）项规定的“有关的发明创造”作过于宽泛的解释，导致在没有法律明确规定或者竞业限制协议等合同约定的情况下，不适当地限制研发人员的正常流动，或者限制研发人员在新的单位合法参与或开展新的技术研发活动。因此，在判断涉案发明创造是否属于《专利法实施细则》第十二条第一款第（三）项规定的“有关的发明创造”时，应注重维护原单位、离职员工以及离职员工新任职单位之间的利益平衡，重点审查离职员工本职工作或工作任务所属技术领域、从事的工作内容或者工作职责、技术主题、技术思路等方面的相关性，而不要求具体技术方案的一致性。在确定涉案发明创造是否属于职务发明时通常并不一定需要进行技术方案的比对，更不要求涉案发明创造的技术方案与原单位已经形成的技术方案实质相同。

根据查明的事实，本案应认定蔡某第二次入职博泰公司的本职工作或分配的任务与涉案发明创造有关，且涉案发明创造是在蔡某离职博泰公司后 1 年内作出的，故涉案专利是蔡某执行博泰公司的任务所完成的职务发明创造，涉案专利的申请权应归博泰公司所有。

三、专利权属纠纷中是否应支持合理维权开支

《专利法》规定，侵犯专利权的赔偿数额按照权利人因被侵权所受到的实际损失确定；实际损失难以确定的，可以按照侵权人因侵权所获得的利益确定。权利人的损失或者侵权人获得的利益难以确定的，参照该专利许可使用费的倍数合理确定。赔偿数额还应当包括权利人为制止侵权行为所支付的合理开支。上述规定的适用范围通常限于侵犯专利权纠纷，一般不及于专利（申请）权属纠纷。本案涉及的专利申请权权属争议仅解决权利应归属于谁的问题，其法律适用的构成要件并不包括过错。除在案证据表明存在明知他人权利而故意加以侵占等特殊情形之外，在权属纠纷中通常难以认定败诉一方具有主观上的可责性，亦不能据此判令转付包括律师费在内的合理开支。在法律和司法解释没有明确规定权属纠纷中胜诉方合理开支应由败诉方转付，当事人之间亦无此项约定的情况下，博泰公司在本案中虽主张炜天公司恶意申请和撤回涉案专利，但并未举证证明，故其主张合理费用由炜天公司承担，缺乏依据，

不予支持。

原告作为一家集研发、生产、销售、售后服务于一体的专业致力于标签和包装及智能化数码印刷后加工技术的国家级高新技术企业，在其合法专利权受到侵害时，法院通过本案的判决加大了对高新企业创新创造的依法保护，维护了企业的物质技术投入与保护鼓励人才正当流动之间的利益平衡，为该行业技术的持续创新营造了良好的法治环境。

编写人：广州知识产权法院　谭海华　林奕濠

（编辑：林奕濠）

2

力度公司与筴某奎、深泓鑫公司专利权权属纠纷案

阅读提示：以入股技术为原型申请的专利是否属于职务发明创造？

【裁判要旨】

1. 技术（非使用权）入股后，所入股技术归受让公司所有，如相关专利主要利用了所受让的入股技术研发而成，应认定专利法上所述的主要利用公司物质技术条件中的“不对外公开的技术资料”，即该相关专利应当属于职务发明，归属公司所有而非技术出资人所有。

2. 在医药领域，由于其技术方案效果的可预期性较差，能否解决所要解决的技术问题或达到预期技术效果的判断多依赖于相应的实验结果的证实，且申请日后提交的补充实验证据至多只可以用于印证专利申请说明书中已经公开的内容，而不能改变依据原始申请文件确定的公开的事实。因此，专利申请前，相关实验的开展与实验数据的获得，如临床试验，对于获得医药领域的专利授权至关重要，属于专利研发范畴。

【案号】

一审：广州知识产权法院（2021）粤 73 知民初 304 号

【案情与裁判】

原告：力度生物科技股份有限公司（简称力度公司）

被告：筴某奎

被告：珠海深泓鑫生物科技有限公司（简称深泓鑫公司）

起诉与答辩

力度公司起诉称，2013年3月，后某与筴某奎就“生物活性羟基磷灰石植骨材料项目，即搭载rhBMP-2植骨材料项目”达成合作协议，投资成立力度公司。筴某奎任执行董事，主要负责项目研发和推广。力度公司成立后，投入大量资源开发该项目，筴某奎也以力度公司名义主办相关院士专家研讨会，并与全国数家大型医院、研究机构展开临床试验。合作期间，力度公司完成发明“生物活性可降解珊瑚羟基磷灰石人工骨”，并获得相应授权。后筴某奎违反职务发明相关法律法规，将上述专利的主要技术特征“人骨形成蛋白2成熟肽及其表达”（ZL201510731405.7）申请为其个人专利并转让给深泓鑫公司，严重损害力度公司利益，故请求法院判令：1.确认力度公司为专利号ZL201510731405.7，名称为“人骨形成蛋白2成熟肽及其表达”发明专利的专利权人；2.本案诉讼费用由筴某奎、深泓鑫公司承担。

筴某奎、深泓鑫公司辩称，涉案专利属于深泓鑫公司。根据合作协议的约定，筴某奎与后某签订合作协议成立力度公司的目的是基于涉案专利的技术进行临床推广，而非研发涉案专利的技术，且筴某奎在签订合作协议之前，早已独立完成了涉案专利的发明创造，涉案专利的专利申请权和专利权当然属于筴某奎，不存在职务发明问题。

一审审理查明

一、涉案相关专利情况

专利申请号为ZL201510731405.7、名称为“人骨形成蛋白2成熟肽及其表达”的发明专利（简称涉案专利）的申请日为2015年11月3日，授权公告日为2016年6月1日，发明人为筴某奎，专利权人为深泓鑫公司。著录项目变更事项载明2019年10月30日，涉案专利专利权人由筴某奎变更为深泓鑫公司。该专利共有9项权利要求：1.人骨形成蛋白2，其氨基酸序列由如SEQ ID NO：1所示的核苷酸序列编码。2.多核苷酸，其编码权利要求1所述的人骨形成蛋白2。3.权利要求2所述的多核苷酸，其核苷酸序列如SEQ ID NO：1所示。4.载体，其包含权利要求2或3所述的多核苷酸。5.细胞，其包含权利要求2或3所述的多核苷酸。6.制备权利要求1所述的人骨形成蛋白2的方法，其包括在适合蛋白质表达的条件下培养权利要求5所述的细胞，然后从培养物中分离出权利要求1所述的人骨形成蛋白2。7.药物组合物，其包括权利要求1所述的人骨形成蛋白2和药学上可接受的载体。8.权利要求1所述的人骨形成蛋白白 2 在制备促骨细胞分化钙化的药物中的应用。9. 权利要求 8 所述的应用，其中骨细胞是骨髓基质细胞。

涉案专利说明书［0004］段记载，本发明要解决的技术问题在于提供新的人骨形成蛋白 2 及其药物和促骨分化钙化应用等。另外，本发明还提供了人骨形成蛋白 2 的基因工程制备方法及其多核苷酸等。［0025］段记载，实施例 2 本发明的 rhBMP2 的促骨形成实验。［0026］段记载，采用本发明的 rhBMP2 以及中国专利申请第 201410310953 号和中国专利申请第 200910045832 号的 BMP2 进行促骨分化钙化试验。具体而言，取 SD 大鼠 1 只（雄性）的骨髓液，加入含 200ml/L 胎牛血清、100U/ml 青霉素和 100Lg/ml 链霉素的 DMEM 培养液中，以 37℃、50ml/L 二氧化碳进行细胞培养，每隔 3 天换培养液，至骨髓基质细胞融合 80% 时，用 2.5g/L 胰蛋白酶消化，按 1∶2 比例传代培养。取传代至第 4 代的骨髓基质细胞，以 10^4/ 孔的量接种到 96 孔板上，24 小时后弃去培养液，然后随机分成 4 组（在同一 96 孔板上有全部各组，共三块 96 孔板），每孔加入含 200ug/L 的不同 BMP2 的 DMEM 培养液（对照组不含 BMP2），每隔 3 天换培养液，分别在培养 10 天、20 天和 30 天各取出一块 96 孔板进行 Vonkossa 染色，检测其灰度值来表明分化钙化程度。［0027］段记载，结果表明，本发明的 rhBMP2 以及中国专利申请第 201410310953 号和中国专利申请第 200910045832 号的 BMP2 都相对于对照组能促骨分化钙化，从而相对于对照组，更大幅地降低 Vonkossa 染色的灰度值。其中，本发明的 rhBMP2 的效果最好，最具有药用前景；尤其是配合实施例 1 的优化编码基因，非常适合基因工程的产业化生产。

专利申请号为 ZL201410843797.1、名称为“生物活性可降解珊瑚羟基磷灰石人工骨”的发明专利（简称涉案关联专利）的申请日为 2014 年 12 月 30 日，授权公告日为 2017 年 5 月 3 日，发明人及专利权人均为筴某奎、后某。著录项目变更事项载明，涉案专利申请人于 2016 年 9 月 9 日由力度公司变更为筴某奎、后某。说明书载明“本发明提供一种生物活性可降解珊瑚羟基磷灰石人工骨，该人工骨包括支架，所述支架上附着有诱骨活性细胞因子，缓释剂……所述诱骨活性细胞因子为重组人骨形成蛋白 –2 成熟肽”。该专利权利要求共 9 项：1. 氨基酸序列为 KRLKSSCKRHPLYVDFSDVGWNDWIVAPPGYHAFYCHGECPFPLADHLNSTNHAIVQTLVNSVNSKIPKACCVPTELSAISMLYLDENEKVVLKNYQDMVVEGCGCR 的重组人骨形成蛋白 –2 成熟肽在制备生物活性可降解珊瑚羟基磷灰石人工骨中的应用，其特征在于，该人工骨包括支架，所述支架上附着有诱骨活性细胞因子和缓释剂；所述支架包括支架本体，支架的本体为珊瑚，支架本体表面覆盖有羟基磷灰石层；所述诱骨活性细胞因子为所述重组人骨形成蛋白 -2 成熟肽；所述的缓释剂选自胶原、纤连蛋白、透明质酸、几丁质、聚乙烯吡咯烷酮中的一种或至少两种的组合。2. 根据权利要求 1 所述的应用，其特征在于，所述支架为……。3. 根据权利要求 1 所述的应用，其特征在于，所述诱骨活性细胞因子的浓度为……。4. 根据权利要求 1 所述的应用，其特征在于，所述诱骨活性细胞因子的浓度……。5. 根据权利要求 1 所述的应用，其特征在于，所述诱骨活性细胞因子的浓度为……。6. 根据权利要求 1 至 5 之一所述的应用，其特征在于，该人工骨以包括下述步骤的方法制备的：（1）由珊瑚制备可降解珊瑚羟基磷灰石……得到可降解珊瑚羟基磷灰石支架；（2）将重组人骨形成蛋白 -2 成熟肽与缓释剂配制成混合均匀的水溶液；（3）将重组人骨形成蛋白 -2 成熟肽与缓释剂附着到可降解珊瑚羟基磷灰石支架的表面及孔隙内。7. 根据权利要求 6 所述的应用，其特征在于，所述方法包括下述步骤：（1）由珊瑚制备可降解珊瑚羟基磷灰石……得到可降解珊瑚羟基磷灰石支架，最后将可降解珊瑚羟基磷灰石支架干燥分装西林瓶；（2）重组人骨形成蛋白 -2 成熟肽与缓释剂的配制……得到重组人骨形成蛋白 -2 成熟肽与缓释剂的均匀混合溶液；（3）重组人骨形成蛋白 -2 成熟肽与缓释剂附着到可降解珊瑚羟基磷灰石支架上，将步骤（2）得到的混合溶液加到步骤（1）得到的可降解珊瑚羟基磷灰石支架内，加入量为 $0.1\sim1mg/cm^3$，低温负压使重组人骨形成蛋白 -2 成熟肽与缓释剂的混合溶液充分进入可降解珊瑚羟基磷灰石支架的孔隙内，-30℃以下抽真空，冷冻干燥，得到所述的人工骨，将人工骨密封，-20℃长期保存。8. 根据权利要求 7 所述的应用，其特征在于，所述步骤（1）中反应釜内的压力为……。9. 根据权利要求 7 所述的应用，其特征在于，所述步骤（1）中以 $CaCO_3$ 计量的珊瑚与 $(NH_4)_2HPO_4$ 的比例为……。

二、关于力度公司主张涉案专利系职务发明的相关事实

（一）筴某奎以技术入股力度公司以及所任职务的相关情况

2013 年 4 月 27 日，筴某奎与后某签订《项目合作协议书》。该协议书在第一部分“总体目标”中约定双方以股权合作方式展开紧密合作，围绕“珊瑚羟基磷灰石生物活性人工骨”项目的临床转化成立力度公司，其中筴某奎以技术入股持力度公司 35% 的股权，后某以现金入股持力度公司 65% 的股权，并约定在三年内完成以下合作内容：可行性研究报告、环评、GMP 认证、科研基地建设、临床试验、生产基地建设、市场定位。筴某奎负责提供技术支持及相关专业支持，后某负责资金筹集及各方资源的协调，在一年内完成临床试验所需的全部案例，并确定市场推广的销售渠道及商业模式。该协议第四部分第1条约定，筬某奎的工作分工包括样品制备、人员培训、深度研发、生产工艺流程设计、设备调研、技术资料支持等。

2013年10月1日，力度公司与案外人深圳市泓鑫生物技术开发有限公司（简称泓鑫公司）作出《生物活性可降解珊瑚羟基磷灰石人工骨技术转让声明》。该声明载明生物活性羟基磷灰石人工骨（载rhBMP-2植骨材料）为泓鑫公司研发的三类植入性医疗器械，该产品已获得中国药品生物制品检定所合格的检测报告（编号QZ200804480）和中国食品药品检定所合格的检测报告（编号QZ201206312）。原泓鑫公司已于2013年与力度公司签订有偿技术转让协议。现生物活性羟基磷灰石人工骨（载rhBMP-2植骨材料）的技术内容、相关知识产权、署名权均为力度公司所有。

另，力度公司项目简介《一个令世人瞩目的新生物制品——载rhBMP-2植骨材料项目简介》载明："本项目名称'生物活性可降解珊瑚羟基磷灰石人工骨'为载rhBMP-2植骨材料，为体内植入性可降解生物材料，本项目rhBMP-2是促进成骨的活性因子……本公司在重组蛋白复性工艺方面找到了独特的高效解决方案，从而采用更适合于国内的经济和技术现状的大肠杆菌系统表达制备了具有与天然蛋白同等活力甚至更高活力的rhBMP-2……力度生物科技股份有限公司传承了原深圳泓鑫生物科技开发有限公司。'基因人骨形成蛋白生物活性人骨'（rhBMP-2是国家863计划项目）本项目的研发是一个锐意进取、勇于创新、不断自我完善的历史。……该公司与力度生物科技股份有限公司由同一人创建，拥有一支技术团队和项目成果。目前原深圳泓鑫科技开发有限公司已注销，全部业务均已转移至力度生物科技股份有限公司。"

庭审中，筬某奎陈述其为力度公司执行董事，是"生物活性可降解珊瑚羟基磷灰石人工骨技术（载rhBMP-2植骨材料）"项目的临床负责人，并称涉案专利和涉案关联专利是两个独立的专利，且涉案关联专利不能够直接用到人体，有一个载体才能变成一个生物活性人工骨。筬某奎确认生物活性羟基磷灰石人工骨技术（载rhBMP-2植骨材料）由涉案专利及涉案关联专利复合而成，但认为该《生物活性可降解珊瑚羟基磷灰石人工骨技术转让声明》仅表明转让的对象为人工骨技术，并不包括涉案专利及涉案关联专利。

（二）力度公司对"珊瑚羟基磷灰石生物活性人工骨"项目的相关投入

力度公司于2013年9月与军事医药学科学院基础医学研究所就生物活性

可降解珊瑚羟基磷灰石生物活性人工骨项目的临床试验用试样产品制备合作签订协议；于2013年9月—2014年9月与北京赛姆欧医药科技有限公司、湖南晟盟医药科技发展有限公司、常德市第一人民医院、北京赛德盛医药科技股份有限公司等就上述项目签订临床试验委托合同、临床试验合作合同、临床研究协议、技术服务委托合同；于2014年3月30日，就上述项目成立力度生物科技院士工作站；于2015年5月就相关临床研究完成入组汇报等，并提交了与成都军区总医院等进行临床试验的相关费用单据，拟证实投入研发费用5799171.24元。

三、筴某奎、深泓鑫公司抗辩涉案专利系其自主研发而非力度公司职务发明的依据

力度公司项目简介《一个令世人瞩目的新生物制品——载rhBMP-2植骨材料项目简介》载明："2001年4月rhBMP-2项目已完成中试生产，形成了中试产品，并在国内首次得到了可溶性bmp-2冻干粉，为大批量生产投放市场奠定了基础。"

2005年1月24日，北京大学生命科学学院就深圳泓鑫生物科技开发有限公司样品（重组人骨形成蛋白-2）N末端氨基酸序列测定结果出具《氨基酸序列分析鉴定书》。

2007年3月22日，中国药品生物制品检定所作出QZ200701428检验报告。该检验报告载明检品名称为"生物活性可降解羟基磷灰石人工骨"，生产单位和供样单位均为深圳市泓鑫生物科技开发有限公司。收样日期为2005年3月28日，检验目的为注册检验（医疗器械）。检验结论为本品按企业申报标准检验上述项目，结果符合规定。

2012年9月27日，中国食品药品检定研究院作出QZ201206312检验报告。该检验报告载明检品名称为"生物活性可降解羟基磷灰石人工骨"，生产单位和供样单位均为深圳市泓鑫生物技术开发有限公司。收样日期为2012年8月2日，检验目的为注册检验（境内医疗器械/首次注册）。检验结论为本品按企业申报标准检验上述项目，结果符合规定。2013年2月1日，该研究院出具的《拟申请注册医疗器械产品标准预评价意见》载明产品标准基本满足相关标准的要求。

一审判理和结果

一审法院认为，涉案专利是主要利用力度公司物质技术条件完成的发明创造，具体理由如下：

（一）涉案专利利用了力度公司所受让的生物活性羟基磷灰石人工骨（载rhBMP-2植骨材料）技术（以下简称人工骨技术）

1. 力度公司在涉案专利及涉案关联专利申请前既已受让该人工骨技术。根据《生物活性可降解珊瑚羟基磷灰石人工骨技术转让声明》，深圳市泓鑫生物技术开发有限公司已于2013年10月将生物活性羟基磷灰石人工骨（载rhBMP-2植骨材料）技术有偿转让给力度公司，具体包括该项技术内容的知识产权、署名权。可见，力度公司受让该技术的时间早于涉案专利的申请日2015年11月3日及涉案关联专利的申请日2014年12月30日。

2. 涉案专利是由所受让的人工骨技术发展而来的。具体为：

（1）力度公司“生物活性可降解珊瑚羟基磷灰石人工骨”项目是建立在所受让的人工骨技术上的。

根据双方当事人都确认的力度公司《一个令世人瞩目的新生物制品——载rhBMP-2植骨材料项目简介》载明的内容可知，力度公司“生物活性可降解珊瑚羟基磷灰石人工骨”项目技术其实质来源于原深圳泓鑫生物科技开发有限公司转让的“基因人骨形成蛋白生物活性人骨”技术，即人工骨技术。

（2）涉案专利是力度公司“生物活性可降解珊瑚羟基磷灰石人工骨”项目技术的核心体现。

其一，从内容上来看。根据上述项目简介可知，生物活性可降解珊瑚羟基磷灰石人工骨的主体是作为促进成骨的活性因子的人骨形成蛋白2（简称rhBMP-2），而根据专利授权文本记载，涉案专利名称即为“人骨形成蛋白2成熟肽及其表达”，权利要求主要内容则为新的人骨形成蛋白2（包括其基因工程制备方法及其多核苷酸）以及其药物和促骨分化钙化应用。因此，涉案专利是力度公司涉案项目技术的主体部分。其二，从当事人陈述来看。箢某奎当庭陈述人工骨技术是由涉案专利及涉案关联专利复合而成，涉案关联专利不能够直接用于人体，需要有载体才能变成生物活性人工骨。结合在案证据可知，该载体即为促进成骨的活性因子的人骨形成蛋白2。其三，从关联专利关系来看。涉案关联专利名称为“生物活性可降解珊瑚羟基磷灰石人工骨”，权利要求1即明确表述其技术方案为氨基酸序列为KRLKSSCKRHPLYVDFSDVGWNDWIVAPPGYHAFYCHGECPFPLADHLNSTNHAIVQTLVNSVNSKIPKACCVPTELSAISMLYLDENEKVVLKNYQDMVVEGCGCR的重组人骨形成蛋白-2成熟肽在制备生物活性可降解珊瑚羟基磷灰石人工骨中的应用……所述诱骨活性细胞因子为所述重组人骨形成蛋白-2成熟肽等，而涉案专利即为涉案关联专利所述重组人骨形成蛋白–2成熟肽的具体制备方式。故涉案专利是原被告双方在力度公司涉案项目合作中所申请的涉案关联专利的核心部分。因此，涉案专利是力度公司“生物活性可降解珊瑚羟基磷灰石人工骨”项目核心技术的体现。

（3）筴某奎、深泓鑫公司抗辩称涉案力度公司生物活性可降解珊瑚羟基磷灰石人工骨项目仅是临床转化试验，不涉及涉案专利的研发；且涉案专利系筴某奎在力度公司成立前就已研发完成，如北京大学生命科学学院就深圳泓鑫生物科技开发有限公司样品（重组人骨形成蛋白–2）N末端氨基酸序列测定结果于2005年1月24日出具《氨基酸序列分析鉴定书》等，证明此时涉案专利技术已经研发完成。对此，广州知识产权法院认为以上抗辩均不能成立，理由如下：

其一，涉案专利实际上利用力度公司成立后所开展的相关试验作为实施例来进一步支持、公开其专利技术实施效果，进而获得专利授权。《专利法》（2008年修正）第二十六条第三款规定：“说明书应当对发明或者实用新型作出清楚、完整的说明，以所属技术领域的技术人员能够实现为准；必要的时候，应当有附图。摘要应当简要说明发明或者实用新型的技术要点。”《专利法实施细则》第六十五条第二款规定，被授予专利的发明创造不符合《专利法》第二十六条第三款规定的，属于专利无效宣告请求的理由之一。因此，说明书公开得充分与否，不仅直接影响专利申请文件的审查，亦关乎专利授权后的稳定性。说明书是否满足充分公开的要求，一般在于所属技术领域的技术人员是否能够按照说明书记载的内容，不需要创造性的劳动，就能够再现该发明或实用新型的技术方案，解决其技术问题，并且产生预期的技术效果。在医药化工领域，技术方案效果的可预期性相较于机械、电学等领域较低。该领域技术方案能否解决所要解决的技术问题或达到预期技术效果的判断一般依赖于相应的实验结果的证实。且申请日后提交的补充实验证据至多只可以用于印证专利申请说明书中已经公开的内容，而不能改变依据原始申请文件确定的公开的事实。因此，专利申请时说明书中充分的实验数据的记载对于获得医药化工领域的专利授权至关重要。在本案中，涉案专利权利要求8记载了权利要求1所述的人骨形成蛋白2在制备促骨细胞分化钙化的药物中的应用。涉案专利说明书［0004］段记载了本发明要解决的技术问题在于提供新的人骨形成蛋白2及其药物和促骨分化钙化应用等。因此，作为涉案专利主要发明点之一的促骨化钙应用在涉案专利权利要求中并未说明具体的实施效果。为此，涉案专利说明书［0025］［0026］［0027］段详细记载了采用涉案专利的rhBMP2以及中国专利申请第201410310953号的BMP2进行促骨形成试验的实施例，具体内容为："取SD大鼠1只（雄性）的骨髓液，加入含200ml/L胎牛血清、100U/ml青霉素和100Lg/ml链霉素的DMEM培养液中，以37℃、50ml/L二氧化碳进行细胞培养，每隔3天换培养液，至骨髓基质细胞融合80%时，用2.5g/L胰蛋白酶消化，按1：2比例传代培养。取传代至第4代的骨髓基质细胞，以10^4/孔的量接种到96孔板上，24小时后弃去培养液，然后随机分成4组（在同一96孔板上有全部各组，共三块96孔板），每孔加入含200ug/L的不同BMP2的DMEM培养液（对照组不含BMP2），每隔3天换培养液，分别在培养10天、20天和30天各取出一块96孔板进行Vonkossa染色，检测其灰度值来表明分化钙化程度。结果表明，本发明的rhBMP2以及中国专利申请第201410310953号的BMP2都相对于对照组能促骨分化钙化，但本发明的rhBMP2的效果最好，最具有药用前景。"因此，涉案专利说明书关于rhBMP2的促骨形成试验的内容，事实上是对权利要求所述促骨化钙应用效果的实验论证，其在满足说明书充分公开的要求的同时，亦为涉案专利申请的新颖性、创造性和实用性的审查提供了事实基础。上述试验数据的提供是实现涉案专利成功申请，涉案专利维持有效的关键因素之一。而该试验所使用的参照技术为中国专利申请第201410310953号的BMP2，即使用了力度公司成立并受让人工骨技术后的2014年中国专利的相关技术进行效果对比，亦即涉案专利的最终形成是建立在力度公司成立后，通过进行相关试验，取得相关试验结果的基础上的。因此，筴某奎、深泓鑫公司所述的力度公司"生物活性可降解珊瑚羟基磷灰石人工骨"项目仅是临床转化试验，不涉及涉案专利的研发，且涉案专利在力度公司成立前已经完成，不能成立。

其二，中国药品生物制品检定所、中国食品药品检定研究院分别于2007年、2012年出具的检验报告载明，检品名称为生物活性可降解羟基磷灰石人工骨而非rhBMP2，故如按照筴某奎、深泓鑫公司的逻辑，此时亦应认定涉案关联专利也在力度公司成立前就已经研发完毕而属于筴某奎。但涉案关联专利于2014年申请专利的申请人即为本案力度公司，故筴某奎、深泓鑫公司的该项抗辩与事实不符，与自身逻辑亦不相符，广州知识产权法院不予支持。

因此，涉案专利主要是利用了力度公司所受让的人工骨技术研发而成，亦即以该不对外公开的技术资料作为技术原型发展而来。

（二）涉案专利亦利用力度公司的其他物质技术条件完成

力度公司于2013年9月与军事医药学科学院基础医学研究所就生物活性

可降解珊瑚羟基磷灰石生物活性人工骨项目的临床试验产品制备签订协议；于2013年9月—2014年9月与北京赛姆欧医药科技有限公司、湖南晟盟医药科技发展有限公司、常德市第一人民医院、北京赛德盛医药科技股份有限公司等就上述项目签订临床试验委托合同、临床试验合作合同、临床研究协议、技术服务委托合同；于2014年3月30日，就上述项目成立力度生物科技院士工作站；于2015年5月就相关临床研究完成入组汇报等。因此，力度公司通过购置研究设备、研究耗材，建设实验室，成立院士工作站，与国内各大型医院、研究机构、实验室就涉案生物活性可降解珊瑚羟基磷灰石人工骨的临床试验签订合作协议，取得相关试验数据，为涉案专利技术的最终完成起着决定性作用。力度公司亦对上述临床试验的开展等提供相当的资金支持。

因此，根据在案证据，一审法院认定涉案专利亦是筬某奎利用力度公司单位技术资源、人力物力、资金设备等完成的职务发明创造，其专利权依法应归力度公司所有，故判决确认专利号为ZL201510731405.7、名称为“人骨形成蛋白2成熟肽及其表达”的发明专利权归力度公司所有。

一审判决后，筬某奎、深泓鑫公司不服，向最高人民法院提起上诉。二审正在审理中。

【法官评述】

技术出资入股作为现代企业常见的投资方式，一般可分为专利技术入股和非专利技术入股两种形式。因非专利技术普遍存在技术内容约定不明、后续研发归属模糊等情形而在实务中多有纷争。本案即主要涉及非专利技术出资入股后，企业针对所入股之技术开展临床试验，并以该入股技术为原型申请的专利是否属于职务发明创造的问题。

一、以入股技术为原型申请的专利是否满足“物质技术条件标准”

我国《专利法》第六条规定了职务发明的两种判定标准：一是“任务标准”，如果该发明创造属于执行本单位任务而完成的成果，该发明创造即为职务发明；二是“物质技术条件标准”，如果该发明创造是发明人在主要利用所在单位物质技术条件的情形下所完成的成果，该发明创造亦属职务发明[①]。《专利法实施细则》第十二条进一步规定：“专利法第六条所称本单位的物质技术

[①] 向波：《职务发明的判定及其权利归属问题研究——兼论〈专利法修改草案〉第6条的修改和完善》，载《知识产权》2016年第9期。

条件，是指本单位的资金、设备、零部件、原材料或者不对外公开的技术资料等。”因此，基于上述我国专利法关于职务发明的判定标准分类，技术入股一般可适用“物质技术条件标准”来进行权利归属判定，且非专利技术可理解为“不对外公开的技术资料”。在本案中，虽然双方当事人对《生物活性可降解珊瑚羟基磷灰石人工骨技术转让声明》所转让的人工骨技术与涉案专利的关系看法相左，但对于所涉转让行为性质并无异议，即认可力度公司在涉案专利及涉案关联专利申请前既已受让该人工骨技术。因此，该人工骨技术即属于前述职务发明判定标准中的“不对外公开的技术资料”。

二、关于医药领域临床试验是否属于专利研发范畴的问题

虽然我国对专利授权审查和专利司法保护实行“严格分离主义”的二元体系，但纵观专利制度孕育、产生和发展历程来看，二者不仅存在千丝万缕的联系，且实质内涵及逻辑脉络均应具有一致性。[①] 譬如本案中，关于临床试验是否属于专利研发范畴即可借助专利授权确权领域中对于说明书是否充分公开的判定标准予以评判。

根据《专利法》第二十六条第三款规定，说明书应当对发明或者实用新型作出清楚、完整的说明，以所属技术领域的技术人员能够实现为准；必要的时候，应当有附图。摘要应当简要说明发明或者实用新型的技术要点。《专利法实施细则》第六十五条第二款规定，被授予专利的发明创造不符合《专利法》第二十六条第三款规定的，属于专利授权和宣告无效的理由之一。说明书是否满足充分公开的要求，一般在于所属技术领域的技术人员是否能够按照说明书记载的内容，不需要创造性的劳动，就能够再现该发明或实用新型的技术方案，解决其技术问题，并且产生预期的技术效果，一般无须实验数据的证成。但在医药领域，由于其技术方案效果的可预期性较差，能否解决所要解决的技术问题或达到预期技术效果的判断多依赖于相应的实验结果的证实。且申请日后提交的补充实验证据至多只可以用于印证专利申请说明书中已经公开的内容，而不能改变依据原始申请文件确定的公开的事实。因此，专利申请前，相关实验的开展与实验数据的获得，如临床试验，对于获得医药领域的专利授权至关重要，自是属于专利研发范畴，亦能助于技术改进。在本案中，涉案说明书关于 rhBMP2 的促骨形成试验的内容，事实上是对权利要求所述促骨化钙应用效果的实验论证，其在满足说明书充分公开的要求的同时，亦为涉案专利申

① 参考马云鹏：《专利权利要求解释规则》，法律出版社 2021 年版。

请的新颖性、创造性和实用性的审查提供了事实基础。而该试验使用了力度公司成立并受让人工骨技术后的2014年中国专利的相关技术进行效果对比，亦即涉案专利的最终形成是建立在力度公司成立后，通过进行相关试验，取得相关试验结果的基础上的。但需要注意的是，药品的临床试验事实上属于医药管理中关于药理、毒理和稳定性的要求，并非专利申请的前置程序。

因此，涉案专利是力度公司在其所受让人工骨技术基础上，再通过开展相关试验，取得相关试验数据而最终形成，其应归属于职务发明。

编写人：广州知识产权法院　龚麒天　齐柳

（编辑：汤家丽）

3

格兰仕公司与美格公司侵害发明专利权纠纷案

阅读提示：专利等同侵权认定标准更加科学化、客观化的实践探索。

【裁判要旨】

等同侵权的判定应体现对专利权创造性贡献的保护。一般来说，若被诉技术方案利用了发明点特征，则其余非发明点特征可以从宽认定等同，加强对涉案专利创造性贡献的保护；若被诉技术特征与发明点特征存在不同，意味着被诉技术方案相对于涉案专利具有一定的创造性贡献，则对被诉技术特征从严认定等同，以保障社会公众的技术创新合理空间。具体来说，等同侵权的判断不应仅进行技术特征手段、功能和效果形式上的对比，而应参考专利说明书中的相关说明、申请时的现有技术、授权原因等内容后，实质性地分析判断涉案专利发明点特征，是否体现在被诉侵权技术方案中，并据此认定是否构成等同。

【案号】

一审：广州知识产权法院（2020）粤 73 知民初 2237 号

【案情与裁判】

原告：广东格兰仕微波炉电器制造有限公司（简称格兰仕公司）

被告：中山市美格电子科技有限公司（简称美格公司）

起诉与答辩

格兰仕公司提出诉讼请求：1. 判令美格公司立即停止侵害格兰仕公司名称

为“用于铆紧磁控管上盖的铆盖模具”、专利号为ZL201510373341.8号发明专利（以下简称涉案专利）的专利权，即立即停止制造、使用侵害涉案专利的铆盖模具；2.判令美格公司立即销毁正在使用及库存的侵权产品以及制造侵权产品的专用设备和模具；3.判令美格公司赔偿格兰仕公司经济损失1000万元；4.判令美格公司赔偿格兰仕公司合理开支共计20万元；5.判令美格公司承担本案的全部诉讼费用。事实和理由：格兰仕公司系隶属于格兰仕集团有限公司（以下简称格兰仕集团）的一家专门从事微波炉产品研发、生产、销售的企业，是我国乃至世界的微波炉行业头部企业。格兰仕公司是涉案专利权人。涉案专利所要求保护的一种铆盖模具，是格兰仕公司自主研发的专用于铆紧磁控管上盖的生产设备，也是磁控管生产流程中不可或缺的核心装置。格兰仕公司经调查发现，美格公司未经许可为生产经营目的大量制造、使用侵犯涉案专利权的铆盖模具，且主观恶意非常明显。尤其是美格公司的法定代表人刘某波是格兰仕公司离职员工，曾任磁控管制造部综合管理科副科长兼技术工艺组组长，参与相关技术的研发，掌握技术信息。刘某波2017年离职随即成立美格公司，并邀请多名前格兰仕公司技术人员加入美格公司。美格公司在明知涉案专利侵权的情况下，仍然利用其员工在格兰仕公司工作期间掌握的技术信息制造、使用被诉侵权产品，大规模生产磁控管，并供应给格兰仕公司的竞争对手中山东菱威力电器有限公司。由于被诉侵权料盘是专用生产磁控管的生产线设备，美格公司无论自行自造还是提供技术要求向第三人定作，均属于制造行为。美格公司的侵权主观恶意非常明显，侵权性质极为恶劣，已严重侵害格兰仕公司合法权益，并给格兰仕公司造成严重的经济损失。特诉至法院，请求支持格兰仕公司全部诉讼请求。

美格公司辩称，1.涉案专利不符合法律规定，美格公司将向专利局提起无效宣告请求，否定格兰仕公司专利权。2.被诉侵权产品的结构与涉案专利不同，不构成侵权，美格公司不应承担侵权赔偿责任。3.涉案专利在磁控管制造中作用极小，且磁控管本身属于低价值配件，格兰仕公司未提交证据证明其实际损失，其诉请赔偿数额过高，没有事实依据。综上，请求依法驳回格兰仕公司的全部诉讼请求。

一审审理查明

一、涉案专利权相关情况

2015年6月28日，格兰仕集团向国家知识产权局申请了涉案专利，并于2017年1月25日获得授权，于2017年7月17日将涉案专利权利人变更为格兰仕公司，年费最后一次缴费时间为2021年5月21日，该专利现行有效。

格兰仕公司在本案中主张以权利要求1~6的技术方案确定其专利权的保护范围。涉案专利权利要求书记载如下：

权利要求1.一种用于可铆紧磁控管上盖的铆盖模具，包括用于定位和/或定型上盖（12.1）的中心铆盖模（9）、用于可铆紧上盖（12.1）裙边的边铆盖模（10）和角铆盖模（11），其特征在于：还包括连接动力源的动力工装、传动连接动力工装的若干力臂，各力臂中部转动连接力臂工装；工作时，动力工装上下往复移动，力臂绕其与力臂工装的连接点摆动，利用杠杆原理，各力臂底部同时向内作用边铆盖模（10）和角铆盖模（11），以铆紧上盖（12.1）的裙边；

所述力臂包括对应上盖（12.1）四个角设置的四根角力臂（4）和对应上盖（12.1）四条边设置的四根边力臂（5）；角力臂（4）和边力臂（5）顶部分别通过传动杆（3）连接动力工装，中部分别转动连接力臂工装，底部分别作用角铆盖模（11）和边铆盖模（10）；

所述动力工装包括上动力工装（1）和下动力工装（2），上动力工装（1）通过传动杆（3）传动连接角力臂（4），下动力工装（2）通过传动杆（3）传动连接边力臂（5）；上动力工装（1）和下动力工装（2）互为上下固定连接，工作时，同时上下往复移动，并作用角力臂（4）和边力臂（5）顶部往复摆动；

所述力臂工装设置于动力工装正下方，其包括上力臂工装（6）和下力臂工装（7）；上力臂工装（6）转动连接角力臂（4）的中部，下力臂工装（7）转动连接边力臂（5）的中部；上力臂工装（6）和下力臂工装（7）互为上下固定连接；

动力工装向下移动，角力臂（4）分别绕其与上力臂工装（6）的连接点摆动，边力臂（5）分别绕其与下力臂工装（7）的连接点摆动，角力臂（4）和边力臂（5）顶部同时径向往外摆动，利用杠杆原理，角力臂（4）和边力臂（5）底部同时径向往内摆动，并分别径向向内推动角铆盖模（11）和边铆盖模（10），以铆紧上盖（12.1）的裙边。

权利要求2.根据权利要求1所述用于铆紧磁控管上盖的铆盖模具，其特征在于力臂工装底部固接有底板（8），中心铆盖模（9）、边铆盖模（10）和角铆盖模（11）分别设置于底板（8）的底面上，角力臂（4）和边力臂（5）的底部分别穿过底板（8），以作用角铆盖模（11）和边铆盖模（10）。

权利要求3.根据权利要求2所述用于铆紧磁控管上盖的铆盖模具，其特征在于上动力工装（1）与下动力工装（2）结构、大小相同，均呈十字形，传动杆（3）分别连接其侧面外伸的四对连接耳（a），轴线上设置有用于连接动力源的通孔（b），上动力工装（1）和下动力工装（2）彼此互为错位的上下设置；上力臂工装（6）与下力臂工装（7）结构、大小相同，均呈圆环形，角力臂（4）和边力臂（5）中部分别连接其侧面均布设置的四对连接耳（c），上力臂工装（6）和下力臂工装（7）彼此互为错位的上下设置。

权利要求4.根据权利要求3所述用于铆紧磁控管上盖的铆盖模具，其特征在于底板（8）为正方形的金属板，对角线上对称设置有矩形的力臂通孔（8.2），角力臂（4）底部经力臂通孔（8.2）穿过底板（8），底板（8）四边的中心位置分别设置有矩形的力臂缺口（8.1），边力臂（5）底部经力臂缺口（8.1）穿过底板（8）。

权利要求5.根据权利要求4所述用于铆紧磁控管上盖的铆盖模具，其特征在于底板（8）底面上十字形装配有四块铆盖边导轨（13）和交叉形装配有四块铆盖角导轨（14），整体呈米字形；铆盖边导轨（13）和铆盖角导轨（14）截面均呈梯形，边铆盖模（10）和角铆盖模（11）分别设置有与对应导轨匹配的梯形导槽，并滑动式装配于对应导轨上；边铆盖模（10）和角铆盖模（11）上分别设置有用于装配弹性件的边模复位孔（10.2）和角模复位孔（11.2）。

权利要求6.根据权利要求5所述用于铆紧磁控管上盖的铆盖模具，其特征在于中心铆盖模（9）侧面设置有齿牙（9.1），边铆盖模（10）对应设置有齿牙（10.3）；中心铆盖模（9）四个角为倒圆角处理，角铆盖模（11）对应设置有匹配的弧面（11.3）。

涉案专利说明书“技术领域”［0001］段记载：本发明涉及一种用于铆紧磁控管上盖的铆盖模具。

“发明内容”［0003］段记载：本发明的目的旨在提供一种结构简单合理、铆紧效果好、美观、效率高的用于铆紧磁控管上盖的铆盖模具，以克服现有技术中的不足之处。

［0008］段记载：动力工装向下移动……角力臂和边力臂顶部同时径向往外摆动，利用杠杆原理，角力臂和边力臂底部同时径向往内摆动……

［0014］段记载：本发明利用杠杆原理完成上盖裙边的铆紧。具体是设置若干力臂，通过传动杆将动力工装的上下移动转化为力臂的内外摆动，力臂中部连接于力臂工装上，力臂顶部摆动使其底部逆向摆动，使若干力臂同时作用边铆盖模和角铆盖模往内滑动并铆紧磁控管上盖的裙边，实现上盖的铆紧。

涉案专利申请文件显示：申请文本权利要求1~5分别为授权文本权利要求1的第一至五段。

涉案专利第一次审查意见通知书显示：申请文本权利要求1缺少解决其技术问题的必要技术特征。本发明要解决的技术问题是："本发明利用杠杆原理完成上盖裙边的铆紧。具体是设置若干力臂，通过传动杆将动力工装的上下移动转化为力臂的内外摆动，力臂中部连接于力臂工装上，力臂顶部摆动使其底部逆向摆动，使若干力臂同时作用边铆盖模和角铆盖模往内滑动并铆紧磁控管上盖的裙边，实现上盖的铆紧。"所以与"通过传动杆……使若干力臂同时作用边铆盖模往内滑动并铆紧磁控管上盖的裙边"相关的结构特征（即申请文本权利要求2~5）是本发明解决其技术问题的必要技术特征。相应的意见陈述显示，将申请文本权利要求2、3、4、5并入权利要求1。

此外，国家知识产权局于2021年9月27日作出第52172号无效宣告请求审查决定，驳回本案美格公司提出的关于权利要求1缺乏底板必要技术特征的无效主张，维持涉案专利有效。

二、被诉侵权技术方案与涉案专利技术特征比对情况

根据格兰仕公司的申请，一审法院依据（2020）粤73证保9号民事裁定书派保全人员和技术调查官于2020年11月13日到美格公司住所地进行诉前证据保全，对美格公司位于其住所地内涉嫌侵权的用于铆紧磁控管上盖的铆盖模具采取查封、拍照、录像等措施。

庭审中，将被诉侵权技术方案与涉案专利进行比对，格兰仕公司认为被诉侵权技术方案与涉案专利权利要求1、3中的传动杆及相关结构技术特征不同外，其余技术特征与涉案专利技术特征均相同：被诉侵权技术方案将专利中的传动杆部件进行变换，变换为在力臂上设置一个特殊的弧形部位，与动力工装相抵接，起到传递动力并改变力臂受力方向的作用。从权利要求字面理解，被诉侵权技术方案与专利权利要求1所述的传动杆并无区别，即便存在区别也构成等同技术特征。被诉侵权产品是通过动力工装的上下运动来推动力臂上部的内弧形部位，该部位可以视为一体成型曲面传动杆，使得力臂顶部向外打开，力臂围绕力臂工装的支点旋转，进而力臂底部向内移动，推动了角铆盖模和边铆盖模向内移动，与中心铆盖模一起作用，对磁控管上盖和壳体进行铆接。被诉侵权技术方案这种工作技术手段的变换属于本领域技术人员无需创造性劳动就能想到的，且实现了杠杆原理相同的功能和效果，应认定构成等同。被诉侵权技术方案落入涉案专利权的保护范围。

对此，美格公司认为被诉侵权技术方案与涉案专利的工作方式和传动手段均不一样。被诉侵权技术方案没有传动杆以及各个部件与传动杆的连接关系；由于没有传动杆，就没有权利要求 1 中“角力臂和边力臂顶部分别通过传动杆连接动力工装”“上动力工装通过传动杆传动连接角力臂，下动力工装通过传动杆传动连接边力臂”的技术特征，故实现杠杆原理的技术手段不同。同时，实现的功能和效果也不一样，被诉侵权产品因部件更少，具有更稳定更好的技术效果。

三、被诉侵权行为的情况

涉案公证书显示，格兰仕公司于 2020 年 10 月 27 日、28 日等分别在淘宝、京东平台中山东菱威力电器有限公司店铺购买多个型号的“威力”微波炉，其中所用磁控管均为美格公司生产的磁控管。

四、与本案有关的其他情况

另查明，美格公司为有限责任公司，成立于 2017 年 1 月 24 日，注册资本为 1000 万元，经营范围为生产、研发：磁控管、电子产品；货物进出口。

再查明，格兰仕公司对本案证据保全的上述生产线中另一组成部分两个被诉侵权产品料盘，还主张一个发明专利权，于一审法院另立（2020）粤 73 知民初 2236 号案起诉本案美格公司，与本案合并审理。

一审判理和结果

一审法院认为，本案属于侵害发明专利权纠纷案件。格兰仕公司是涉案“用于铆紧磁控管上盖的铆盖模具”发明专利的权利人。他人未经格兰仕公司许可，不得为生产经营目的制造、使用、销售涉案专利产品。美格公司利用被诉侵权产品制造磁控管，可见美格公司存在使用被诉侵权产品的行为。美格公司未提供充分证据证明被诉侵权产品系他人制造，且被诉侵权料盘铆盖模具需与磁控管上盖的大小、形状配合，是专用生产磁控管的生产线设备，格兰仕公司主张美格公司无论自行自造还是提供技术要求向第三人定作，均属于制造行为，理据充分，一审法院予以支持。综上，一审法院认定美格公司存在制造、使用被诉侵权产品的行为。故本案的争议焦点为：被诉侵权技术方案是否落入涉案专利权保护范围，以及美格公司是否构成侵权和责任承担问题。

关于被诉侵权技术方案是否落入涉案专利权保护范围，本案被诉侵权行为发生于 2021 年 6 月 1 日之前，应适用 2008 年修正的《专利法》。《专利法》第五十九条第一款规定，发明或者实用新型专利权的保护范围以其权利要求的内容为准，说明书及附图可以用于解释权利要求的内容。《最高人民法院关于审理侵犯专利权纠纷案件应用法律若干问题的解释》(简称《专利侵权解释一》)第七条规定:“人民法院判定被诉侵权技术方案是否落入专利权的保护范围,应当审查权利人主张的权利要求所记载的全部技术特征。被诉侵权技术方案包含与权利要求记载的全部技术特征相同或者等同的技术特征的,人民法院应当认定其落入专利权的保护范围;被诉侵权技术方案的技术特征与权利要求记载的全部技术特征相比,缺少权利要求记载的一个以上的技术特征,或者有一个以上技术特征不相同也不等同的,人民法院应当认定其没有落入专利权的保护范围。”

本案中,格兰仕公司主张以涉案专利权利要求 1~6 确定本案的保护范围。将被诉侵权技术方案与涉案专利进行比对,对于各方当事人均认可相同的技术特征,一审法院予以确认。

关于有争议的技术特征,即被诉侵权技术方案是否具有权利要求 1 中诉争“传动杆”以及与传动杆相关的连接关系和位置关系相同或等同技术特征的问题。首先,关于权利要求 1 的解释,《专利侵权解释一》第二条规定:“人民法院应当根据权利要求的记载,结合本领域普通技术人员阅读说明书及附图后对权利要求的理解,确定专利法第五十九条第一款规定的权利要求的内容。”第三条规定:“人民法院对于权利要求,可以运用说明书及附图、权利要求书中的相关权利要求、专利审查档案进行解释。说明书对权利要求用语有特别界定的,从其特别界定。以上述方法仍不能明确权利要求含义的,可以结合工具书、教科书等公知文献以及本领域普通技术人员的通常理解进行解释。”被诉侵权技术方案系用于铆紧磁控管上盖的铆盖模具,各方当事人无争议。第一次审查意见通知书认为,涉案专利要解决的技术问题是利用杠杆原理完成上盖裙边的铆紧,具体是设置若干力臂,通过传动杆实现杠杆原理和实现上盖的铆紧,而申请文本权利要求 1 缺少必要技术特征,即实现发明目的的传动杆及相关结构特征。在将申请文本的权利要求 2~5 中相关技术特征纳入权利要求 1 后,涉案专利才获得授权。因此,实现杠杆原理的力矩变化方案,即传动杆及相关的结构特征是本专利权利要求 1 获得授权的必要技术特征,属于发明点特征。

其次,关于被诉侵权技术方案与诉争特征是否相同,从传动杆的文义理解并结合说明书附图,其应是独立的传动结构,用于连接力臂工装和力臂。被诉侵权技术方案的动力工装直接抵靠在力臂上部的内弧形结构上,并无独立的传动杆结构,亦无权利要求 1 第二、三段中与传动杆相关的连接关系和位置关系。故被诉侵权技术方案不具备与诉争技术特征相同的特征。由于被诉侵权技术方案中力臂与动力工装的连接采用的结构与涉案专利不同，且这种不同使得涉案专利力臂工装向下移动，将上盖铆紧；而被诉侵权技术方案是力臂工装向上移动，将上盖铆紧，进一步表明两者实现技术效果的技术手段存在较大差异。

最后，关于格兰仕公司认为被诉侵权产品是通过动力工装的上下运动来推动力臂上部的内弧形结构，该部位可以视为一体成型曲面传动杆，这种工作技术手段变换属于本领域技术人员无需创造性劳动就能想到的，且实现了采用杠杆原理达到相同的功能和效果，构成等同的问题。《最高人民法院关于审理专利纠纷案件适用法律问题的若干规定》第十七条第二款规定："等同特征，是指与所记载的技术特征以基本相同的手段，实现基本相同的功能，达到基本相同的效果，并且本领域普通技术人员在被诉侵权行为发生时无需经过创造性劳动就能够联想到的特征。"一审法院认为，等同侵权判断中，基本相同的手段、功能、效果，以及是否需经过创造性劳动就能联想到的判断标准，仍具有一定的主观性。由于专利法保护的是创造性贡献，故等同侵权的判断应体现对创造性贡献的保护，确保专利权人所获得的保护与其技术贡献相匹配，并以此提高判定的客观性。一般来说，如果被诉侵权技术方案利用了发明点特征，则其余非发明点特征可以从宽认定等同，加强对涉案专利创造性贡献的保护；如果被诉技术特征与发明点特征存在不同，意味着被诉侵权技术方案相对于涉案专利具有一定的创造性贡献，则对该发明点特征是否等同应从严认定，以保障社会公众后续技术创新的合理空间。

具体来说，等同侵权的判断不应仅进行技术特征的手段、功能和效果形式上的对比。既不能简单以技术手段"不同"而不予认定等同，判断是否属于"基本相同的手段"和本技术领域人员"无需经过创造性劳动就能联想到的特征"，往往具有一定的主观性；也不能以发明技术方案整体所实现的最终结果一致而认定功能和效果基本相同并据此认定构成等同，因为专利权保护的是具体的技术方案而非技术方案整体所实现的最终结果。而应参考专利说明书中的相关说明和申请时的现有技术、授权原因等内容后，实质性地进行分析。在此基础上，应判断涉案专利为实际解决技术问题提供的特有的核心技术特征（通常为涉案专利据以获得授权的特征，如具有创造性评价的特征，或为实际解决技术问题的必要技术特征），也即发明点特征，是否体现在被诉侵权技术方案中。

据此，可以主要分为两种情形进行讨论。其一，如果被诉侵权技术方案利用了涉案专利特有的核心技术方案即发明点特征，且非发明点特征的变更属于"基本相同的手段"和本技术领域人员"无需经过创造性劳动就能联想到的特征”，应认定其实现了涉案专利实际解决其技术问题所要实现的功能和效果，构成等同。其二，如果被诉技术特征与发明点特征存在不同，则意味着被诉侵权技术方案相对于涉案专利具有一定的创造性贡献和相应的技术效果，此时不能以发明技术方案整体所实现的最终效果一致而认定功能和效果基本相同并据此认定构成等同，而应更加注重技术手段差异的比较和判断，对被诉特征与发明点特征是否等同应从严认定。这种情况下，被诉侵权技术方案并未利用发明点特征，或能进一步表明被诉侵权技术方案仅利用了涉案专利技术特征中属于申请时已公知的技术或技术原理，则不能认为实现了涉案专利实际解决其技术问题所要实现的功能和效果。

本案中，一方面，传动杆变换为力臂上部的内弧形结构以及相应的连接结构变化，是否属于惯常技术手段具有一定主观性，不能仅因此否定构成等同。另一方面，被诉侵权技术方案也可以实现杠杆原理最终达到铆紧上盖的作用，但亦不能据此就认定构成等同。从涉案专利授权过程可知，涉案专利实际解决技术问题的必要技术特征即发明点特征，不是利用杠杆原理本身，而是实现杠杆原理时力矩的具体变化方案，即传动杆及相关的连接结构特征。权利要求 1 限定了传动杆连接动力工装和力臂，传动杆方向和角度的变化导致动力工装作用于力臂的力矩发生变化，进而带动力臂上端摆动，力臂下端逆向摆动的技术方案。故传动杆及相关的连接结构特征是涉案专利权利要求 1 实际解决技术问题而获得授权的必要技术特征。

被诉侵权技术方案并非采用传动杆，而是采用力臂上部设置内弧形结构的力矩变化方案。即通过动力工装在力臂上部的内弧形结构上下来回移动，利用内弧形结构形成的力臂上端与中间的厚度不同而导致力矩不同，进而推动角力臂和边力臂摆动，实现将上盖卡紧或松开。首先，这表明被诉侵权技术方案并未利用涉案专利的发明点特征，不能认定实现了涉案专利实际解决其技术问题所要实现的功能和效果，对该技术特征应从严认定等同。其次，由于被诉侵权技术方案的相应技术特征与涉案专利实际解决技术问题的必要技术特征存在前述不同，意味着其相对于涉案专利具有一定的创造性贡献和相应的技术效果。上述力矩变化方案的改变，使被诉侵权技术方案省去了传动杆和传动杆前后端的铆接件，导致相比于涉案专利，被诉侵权技术方案不仅因铆接部件减少而设备损坏的风险更小，更因减少了传动杆与其他部件连接的过程而使其生产制备更容易，实现了力臂上部内弧形结构在加工过程中比传动杆的定位更为稳固等相应的技术效果。在此情况下，不能以被诉侵权技术方案最终实现了铆紧上盖的结果而认定功能和效果基本相同，并据此认定构成等同，而应更加注重上述技术手段的差异对技术方案的影响。最后，被诉侵权技术方案虽然也利用了杠杆原理，但杠杆原理作为公知的技术原理，不是涉案专利实际解决技术问题的必要技术特征和特有的核心技术方案，故不能认为被诉侵权技术方案实现了涉案专利实际解决其技术问题所要实现的功能和效果。综上，本案应该更注重被诉侵权技术方案与涉案专利实现杠杆原理的力矩变化具体方案的差异，认定被诉侵权技术方案不具有与涉案专利基本相同的技术手段，也不能实现基本相同的功能和效果，不构成等同。

在被诉侵权产品不落入涉案专利权利要求1保护范围的情况下，从属权利要求2~6均直接或间接引用权利要求1，被诉侵权技术方案也不落入从属权利要求2~6的保护范围。故被诉侵权技术方案未落入涉案专利权的保护范围。

由于被诉侵权技术方案未落入涉案专利权的保护范围，故美格公司未侵害格兰仕公司涉案专利权，格兰仕公司主张美格公司承担赔偿责任及销毁被诉侵权产品和专用生产设备模具没有依据，一审法院不予支持，并判决驳回格兰仕公司的全部诉讼请求。

本案一审宣判后，格兰仕公司向最高人民法院提起上诉，目前处于二审审理阶段。

【法官评述】

一、专利等同侵权制度的比较法概述

等同原则旨在保障专利权人的权益，避免他人对专利权利要求中技术手段的非实质性改变，轻易规避专利侵权的法律责任。但其突破传统文义解释边界，削弱了专利权项的公示性与确定性，故司法实践中需调适两者关系。等同侵权制度在专利侵权制度中被比喻为“皇冠上的明珠”，其判定客观性一直是各国司法的难点。

就专利侵权判定等同原则与全面覆盖原则的适用关系上，一直存在不同观点。有学者主张应采用德国法下的功能导向的等同原则，摒弃全面覆盖原则，采用整体技术方案比对。也有学者主张遵循美国法下的等同原则判定路径，即严格坚持全面覆盖原则，采用三步法测试进行单一特征比对，并似显现出以功能为导向采用“功能－手段－效果”比对顺序的倾向；同时，美国专利司法实践对功能性特征采用的是“二次等同”理论，体现了其一贯更注重保护专利权人的做法。日本是五要件理论，强调“非本质部分”，等同适用整体上非常严。

韩国适用的五要件理论则强调发明技术构思或技术特征整体，其大法院最新的判决体现了对实质性技术特征的强调。我国台湾地区也受日韩影响强调实质性因素，在三步法测试之外又规定“可轻易置换测试”与“非实质性差异测试”两种辅助判定路径。

二、我国专利等同侵权制度的现状评析

我国的专利侵权判定中，等同是指技术特征之间的等同。在进行等同判定之前以司法政策为指引，结合个案案情确定合理的宽严标准。基本上借鉴了三步测试法，具体判定时先对技术特征作准确划分与解释，然后严格遵循“三个基本相同”+“显而易见性”规则逐一对比；对于功能性特征应适用特别法则，即适用“一次等同”，遵循“一个基本相同”+“两个相同”+“显而易见性”规则进行对比；方法专利的等同判定也存在特别之处。此外，在符合捐献原则、禁止反悔原则、特意排除原则、不保护现有技术原则、可预见性原则的情形下，等同不成立。

我国等同侵权认定的司法政策整体趋严，防止压缩创新空间。但司法实践中对基本相同的手段、功能、效果及是否显而易见的判定，仍具有较大的主观性。

首先，是其中技术手段是否基本相同，这种改变是否为显而易见的判断。对此最高人民法院从发明点技术特征出发，提出等同认定更加科学化的要求，指出“对于并非专利发明点的技术特征，不宜过分限制该技术特征的等同范围”。

其次，等同判定的主观性还体现在技术特征划分的影响上。讲究技术特征之间的逐项等同，导致技术特征的具体划分会影响技术手段是否基本相同的判断。在有些案件中，此类逐一比对的方法忽略了技术特征之间的合并与分解，尤其是在遇到被诉侵权技术方案与涉案专利相比，缺少必要技术特征的情况下，就很容易得出不构成侵权的结论。

最后，等同规则和限制规则的适用是否具有客观依据，也影响等同侵权判定的客观性。基本相同的手段和显而易见性，是否属于技术手段的简单替换等判断，即便技术调查官参与，其作为本领域技术人员的判断也具有主观性，与行政程序审查中以现有技术文件作为客观依据形成鲜明对比。诚然，行政程序中现有技术的检索是有限的，不是绝对的，但其依据的客观性仍相对具有说服力；亦非每个案件都要将行政程序专利档案都拿出来才能判决，这主要视当事人的主张和举证进行，民事诉讼本来就是当事人对其民事权利和诉讼权利的处分。民行二元架构下专利侵权诉讼中法院没有机会对专利创造性判断进行审

查，但事实上创造性判定与等同判定两者之间并非无可借鉴之处，在认定依据的客观性方面，可以结合当事人的举证责任，将专利文本和授权确权程序中已经明确的现有技术文献，或进一步进行现有技术对比文件举证，来确定是否属于基本相同的手段或显而易见；甚至以此确定发明的创造性贡献来进一步判断是否构成对创造性贡献的抄袭，并据此认定是否等同。这在当前我国专利质量有所提高，专利侵权诉讼能力提升，鼓励高质量专利服务高质量发展的情况下，不仅可行且有重要的现实意义。

三、本案对等同侵权认定标准更加科学化、客观化的实践探索

专利法保护的是创造性技术贡献，故等同侵权的判定应体现对专利权创造性贡献部分的保护，确保专利权人所获得的保护与其技术贡献相匹配，并以此提高等同判定的客观性。一般来说，如果被诉技术方案利用了发明点特征，则其余非发明点特征可以从宽认定等同，加强对涉案专利创造性贡献的保护；如果被诉特征与发明点特征存在不同，意味着被诉侵权技术方案相对于涉案专利具有一定的创造性贡献，则对被诉特征与该发明点特征是否等同应从严认定，以保障社会公众后续技术创新的合理空间。具体来说，等同侵权的判断不应仅进行技术特征手段、功能和效果形式上的对比，而应参考专利说明书中的相关说明、申请时的现有技术、授权原因等进行实质性分析。在此基础上，判断涉案专利发明点特征是否体现在被诉侵权技术方案中，并据此认定是否构成等同。

同时，本案的认定表明，在实质性认定等同的目标下，不能以技术特征逐一机械比对进行等同认定，而应在技术发明点确定的情况下，以是否实质性利用创造性技术贡献为标准进行比对，避免机械比对过于细分的技术特征或进行整个技术方案等同的比对。

本案对我国等同判定标准更加科学化的路径进行了探索，通过分析发明点特征来实质性认定等同侵权，与日本等同要件强调“本质部分”和“技术思想”的理论，以及韩国大法院最新明确的等同侵权判断标准等相契合，同时也与我国法律规定相匹配，符合我国对等同认定的司法政策要求。本案裁判既体现了专利侵权认定的国际发展趋势，又发展了我国等同侵权认定规则更加客观化、科学化的司法实践和规则探索，有助于准确保护和激励创新，具有重要的理论和应用价值。

编写人：广州知识产权法院　邓永军

（编辑：邓志愿）

4

敬和堂公司与广东国源公司、深圳国源公司侵害发明专利权纠纷案

阅读提示：中医药发明专利侵权纠纷案中，配方相同，但药物用途及制备方法有差异是否构成侵权？

【裁判要旨】

涉案专利为“一种中药组合物在制备治疗缺铁性贫血药物中的应用”的发明专利，其技术方案由配方、用途及制备方法三部分组成，在被诉产品与涉案专利的各原料药种类及其重量百分比构成相同的情况下，仍需根据药物的制备方法及其达到的用途是否相同判断是否构成侵权。本案通过比较现有技术，结合专利审查档案，合理确定涉案专利的创新点及其发明贡献，分析中西医学上对“气血两虚证”“缺铁性贫血”症状范围的重合与差异判断二者的用途并非等同，又根据制备程序的差异判断二者为不同的技术理念，从而认定被诉产品并未构成侵权。

【案号】

一审：广州知识产权法院（2021）粤 73 知民初 860 号

【案情与裁判】

原告：湖南敬和堂制药有限公司（简称敬和堂公司）

被告：深圳国源国药有限公司（简称深圳国源公司）

被告：国源国药（广东）制药集团有限公司（简称广东国源公司）

起诉与答辩

敬和堂公司诉称，其是专利号为ZL03124713.X、名称为“一种中药组合物在制备治疗缺铁性贫血药物中的应用”的发明专利（简称涉案专利）的专利权人，该专利合法有效。广东国源公司、深圳国源公司未经敬和堂公司许可，共同制造、销售、许诺销售被诉产品，且被诉产品的技术方案落入涉案专利权的保护范围。广东国源公司、深圳国源公司的侵权行为给敬和堂公司造成了重大经济损失，敬和堂公司遂诉请判令广东国源公司、深圳国源公司：1. 立即停止制造、销售、许诺销售侵害涉案专利权的六味补血胶囊产品；2. 赔偿敬和堂公司经济损失2000万元（其中由深圳国源公司单独承担1000万元，由广东国源公司、深圳国源公司连带承担1000万元）；3. 连带赔偿敬和堂公司为制止侵权所支付的合理费用共计165041元；4. 承担本案的诉讼费用。

广东国源公司、深圳国源公司共同答辩称，1. 确认被诉产品系广东国源公司制造、销售、许诺销售，本案与深圳国源公司无关；2. 被诉产品的用途、生产工艺、效果均与涉案专利不同，未落入涉案专利权的保护范围；3. 被诉侵权技术方案是现有技术与公知常识的简单组合，属于现有技术，不构成侵权；4. 被诉产品销量很少，敬和堂公司诉请的赔偿数额过高。

一审审理查明

敬和堂公司是涉案专利的专利权人，该专利申请日为2003年7月30日，授权公告日为2006年9月27日。该专利按期缴纳年费。

2022年3月4日，针对广东国源公司的请求，国家知识产权局作出第54587号无效宣告请求审查决定书，宣告维持涉案专利权有效。

敬和堂公司在本案请求专利权保护的范围为涉案专利权利要求1、2。具体内容为：1. 一种中药组合物在制备治疗缺铁性贫血药物中的应用，各原料药的重量百分比构成为：当归10%~30%，熟地10%~30%，白芍10%~30%，川芎5%~15%，黄芪10%~30%，紫草10%~30%；将所述原料药中的熟地、白芍、川芎、黄芪、紫草置提取罐中，加入其总重量5倍重量的水，加热煮沸2小时，滤出药液备用，药渣再置提取罐中加入原药重量4倍重量的水，加热煮沸1小时，将两次煮提所得的药液混合后过100目筛，浓缩至相对密度为1.15的清膏，置喷雾干燥机中干燥成干膏粉，备用；将所述原料药中的当归置提取罐中，加入其5倍重量的含量为70%的乙醇，加热回流2小时，滤出药液备用，药渣再置提取罐中，加入原药3倍重量的含量为70%的乙醇，加热回流1.5小时，滤出药液，将两次提出液混合后置乙醇回收器中回收乙醇，冷却后过100目筛，浓缩至相对密度为1.18的清膏，备用；将所述制得的干膏粉和清膏混合，加入原药总重量6.8%的糊精和原药重量20%的糖粉，制粒包装即成。2.根据权利要求1所述的中药组合物在制备治疗缺铁性贫血药物中的应用，其特征在于，各原料药的重量百分比构成为：当归18%，熟地18%，白芍18%，川芎10%，黄芪18%，紫草18%。

涉案专利说明书显示，用涉案专利方法制得的六味补血颗粒进行临床药效试验，选择缺铁性贫血属中医气血两虚者作为观察对象，其结果提示该药品对缺铁性贫血有较好的治疗效果，并认为对气血两虚证，即头晕眼花、神疲乏力、少气懒怠、纳少失眠、心悸、自汗、面色苍白、手足麻木、月经不调有较好的改善作用。

涉案公证书显示，敬和堂公司的委托代理人于2020年8月10日在位于北京市朝阳区的广康堂大药房购买到“六味补血胶囊”十盒，拍照并封存。上述公证购买的药物外包装及说明书上均有“乐媛”标识，批准文号为国药准字Z20090332，显示生产企业为“广东国源国药制药有限公司”，生产地址与广东国源公司的住所地相同，成分为当归、熟地黄、白芍、川芎、黄芪、紫草，功能主治益气养血，用于气血两虚证，症见头晕眼花、神疲乏力、唇甲色淡等。

一审法院依照敬和堂公司的申请，向国家药品监督管理局调取了上述批准文号的“六味补血胶囊”药品注册批件等备案资料。上述资料显示，该药品的生产企业为深圳国源公司。该药品处方：当归800g、熟地黄800g、白芍800g、川芎400g、黄芪800g、紫草800g。该药品制法：以上六味，当归用70%乙醇回流提取两次，第一次加8倍量，提取2小时，第二次加6倍量，提取1.5小时，合并提取液，滤过，滤液回收乙醇，静置24小时，滤过，滤液浓缩至相对密度为1.18（60~70℃）的清膏，备用；药渣与其余黄芪等五味，加水煎煮两次，第一次加水8倍量，煎煮2小时，第二次加水5倍量，煎煮1小时，合并煎液，滤过，滤液浓缩至相对密度为1.15（60~70℃）的清膏，加入上述清膏干燥，加入淀粉80g，混匀，制粒，干燥，灌装，制成1000粒，即得。该药品的功能主治与上述公证购买的药品相同。

敬和堂公司确认上述六味补血胶囊为本案被诉产品，双方均确认以上述备案资料作为依据进行技术比对。经比对，双方的主要分歧为产品的用途和制备方法。

敬和堂公司认为，1.其于1996年率先研制出六味补血颗粒，于2003年将该方法申请专利，深圳国源公司在该药品基础之上改型并申请了六味补血胶囊的批文。深圳国源公司改型的制备方法除胶囊的一步以外，完全抄袭上述六味补血颗粒的制作方法，适应证一字不差，甚至包括产品说明书表述也抄袭。被诉产品注册备案资料还引用了上述六味补血颗粒的药品标准编号。2. 涉案专利说明书显示，该专利选取的缺铁性贫血病例均为气血两虚病由，故被诉产品一定可以治疗专利方法里的缺铁性贫血。气血两虚是中医的术语，缺铁性贫血是西医的术语。缺铁性贫血属于气血两虚。气血两虚是中医比较大的病症，包含了缺铁性贫血。由于中医学缺少客观体系数据说明，所以敬和堂公司申请专利时表述为缺铁性贫血，说明书中的例子也是缺铁性贫血的病例。根据全面覆盖原则，只要被诉产品具备涉案专利适应证，即侵犯了涉案专利。3. 药渣和其他药材合煎是常用的方法，最后得到的成药是相关的。被诉产品的成药密度与涉案专利制出的药品密度是相近的，其药效基本相同。关于加水倍数，敬和堂公司从未放弃加水倍数的等同方案，加水 5~8 倍是《中药药剂学》记载的常见加水量，且根据《中国药典》记载，加水倍量并非关键参数。关于剂型，二者不同点在于辅料，辅料并非活性成分，不提供药效，且被诉产品加入的辅料含量都是常规用量，淀粉、蔗糖、糊精均为常见药用辅料。

深圳国源公司、广东国源公司认为，1. 本案为专利侵权纠纷，其权利基础应为公开的专利授权版本，双方应基于此进行技术方案的比对，与其他文件无关。2. 涉案专利作为一项用途发明，其所要保护的是治疗缺铁性贫血的功效，敬和堂公司在授权阶段明确限定了其所要保护的仅是缺铁性贫血而非常规的气血两虚，被诉产品实施的恰好是涉案专利明确放弃的技术方案，所以二者不等同。3. 被诉产品在生产工艺上与涉案专利存在诸多不同，尤其是在制作中将当归与其余五味共同煎煮，能够实现增溶、增效之效果，使得被诉产品的功能与效果远好于涉案专利。敬和堂公司生产的专利产品“六味补血颗粒”最早的产品编号为“湘卫药健字（1996）第 0083 号”，属于中药保健品，并非正规中药药品。经过国家药品监督管理局整顿后，该专利产品才取得现在的批准文号“国药准字 B20020823”，其中的 B 即表示保健品，而被诉产品为正规的中药药品，药效明显优于保健品。关于个别数据的不同及加水量的倍数不同，涉案专利在申请时明确放弃了除专利记载的数字以外的技术方案，根据禁止反悔原则，不能将上述方案纳入等同方案中。关于糊精和糖粉的添加，被诉产品是加 80g 淀粉，若按涉案专利描述，糊精应为 300g，糖粉为 1200g，无论是成分还是功效都与被诉产品有实质不同。因此，被诉侵权技术方案未落入涉案专利权的保护范围。

为证明其并未侵权，深圳国源公司、广东国源公司向一审法院提交了下列证据：

1. 涉案专利的申请公开文本。该文本显示发明名称为“六味补血颗粒及其制造方法”，其权利要求为:（1）一种六味补血颗粒，其特征在于：采用如下常规中药按重量百分比组成为：当归 10%~30%，熟地 10%~30%，白芍 10%~30%，川芎 5%~15%，黄芪 10%~30%，紫草 10%~30%。（2）根据权利要求1所述的六味补血颗粒，其特征在于，各中药组分的重量百分比如下：当归 18%，熟地 18%，白芍 18%，川芎 10%，黄芪 18%，紫草 18%。（3）根据权利要求 1 所述的六味补血颗粒的制造方法，其特征在于：将组分中的熟地、白芍、川芎、黄芪、紫草置提取罐中，加入其总重量 5 倍重量的水，加热煮沸 2 小时，滤出药液备用，药渣再置提取罐中加入原药重量 4 倍重量的水，加热煮沸 1 小时，将两次煮提所得的药液混合后过 100 目筛，浓缩至相对密度为 1.15（60~70℃）的清膏，置喷雾干燥机中干燥成干膏粉，备用；将组分中的当归置提取罐中，加入其 5 倍重量的含量为 70% 的乙醇，加热回流 2 小时，滤出药液备用，药渣再置提取罐中，加入原药 3 倍重量的含量为 70% 的乙醇，加热回流 1.5 小时，滤出药液，将两次提出液混合后置乙醇回收器中回收乙醇，冷却后过 100 目筛，浓缩至相对密度为 1.18（60~70℃）的清膏，备用；将上述制得的干膏粉和清膏混合，加入原药总重量 6.8% 的糊精和原药重量 20% 的糖粉，制粒包装即成。

2. 涉案专利的审查档案复印件。其中,《第一次审查意见通知书》显示，权利要求 1~3 不具备《专利法》第二十二条第三款规定的创造性，专利申请中没有可以被授予专利权的实质性内容，如果申请人没有陈述理由或陈述理由不充分，其申请将被驳回;《第一次审查意见通知书》正文记载:“对比文件 1 是一篇与本申请十分相关的对比文件，其中公开的生血灵冲剂也是由黄芪、熟地、白芍、当归、川芎、紫草制成的。在对比文件的教导下，为了达到补血生血的目的，以当归、熟地、白芍、川芎、黄芪、紫草为原料药，并选择一定的用量配比是容易想到的，且未产生任何意想不到的有益效果，因此权利要求 1~2 与对比文件 1 相比，不具备突出的实质性特点和显著的进步，不符合《专利法》第二十二条第三款有关创造性的规定。权利要求 3 请求保护上述补血颗粒的制备方法，在产品没有创造性的前提下，制备方法又是常规方法，且制备方法未给产品本身带来任何意想不到的有益效果，因此权利要求 3 与对比文件 1 相比，也不具备突出的实质性特点和显著的进步，不符合《专利法》第二十二条第三款有关创造性的规定……"《第二次审查意见通知书》显示，权利要求 1 不具备《专利法》第二十二条第二款规定的新颖性，权利要求 2~3 不具备《专利法》第二十二条第三款规定的创造性，专利申请中没有可以被授予专利权的实质性内容，如果申请人没有陈述理由或陈述理由不充分，其申请将被驳回;《第二次审查意见通知书》正文记载："对比文件 1 公开了一种由黄芪、熟地、白芍、当归、川芎、紫草制成的药物，其中除川芎为 2g 外，其余诸药均为 4g（参见该对比文件的 2.1 治疗组），相当于川芎占 9.09%，其余诸药占 18.18%。该权利要求所要求保护的技术方案与该对比文件所公开的内容相比，所不同的仅仅是该权利要求中记载的是一个数值范围，而该对比文件 1 记载的是一个数值点，该点落在该范围内……因此该权利要求所要求保护的技术方案不具备新颖性……在对比文件的教导下，为了达到补血的目的，采用对比文件 1 的原料药并对其中各原料药之间的配比进行一些微小改变，从而得到权利要求 2 要求保护的技术方案是容易想到的，且未产生任何意想不到的有益效果，因此权利要求 2 所要求保护的技术方案相对于对比文件 1 来说不具备突出的实质性特点和显著的进步，因而不具备创造性……在权利要求 1 的产品没有新颖性的前提下，制备方法又是本领域技术人员熟知的常规方法，且制备方法未给产品本身带来任何意想不到的有益效果，因此权利要求 3 与对比文件 1 相比，也不具备突出的实质性特点和显著的进步，不符合《专利法》第二十二条第三款有关创造性的规定……"《意见陈述书》正文记载："诚如'二通'意见所指出，本专利申请权利要求 1 要求保护的配方，作为一种产品，按照《专利审查指南 2010》的有关规定，缺乏新颖性。但如将本发明作为一项用途发明，其新颖性、创造性应当是具备的。故申请人对权利要求 1、2 要求保护的主题作了修改，改为'一种中药组合物在制备治疗缺铁性贫血药物中的应用'，并将原权利要求 3 的制备方法也并入权利要求 1……本发明的完成，为治疗缺铁性贫血提供了一种十分有效的中药……在用途方面，就治疗缺铁性贫血而言，二者显然缺乏可比性，因为对比文件 1 根本没有涉及治疗缺铁性贫血的内容……修改后的权利要求具备《专利法》第二十二条第二、三款规定的新颖性、创造性……"

3.《生血灵冲剂治疗原发性血小板减少性紫癜 121 例临床观察》一文（湖南中医杂志，1997 年 7 月）。该文记载："从 1993 年 9 月—1996 年元月，采用张绍煦祖传治疗紫癜的验方（定名为生血灵冲剂，由冷水滩医药保健品公司生产）治疗本病 121 例……该药由黄芪、熟地、白芍、当归、川芎、紫草等组成，由冷水滩医药保健有限责任公司加工制为冲剂，每包 10g，含生药量除川芎为 2g 外，上述诸药均为 4g……”

4.《生血灵补血作用的实验研究》一文（湖南中医杂志，1999 年 9 月）。该文记载：“生血灵由当归、黄芪、紫草等组成，经加工制成。临床用于治疗气血两虚、气不摄血型紫癜、贫血等病症取得了良好的疗效……生血灵由湖南省冷水滩医药保健品公司提供（批号 941018，10g/ 包，2.2g 生药 /g）……”

敬和堂公司对证据 1 无异议，但认为证据 2 无原件核对故不认可，证据 3、4 中的生血灵冲剂由黄芪、熟地、白芍、当归、川芎、紫草等组成，该药不只包含该六味药材，且用于治疗的疾病为原发性血小板减少性紫癜，不同于缺铁性贫血或气血两虚证，该药提前公开售卖并不等于该药的制备方法也同时被公开。

另查明，敬和堂公司成立于 1995 年 2 月 25 日，2002 年之前的经营范围包含生血灵冲剂。深圳国源公司成立于 2005 年 7 月 13 日，经营范围包括片剂、硬胶囊剂等的生产。广东国源公司成立于 2014 年 2 月 18 日，经营范围包括药品生产等。

一审判理和结果

一审法院认为，本案争议焦点为，被诉侵权技术方案是否落入涉案专利权的保护范围。敬和堂公司请求保护权利要求 1、2。其中，权利要求 1 为独立权利要求，权利要求 2 为从属权利要求。根据涉案专利权利要求 1 的内容，其技术方案由配方、用途及制备方法三部分组成。经比对，被诉产品在配方上满足权利要求 1 对于各原料药种类及其重量百分比构成的要求，双方的分歧在于用途与制备方法。对此，一审法院分析如下：

首先，结合在案证据及一审法院查明的事实可以看出，敬和堂公司于 2002 年取得六味补血颗粒的批准文号，该药品的前身即为生血灵冲剂，由保健品转为药品。二者的配方相同，成分均为黄芪、熟地、白芍、当归、川芎、紫草，且川芎所占重量百分比均约为 9.09%，其余五味各均约为 18.18%。由此可见，涉案专利的配方部分在申请日之前已经公开。敬和堂公司虽以无原件为由不认可深圳国源公司、广东国源公司提交的证据 2 的真实性，但该证据原件为敬和堂公司持有而其并未提交，故一审法院确认该证据的真实性。结合涉案专利的申请公开文本及其授权文本的内容可以看出，敬和堂公司在实质审查过程中，为取得专利授权，将原来的权利要求 3 即制备方法并入权利要求 1 即配方，并增加用途限定，从而形成现在的权利要求 1，由产品专利转化为方法专利，并最终获得授权。由此亦可见，可能为涉案专利带来新颖性与创造性的并非来自配方，而是用途和制备方法。从涉案专利的审查档案看，用途更可能是其具备专利性的决定性因素。

其次，关于用途。被诉产品的功能主治为益气养血，用于气血两虚证，症见头晕眼花、神疲乏力、唇甲色淡等。涉案专利的用途限定为缺铁性贫血。两相比较，气血两虚证为中医的证候名称，可以有多种症状表现，而缺铁性贫血为西医的疾病名称，临床上有其明确的诊断标准。众所周知，中医与西医属于不同的医学理论体系，中医的证候与西医的疾病也不存在一一对应的关系。同样，气血两虚证与缺铁性贫血虽然可能存在着一定的交叉重合，就如涉案专利说明书中的临床试验所选择的缺铁性贫血属气血两虚者，但显然，二者仍存在本质的区别。另外，从本案现有证据看，在涉案专利申请日之前，生血灵冲剂或六味补血颗粒用于气血两虚证，已属公知用途。若将气血两虚证与缺铁性贫血两种用途视为等同，可能与涉案专利取得新颖性、创造性的基础相悖，并与其发明贡献不相匹配，不合理地扩大了涉案专利的保护范围。因此，二者不构成等同。

最后，关于制备方法。暂不论涉案专利的制备方法是否属于常规方法，单纯比较二者，即可发现存在诸多不同之处。除了提取溶剂的使用量以及最终获得的剂型有所不同外，还有一个明显的区别在于，涉案专利将当归与其余五味药分别煎煮提取，而被诉产品的制备则先提取当归，再将当归提取后的药渣与其余五味药共同煎煮提取。且不论该区别对有效成分的提取效果及最终获得的产品疗效是否有实质性的影响，可以确定的是，其令二者在生产效率上差别明显，即被诉产品的生产效率显著低于涉案专利。结合两种方法所使用的溶剂量，更能反映出二者不同的技术理念，即涉案专利更注重生产效率，而被诉产品的制备方法更强调尽可能多地提取出药材的有效成分。因此，即便仅以此区别，也足以认定二者不属于基本相同的手段，更难言基本相同的功能与效果，不构成等同。综上所述，根据全面覆盖原则，被诉侵权技术方案未落入涉案专利权的保护范围，故一审法院依照《专利法》（2008 年修正）第五十九条第一款，《最高人民法院关于审理侵犯专利权纠纷案件应用法律若干问题的解释》第七条，《最高人民法院关于审理专利纠纷案件适用法律问题的若干规定》第十三条，《民事诉讼法》第六十七条第一款的规定，判决驳回敬和堂公司的全部诉讼请求。

一审判决后，敬和堂公司不服，向最高人民法院提起上诉，目前本案二审正在审理中。

【法官评述】

2022年12月21日最高人民法院颁布的《关于加强中医药知识产权司法保护的意见》提出，要加强中医药专利保护，遵循中医药发展规律，准确把握中医药创新特点，完善中医药领域专利司法保护规则，结合中医药传统理论和行业特点，合理确定中医药专利权保护范围，完善侵权判断标准。

一、中医药专利保护的困境

现行的《专利审查指南2010》相关审查标准主要是针对西医化学药品和药物制剂，在侵权比对时，通过分析西医药物的化学成分和分子式的差异，容易判断侵权与否。但中药复方通常含有多种成分，在中药炮制过程中发生复杂的化学变化，无法通过实验数据分析等明确其化学成分与分子式。同时，中药的种类繁多，不同的中药间可能有可替换的功效，且该类替换对于本领域的技术人员是容易想到的，在这种情况下，即使药物成分不同也可能构成等同侵权。但也存在另一种情况，即使两份配方由相同的中药成分组成，但中药成分的分量、炮制的时间长短、不同中药成分先后烹煮的顺序等差异，导致二者发挥不同的功能与效果，达到不同的药物效果，则即使配方相同也不必然构成侵权。正是因为中医药作用机理的复杂性，故在确定一项中医药复方申请是否具备创造性，或者作侵权与否的判断时，需结合中医药传统理论，从中医辨证施治的原则，从法则、治法、配伍、方剂、效果等全面比较进行认定。鉴于此，如何在专利法框架下保护传统中医药领域的创新成果，面临巨大的挑战。

二、本案的裁判思路

判断被诉侵权技术是否构成侵权，首先要明确涉案专利权利保护范围。本案中，涉案专利请求保护的范围为权利要求1、2，其技术方案由配方、用途及制备方法三部分组成，该三部分均对保护范围形成限定作用。通过比对现有技术、分析涉案专利的申请及审查档案并比较涉案专利的申请文本及授权文本，可以确认上述配方部分属于现有技术，涉案专利的创新点在于用途和制备方法，即旧配方的新用途及该配方的制备方法。此为涉案专利的发明贡献，其保护范围应与该发明贡献相匹配。因此，虽然被诉侵权技术方案的配方与涉案专利相同，但比对的重点却在于二者的用途及制备方法。本案中，就用途而言，被诉产品用于气血两虚证，而涉案专利限定于缺铁性贫血。二者分属于不同的医学体系，并非重合关系也无法相互替代。况且，上述配方的中成药用于气血两虚证属于现有技术，若认定二者等同，将产生把现有技术纳入保护范围的不合理现象，与涉案专利的发明贡献不相匹配。就制备方法而言，二者在萃取液的用量及当归药渣的利用上存在明显的区别，显示出二者在生产效率与提取效果上的取舍，体现了截然不同的技术理念。在能够体现创新点的制备方法上，被诉产品与涉案专利的技术理念不同，显然无法构成等同的技术特征。综上，根据全面覆盖原则，被诉侵权技术方案并未落入涉案专利权的保护范围。该裁判结果充分体现了“保护知识产权就是保护创新”的知识产权保护理念，在加强保护的同时更要注意合理保护，以更好地服务实体经济大局，真正起到鼓励创新的引导作用。

加强中医药知识产权保护，尤其是专利保护是非常紧迫的任务，随着国家对中医药知识产权保护力度不断增强，中医药类专利纠纷案件也越来越多。本案对审理该类案件将提供有益思路，即遵循专利侵权案件审理的基本原则，在合理确定权利保护范围的前提下，结合中医药类的特点，作出侵权与否的判定。

编写人：广州知识产权法院　官健　黄榆岚

（编辑：邓志愿）

5

科思创公司与拓普公司侵害发明专利权纠纷案

阅读提示：对司法鉴定意见应如何进行审查，应如何加大损害赔偿力度以实现司法裁判的正向指引功能？

【裁判要旨】

1. 侵权比对时，本案发明专利为改性聚异氰酸酯，被诉侵权产品是水可分散性异氰酸酯固化剂，需要通过检测分析才能确定被诉侵权产品的技术特征，进而与专利权利要求进行比对。司法鉴定意见经双方当事人质证后，法院围绕鉴定人是否具备解决相关专门性问题应有的知识、经验及技能；鉴定方法和鉴定程序是否规范，技术手段是否可靠；鉴定人有无应当回避的法定事由；鉴定人在鉴定过程中有无徇私舞弊或者其他影响公正鉴定的情形等方面进行审查后，采信鉴定意见书的比对结论，判定被诉侵权产品落入本案专利权保护范围。

2. 确定赔偿数额时，权利人根据侵权人官网等网站发布的信息计算侵权人的侵权获利超过 400 万元，侵权人予以否认，但未能提供证据予以推翻，权利人书面申请法院责令侵权人披露证据，法院予以准许，并责令侵权人披露证据，侵权人未完整披露证据。法院审查后，综合发明专利市场价值较高，侵权人故意实施侵权行为，侵权情节较为严重，制造被诉侵权产品数量较多，销售、许诺销售被诉侵权产品范围较广，侵权持续时间较长，侵权获利较高，存在披露证据不全面，严重违背诚信诉讼原则等因素，采用裁量性判赔方法确定侵权人赔偿经济损失及合理费用。

【案号】

一审：广州知识产权法院（2020）粤73知民初680号

二审：最高人民法院（2022）最高法知民终1894号

【案情与裁判】

原告：科思创德国股份有限公司（简称科思创公司）

被告：广东拓普合成科技股份有限公司（简称拓普公司）

起诉与答辩

科思创公司诉称，其是名称为“改性聚异氰酸酯”的第01809642.5号中国发明专利（简称本案专利）的专利权人。2019年，科思创公司两次从拓普公司购买了被诉侵权产品，科思创公司的委托代理人委托微谱公司对公证封存的瓶装样品进行检测分析，经对比，被诉侵权产品落入本案专利权利要求1~5的保护范围。拓普公司在未经科思创公司许可的情况下，生产、许诺销售、销售被诉侵权产品，已经侵害了科思创公司的专利权，严重扰乱市场秩序和侵害了科思创公司的合法利益，给科思创公司带来了巨大的经济损失，应当承担赔偿损失等法律责任。科思创公司诉请：1. 拓普公司就其侵权行为赔偿科思创公司经济损失合计人民币4000000元；2. 拓普公司承担科思创公司为制止侵权行为所支付的合理费用130000元。

拓普公司答辩称，1. 拓普公司没有侵犯科思创公司本案专利权。拓普公司所生产的被诉侵权产品反应制备与科思创公司的“聚异氰酸酯”不同，其制备材料相比科思创公司的本案专利制备材料多了环戊基氨基丙磺酸与有机硅树脂两种物质。2. 被诉侵权产品的分子结构与本案专利的分子结构有着本质区别，科思创公司及鉴定机构对于被诉侵权产品与本案专利的技术特征的比对存在错误。拓普公司在研发被诉侵权产品时，是以规避科思创公司的本案专利为前提，在制备方法中加入环戊基氨基丙磺酸、有机硅树脂，区别于科思创公司发明专利权，且加入环戊基氨基丙磺酸使整个体系黏度降低及产品容易开稀，加入有机硅树脂使整个体系的耐性得到提高。二者之间是完全不同的化学合成路线，最终产品的分子结构也完全不同，拓普公司没有侵犯科思创公司的发明专利权。3. 拓普公司不构成侵权，因此科思创公司无权要求拓普公司停止制造、使用、许诺销售、销售被诉侵权产品及销毁制造被诉侵权产品的专用设备以及未出售的被诉侵权产品，科思创公司没有提供相关证据证明科思创公司的实际经济损失，且科思创公司的损失与拓普公司无关联，拓普公司无须向科思创公司赔偿100万元，本案所产生的一切费用也由科思创公司自行承担。4. 即使认定拓普公司构成侵权，但拓普公司不是以侵权为主业，产品销售地域范围窄，主要为广东省内，其余省区销售极少，产品销售利润低，净利润为负数。2019年12月后已经停止制造被诉侵权产品的行为，情节轻微，科思创公司主张的赔偿数额显然过高，应予调低。5. 科思创公司计算赔偿不合理。6. 关于合理费用，拓普公司认为鉴定费不应当采纳，存在重大瑕疵，不应当支持，该费用也不是本案必要的支出费用，且主张的合理开支费用显然过高，应依法予以调低。

一审审理查明

一、本案专利权属及权利保护范围的相关事实

名称为“改性聚异氰酸酯”、专利号为ZL01809642.5的发明专利，申请日为2001年5月7日，授权公告日为2005年2月23日，专利权人为拜尔公司，于2016年6月13日变更为科思创公司，该专利保护期限至2021年5月6日届满。本案专利共有17项权利要求，其权利要求为：1. 改性聚异氰酸酯，其通过聚异氰酸酯与2–（环己基氨基）– 乙磺酸和 / 或3–（环己基氨基）丙磺酸反应来制备，其中的氨基磺酸的用量为聚异氰酸酯和氨基磺酸总重量的0.3~25重量%。2. 权利要求1的改性聚异氰酸酯，其特征在于，平均异氰酸酯官能度为至少1.8；异氰酸酯基团含量（以NCO，分子量=42计算）为4.0~26.0重量%；磺酸盐基团含量（以SO_3^-，分子量=80计算）为0.1~7.7重量%，和任选地；键合于聚醚链内的环氧乙烷单元的含量（以C_2H_2O，分子量=44计算）为0~19.5重量%，其中所述聚醚链包含统计平均数为5~35个环氧乙烷单元。3. 权利要求1和2的改性聚异氰酸酯，其特征在于，平均异氰酸酯官能度为2.0~4.8；异氰酸酯基团含量（以NCO，分子量=42计算）为7.0~23.0重量%；磺酸盐基团含量（以SO_3^-，分子量=80计算）为0.2~6.3重量%，和任选地；键合于聚醚链内的环氧乙烷单元的含量（以C_2H_2O，分子量=44计算）为0~17.0重量%，其中所述聚醚链包含统计平均数为7~30个环氧乙烷单元。4. 权利要求1~3的改性聚异氰酸酯，其特征在于所述聚异氰酸酯是脂肪族、环脂族、芳脂族和 / 或芳香族聚异氰酸酯。5. 权利要求1~4的改性聚异氰酸酯，其特征在于所述聚异氰酸酯是脂肪族和 / 或环脂族聚异氰酸酯。

说明书记载，本发明涉及改性聚异氰酸酯和聚异氰酸酯混合物，其制备方法以及其在制备聚氨酯合成材料中作为起始组分的用途，尤其是作为水溶性或水分散性涂料粘合剂或粘合剂组分的交联剂的用途，所述粘合剂或粘合剂组分具有对异氰酸酯基团有反应性的基团。

二、科思创公司主张保护期内被诉侵权的相关事实

（一）科思创公司主张拓普公司制造、销售、许诺销售被诉侵权产品的相关事实

科思创公司为证明拓普公司实施了制造、销售、许诺销售被诉侵权产品的行为，向广州知识产权法院提交了（2019）京方正内经证字第10377号《公证书》、（2019）京国立内民证字第3277号《公证书》、（2019）京国信内经证字第08615号《公证书》、（2020）京国信内经证字第02492号《公证书》。前述公证书记载了科思创公司向拓普公司购买被诉侵权产品、浏览拓普公司官方网站等过程。

（二）被诉侵权产品送样检测比对的相关事实

（2019）沪卢证经字第4213号《公证书》记载了被诉侵权产品送样检测比对的过程、上海微谱化工技术服务有限公司出具的《微谱技术报告（深度分析）》以及科思创公司支付的检测费21000元。

拓普公司对于该份报告第15页的"三性"认可，其他页码的"三性"均不认可，科思创公司起诉的主要依据是证据16第3页样品分析结果说明的1.1和1.2，该分析结果检测机构也备注了以上并非全部验证后的结论，部分结论来自综合分析和计算，仅供参考，该分析结果与第15页的定性深度分析存在不一致，该证据第3页结果是不全面的，不能以该结果认定样品构成侵权，证据16的第15页分析出样品的成分含有硅元素，该元素的确定就是确认了获取的制备方法与本案专利不同且硅元素不是本案专利方法产生的杂质，该深度分析的定性与拓普公司提交的制备方法相互印证，被诉侵权产品不构成侵权。

三、拓普公司抗辩被诉侵权产品不构成侵权的相关事实

拓普公司抗辩称，被诉侵权产品没有落入本案专利权保护范围，并提供了被诉侵权产品AQUALINKER816的生产工艺和生产配方、申请号为201711162114.6的发明专利文件及《科思创2655固化剂与拓普816固化剂对比测试报告》。科思创公司对该证据的真实性、关联性不予认可，认为这是拓普公司单方制作，没有第三方检测机构，测试内容与本案专利权利要求保护的内容和技术特征、产品组成无关。拓普公司称，2020年2月，佛山市顺德区市场监督管理局封存了被诉侵权产品的样品，但拓普公司在2020年2月实际上没有生产被诉侵权产品，只有少量2019年11月、12月生产的被诉侵权产品库存。

2021年5月25日，一审法院依法组织双方当事人进行询问，拓普公司的代理人当庭通过电话询问其技术人员王某，王某在电话中陈述称拓普公司从2019年年底到2020年年初就已停止生产被诉侵权产品，2020年年初有少量生产。从2020年科思创公司行政投诉要求拓普公司停止销售后，拓普公司即停止了销售被诉侵权产品。

四、关于本案司法鉴定委托过程的相关事实

2020年6月2日，科思创公司提交《司法鉴定申请书》，请求以其向拓普公司公证购买的被诉侵权产品AQUALINKER816作为检材进行司法鉴定，判定被诉侵权产品是否落入本案专利权利要求1~5的保护范围。拓普公司不同意以科思创公司通过公证方式购买的被诉侵权产品作为检材，其主张以佛山市顺德区市场监督管理局查封的样品作为检材，认为科思创公司购买的被诉侵权产品已经过期，用第三方查封的产品作为检材更加公正，被诉侵权产品是实施自有专利生产的。科思创公司认为，佛山市顺德区市场监督管理局封存的样品在进行司法鉴定时已过期，拓普公司已经知晓其产品涉嫌侵权，可能会对产品修改配方，就公证购买的产品进行司法鉴定才符合本案的诉讼目的。科思创公司、拓普公司无法就司法鉴定的检材选择达成一致意见，科思创公司主张以其公证购买的被诉侵权产品作为检材进行司法鉴定，一审法院予以同意。

一审法院要求双方当事人协商确定鉴定人或者鉴定机构，但双方当事人无法达成一致意见，均同意通过法院摇珠方式选定鉴定机构。2021年1月5日，一审法院组织司法委托管理人员及双方代理人就摇珠确定鉴定机构进行询问，并告知双方当事人通过摇珠确定进入司法鉴定名录的三家鉴定机构为广东鑫正声像资料司法鉴定所、深圳市公标知识产权司法鉴定评估中心、广东省知识产权保护中心司法鉴定所，但上述三家鉴定机构均明确无法进行定量分析。后科思创公司向法院推荐三家鉴定机构：北京国威知识产权司法鉴定中心、北京国创鼎诚司法鉴定所及山东科技事务司法鉴定所，而拓普公司则称其通过与鉴定机构联系，均表示无法进行官能团的定量检测。科思创公司同意由法院指定北京国威知识产权司法鉴定中心进行司法鉴定，拓普公司则主张其曾经与该机构沟通，该机构表示无法进行官能团定量检测。由于双方无法通过协商达成选定鉴定人和鉴定机构，又无法通过摇珠选定鉴定机构，双方均同意由法院指定鉴定机构进行司法鉴定。一审法院征询双方当事人的意见后，选定北京国威知识产权司法鉴定中心进行司法鉴定，双方对此均不持异议。

2021年5月25日，一审法院组织双方当事人对司法鉴定的检材进行质证，并向北京国威知识产权司法鉴定中心移交鉴定检材，该机构委派鉴定人于某江与工作人员方某参与移交过程。科思创公司当庭出示了其公证购买的封存物AQUALINKER816，双方当事人均确认公证封存完好。由于检材物品较大，鉴定机构要求进行分装，将分装样品作为检材进行司法鉴定，在双方当事人、司法委托管理人员的见证下，鉴定人于某江利用工具打开上述封存物，随机抽取大桶液体两份并当庭进行全部封存，其中一份样品交给鉴定机构，另一份样品由法院保管，后将剩余被诉侵权产品当庭退还科思创公司。

北京国威知识产权司法鉴定中心接受鉴定委托后，科思创公司主张其已缴纳了鉴定费用500000元，并提交了转账凭证、北京增值税发票予以证明。北京国威知识产权司法鉴定中心有限责任公司（原名北京国威知识产权司法鉴定中心）（以下简称国威公司）确认已收到科思创公司缴纳的鉴定费用。拓普公司发表质证意见如下：其不清楚科思创公司所提交的发票是否就是本案的鉴定费用，鉴定机构要提供收费的标准，即500000元是按照什么标准收取的；对转账凭证的真实性没有异议，不确认关联性，其认为鉴定费用应由科思创公司承担。国威公司回应是依据鉴定机构提供的报价单收取鉴定费的。

五、关于《鉴定意见书》主要内容以及质证情况

2021年8月25日，国威公司向一审法院出具了《鉴定意见书》（北京国威〔2021〕知鉴字第25号），就委托事项被诉侵权产品即样品是否与本案专利权利要求1~5相同或者等同进行比对鉴定。该中心于2021年3月2日聘请具有知识产权技术鉴定资质的专家鉴定人吴某善、于某江、周某毅作为专家组人员，委托上海高分子材料研究开发中心对样品进行相应的检测和分析，并形成完整的鉴定材料，各鉴定人分头对所有鉴定材料进行阅读和研究后最终形成该份《鉴定意见书》。《鉴定意见书》记载了被诉侵权产品的成分检测情况、本案专利权利要求1~5的技术特征划分、本案专利权利要求1~5保护范围的确定、被诉侵权产品与本案专利权利要求1~5的技术方案的技术特征对比以及鉴定意见等内容，根据以上逐一比较、分析和判定，鉴定专家组认为：被诉侵权产品包含了专利权利要求1中的全部技术特征1A、1B和1C，即被诉侵权产品与专利权利要求1对应的技术特征分别相同。被诉侵权产品中包含了专利权利要求2中的全部附加技术特征2A、2B、2C和2D，即被诉侵权产品与专利权利要求2对应的技术特征分别相同。被诉侵权产品中包含了专利权利要求3中的全部附加技术特征3A、3B、3C和3D，即被诉侵权产品与专利权利要求3对应的技术特征分别相同。被诉侵权产品中包含了专利权利要求4中的全部附加技术特征 4A，即被诉侵权产品与专利权利要求 4 对应的技术特征相同。被诉侵权产品中包含了专利权利要求 5 中的全部附加技术特征 5A，即被诉侵权产品与专利权利要求 5 对应的技术特征相同。

2021 年 9 月 26 日，一审法院组织双方当事人、鉴定人进行证据质证和开庭审理，并通知鉴定机构和鉴定人到庭接受当事人和法庭质询，鉴定人吴某善、鉴定机构工作人员方某到庭接受当事人和法庭质询。一审法院出示《鉴定意见书》进行庭审质证。科思创公司对《鉴定意见书》的真实性、合法性、关联性予以确认，认定鉴定方案科学，鉴定结论是正确的。结合检测结果，被诉侵权产品落入本案专利权保护范围。

拓普公司提出以下主要质证意见：真实性不确认。因为在现场提取鉴定检材的程序违法，根据《司法鉴定程序通则》第二十四条第二款的规定，现场提取鉴定检材应当由不少于 2 名司法鉴定机构的工作人员进行，具体表现在鉴定人员的组成人员吴某善、于某江、周某毅不具有司法鉴定资质，现场提取鉴定检材不是这三名鉴定人之一；对鉴定人员的身份材料有意见，于某江不具有司法鉴定资质，其也没有向法庭提交司法鉴定执业证，其只是向法院提交了身份证，其身份证上也没有加盖国威公司的公章，也没有国威公司的授权，且其也没有向法院提交国威公司鉴定人员的名单确认。故即使是由于某江提取鉴定材料，也不符合《司法鉴定程序通则》的规定。

对于合法性的质证意见为，国威公司不具有司法鉴定的许可，其没有提交由北京市司法局颁发的司法鉴定许可证，司法鉴定许可是强制许可，且司法鉴定人员也应当持有相应的证照。拓普公司查询到国威公司为中国知识产权研究会的下属机构，其理事会是中国知识产权研究会最高决策机构，科思创公司的代理律师苗某为该中国知识产权研究会的理事，故认为科思创公司与国威公司存在利害关系。中国知识产权研究会是国威公司的主管，理事会是国威公司的主管，苗某是理事会的理事，故其之间是有利害关联关系的。三名司法鉴定人员有问题，国威公司向法院出具的名单推荐表中显示的是吴某善是工程师，周某毅是研究员，于某江是知识产权师，但根据拓普公司查到的信息，周某毅没有职称，吴某善没有载明职称，而于某江是五级专利审查员，故其三人不属于国威公司所称的专家人员。没有职称是不具有鉴定能力的。国威公司在 2021 年 6 月 23 日更名，但其所附的鉴定人的入库登记证书是由中国知识产权研究会颁发的，时间却在 2021 年 4 月 1 日，即国威公司尚未更名就已经颁发了鉴定人的入库登记证书，即公司都不存在如何变更。而《鉴定意见书》附件载明的内容，说明国威公司要获得鉴定结果是非常容易的，因为其与中国知识产权研究会是有关系的，在国威公司尚未成立中国知识产权研究会就已经为其颁发了证书，故是不合法、不诚信的。中国知识产权研究会的组织机构、组织架构、章程、通知显示，理事会由理事组成，是会员代表大会的执行机构，直接领导国威公司，即国威公司与苗某有利害关系，但没有进行回避。根据《物证类司法鉴定执业分类规定》第四章第二十八、二十九条规定，本案中所涉及的鉴定类别属于化工类别，是不合法的。本案应当适用《微量物证鉴定通用规范》第 4.1.1、4.1.2、5.1.1、5.2.2 条规定，国威公司应当取得微量物证鉴定资质，其派出的人员也应当具备微量物证鉴定资质，但本案三名鉴定人员是没有该微量物证鉴定资质的。应当在提取鉴定检材之前就要确定鉴定人员名单，但是拓普公司只收到国威公司的推荐名单，而不是确认名单。拓普公司对推荐名单中所选的鉴定人员中的吴某善、于某江提出异议，但在没有明确告知哪三名鉴定人员的前提下就自行确定鉴定人员，剥夺了拓普公司提出异议的权利。拓普公司对《鉴定意见书》的技术特征对比表的关联性不确认。拓普公司在之前已经多次提到被鉴定的检材已经超过保质期 733 天，且拓普公司也向法庭提交了其专利产品的制备方案，拓普公司的制备方案是包含有机硅链段。被诉侵权产品是在科思创公司专利的基础上进行的创新，添加了含有一段有机硅的链段，长期存放会导致筒壁有微量氧化物，会以端羟基的形式裸露在金属表面，而以甲氧基、乙氧基封端的有机硅氧烷或含有—Si—（$O\text{-}CH_3$）$_3$、Si—（$O\text{-}CH_2\text{-}CH_3$）$_3$结构的有机硅树脂，在密闭条件不好的情况下，会和空气中的水反应，水解成为—Si（$-OH$）$_3$ 的结构，然后和金属表面的—OH 脱水，或者互相脱水，形成交联结构。因此，产品长期存放过了保质期后容易造成硅和筒壁的金属氧化物的表面—OH 脱水，固定在筒壁表面会造成鉴定过程中硅检测不出来。在不考虑被诉侵权产品过期导致不能检测的前提下，对上海高分子材料研究中心所出具的检测报告的检测方法和数据予以认可，以及认可与权利要求 1~5 相同。

鉴定人吴某善针对拓普公司的质证意见作出以下回应：法院向鉴定机构移交物证时，鉴定机构委派的是鉴定人于某江和机构工作人员方某，国威公司之前持有司法鉴定许可证，由于北京市司法局的政策调整，该许可证被收回。虽然中国知识产权研究会是国威公司的主管部门，但国威公司是独立的机构，属于市场化运作，吴某善、于某江、周某毅均是在人民法院知识产权网审核通过的具有鉴定资质的鉴定人，国威公司于 2021 年 6 月进行变更之前是司法鉴定中心，三名鉴定专家的选择符合法定鉴定程序，也有鉴定资质，对材料的提取都是按照鉴定程序进行的。

科思创公司则针对拓普公司的质证意见进行了如下回应：提取鉴定材料时是鉴定人于某江、工作人员方某出庭，检材是由于某江提取。科思创公司的委托代理人之一苗某是中国知识产权研究会理事，但与鉴定机构没有任何关系，确认三名鉴定人员具有鉴定资质，国威公司之前是中心，只是名称变更了，是有承接关系的，认可其合法性。三名鉴定专家的选取符合法律规定。这次鉴定报告的费用是科思创公司预付的，因为拓普公司一开始不认可之前的检测报告，所以才重新进行鉴定。如果现在重新回到当时的检测报告，那本次鉴定所产生的费用是否由拓普公司承担。关于拓普公司提及的 2021 年 1 月 15 日庭审笔录的鉴定范围的情况，拓普公司也称其在生产过程中产生了有机硅元素，法院也明确鉴定范围就是本案专利和被诉侵权产品的比对。因为拓普公司不认同检测报告的结论法院才决定重新进行鉴定，现在重新鉴定之后科思创公司认可重新鉴定的结论，但拓普公司对此不认可。如果现在又重新以微谱的检测报告作为结论是不妥的。硅元素不是检测目标，本案专利中没有与硅有关的技术特征，不需要检测硅，在多种元素分析中，要检测出硫，硫是关键技术特征。关于检测报告中硅含量的报告见科思创公司证据 16 第 15 页第 4 部分，其中第 4 项显示硅的含量是 0.0033%，这个含量是非常低的，实际上硅属于杂质。关于拓普公司称其工厂配料表即其所提交的证据 1 中的配料以及证据 2 中的专利的问题，拓普公司称在证据 1 自己的配料表中加入有机硅元素是 0.5%，加入有机硅链段是 1~25。拓普公司所提交的证据 2 记载有机硅的含量至少是 1%，如果按照其证据 1 有机硅的含量至少是千分之五，这与微谱检测报告的含量是对应不上的。所以目前的分析样品中不可能含有拓普公司所称的带有有机硅的产品。即便含有有机硅的产品，其在样品中的含量是非常低的，不影响最终的检测和结论。

六、法院调取证据材料以及责令证据披露的相关事实

科思创公司向法院申请出具律师调查令，请求到佛山市顺德区市场监督管理局、中国顺德（家电）知识产权快速维权中心调取市场监督管理机关就科思创公司对拓普公司行政投诉中的卷宗材料，一审法院经审查后依法予以准许并出具律师调查令，由科思创公司持令前往调取行政投诉相关资料。后中国顺德（家电）知识产权快速维权中心向一审法院提交了三份《现场勘验检查笔录》复印件、现场勘验检查照片 75 张以及现场提取的标有“816”的样品，其中《现场勘验检查笔录》显示，王某在调查时称固化剂类产品自 2017 年开始生产。科思创公司对上述《现场勘验检查笔录》、现场勘验检查照片的真实性、合法性、关联性予以确认，对现场提取的标有“816”的样品的关联性不予确认。拓普公司对《现场勘验检查笔录》、现场提取的标有“816”的样品的真实性、合法性、关联性予以确认，对现场勘验检查照片 75 张的真实性予以确认，但认为现场照片所拍摄的相关库存并非被诉侵权产品的库存。

科思创公司向一审法院申请责令拓普公司披露 2016 年 1 月 1 日至 2021 年 5 月 7 日的财务账册，经合议庭评议后依法准许，责令拓普公向法院披露以下证据材料：（1）生产被诉侵权产品“AQUALINKER 816”所用原料的采购合同或票据；（2）与销售被诉侵权产品“AQUALINKER 816”有关的财务账册和其他相关财务资料；（3）与销售涉案产品“AQUALINKER 816”有关的销售合同或协议；（4）与销售涉案产品“AQUALINKER 816”有关的发票。具体时间为 2016 年 1 月 1 日至 2021 年 5 月 7 日。拓普公司向法院提供的证据材料包括：2018 年 816 产品销售发票（含财务统计数据表），2018 年 816 产品成本票据、资料（含财务统计数据表），2019 年 816 产品销售发票（含财务统计数据表），2019 年 816 产品成本票据、资料（含财务统计数据表），2020 年 1 月 816 产品销售发票（含财务统计数据表），2020 年 1 月 816 产品销售发票（含财务统计数据表），但并未向法院披露销售合同或者协议。

拓普公司主要披露了 2018 年—2020 年 1 月的财务账册，其中 2017 年 12 月 11 日的发票一张（金额为 91384.62 元），并向一审法院提交了一份说明，主要内容是拓普公司“AQUALINKER 816”树脂水性固化剂（简称 816 产品）销售收入及成本情况，其中 2018 年度销售收入为 1500523.93 元，2019 年度销售收入为 1804931.42 元，2020 年度销售收入为 124772.57 元。科思创公司对上述证据中只对拓普公司的 816 产品销售发票的真实性予以确认，其他证据的真实性、合法性、关联性不予确认。科思创公司称拓普公司自 2017 年就开始生产被诉侵权产品，拓普公司所披露的证据中第 127 页的发票（编号 15875158），金额为 91384.62 元，说明其 2017 年就已经销售了，从拓普公司所提交的财务报表看，2018 年度被诉侵权产品 816 的毛利润大于 30%，2019 年度毛利润大于 15%，2020 年度毛利润大于 60%，故科思创公司计算赔偿所主张的毛利润为 20% 是适合的。

拓普公司以更换委托代理人为由主张对案件作出以下说明：1. 关于鉴定意见书。（1）鉴定程序是不满足《司法鉴定程序通则》第十五条对鉴定机构的要求的，本案鉴定机构不具备化工领域化学检测的实验条件，其所有鉴定的过程全部委托案外第三方进行检测，根据该通则第三十三条可以对外进行专家咨询，但不能进行全部委托，且要将专家咨询写入鉴定意见书，但鉴定机构将本案所有的鉴定事项委托给案外第三方进行，而第三方并不是法院入库的司法鉴定机构。（2）该鉴定意见书中对于内容的补正也不符合《司法鉴定程序通则》，按照通则第四十一条，仅能对错别字、不清晰表格进行补充。（3）鉴定机构所委托的第三方机构的检测依据是采纳了非国家标准的检测依据，且所采用的依据中有多项是已经过期了的废止的标准，不满足《司法鉴定程序通则》第二十三条。（4）涉案的鉴定过程对取样、实际检测的时间没有进行任何程序性的保留以及显示在鉴定意见书中，应当将待检测物送检的过程体现在鉴定意见书中，否则无法确定该产物是当时涉案被诉侵权产品。2. 对于证据披露。（1）拓普公司是依法庭的要求披露财务数据，2017 年 12 月的发票也在该披露的数据中，拓普公司并没有隐瞒，对相关数据也已经进行了统计，法院如果需要核算可以提供表格核算。（2）拓普公司是新成立的公司，属于初创公司，在经营过程中有进行研发，且开庭时拓普公司的研发总监也有出庭，说明有研发和相应的管理投入成本，不能单以毛利率进行计算。因为新成立的公司在前几年的实际利润为 0 或者负数是正常的，故拓普公司披露的财务数据是真实可信的。在本案中科思创公司所公证购买的产品所联系的人员，拓普公司也并没有将该数据统计在该成本中，说明在统计成本时是比较审慎的，与之有直接相关的人员才会统计在该数据中，说明拓普公司提供的财务数据比较可靠。针对财务数据看，拓普公司的整个销售额是 350 万元，根据利润来看是没有利润可言的，净利润也没有。针对该项目，该数据显示 2018 年、2019 年是亏本的，2020 年因为只在 1 月有销售，所以 2020 年有利润，但是 2018 年、2019 年、2020 年加起来是亏本的。故根据专利法关于赔偿的相关规定，在拓普公司已经完成证据披露后没有相关利润，且拓普公司也不是恶意侵权，应当按照拓普公司的利润获利予以支持赔偿。3. 关于调取证据。该调取证据是科思创公司向法院申请的。对于所有相关的证据内容包括检材应当具有真实性、合法性、关联性，同时该证据中的检材生产日期是在 2021 年 9 月 25 日，至开庭时仍然处于涉案产品的有效期内，因此所涉及的相关封存样品是最接近原始状况的样品。结合本案鉴定过程中待测的样品是已经过期的样品，因此拓普公司认为应当以有效期内的样品进行重新鉴定。

七、科思创公司主张赔偿经济损失和合理费用的相关事实

（一）科思创公司主张赔偿经济损失及其计算依据

科思创公司在2020年8月18日第一次庭审主张赔偿经济损失人民币100万元；科思创公司在2021年9月26日的庭审中明确将赔偿经济损失由人民币100万元变更为人民币500万元，并要求拓普公司承担本案中委托司法鉴定所预付的鉴定费人民币500000元。对于经济损失的主要依据在于按照法定赔偿最高上限以及拓普公司的侵权获利，主要考虑到拓普公司的侵权恶意、侵权时间、侵权规模。科思创公司在2021年12月1日庭审中主张赔偿经济损失人民币500万元的主要依据，明确计算方式为拓普公司的侵权获利。科思创公司提交的证据23第33页是拓普公司在慧聪网发布的信息，信息显示816产品库存数量为100吨，以该库存量推算拓普公司的年销量100吨，而拓普公司成立时间为2016年，计算至今年，拓普公司的销售时间为5年，5年总共销售500吨。销售价格有两种计算方法，第一种计算方式是按照科思创公司向拓普公司购买被诉侵权产品单价为1公斤74元，得出每吨为7.4万元，按照20%计算毛利率总共为740万元，故主张赔偿经济损失人民币500万元。第二种计算方式为按照每吨6万元计算，1年销售100吨，5年销售500吨，按照利润率20%计算总共600万元。科思创公司补充提交的证据25是第三方公司的报告，该公司在2021年的毛利率是24%，该公司披露的数据显示其销售额90%来自固化剂，故科思创公司按照20%的毛利率计算是合理的。2022年3月1日，科思创公司向一审法院提交变更诉讼请求申请书，请求将赔偿经济损失变更为人民币400万元。

科思创公司所提交的武汉仕全兴新材料科技股份有限公司2021年上半年年报是从全国中小企业股份转让系统下载的，下载过程有时间戳认证，拟证明固化剂产品的利润率。拓普公司对该年报的真实性、合法性、关联性均不认可，且认为科思创公司经济损失的计算不合理。

（二）科思创公司主张合理费用方面

科思创公司在2020年8月18日第一次庭审主张支付合理开支130000元，包括公证费13870元、样品费及检测费21000元、律师费12000美元和差旅费，并提供了相关证据予以证明。

一审判理和结果

一审法院认为，本案鉴定人及鉴定机构均是人民法院诉讼资产网列明的鉴定人和鉴定机构，并且是中国知识产权研究会知识产权鉴定专业委员会入库鉴

定人，具有解决相关专门性问题应有的知识、经验和技能，本案的鉴定程序和鉴定方法规范，检测技术手段可靠，鉴定材料经过庭审质证，鉴定意见依据检测报告所进行的技术分析和技术比对，被诉侵权产品与本案专利权利要求 1~5 的分析理由较为充分。虽然拓普公司提出科思创公司的委托代理人是中国知识产权研究会理事，鉴定机构是中国知识产权研究会的下属机构，但这并非鉴定人和鉴定机构回避的法定事由，也无证据证明存在徇私舞弊或者其他影响公正鉴定的情形，且鉴定人或者鉴定机构对于非法鉴定应当承担法律责任，故拓普公司所提出的鉴定人和鉴定机构与科思创公司之间存在利害关系的主张理据不足，依法不予支持。一审法院依法采信《鉴定意见书》的比对结论，根据全面覆盖原则，被诉侵权产品包含了本案专利的全部技术特征，被诉侵权产品与本案专利权利要求 1~5 的技术特征相同，落入本案专利权的保护范围。鉴于本案专利为市场价值较高的发明专利，拓普公司故意实施侵权行为，侵权情节较为严重，制造被诉侵权产品数量较多，销售、许诺销售被诉侵权产品范围较广，侵权持续时间较长，侵权获利较高，存在披露证据不全面，严重违背诚信诉讼原则等因素，一审法院采用裁量性判赔方法确定拓普公司赔偿科思创公司经济损失 300 万元及合理费用 13 万元。

一审判决后，拓普公司不服，向最高人民法院提起上诉，后未在规定的期限内缴纳上诉费，最高人民法院按其自动撤回上诉处理。

【法官评述】

涉案发明专利涉及化工领域，需要通过检测分析才能确定被诉侵权产品的技术特征，进而与本案专利权利要求进行比对，据此判定被诉侵权产品是否侵害专利权人的本案专利权。司法鉴定意见经查证属实，程序合法，才能作为认定案件事实的根据，据以判断被诉侵权技术方案与权利要求记载的全部技术特征是否相同。人民法院应当严格按照法律规定对知识产权鉴定意见进行司法审查。根据《最高人民法院关于知识产权民事诉讼证据的若干规定》第二十三条规定，人民法院应当结合下列因素对鉴定意见进行审查：鉴定人是否具备相应资格；鉴定人是否具备解决相关专门性问题应有的知识、经验及技能；鉴定方法和鉴定程序是否规范，技术手段是否可靠；送检材料是否经过当事人质证且符合鉴定条件；鉴定意见的依据是否充分；鉴定人有无应当回避的法定事由；鉴定人在鉴定过程中有无徇私舞弊或者其他影响公正鉴定的情形。本案中，在双方当事人对《鉴定意见书》进行质证后，法院围绕上述考量因素依法对《鉴定意见书》进行审查，最终采信《鉴定意见书》的比对结论，判定被诉侵权产品落入本案专利权的保护范围。

司法实践中，须重视司法裁判的价值指引作用，通过加大损害赔偿力度的方式来展示裁判对社会公众正确行为模式的指引作用。司法应当对故意侵权、违背诚信诉讼的行为采取严厉的态度，通过提高损害赔偿金额来维护公平正义。本案采用裁量性判赔方法确定赔偿金额，综合考虑本案专利为市场价值较高的发明专利，被诉侵权人故意实施侵权行为，侵权情节较为严重，制造被诉侵权产品数量较多，销售、许诺销售被诉侵权产品范围较广，侵权持续时间较长，侵权获利较高，存在披露证据不全面，严重违背诚信诉讼原则等因素，酌情确定被诉侵权人赔偿专利权人经济损失300万元及合理费用13万元。对于故意侵害专利权，且具有违背诚信诉讼行为的案件，应加大司法惩处力度，给专利权人充分的司法救济，通过个案加大赔偿金额彰显司法对知识产权的保护力度，让司法定价反映出知识产权的市场价值，营造良好的营商环境。

编写人：广州知识产权法院　蒋华胜　杨博

（编辑：谢保明）

6

默沙东公司与东阳光公司侵害发明专利权纠纷案

阅读提示： 医药企业向国家医疗保障局申请将其获得生产批件的仿制药纳入国家医保目录的行为是否构成许诺销售？

【裁判要旨】

医药企业向国家医疗保障局申请将其获得生产批件的仿制药纳入国家医保目录的行为本质上系请求国家行政机关给予行政许可的行为，并非“以生产经营为目的”，不属于专利法意义上的许诺销售行为。国家医疗保障局公示或者公告仿制药品名称的行为属于行政机关履行职责的行为，不构成许诺销售行为。

【案号】

一审：广州知识产权法院（2020）粤73知民初1837号

【案情与裁判】

原告：默沙东（中国）投资有限公司（简称默沙东公司）

被告：广东东阳光药业有限公司（简称东阳光公司）

起诉与答辩

默沙东公司诉称，其是名称为“作为治疗或预防糖尿病的二肽基肽酶抑制剂的β-氨基四氢咪唑并（1，2-A）吡嗪和四氢三唑并（4，3-A）吡嗪”、专利号为ZL02813558.X（简称本案专利）的发明专利权人。东阳光公司向国家主管部门申请西格列汀二甲双胍片（Ⅲ）药品批件后，向国家医保局申请进入医保药品名录，国家医疗保障局公示的《2020年国家医保药品目录调整通过形式审查的申报药品名单》中包括了东阳光公司的西格列汀二甲双胍片（Ⅲ），默沙东公司据此认为东阳光公司实施的制造、销售、许诺销售、使用西格列汀二甲双胍片（Ⅲ）的行为侵害其本案专利权。默沙东公司诉请：1. 东阳光公司立即停止侵犯默沙东公司拥有的专利号为ZL02813558.X的发明专利权的行为，即停止制造、销售、许诺销售、使用侵犯默沙东公司上述专利权的化合物；2. 东阳光公司向默沙东公司支付侵权赔偿金以及默沙东公司为制止侵权行为而支付的合理费用（包括但不限于律师费、公证费）共计200000元；3. 确认东阳光公司获得上市批准的磷酸西格列汀片和西格列汀二甲双胍片的技术方案落入专利号为ZL02813558.X的发明专利权的保护范围；4. 东阳光公司承担本案的全部诉讼费用。

东阳光公司答辩称，1. 默沙东公司主体不适格，无权提起本案诉讼。2. 医保目录分为常规目录和协议期内谈判目录，默沙东公司所称挂网采购针对的是协议期内谈判目录，东阳光公司申报的药品是在常规目录中的，不可能直接挂网采购。就算谈判药物要实现挂网采购，还要经过复杂的流程才有可能，最后才能向公众表示销售意愿，才能构成许诺销售。东阳光公司只是响应政策的行为，假设政策未变，东阳光公司药品被专家选入目录也是一样的性质。东阳光公司没有作出销售商品意思表示的行为，申请针对的对象是医保局，该过程不能作出销售意思表示的效果。3. 报送行为不构成许诺销售，东阳光公司不存在许诺销售被诉侵权产品的行为。东阳光公司的报送行为不会损害默沙东公司的利益，不会抢占专利权人的市场。默沙东公司毫无根据主观臆测东阳光公司存在所谓的“被诉侵权产品的生产行为”，有滥诉之嫌。4. 默沙东公司针对东阳光公司的同一行为分案起诉、索赔，构成重复起诉、重复索赔，有失公平和诚实信用原则，不应得到支持；并且东阳光公司不存在侵权行为，默沙东公司主张的损害赔偿金及合理费用没有事实和法律依据。5. 东阳光公司收到警告函时，正在作药物审批，还没有获批。6. 拿到批件后，东阳光公司没有继续生产被诉侵权产品。制剂大楼不是针对本案被诉侵权产品的，且该大楼尚未建成。7. 公布的医保目录上没有东阳光公司的药品，公布时间是在2020年12月25日，生效时间是在2021年3月1日，可以印证东阳光公司撤回申请。8. 针对默沙东公司当庭变更的第一项诉讼请求，东阳光公司认为，默沙东公司变更诉讼请求不应当得到支持。

一审审理查明

一、本案专利权属相关事实

2002年7月5日，S.D.埃蒙森等发明人向国家知识产权局申请名称为“作为治疗或预防糖尿病的二肽基肽酶抑制剂的β-氨基四氢咪唑并（1,2-A）吡嗪和四氢三唑并（4,3-A）吡嗪”、专利号为ZL02813558.X的发明专利，优先权日为2001年7月6日，并于2006年12月20日获得公告授权，专利权人为默克公司，本案专利共有24项权利要求。2010年6月18日，本案专利的专利权人由默克公司变更为默沙东公司。2012年10月24日，本案专利的专利权人由默沙东公司变更为先灵公司。同日，本案专利的专利权人由先灵公司变更为默沙东公司。根据国家知识产权局2020年3月16日出具的《专利登记簿》副本显示，ZL02813558.X号发明专利的专利权人为默沙东公司。

二、东阳光公司的被诉侵权行为基本情况

2019年2月26日，默沙东公司委托律师向东阳光公司法定代表人张某勇发送一份《警告函》，主要内容为：贵公司正在向国家药品管理局申请磷酸西格列汀片（受理号为CYHS1800344、CYHS1800345以及CYHS1800346）和西格列汀二甲双胍片（受理号为CYHS1800189和CYHS1800190）的仿制药上市许可。磷酸西格列汀片和西格列汀二甲双胍片是默沙东公司以捷诺维和捷诺达商品名在中国销售的进口原研药品，默沙东公司分别拥有捷诺维和捷诺达的下述相关专利：专利号为ZL02813558.X，到期日为2022年7月5日，专利产品类型为化合物；专利号为ZL200480017544.3，到期日为2024年6月18日，专利产品类型为化合物盐。根据《专利法》（2008年修正）第十一条规定，未经默沙东公司授权为生产经营目的而制造、销售、许诺销售专利产品将会侵犯上述专利权，并因此损害默沙东公司的合法权益。期待在2019年3月30日前收到贵公司的回复。

国家药品监督管理局药品审评中心网站显示，2018年10月22日，东阳光公司向国家药品监督管理局申请受理号为CYHS1800344、CYHS1800345和CYHS1800346的磷酸西格列汀片化药仿制药；并于2018年8月6日向国家药品监督管理局申请受理号为CYHS1800189和CYHS1800190的西格列汀二甲双胍片化药仿制药。2020年8月17日，国家药品监督管理局批准了上述申请，批准文号/注册证号为国药准字H20203447磷酸西格列汀片（100mg）、国药准字H20203446磷酸西格列汀片（50mg）、国药准字H20203445磷酸西格列汀片（25mg）以及国药准字H20203440西格列汀二甲双胍片（Ⅱ），每片含磷酸西

格列汀 50mg 和盐酸二甲双胍 850mg，国药准字 H20203441 西格列汀二甲双胍片（Ⅲ），每片含磷酸西格列汀 50mg 和盐酸二甲双胍 1000mg。默沙东公司所提供的证据材料显示，《磷酸西格列汀片说明书》记载，该药品通用名称为磷酸西格列汀片；《西格列汀二甲双胍片说明书》记载，该药品通用名称为西格列汀二甲双胍片（Ⅱ）和西格列汀二甲双胍片（Ⅲ）。

2020 年 8 月 17 日，国家医疗保障局官网公布《2020 年国家医保药品目录调整工作方案》《2020 年国家医保药品目录调整申报指南》的公告，邀请符合条件的申报主体通过国家医疗保障局官网网上系统申报医保药品目录。调整工作方案显示：2020 年药品目录调整分为准备、申报、专家评审、谈判和竞价、公布结果五个阶段，其中准备阶段在 2020 年 7—8 月，申报阶段在 2020 年 8—9 月，专家评审阶段在 2020 年 9—10 月，谈判和竞价阶段在 2020 年 10—11 月，公布结果阶段在 2020 年 11—12 月。2020 年 9 月 18 日，国家医疗保障局公示《2020 年国家医保药品目录调整通过形式审查的申报药品名单》，被诉侵权的西格列汀二甲双胍片（Ⅲ）进入国家医保药品目录形式审查的申报药品名单。根据东阳光公司所提交证据显示，国家医疗保障局相关工作人员于 2020 年 11 月 13 日通过邮件向东阳光公司联系人张某跃发送《2020 年国家医保药品准入谈判报送材料》和《2020 年医保药品谈判工作确认函》，邀请东阳光公司参加 2020 年国家医保药品目录调整谈判企业座谈交流会，并要求于 2020 年 11 月 27 日 17:00 前将上述材料纸质版一并报送国家医疗保障局。2020 年 11 月 20 日，东阳光公司向国家医疗保障局医疗保障事业管理中心发出一份《2020 年医保药品谈判工作确认函》，主要内容为：贵中心的《关于邀请参加 2020 年医保药品谈判工作的函》已收悉，我公司确认西格列汀二甲双胍片（Ⅲ）不参加后续的药品谈判工作。

2020 年 12 月 25 日，国家医保局、人力资源社会保障部联合印发的《国家基本医疗保险、工伤保险和生育保险药品目录（2020 年）》（医保法〔2020〕53 号）显示，被诉侵权的西格列汀二甲双胍片（Ⅲ）并未进入正式公布的医保药品目录名单。

三、关于双方当事人对侵权技术比对情况

默沙东公司在本案中主张保护的权利范围为权利要求 23，发表比对意见认为本案专利与被诉侵权药品说明书的化学结构式是一样的，本案专利的保护范围更大，权利要求 23 的化学结构式少了磷酸和水，被诉侵权产品落入本案专利权利要求 23 中的药学上可接受的盐的保护范围。被诉侵权产品落入本案专利权利要求 23 的保护范围。东阳光公司发表比对意见认为权利要求 23 与药品说明书一致，并称庭后提交书面比对意见，但并未在一审法院指定的期限内向法院提供书面比对意见。

第一次庭审后，东阳光公司针对默沙东公司当庭所增加的一项诉讼请求，向一审法院提供了书面意见，认为默沙东公司当庭增加一项诉讼请求“要求确认被诉侵权产品落入本案专利权保护范围”，违反相关法律规定不应得到支持。默沙东公司该项诉讼请求的主要依据是 2021 年 6 月 1 日生效的新《专利法》第七十六条以及 2021 年 7 月 5 日生效的《最高人民法院关于审理申请注册的药品相关的专利权纠纷民事案件适用法律若干问题的规定》，然而被诉侵权产品取得药品注册批件、2020 年医保目录调整工作、默沙东公司起诉以及法院受理时间均远远早于上述规范的生效时间，特别是被诉侵权行为早已于 2020 年 11 月终止，显然不应当适用新专利法和司法解释。增加的新诉请应当由北京知识产权法院管辖，新专利法和司法解释均是针对在药品上市审评审判过程中所产生的专利权纠纷，只能在特定情形中适用，默沙东公司所针对的是被诉侵权产品已经通过上市审批并获得药品注册批件之后涉及的 2020 年医保目录调整申报行为，不属于药品专利纠纷早期解决机制调整范围。东阳光公司不存在侵犯本案专利权的行为，在此情况下本就无须就被诉侵权产品是否落入专利权保护范围进行认定，更不用将此单独作为诉讼请求以确认之诉进行确认，默沙东公司变更新诉请毫无必要、不符合法律规定，不应予以支持。

四、本案其他需要明确的相关事实

默沙东公司在第二次庭审中明确增加诉讼请求的考虑主要是新《专利法》第七十六条规定专利权人可以提起确认之诉，确认被诉侵权技术方案是否落入本案专利权的保护范围，默沙东公司基于上述法律规定增加诉讼请求。默沙东公司认为，本案为侵权诉讼，首先需要确定技术方案是否落入专利权的保护范围，再判断被诉行为是否侵权以及如何给权利人救济，就本案而言，有无新《专利法》第七十六条的规定，判断被诉侵权技术方案是否落入专利权的保护范围都是判定是否侵权的前提。

默沙东公司在庭审中主张东阳光公司实施制造、销售、许诺销售、使用行为，并主张适用法定赔偿方式赔偿经济损失和合理费用合计 200000 元。默沙东公司主张东阳光公司实施制造、销售、使用行为均不能向法院提供证据证明，而默沙东公司主张东阳光公司实施许诺销售行为主要表现为东阳光公司的行为是在行政审批后获得向国家医疗保障局申报纳入医保目录后的行为。许诺销售的行为人需要向国家医疗保障局、公众作出意思表示，一旦被纳入医保药品目录就可以在全国贩卖，侵权行为所产生的结果是全国性的。东阳光公司则认为被诉侵权产品申请进入医保药品目录的行为不构成许诺销售行为，不构成侵害本案专利权。

一审判理和结果

一审法院经审理后认为，默沙东公司是本案专利的专利权人，该专利处于合法有效状态，应受法律保护，任何单位或者个人未经许可，都不得为生产经营目的实施其专利。东阳光公司向国家医疗保障局申报将其获得生产批件的仿制药纳入医保目录，国家医疗保障局通过形式审查后向社会公告公示，东阳光公司的申报行为本质上系请求国家行政机关给予行政许可的行为，并非“以生产经营为目的”，不属于专利法意义上的许诺销售行为。国家医疗保障局公示或者公告仿制药品名称的行为属于行政机关履行职责的行为，不构成许诺销售行为。且从国家医保制度的目的而言，东阳光公司申报进入医保目录的行为，也难以认定构成专利法意义上的许诺销售行为。东阳光公司申报进入医保目录行为不属于实施其专利的许诺销售行为，默沙东公司也未能举证证明东阳光公司实施了制造、销售、使用行为，其主张被诉侵权行为侵害本案专利权的诉讼请求不能成立，一审法院依法判决驳回默沙东公司的全部诉讼请求。

本案一审宣判后，默沙东公司提起上诉，目前该案尚在二审审理中。

【法官评述】

《专利法》(2008年修正)第十一条规定，发明和实用新型专利权被授予后，除本法另有规定的以外，任何单位或者个人未经专利权人许可，都不得实施其专利，即不得为生产经营目的制造、使用、许诺销售、销售、进口其专利产品，或者使用其专利方法以及使用、许诺销售、销售、进口依照该专利方法直接获得的产品。法律规定的受到专利专有权控制的行为包括制造、使用、许诺销售、销售等行为。所谓许诺销售，是指以做广告、在商店橱窗中陈列或者在展销会上展出等方式作出销售商品的意思表示。许诺销售为法律行为，而意思表示属于法律行为的核心。意思表示作为私法概念，是以实现私法效果为目的，设立、变更、终止民事权利义务的表意行为，追求私法目的是其最终目的，故许诺销售行为应当是以追求私法效果为目的所实施的法律行为。许诺销售包括民法意义上的要约及要约邀请。本案中，医药企业向国家医疗保障局申请将获得生产批件的仿制药纳入国家医保目录的行为本质上系请求国家行政机关给予行政许可的行为，并非为商品销售而进行的展销行为或者陈列行为，不属于“以生产经营为目的”，且主观上这一申报行为本身并非作出销售商品的意思表示，客观上申报对象是行政机关而非药品消费者，并非向社会公众作出销售商品的意思表示，不属于专利法意义上的许诺销售行为，也不属于专利法条款所规制的实施专利的侵权行为，不受专利法所规定的实施专利的规制。

《专利法》(2008年修正）第六十九条第（五）项规定，下列情形不视为侵犯专利权：为提供行政审批所需要的信息，制造、使用、进口专利药品或者专利医疗器械的，以及专门为其制造、进口专利药品或者专利医疗器械的。我国实行药品上市许可制度，医药企业申请药品上市必须向国家药品监督管理局申请生产许可的审批许可证后，生产药品的许可持有人才能生产药品上市销售。申请医保目录是企业向国家医疗保障局申报将通用名称的药品纳入国家医保目录的行为，是由国家医疗保障局通过法定审评审批程序后纳入国家医保目录的行政行为。许诺销售是意欲销售商品而作出的意思表示，医药企业申请将仿制药纳入国家医保目录的行为并非意欲向国家机关销售仿制药，国家医疗保障局对此进行形式审查，通过后向社会进行的名单公示和公告，属于行政机关履行职责的行为，行政机关公示或者公告仿制药品名称的行为也不构成许诺销售行为。

编写人：广州知识产权法院　蒋华胜　杨博

（编辑：谢保明）

7

泰斗公司与长坤公司、优北罗公司侵害发明专利权纠纷案

阅读提示：方法专利的比对及被诉侵权产品型号的推定。

【裁判要旨】

对于固化在相关硬件中的方法专利，应当结合专利说明书及该领域公知常识科学确定技术测试、勘验方法；对于同一说明书或符合相同技术规格的被诉侵权产品，根据技术方案的特点，在被诉侵权产品制造者没有提出相反证据的情况下，可合理推定相关型号产品为侵权产品。

【案号】

一审：广州知识产权法院（2019）粤 73 知民初 206 号

【案情与裁判】

原告：泰斗微电子科技有限公司（简称泰斗公司）

被告：广州市长坤计算机有限公司（简称长坤公司）

被告：瑞士优北罗股份有限公司（简称优北罗公司）

起诉与答辩

泰斗公司诉称，泰斗公司于 2012 年 6 月 6 日向国家知识产权局申请了申请号为 CN201210182849.6 的发明专利（简称案涉专利）申请，于 2015 年 8 月 19 日公告授权，该专利目前仍处于有效状态。泰斗公司发现优北罗公司在其官方网站上许诺销售型号为 NEO-M8N 及 NEO-M8Q 的芯片模块产品，后泰斗公司在长坤公司位于广州市天河路 561 号新赛格电子城 1 楼 188-190 室处购

买到型号为 NEO-M8N 及 MAX-M8Q 的芯片模块，该产品与优北罗公司官网上展示的产品一致。优北罗无线科技（上海）有限公司是优北罗公司在中国唯一设立的全资子公司，经营范围为无线通信产品和相关软件的设计、研发，转让公司自研成果，并提供相关的技术咨询、技术服务。因此可知，优北罗无线科技（上海）有限公司是优北罗公司在中国境内设立的相关芯片的研发生产中心。泰斗公司将被控侵权产品与涉案专利 CN201210182849.6 初步比对发现，型号为 NEO-M8N 及 MAX-M8Q 的芯片模块产品落入了涉案专利权的保护范围，已构成对泰斗公司涉案专利权的侵犯，请求法院判令：1. 长坤公司立即停止销售侵犯泰斗公司 CN201210182849.6 号专利权的 NEO-M8N 和 NEO-M8Q 模块产品的侵权行为；2. 优北罗公司立即停止销售、许诺销售侵犯泰斗公司 CN201210182849.6 号专利权的 UBX-M8030 芯片以及包含 UBX-M8030 芯片的模块产品的侵权行为；3. 优北罗公司赔偿泰斗公司因侵犯 CN201210182849.6 号专利权而给其造成的经济损失共计人民币 100 万元；4. 优北罗公司承担本案的诉讼费用。

长坤公司答辩称，当时泰斗公司的人过来买芯片要求买样板，该公司的工作人员就从淘宝上购入被控侵权产品后再卖给泰斗公司。

优北罗公司答辩称，1. 泰斗公司的侵权指控缺乏证据支持和实质理由。泰斗公司起诉时向法院提交的“侵权分析报告”来源不明，其真实性、合法性无法确认；该报告进行了故意误导；无法从测试结果推论得到相关模块产品使用涉案专利方法的结论。2. 优北罗公司经过分析对比，确认所使用的技术方案不同于涉案专利各项权利要求所限定的技术方案，并不落入涉案专利权利要求的保护范围。3. 优北罗公司已对涉案专利提出无效宣告请求，涉案专利权处于不稳定状态。4. 优北罗公司不存在侵权行为。5. 优北罗公司有理由怀疑泰斗公司可能存在滥用专利权的行为。

一审审理查明

泰斗公司于 2012 年 6 月 6 日向国家知识产权局申请名称为“一种加速 GNSS 接收装置首次定位时间的方法和系统”的发明专利，并于 2015 年 8 月 19 日公告授权，专利号为 ZL201210182849.6。优北罗公司于 2019 年 9 月 12 日向国家知识产权局专利局复审和无效审理部申请宣告案涉专利无效。经双方当事人同意，广州知识产权法院在案涉专利宣告无效决定作出后继续审理。国家知识产权局专利局复审和无效审理部于 2020 年 8 月 19 日作出第 45872 号无效宣告请求审查决定书，维持专利权有效。

泰斗公司在诉讼中主张权利要求保护的范围是权利要求1，其权利要求书记载：一种加速GNSS接收装置首次定位时间的方法，其特征在于，所述方法包括：捕获卫星信号，获取卫星信号的整毫秒边界信息；对相邻整毫秒边界内数据进行相干积分，获得相干积分值；根据所述相干积分值确定导航比特边界，并同时进行导航比特调解，获得最终的比特符号；在导航比特调解结束后收集卫星星历；在收集卫星星历完毕后，进行定位解算。

案涉专利在申请授权的实质审查阶段，删除了其公开文本中权利要求7~12。该公开文本中的权利要求7是引用了权利要求1的关于产品的权利要求，权利要求8~12是引用了权利要求7的从属权利要求。

（2019）广粤南粤3637号公证书记载：2019年3月1日，该处公证员及工作人员在泰斗公司代理人的带领下，在广州市新赛格电子城一楼号码为188-190门面标识有“广州市长坤计算机有限公司”“广州市天河区石牌轩炯电子经营部”的商铺，购买标识有“NEO-M8N”“MAX-M8Q”货物各五个，在“NEO-M8N”“MAX-M8Q”模块上可见有优北罗公司的商标。

（2019）广粤南粤3637号公证书记载：2019年2月28日，该处公证员及工作人员在泰斗公司代理人的带领下，在广州市天河区马场路太阳新天地广场四楼标识418字样商铺内购买物件一个。该公证书附件照片反映该物件为“大疆”无人机一台。

（2021）粤广南方第012835号公证书记载：泰斗公司代理人在公证员监督下，使用公证处提供的手机，找到微信公众号“ublox”，进入页面中“定位与授时”输入“M8”，下载相关产品的介绍。（2021）粤广南方第013516号公证书记载：泰斗公司代理人在公证员监督下，使用公证处提供的电脑，搜索登录u-blox官网，选择“MAX-8系列”“NEO-M8系列”“MAX-8Q”下载相关产品摘要文档并保存。（2021）粤广南方第026266号公证书记载：泰斗公司代理人在公证员监督下，使用公证处提供的电脑，搜索登录u-blox官网，在搜索栏分别输入“NEO-M8P”“NEO-M8L”“NEO-M8U”“MAX-8”“NEO-M8”“LEA-M8S”“LEA-M8F”“LEA-M8T”“CAM-M8”“EVA-M8”“LEA-M8E”“SAM-M8Q”“ZOE-M8”“NEO-M8L”“UBX-M8030”，下载相关产品摘要文档并保存。

泰斗公司还提供了《GPS软件接收机基础》《北斗/GPS双模软件接收机原理与实现技术》、优北罗公司官网下载的相关技术文档的时间戳文件。

泰斗公司认为，使用案涉专利技术的主要是UBX-M8030芯片模块及固件3.01版本，故在本案中主张包含UBX-M8030芯片模块及固件3.01版本的导航模块均为被控侵权产品。

优北罗公司则提供了经公证的在其官网下载的 NEO-M8 模块相关技术文档、《全球定位系统、惯性导航和集成》《GPS 原理与应用（第二版）》等书籍资料及相关专利文档和《实施情况说明》等证据材料。

泰斗公司为证实优北罗公司的产品侵权，提供了中国赛宝实验室出具的检测报告，该检测机构对模块 NEO-M8N-0-10 分别进行了 GPS 卫星电文信息的 WN 包含比特翻转、GPS 卫星电文信息的 WN 不包含比特翻转、GPS 卫星电文信息的 WN 包含比特翻转的卫星信号递增 3 秒三种技术测试。

优北罗公司认为，1. 权利要求 1 中的上述技术特征，包括其使用的词语“同时”，应该被解释为：在两个不同的卫星跟踪通道分别执行：（1）根据相干积分值确定导航比特边界；和（2）进行导航比特调解。上述的两个不同操作彼此之间互不干涉、彼此独立且并行（同时）进行；上述的两个卫星跟踪通道从硬件上而言彼此独立，属于不同的硬件支路。2. 泰斗公司的测试分析是错误的。

一审判理和结果

一审法院审理认为：

一、关于被诉侵权产品 NEO-M8N 是否落入案涉专利权保护范围的问题

当事人争议的技术特征的焦点在于“根据所述相干积分值确定导航比特边界，并同时进行导航比特调解”特征中，被诉侵权产品是否在确定导航比特边界的同时进行导航比特调解。1. 对于“同时”的理解。权利要求中技术特征限定的是“确定导航比特边界”与“导航比特调解”两个处理过程要同时进行，该技术特征是对在获取定位时间时具体实施过程中技术手段的限定，并不属于功能性限定。根据说明书［0053］［0063］［0065］［0066］段的记载，权利要求中所限定的“同时”是指具体的实施过程中不必等到“确定导航比特边界”处理结束之后再进行“导航比特调解”处理，而并非时间完全同步。优北罗公司认为权利要求中的“同时”是指时间上的完全同步，依据不充分，不予支持。2. 泰斗公司的检测报告是否可证实“根据所述相干积分值确定导航比特边界，并同时进行导航比特调解”的技术特征。首先，根据案涉专利说明书记载的内容来看，权利要求 1 实际解决的技术问题是如何处理导航比特边界确定与导航比特调解的关系，从而减少首次定位时间，而优北罗公司提供的专利文献均没有涉及这方面的问题，亦不能证实在传统接收机串行处理导航比特边界确定与导航比特调解及案涉专利导航比特边界确定与导航比特调解并行处理的方案之外，还存在其他的技术方案。其次，根据本领域公知常识，电文不包含翻转就不能完成比特同步，接收机输出日期必须使用 WN 信息，而 WN 信息位于 1.2 秒处，每 30 秒只出现一次，接收机必须通过比特调解才能获得电文信息。这说明被诉侵权产品在 6 秒左右输出的日期应是来源于在 1.2 秒处比特调解得到的 WN 信息。在检测报告的测试 2 中，被测试产品有 29 次在 6 秒左右就输出了正确的日期，该时间与接收机启动后接收到 WN 和 TOW 两个信息所需要的最短时间相近，远少于 30 秒（第二轮播发周期开始的时间），1 次在 30 秒左右才输出正确的日期。所以，测试 2 证明了接收机在大部分情况下，在没有完成比特同步的情况下，就开始了比特调解。同时，根据优北罗公司提交的《实施情况说明》中相关步骤的描述，优北罗公司自述的被诉侵权产品在算法控制下，“比特调解”的启动并不依赖于“比特同步”是否已经完成，即使没有完成比特同步，其也会启动比特调解，也就是说可以不必等到“确定导航比特边界”处理结束之后再进行“导航比特调解”处理。因此，案涉被诉侵权产品 NEO-M8N 使用的方法具备案涉专利权利要求 1 的技术特征，落入案涉专利权利要求 1 的保护范围。

二、关于其他型号产品是否落入案涉专利权保护范围的问题

根据泰斗公司及优北罗公司提交的公证书显示，在优北罗公司官方网站下载的 NEO-M8 模块说明书记载，NEO-M8 的产品变形包括 NEO-M8M、NEO-M8N、NEO-M8Q 三款型号，根据本案的现有证据及测试情况，案涉专利方法的实现是通过软件和硬件的方式组合运行实现的，而 NEO-M8M、NEO-M8N、NEO-M8Q 三款产品均为 NEO-M8 的子型号产品，三款产品在说明书中反映在同一导航体制下性能基本一致，只是固件分别采用 ROM/FLASH 版本及部分输出接口有所不同。因此，在现有证据情况下，可认定 NEO-M8M、NEO-M8N、NEO-M8Q 三款产品均是侵权产品。

对于泰斗公司主张的其他型号的产品，NEO-M8T 及 LEA-M8T 均明确标示为授时模块，在泰斗公司没有提供进一步证据的情况下，应当排除在侵权产品的范围。而其他型号的产品在规格书上均标示为导航模块，案涉专利是涉及加速 GNSS 接收装置首次定位时间，与该导航模块的输入输出接口、是否采用晶体振荡器、SiP 集成封装等技术无关，在前述型号的规格书中，均有含 UBX-M8030 在内的模块示意图并在规格书中显示固件版本为 3.01，故在优北罗公司没有明确提出各型号就案涉专利所涉技术方面存在何种具体差异的情况下，可认定 MAX-M8C、MAX-M8Q、MAX-M8W、CAM-M8C、CAM-

M8Q、NEO-M8Q、NEO-M8M、NEO-M8L、NEO-M8U、NEO-M8P、SAM-M8Q、ZOE-M8G、ZOE-M8Q、LEA-M8S 为侵权产品。

根据现有证据显示，优北罗公司销售被诉侵权产品 NEO-M8N、NE0-M8Q，侵犯了泰斗公司的案涉专利权，优北罗公司许诺销售其他前述型号产品亦构成侵权。根据本案的证据以及长坤公司的自认，可以确认长坤公司实施了销售行为。

根据查明的事实，一审法院在综合考量案涉专利的类型、优北罗公司的经营规模、侵权行为的性质和情节、泰斗公司支付的合理维权费用等因素后，酌定优北罗公司赔偿泰斗公司经济损失人民币 100 万元。

综上所述，一审法院依照《专利法》（2008 年修订）第十一条第一款、第五十九条第一款、第六十五条的规定，判决：1. 长坤公司于判决发生法律效力之日起立即停止销售侵犯泰斗公司名称为“一种加速 GNSS 接收装置首次定位时间的方法和系统”、专利号为 ZL201210182849.6 的发明专利权的产品的行为；2. 优北罗公司于判决发生法律效力之日起立即停止销售、许诺销售侵犯泰斗公司名称为“一种加速 GNSS 接收装置首次定位时间的方法和系统”、专利号为 ZL201210182849.6 的发明专利权产品的行为；3. 优北罗公司于判决发生法律效力之日起十日内一次性赔偿泰斗公司经济损失人民币 100 万元；4. 驳回泰斗公司的其他诉讼请求。

一审判决后，优北罗公司不服，向最高人民法院提起上诉，本案正处于二审程序中。

【法官评述】

一、本案属高新技术类型的侵权纠纷案件

1. 技术类型新。本案所涉发明专利名称为“一种加速 GNSS 接收装置首次定位时间的方法和系统”，其涉及的内容是卫星导航定位，这是一项让导航设备在弱信号环境下实现迅速定位的技术。涉及卫星导航技术的专利民事侵权纠纷在司法审判实践中比较少见，对该类技术纠纷的审理尚未有成熟的做法。2. 技术对比方法新。案涉专利技术涉及卫星导航领域，该领域的技术具有互联互通、信息交换、多设备协同等特点，且根据在案证据来看，相关领域中的专利大都以方法专利的形式存在。此类技术的特点之一是专利方法在被诉侵权产品的制造过程固化在设备中，终端用户在使用终端设备的时候才可再现专利方法过程。即该类方法专利技术方案的再现不是直观呈现的，往往是通过软件和

硬件相结合的方式实现。对于此类方法专利，需要对含有的固化软件和相应硬件进行相关技术测试，在技术测试的基础上，根据测试得出的数据进行科学解读，才能判断相关的技术特征是否具备。因此，对于此类案件，在充分听取当事人的意见的基础上，结合技术调查官和其他技术专家的意见，审查技术测试方案的科学性。对于测试数据的解读，亦应当排除测试的合理误差，结合该领域的公知常识和专利说明书进行科学解读。

二、根据证据规则，合理推定被诉侵权产品型号

卫星导航模块往往是相关工业产品的一个部件，而非直接面向消费者的产品，且正是由于卫星导航模块运用的广泛性，权利人在购买被诉侵权产品时，往往面临信息不对称、取证费用过高、取证难度大等问题。此时，权利人往往只能购买到部分型号的被诉侵权产品。但是，对于制造商而言，其对于自身产品采用的技术方案显然是清楚的。在已经对部分实际取得的被诉侵权产品进行比对且落入涉案专利权保护范围的情况下，根据案涉技术方案所涉的技术领域的特点和在案技术方案的实际情况，可要求被诉侵权的制造商明确指出其他尚未实际购买到的被诉侵权产品与被测试产品的技术差异。若制造商未能举出相反的证据，可合理推断证据反映的同一功能、用途的其他型号的产品亦为侵权产品。在本案中，案涉专利是涉及加速 GNSS 接收装置首次定位时间，与该导航模块的输入输出接口、是否采用晶体振荡器、SiP 集成封装等技术无关，在经公证的相关型号的规格书中，均有含 UBX-M8030 在内的模块示意图并在规格书中显示固件版本为 3.01，与经测试的 NEO-M8 模块一致，在优北罗公司没有提出相反证据的情况下，可推定相关型号的产品亦为侵权产品。通过合理分配举证责任，对解决当事人举证难进行新的尝试及探索。

编写人：广州知识产权法院　刘宏　汤瑛

（编辑：汤家丽）

8

全维公司与富爱思公司侵害发明专利权纠纷案

阅读提示：技术类案件中证据保全的必要性及保全方式合理性的判定标准。

【裁判要旨】

证据保全制度的主旨在于避免证据可能灭失或者以后难以取得而导致案件事实难以认定，证据保全的必要性及保全措施的合理性审查标准，亦应与此相符。在技术类案件中，证据保全的主要功能在于固定涉案产品所使用的技术方案，对于固定技术方案类证据保全申请，应结合考虑涉案产品中技术方案的展现形态、保全的证据与案件主要待证事实具备必要的关联性、被保全证据存在可能灭失或以后难以取得的紧急情形、保全的标的物未超出必要的范围、保全方式未超出合理范围等方面的因素，对案件的证据保全申请是否符合法定形式要求、保全必要性及保全方式合理性等问题进行审查。尤其是，在涉及保障民生类技术案件中，证据保全应选取损害最小的保全方式，在坚持知识产权严格司法保护的同时，兼顾实现保民生促稳定的司法导向。

【案号】

一审：广州知识产权法院（2021）粤73知民初1696号

【案情与裁判】

原告：深圳市全维知识产权运营有限公司（简称全维公司）

被告：广东富爱思生态科技有限公司（简称富爱思公司）

起诉

全维公司起诉称，高塔造粒生产颗粒复合肥料的方法及设备（专利号为03139601.1）发明专利的原专利权人深圳市芭田生态工程股份有限公司，以生产复合肥、控释肥、绿色生态肥为主业，是开发利用工农业废弃物变废为肥的环保型高新技术企业以及国家科技创新型星火龙头企业，是中国化肥行业的第一家上市公司，其产品可有效提高农产品的内在品质，保护生态环境。全维公司从专利权人深圳市芭田生态工程股份有限公司处受让得到涉案专利。全维公司发现，富爱思公司自2012年起使用涉案专利权利要求1中的专利方法和权利要求10中的设备进行复合肥料的生产并销售该复合肥料产品，其行为侵占全维公司的市场地位，给全维公司造成经济损失，故请求判令：富爱思公司停止侵权、拆除富爱思公司生产化肥的高塔造粒设备并赔偿经济损失1000万元。

一审审理查明

全维公司在提起本案诉讼时，以被诉产品为大型设备，其难以通过其他取证方式获取被诉产品的技术方案为由，向一审法院申请证据保全，申请法院到广东省汕头市澄海区对被诉产品高塔造粒设备内部的结构及装置进行勘验，对生产复合肥过程中使用的原料进行封存，并调取生产复合肥工艺相关的生产操作手册、生产流程说明、操作规程等资料进行复印。

富爱思公司网站宣传信息包括型号为“15–15–15”的产品《年产20万吨高塔喷浆造粒复合肥项目》环评文件、“高塔复合肥项目”环保验收报告等信息。经查实，涉案化肥生产项目确有《高塔喷浆造粒复合肥项目》（2007）64号环评报告和澄环验【2012】B07号“高塔复合肥项目”环保验收报告所监测的数值，可初步确定涉案生产设备及产品特征。而且，富爱思公司的《高塔喷浆造粒复合肥项目》的（2007）64号环评文件、澄环验【2012】B07号“高塔复合肥项目”环保验收报告均由汕头市生态环境局澄海区分局进行保存。

一审判理和结果

一审法院审理认为，被诉侵权设备确属大型设备，通过公证购买产品的方式进行证据保全，则将导致取证成本过高，故全维公司提出的证据保全申请具备一定的合理性和必要性。然而，采用停机勘验的证据保全方式，将导致案件当事人因停产而遭受巨大损失，容易激发潜在冲突。

在确有必要进行证据保全的情形下，也需考虑证据保全的范围及保全方式的合理性。技术类案件证据保全的功能主要在于固定产品所使用的技术方案，侵害发明专利权纠纷中的证据保全必要性及保全措施合理性审查标准亦应与技术类案件的特点相适应，证据保全以固定产品的技术方案为出发点，结合考虑涉案技术方案的具体展现形态、保全的证据与案件主要待证事实具备必要的关联性、被保全证据存在可能灭失或以后难以取得的紧急情形、保全的标的必要范围、保全方式合理范围等方面的因素，对案件的证据保全申请是否符合法定形式要求、保全必要性及保全方式合理性等问题进行审查，选取损害最小的证据保全方式。本案中，停机勘验的保全方式可能导致案件当事人遭受巨大损失，且易激发潜在冲突，在环评报告和环保验收报告可初步证明涉案产品技术特征的情况下，法院向全维公司进行释明，对其要求以停机勘验的方式进行证据保全的申请不予采纳，可通过其申请调取涉案项目所监测的设备和化肥产品的数值来确定产品特征，将证据保全措施可能造成的影响降至最低。证据保全方式的转变，有效化解了证据保全措施可能引发的矛盾和损失，并且同时解决了及时向富爱思公司送达诉讼材料的问题，为和解提供基础。双方当事人最终以支付年使用费的方式达成和解。

2022 年 5 月 7 日，全维公司向本院申请撤回起诉。一审法院依照《民事诉讼法》第十三条第二款、第五十四条、第一百四十八条第一款、第一百五十七条第一款第五项，《诉讼费用交纳办法》第十五条、第二十一条第二款、第三十四条第一款之规定裁定：准许全维公司撤回起诉。

【法官评述】

在侵害知识产权的技术类案件中，证据保全的结果可能影响知识产权侵权行为成立与否的认定，对于诉讼结果可能存在决定性作用。因此，证据保全申请在侵害发明专利权及实用新型专利权纠纷中较为多见，然而，在侵害发明专利权纠纷中，证据保全必要性及保全措施合理性的具体判定标准缺乏明确的法律指引，有待于司法实践中进一步厘定。

一、技术类案件中证据保全必要性及保全措施的合理性，须结合该类型案件的技术特点及具体技术方案进行审查

《民事诉讼法》第八十四条第一款规定，在证据可能灭失或者以后难以取得的情况下，当事人可以在诉讼过程中向人民法院申请保全证据，人民法院也可以主动采取保全措施。据此，判断诉中证据保全的必要性及正当性，应当结合案件具体类型以及被保全证据的特性，尤其是在技术类案件中，应考虑证据保全以固定证据并最终实现制止专利侵权行为为出发点，保全的证据与案件主要待证事实具备必要的关联性、被保全证据存在可能灭失或以后难以取得的紧急情形、保全的标的物未超出必要的范围、保全方式未超出合理范围等方面的因素，对案件的证据保全申请是否符合法定形式要求、保全必要性及合理性等问题进行分析。本案中，富爱思公司在网站宣传其生产能力时，提及“15-15-15”型号产品《年产20万吨高塔喷浆造粒复合肥项目》环评文件、“高塔复合肥项目”环保验收报告等信息，经查，涉案化肥生产项目的《高塔喷浆造粒复合肥项目》（2007）64号环评报告和澄环验【2012】B07号“高塔复合肥项目”环保验收报告，均由汕头市生态环境局澄海区分局进行保存，且该项目的（2007）64号环评文件、澄环验【2012】B07号“高塔复合肥项目”环保验收报告所涉及数值可用于初步确定涉案生产设备及产品特征。因此，经法院释明，全维公司变更其保全思路，仅申请调取上述环评报告和环保验收报告来确定产品特征，从而将证据保全措施可能造成的影响降至最低。

证据保全方式的转变，有效化解了证据保全措施可能引发的矛盾和损失，并有助于解决及时向富爱思公司送达诉讼材料的问题，为双方的协商和解提供基础，最终双方达成和解，形成双赢局面。

二、对于涉及民生的知识产权侵权纠纷中证据保全的处理，应坚持知识产权严格司法保护的同时，兼顾保民生促稳定的问题

全维公司提出证据保全申请，请求法院到广东省汕头市澄海区对被诉产品高塔造粒设备内部的结构及装置进行勘验，对生产复合肥过程中使用的原料进行封存。由于被诉设备属于大型的复合肥生产设备，且全维公司难以自行取得设备或进入设备内对技术方案取证，故其证据保全申请具备一定的合理性和必要性。然而，采用停机勘验的证据保全方式，将导致富爱思公司因停产而遭受巨大损失，该保全措施不仅容易加深双方当事人之间的矛盾，而且，正值春耕时节，复合肥的肥效稳定，能提高农作物的产量，如停止复合肥生产设备的运转，容易影响当地的春耕用肥供应及化肥价格稳定。该案的处理不仅涉及双方当事人的争议，还涉及春耕春种和保障民生的问题。法院在严格保护知识产权的同时，更要确保民生促稳定，在案件中依法审查证据保全的必要性及保全措施的合理性，在对涉案专利技术和设备特征进行充分研判的基础上，尽量以对当事人影响最小的方式进行证据保全，为化解矛盾和缓和冲突创造条件。

编写人：广州知识产权法院　黄彩丽

（编辑：耿照阳）

9

联奇公司与超视堺公司等侵害发明专利权纠纷案

阅读提示：专利的应用领域和用途特征在什么条件下对权利要求的保护范围没有限定作用？技术调查中如何把握这类条件？

【技术调查要旨】

专利的应用领域和用途特征对所要求保护的结构、组成本身没有带来影响，未对该技术方案获得授权产生实质性作用，只是对产品或设备的用途或使用方式进行了描述，则对权利要求的保护范围没有限定作用。划分阶段、区分部件是技术调查中合理有效把握这类条件的重要方法。

【案号】

一审：广州知识产权法院（2018）粤73民初3448号

二审：最高人民法院（2021）最高法知民终1077号

【案情与裁判】

原告：联奇开发股份有限公司（简称联奇公司）

被告：超视堺国际科技（广州）有限公司（简称超视堺公司）

被告：中国建筑一局（集团）有限公司（简称中建一局）

被告：上海宝冶集团有限公司（简称宝冶公司）

被告：柏诚工程股份有限公司（简称柏诚公司）

被告：江西汉唐系统集成有限公司（简称汉唐公司）

被告：中国电子系统工程第二建设有限公司（简称中电二建公司）

起诉与答辩

联奇公司诉称，1. 六被告立即停止侵犯联奇公司的专利号为ZL200410048826.1（以下简称涉案专利）、名称为“混凝土楼板预留开孔的成型装置”的发明专利权的行为；2. 六被告连带赔偿联奇公司经济损失1200万元以及赔偿联奇公司为制止侵权行为所支付的律师费及其他合理费用20万元；3. 六被告连带承担本案的全部诉讼费用及保全费用。事实和理由：超视堺公司作为业主在招标中指定建设项目使用“奇氏筒”产品，并提供给各二级承揽方施工图纸，宝冶公司、中建一局负责“奇氏筒”筒体部分的现场施工，柏诚公司、汉唐公司、中电二建公司负责“奇氏筒”盖板部分的现场施工和安装，六被告经分工合作，共同实施了侵权行为，落入联奇公司涉案专利权利要求1~4的保护范围，应当承担停止侵权和赔偿损失的责任。

超视堺公司、中建一局、宝冶公司、汉唐公司共同辩称，1. 被诉侵权的成型装置没有落入涉案专利的保护范围；2. 被诉侵权的成型装置有合法来源；3. 中建一局、宝冶公司实施的是现有技术；4. 超视堺公司没有指定建设项目各施工方使用涉案专利成型装置，其他各被告也没有分工合作构成共同侵权；5. 联奇公司高额索赔没有依据；6. 联奇公司构成恶意维权。

技术争议焦点及理由

诉辩双方的争议焦点在于如何解释涉案专利权利要求1以及如何准确确定涉案专利权利要求1的保护范围。涉案专利权利要求1为：

一种混凝土楼板预留开孔的成型装置，其固定在一模板上，在灌浆形成一混凝土楼板时，得以在该楼板上预留开孔，该成型装置包含：一成型组合体，此一成型组合体包括：

一固接单元，安装在所述的模板上；

一套管，位于所述的固接单元上，具有一管壁，以及一由该管壁界定而成的通道；其特征在于，还包含：

一垫衬组件，套设在所述的套管的顶端；

该垫衬组件具有一中间镂空的结构，且该中间镂空区域的截面积占套管的管壁界定而成的通道截面积的60%以上。

对于涉案专利权利要求1，联奇公司认为，1.“在灌浆形成一混凝土楼板时，得以在该楼板上预留开孔”特征属于用途特征。首先，用途特征是指权利要求中用来描述发明或实用新型具有何种用途的技术特征；而使用环境特征是指权利要求中用来描述发明或实用新型所使用的背景或者条件且与该技术方案存在连接或配合关系的技术特征，即使用环境特征必须与产品相互作用。“在灌浆形成一混凝土楼板时，得以在该楼板上预留开孔”显然不是对成型装置使用背景或者条件的描述，这一特征与成型装置之间也没有相互作用，完全是对成型装置用途的描述，因此该特征是用途特征。其次，涉案专利是机械领域的产品，通过结构和连接关系来限定产品，有关用途的技术特征没有对成型装置的结构本身带来影响；而且该特征对技术方案获得授权未产生实质性作用，只是对成型装置的用途进行描述，因此，该特征对专利的保护范围不起限定作用。最后，即使该用途特征对专利保护范围具有限定作用，因为被诉侵权产品也具备用于楼板预留开孔的用途并且实际上已经用于楼板预留开孔，被诉侵权产品具备了该用途特征。2.“其固定在一模板上”特征属于使用环境特征，被诉侵权产品在使用时也是固定在模板上；即使后来拆除了模板，只要被诉侵权产品可以固定在模板上使用，就已经具备该技术特征。3. 关于前述两特征的限定作用。权利要求 1 保护的是可以固定在一模板上、可以用于在灌浆形成一混凝土楼板时在该楼板上预留开孔的成型装置，而不是六被告理解的“保护的只能是固定在建筑模板上的、在灌浆形成带有预留开孔的混凝土楼板时使用的成型装置”。4. 从被诉侵权产品的工程图纸、用途功能、制造者来看，完整的被诉侵权产品包括了垫衬组件。（1）从超视堺公司提供的工程图纸来看，成型装置包括了套管、固定底座、支撑底盘、套管、浇筑混凝土用上盖、螺杆、垫衬套环、EPOXY 施工用上盖、铝合金上盖，这些配件出现在涉案工程招标文件所附的同一份施工图纸的同一页上，而且彼此之间有连接关系和相互配合的作用，共同组成了完整的成型装置；（2）从用途功能来看，涉案专利旨在解决的技术问题是：现有技术中的成型装置存在套管变形后难以安装盖板的问题，所以混凝土楼板不能直接当作地板使用。为此，涉案专利采用的技术方案是在套管上方增加一垫衬组件，进而提供安装伸缩空间，以便于盖板的安装。六被告在使用成型装置时亦是在安装垫衬组件之后再安装盖板，最后将混凝土楼板作为地板使用，因此，六被告对垫衬组件的使用再现了涉案专利中垫衬组件的技术特征和功能用途。除此之外，垫衬组件还有两个作用：作为涂布装修材料的收边；避免摩擦产生噪声。这两个作用都依赖于垫衬组件安装在套管和盖板之间。超视堺公司提供的工程图纸描述“垫衬组件的功能为套管组件与铝合金上盖二者之间的缓冲介质，并且可以作为 waffle slab 涂布 epoxy 装修材的收边”。因此，包含了垫衬组件的成型装置才能起到便于盖板安装、收边和缓冲的作用，被诉侵权产品的 POM 环恰恰也是具备这三个作用的，故，被诉侵权产品具备涉案专利权利要求中垫衬组件这一技术特征。（3）从被诉侵权产品的制造者来看，六被告中的各施工单位根据超视堺公司的图纸和要求，向惠亚公司及其关联公司提出了成型装置所有配件的技术规范；惠亚公司及其关联公司制造了包括垫衬组件在内的完整的成型装置；（4）从垫衬组件与套管的配合关系来看，被诉侵权产品的套管具有承接结构（具有一向径向外端并向上延伸的斜扩段、一位于该斜扩段上方的直伸段，以及一自该直伸段顶缘径向突出的套管突缘），该承接结构是用来承接垫衬组件的，二者有相互配合的作用，因此，垫衬组件和套管都是被诉侵权产品必不可少的一部分。因此，垫衬组件是被诉侵权产品不可分割的一部分，只有包含了垫衬组件的被诉侵权产品在生产来源、功能用途、发包方规范（工程图纸）等方面才是完整的。根据全面覆盖原则，只要被诉侵权技术方案包含了权利要求记载的全部技术特征，就认定其落入涉案专利权的保护范围，并不需要这些技术特征同时出现。超视堺公司将工程发包给其余被告实施，在施工过程中，中建一局和宝冶公司使用了成型装置的固接单元、套管、顶盖、连接机构，柏城公司、汉唐公司、中电二建公司使用了成型装置的垫衬组件，权利要求 1 的全部技术特征在施工过程中都逐一出现而且全部出现，六被告使用的被诉侵权产品已经落入了涉案专利权利要求 1 的保护范围。

超视堺公司、中建一局、宝冶公司、汉唐公司共同认为：1. 关于涉案专利的保护范围。涉案专利权利要求 1 中，“其固定在一模板上”“在灌浆形成一混凝土楼板时”“得以在该楼板上预留开孔”这些技术特征对于涉案专利的保护范围均有确定无疑的限定作用。涉案专利要求保护的只能是固定在建筑模板上的、在灌浆形成带有预留开孔的混凝土楼板时使用的成型装置，即在土建工程中为了预留开孔而使用的成型装置。在土建工程之后的后续工程中，灌浆已完毕，预留孔已成型，模板已拆除，因此任何后续工程中所使用的装置都不应被视为涉案专利所指的“混凝土楼板预留开孔的成型装置”或其中的一部分。2. 关于被诉侵权成型装置。位于广州市增城经济技术开发区的第 10.5 代 TFT-LCD 显示器生产线项目中，与“奇氏筒”相关的工程包括土建工程部分（又称土建包）和机电工程两大部分；因为建造的是无尘车间，机电设备安装前车间内必须达到专业标准的高度洁净，所以其中机电工程前期包括洁净工程（又称洁净包）。中建一局、宝冶公司分别实施土建工程部分，于 2018 年 8 月底、9 月初陆续结束土建工程，该两被告在施工过程中使用的“奇氏筒”、钢制底座、ABS底盘、ABS上盖、螺杆等装置均从案外人上海惠亚铝合金制品有限公司购得；柏诚公司、汉唐公司、上鼎公司（已被撤诉）、中电二建公司分别实施后续的洁净工程部分，其中汉唐公司在洁净工程中使用的铝合金盖板及SMC套环（又称POM套环）等装置均从惠亚科技（苏州）有限公司购得。柏诚公司、汉唐公司、中电二建公司实施的洁净工程在土建工程结束之后，其使用的装置显然不属于“混凝土楼板预留孔的成型装置”，因此不应被牵涉到本案中。3.被诉侵权成型装置不落入涉案专利保护范围。如上所述，被诉侵权成型装置缺少“套设在套管顶端的垫衬组件”以及“该垫衬组件具有一中间镂空的结构，且该中间镂空区域的截面积占套管的管壁界定而成的通道截面积的60%以上”两个技术特征，因此，被诉侵权成型装置不落入涉案专利权利要求1的保护范围。从涉案专利说明书“背景技术”部分可以看出，现有技术的成型装置已包括安装在模板10上的底座11（即固定接单元）、位于底座11上的中空套管13；但这种成型装置存在的缺陷是“该套管13容易在灌浆的过程中受到混凝土推挤而变形”。为克服此缺陷，通过“垫衬组件提供较佳的安装伸缩空间，以避免套管在楼板形成的过程受到混凝土压力推挤变形，该盖板无法安置在套管上”。可见，涉案专利的创新点是在混凝土灌浆成型过程使用的装置中增加了垫衬组件，以避免该套管在混凝土灌浆时受到挤压变形，影响后续盖板组装的稳固性。被诉侵权的成型装置在灌浆形成预留开孔的作业中，恰恰没有这一部件，即没有包括涉案专利的创新点。所以，被诉侵权的成型装置与权利要求1记载的全部技术特征相比，缺少权利要求记载的两个技术特征，没有落入涉案专利权利要求1的保护范围；权利要求2~4都是权利要求1的从属权利要求，因此也没有落入权利要求2~4的保护范围。4.关于被诉侵权产品中的SMC套环（又称POM套环）。如上所述，在土建工程后续的洁净工程中，在盖板与套管间设置了一套环，但这一套环显然不属于涉案专利权利要求1中所述的“成型装置”中的组成部件，因该套环没有出现在涉案专利所限定的“固定在模板上，在灌浆形成混凝土楼板时”，而是在灌浆形成混凝土楼板之后所设置，与涉案专利权利要求中所述的“得以在该楼板上预留开孔”没有任何关系。即使联奇公司强行地把在洁净工程中套管（桶体）上套设SMC套环后说成是混凝土楼板预留开孔的成型装置，但此时土建工程已完毕并已交接给洁净工程的施工单位，模板已拆除，固接单元已拆除，此套环显然也不能与安装在模板上的固接单元等构成涉案专利权利要求1所明确记载的“一成型组合体”，并用于“灌浆形成一混凝土楼板时，得以在该楼板上预留开孔”，在此情况下，也显然没有全面覆盖涉案专利权利要求1的全部必要技术特征。

技术调查事实、比对、结论

一、技术调查事实

经2018年7月31日、11月2日两次公证保全，以及一审法院现场勘验保全，双方确认以下事实：当事人均确认土建施工阶段所使用的桶体包括底部固定装置、金属桶体、盖板和连接机构，不涉及垫衬组件也即套环。土建施工阶段旨在浇筑楼板混凝土，并在混凝土楼板上预留一定数量的开孔。该阶段施工结束后，进入机电施工阶段。在机电施工阶段，涉及扫地打磨吸尘、套环安装固定、导电层施工、铝合金盖板安装等，也即套环系在机电施工阶段才使用。

汉唐公司向国家知识产权局提出无效宣告请求，该局复审和无效审查部在2019年10月29日作出第42033号无效宣告审查决定书，维持涉案专利有效。该决定书记载：合议组认为，本专利是针对现有成型装置中所存在的套管在灌浆的过程中受到混凝土推挤而变形，无法提供尺寸精度较佳的开孔，当将混凝土楼板直接作为地板来使用时，受到挤压变形的套管就很难供盖板盖设的技术问题而进行改进。……本专利中的垫衬组件的作用并不是阻止或减少浇筑混凝土时套管可能产生的变形，而是通过使用垫衬组件，在套管变形的情况下，能提供较佳的安装伸缩空间以顺利盖设盖板，同时还可避免套管与盖板的直接摩擦和起到修饰收边的作用。

案外人惠亚科技（东台）有限公司（简称惠亚公司）向国家知识产权局提出无效宣告请求，该局复审和无效审查部在2020年9月24日作出第46264号无效宣告审查决定书，维持涉案专利有效。该决定书记载：合议组认为，本专利权利要求1的主题名称为“一种混凝土楼板预留开孔的成型装置”，可以看出套管的应用技术领域，其是用于混凝土楼板制造领域的；权利要求1限定部分记载了“成型装置包含成型组合体，成型组合体包括套管，套管在灌浆形成混凝土楼板时，在楼板上预留开孔”，可见套管是用来在灌浆成型楼板时在楼板上形成预留孔的。综上，结合权利要求1的主题名称和文字记载内容，可知权利要求1的套管是相对刚性的，它在灌浆的过程中受到混凝土推挤会产生一定变形，因此权利要求1已记载了解决技术问题的必要技术特征。

二、技术比对分析

双方针对该专利前序“在灌浆形成一混凝土楼板时，得以在该楼板上预留开孔”的文字理解上存在一定的分歧。分歧表现为，对这一施工的使用环境特征，是理解为仅包含灌浆浇筑楼板的土建阶段，还是可以包含灌浆和后期添加盖板的机电施工整个阶段，抑或仅仅是后期添加盖板的机电施工阶段。

1. 从专利字面意义上来看，专利发明是一种成型装置，该成型装置的用途简单来说就是预留开孔，使用方法是固定在模板上，在灌浆时使用。其效果是实现预留开孔时还达到为盖板提供较佳安装伸缩空间的目的，并可作为涂布装修材料的收边。因此，该装置发生侵权时的环境特征应该包含套管固定在模板上并被灌浆时的状态，即包含土建阶段。

2. 结合说明书来看，背景技术中提到本专利要解决的技术问题是顶盖、底座、套管为塑料件时，在灌浆过程中容易受到混凝土推挤而变形，导致无法提供尺寸精度较佳的开孔，不便于后续盖板盖设。其中，后续盖板盖设通常为机电施工阶段。另外，专利说明书第 7 页也清楚记载了垫衬组件在所有列举的施工方法中的使用步骤为——灌浆、将垫衬组件套设在套管上方、连接机构固定套管、填补水泥浆等。因此，该装置的垫衬组件发生侵权时的环境和用途应该是包含灌浆的土建阶段和后续的机电施工阶段。

3. 结合本专利无效审查决定书（第 42033 号）中的对本专利的创新性评价中合议组的认定理由——“本专利是针对现有成型装置中所存在的套管在灌浆过程中受到混凝土推挤而变形，无法提供尺寸精度较佳的开孔，当将混凝土楼板直接作为地板来使用时，受到挤压变形的套管就很难供盖板盖设的技术问题而进行的改进。通过使用垫衬组件，来提供的较佳的伸缩空间，以避免该套管在混凝土浇灌时受到挤压变形，影响到该盖板组装的稳固性”。尤其，结合合议组所采用的对比文件即无效过程的证据 2 来看，该对比文件由于没有提供“管状环构件 18 解决套管顶部在灌浆过程中受到混凝土挤压产生变形从而不易安装通道盖的技术问题的技术启示”，恰恰反衬出专利得以维持有效的原因在于垫衬组件必须在灌浆过程时发生作用，也即垫衬组件作为整个成型装置的一部分构成侵权状态时，必须在灌浆土建施工阶段存在。

4. 进一步分析，权利要求 1 中明确了专利应有与现有技术共有的技术特征 1–1“固定在一模板上……”、1–2“组合体包括固接单元……”、1–3“套管……”三个技术特征，以及本专利特有的技术特征 1–4“垫衬组件……”。但被诉侵权产品在所有使用过程中，使用到 1–4 技术特征时，其他的技术特征（1–1、1–2）已经不存在了。因为使用垫衬组件的时候，模板已经拆除，固接单元也已经拆除。所以，本案被诉侵权产品的所有技术特征并不曾在同一时间段共存。

5. 此外，还可以参考权利要求 4：“成型组合体更包括一安装在垫衬组件上方的顶盖”，结合说明书附图（图 9 和图 11）中所言顶盖的使用时间点为浇筑楼板时那一时间段，可知该时间段内顶盖之下必然有垫衬组件。然而被诉侵权产品此时没有垫衬组件。

三、技术调查结论

垫衬组件只有在土建施工阶段和机电施工整个阶段与装置中其他部件完整组合，才能构成与专利保护范围相同的技术特征；而仅仅在专利保护的部分时间范围内的机电施工阶段与其他部件组合，则其技术特征并不完全具备，不应视为覆盖了专利保护的所有技术特征。

一审法院采纳了技术调查官的意见，认定不构成侵权，驳回联奇公司的诉讼请求。

一审判决后，联奇公司不服，向最高人民法院提起上诉。二审经审理后判决：驳回上诉，维持原判。

【技术调查官评述】

通常对于涉技术类知识产权案件的技术事实查明思路较为清晰，但在实施调查分析的标准层级、方法特点上还有许多可以值得积累和挖掘的经验。技术调查工作内容中，最基础的一层是调查涉案技术事实是否具有与被侵权对象相同的技术方案和特征；较上一层是准确理解技术事实和技术方案，包括事实和方案中的各种目的、原理、效果等；再上一层就是如何利用各种技术手段去剖析、陈列技术事实和方案，或运用一定的逻辑关系去证实或证伪难以直接查明的技术特征。本案中，无论是专利的剖析理解，还是技术事实的调查勘验，都体现了细致的划分阶段、区分部件的分析方法，在今后的技术调查工作中值得借鉴。

本案技术调查部分主要涉及如何把握专利主题名称中的应用环境、用途特征对专利有无限定作用这一司法认定问题，亮点有五：一是就专利的应用领域和用途特征在什么条件下对权利要求的保护范围有无限定作用，提出了准确把握这类条件的实践操作方法，即划分阶段、区分部件是有效把握这类条件的重要方法；二是就同一事实上海知识产权法院同期审理着另一起确认不侵犯专利权纠纷案，两家法院一旦认定相反，将给外界造成司法裁判标准相悖的鲜明反差，本案技术调查部门肩负压力，精准研判，技术意见不仅被一审法院合议庭采纳，而且最终被最高人民法院二审维持认可；三是本案为解决技术认定的一致性问题，采用了多种技术事实查明手段，先后开展了技术调查官现场勘验、咨询技术咨询专家、召开技术调查官联席会议展开大讨论、参与专业法官会议进行演示说明等工作；四是案涉金额高达1200万元，涉及大陆和台湾多家企业，社会影响面广；五是包含应用环境、用途的主题名称在确定专利权保护范围时，司法实践中确有争议，办理类似案件较易走偏。

本案具备一定的社会效果，首先，体现了广州知识产权法院与最高人民法院在“如何认定应用环境、用途特征限定权利要求保护范围”的标准上保持一致，具有典型的借鉴价值；其次，也体现了广州知识产权法院通过设立技术调查官联席会议，不断完善技术事实查明机制并加强司法认定专业性方面所取得的显著成效；最后，还体现了广州知识产权法院在重大涉港澳台案件上的同等保护力度。整体而言，彰显了广州知识产权法院为营造良好营商环境，而在敢于担当、追求专业和大胆创新方面所作出的不懈努力。

编写人：广州知识产权法院　赵军

（编辑：刘合安）

10

乐正公司与北京皓庭公司等侵害发明专利权纠纷案

阅读提示：专利权利要求中记载的技术特征存在争议或者歧义时，如何确定权利要求的实际保护范围？

【技术调查要旨】

通常情况下，经过专利行政部门授权的专利，其权利要求文字表述是清楚的，保护范围也是确定的。然而，在专利侵权诉讼程序中，常常会遇到权利要求的相关特征存在争议或者歧义，而说明书及附图也难以进一步解释权利要求的相关特征。在此情况下，可充分利用无效决定审查文件、专利权人自述以及通过从属权利要求进一步限定的内容进行逻辑一致性推理等方式来进行技术事实的查明，从而确定专利权的保护范围。

【案号】

一审：广州知识产权法院（2020）粤73知民初2081号

【案情与裁判】

原告：深圳市乐正科技有限公司（简称乐正公司）

原告：朱某厚

被告：皓庭（北京）科技有限公司（简称北京皓庭公司）

被告：皓庭（唐山）环境科技有限公司（简称唐山皓庭公司）

被告：广州晶东贸易有限公司（简称晶东公司）

被告：北京京东叁佰陆拾度电子商务有限公司（简称京东公司）

起诉与答辩

两原告诉称，四被告侵害了其享有的专利号为 ZL201510126210.X（以下简称涉案专利）、名称为“立体送风风轮、风轮式直流风机及立体送风口罩”的发明专利权，构成专利侵权。

四被告辩称，1. 其已就涉案专利提起无效程序，涉案专利权处于不稳定状态；2. 被诉侵权产品不具有涉案专利权利要求 1 所述的风轮式直流风机的风轮结构，且扇页前端并非前凸，未落入涉案专利权保护范围；3. 被诉侵权产品是使用现有技术自主研发制造；4. 被诉侵权产品于 2020 年 4 月起就已下架不再销售。

技术争议焦点及理由

两原告认为被诉侵权产品具备以下侵权特征，即风轮前侧面形成凸台，理由为被诉侵权产品同样具有内腔筒，其形成凸台结构，且内腔筒属于风轮的组成部件，形成的凸台结构恰好位于风轮前侧面。

四被告认为被诉侵权产品不具备上述特征，即风轮前侧面并没有形成凸台，理由为被诉侵权产品位于风轮前侧面的风叶部分并非向前凸出的凸台结构，而是平齐的结构，并不能认为被诉侵权产品风轮前侧面形成凸台。

本案技术难点在于对涉案专利权利要求 1 中“前侧面形成凸台”的理解。

技术调查事实、比对、结论

一、技术调查事实

两原告明确专利保护范围是涉案专利权利要求 1、2、4 所述的全部技术特征。

涉案专利原权利要求 1~7 记载如下：1. 一种立体送风口罩，罩体（1）中设有送风腔（2）、内侧形成与口鼻相适配的口鼻罩腔（3），其特征在于：送风腔（2）中设有向口鼻罩腔（3）送风的风轮式直流风机（4），风轮式直流风机（4）包括风轮（41），风轮（41）前、后侧面中部形成整体轴向向前凸的伞形，前侧面形成凸台（41a）、后侧面形成容置的凹腔位（41b），凹腔位与送风腔后侧壁相适配，送风腔（2）前侧设有轴向进风口（21），沿轴向进风口（21）设有过滤体（5），在罩体（1）前侧扣设外罩（6）、其间形成进风通道（7），环外罩（6）周边设侧向进风口（71）。2. 根据权利要求 1 所述的立体送风口罩，其特征在于：风轮（41）包括内腔筒（41c）、侧板（41d）和若干风轮页（41e），内腔筒（41c）位于风轮轴心置直流电机（42）于其中，其外端封闭、内端开口，侧板（41d）沿内腔筒（41c）的开口端设置，风轮页（41e）环内腔筒（41c）圆周等距分布形成轮体，各风轮页（41e）内侧边与侧板（41d）连接、外侧边为自由延伸侧边，各风轮页（41e）的外侧边整体构成风轮（41）的前侧面。3. 根据权利要求 1 所述的立体送风口罩，其特征在于：风轮式直流风机（4）包括同轴直流电机（42），同轴直流电机（42）设置在所述的风轮的内腔筒（41c）中，同轴直流电机（42）的外壳转子与风轮（41）的内腔筒（41c）固接连接。4. 根据权利要求 1 所述的立体送风口罩，其特征在于：罩体（1）包括扣合为一体的内侧壳（11）和外侧壳（12），其间形成送风腔（2），送风腔（2）中的内侧壳（11）上设有定位座（11a）固定风轮式直流风机（4），轴向进风口（21）设置在外侧壳（12）上，外侧壳（12）前侧面设有定位架（12a）、定位环阶（12b）和卡座（12c），过滤体（5）包括定位框（51）和滤布层（52），定位框（51）夹设滤布层（52）于其中，并与定位环阶（12b）密封卡扣连接，滤布层（52）内侧面通过定位架（12a）定位，外罩（6）的内侧设扣座与卡座（12c）卡扣连接。5. 根据权利要求 2 所述的立体送风口罩，其特征在于：内腔筒（41c）、侧板（41d）和若干风轮页（41e）一体成型构成整体式的风轮（41）。6. 根据权利要求 2 所述的立体送风口罩，其特征在于：风轮页（41d）径向截面呈圆弧形，相邻风轮页（41e）之间形成径向的通风道。7. 根据权利要求 3 所述的立体送风口罩，其特征在于：风轮式直流风机（4）包括风轮（41）和直流电机（42），直流电机（42）呈水平定位在内侧壳（11）和外侧壳（12）之间，其定子与定位座（11a）固定。

涉案说明书［0009］段载明，采用上述技术方案的本发明，轴向向前凸伞形的风轮构成涡轮式进风风轮，使进风由中心的伞尖向径向离心进入，具有涡轮式吸风的技术效果。

2021 年 10 月 21 日、12 月 27 日，国家知识产权局就涉案专利两次出具无效宣告请求审查决定书，均决定宣告专利权部分无效，在专利权人提交的新的权利要求 1~7 的基础上维持本专利有效。其中上述修改后的权利要求 1~6 与原权利要求 1~6 一致，修改后的权利要求 7 与原权利要求 8 一致，即原权利要求 7 被删除。其中 2021 年 10 月 21 日作出的无效决定书载明：1. 在口头审理过程中，专利权人当庭修改权利要求书，删除从属权利要求 7，并明确权利要求 1 中“前侧面形成凸台”意思为由风叶的自由端形成整体上中间高、四周低的形状。2. 证据 2 对于叶轮 26 的外表面形状，并未记载其整体上为凸形，即使如请求人所述公开了叶轮 26 最外侧的叶片从四周向中心倾斜向上，叶轮 26 前后侧面中部整体轴向向前凸，使得叶轮呈伞形，但由于叶轮受到第二蜗壳部件 33 的下外表面 23 的阻挡，所以无法提高进风量，不能给出风轮前侧面整体形成轴向向前的伞形，使进风由中心的伞尖向径向离心进入，提高进风量的技术启示。再结合其他证据认定权利要求1所述的风轮前、后侧面中部形成整体轴向向前凸的伞形，前侧面形成凸台，使进风由中心的伞尖向径向离心进入，具有涡轮式吸风，提高进风量的技术特征及效果具有突出的实质性特点和显著的进步性，符合《专利法》第二十二条第三款的规定。

经过对被诉侵权产品拆解勘验，被诉侵权产品的风轮整体上形成轴向向前凸的伞形结构，并且处在风轮前侧轴向位置的内腔筒实质上也属于机械领域中的凸台，即风轮在前侧面轴向部分形成凸台结构，但被诉侵权产品的风轮风叶部分并非凸起的凸台结构，而是平齐的结构。

二、技术比对分析

对涉案专利权利要求进行解读从而确认其保护范围时，对相关表述“风轮前、后侧面中部形成整体轴向向前凸的伞形”“前侧面形成凸台”出现了争议，争议之处主要在于对“前侧面形成凸台”的理解，这是因为在涉案专利中，风轮包括凹腔位、内腔筒、侧板、风轮页等多个部件。对于技术特征“风轮前、后侧面中部形成整体轴向向前凸的伞形”的理解，只要被诉侵权产品风轮前、后侧面中部整体形成伞形，且轴向向前凸，就可以认定其具备涉案专利权利要求的上述技术特征，而对于技术特征“前侧面形成凸台”，由于风轮前侧面包括内腔筒以及风轮页，因此，争议主要在于对该技术特征的理解，即前侧面形成凸台具体是指哪个部件为凸台结构，只要前侧面具有形成凸台结构的部件即可，还是需要位于前侧面的风轮页也须为凸台结构。

仔细查阅涉案专利说明书及附图内容，首先在涉案专利说明书文字部分中，关于上述技术特征的表述与权利要求的表述是完全一致的，其次在附图中，对于凸台的指向并不明确。因此，无法借助说明书及附图对权利要求书中该技术特征进行进一步解释。同时，即使由附图可以看出风叶部分略有凸起结构，也需要注意不能也不应该对权利要求表述的技术特征仅通过示意性质的附图内容进行不恰当的限缩。

关于权利要求1。四被告主张被诉侵权产品的风机前后侧面并不是呈整体轴向向前凸的伞形，而是与周边持平，且被诉侵权产品的罩体与外罩是螺纹连接，不具有“风轮（41）前、后侧面中部形成整体轴向向前凸的伞形”“在罩体（1）前侧扣设外罩（6）”的技术特征。技术调查官认为，涉案专利说明书［0009］段明确载明，涉案专利的轴向向前凸伞形的风轮构成涡轮式进风风轮，使进风由中心的伞尖向径向离心进入，具有涡轮式吸风的技术效果。而在无效宣告程序的口头审理过程中，专利权人明确权利要求 1 中“前侧面形成凸台”意思为由风叶的自由端形成整体上中间高、四周低的形状，且国家知识产权局亦基于现有设计中没有公开或给予技术启示的风轮前、后侧面中部形成整体轴向向前凸的伞形、前侧面形成凸台的技术特征，可以达到促使进风由中心的伞尖向径向离心进入，提高进风量的效果来认定权利要求 1 具有突出的实质性特点和显著的进步性，符合《专利法》关于创造性的规定。现被诉侵权产品风轮叶片的自由端并未形成整体上中间高、四周低的形状，整个叶片的自由端是水平状，故被诉侵权产品不具有“风轮（41）前、后侧面中部形成整体轴向向前凸的伞形，前侧面形成凸台”的技术特征。此外，被诉侵权产品罩体与外壳采用的是磁吸方式结合，而由外侧壳和内侧壳组成的壳体采用的是螺纹方式，由于磁吸方式实为扣设的一种具体实施方式，即磁吸结合为扣设的下位概念，故被诉侵权产品仍具有在罩体（1）前侧扣设外罩（6）的技术特征。此外，被诉侵权产品具有权利要求 1 所述的其他技术特征。

关于权利要求 2 的附加技术特征。四被告主张被诉侵权产品的风轮页是由连接圈连接在一起的结构，而涉案专利不具有该项特征。经勘验，被诉侵权产品的风轮包括内腔筒、侧板和若干风轮页，内腔筒位于风轮轴心置直流电机于其中，其外端封闭、内端开口，侧板沿内腔筒的开口端设置，风轮页环内腔筒圆周等距分布形成轮体，各风轮页内侧边与侧板连接、外侧边为自由延伸侧边，各风轮页的外侧边整体构成风轮的前侧面，故被诉侵权产品具有权利要求 2 的全部附加技术特征，在此基础上另外新增的风轮页是由连接圈连接在一起的技术特征，并不影响被诉侵权产品是否具有权利要求 2 的全部附加技术特征的判断。

关于权利要求 4 的附加技术特征。四被告主张涉案专利附图 7 中的内侧壳和外侧壳与被诉侵权产品不同，且罩体和外罩是螺纹连接而非扣设。对此，技术调查官认为，由于四被告所述的螺纹连接指的是内侧壳和外侧壳之间的结合方式，而涉案专利对此并未限定。如前所述，被诉侵权产品罩体与外壳采用的是磁吸方式结合，由于权利要求 4 将技术方案限定为“外罩（6）的内侧设扣座与卡座（12c）卡扣连接”，而吸铁吸附方式在涉案专利申请时属于该领域普通技术人员普遍知晓的技术方案，因此，涉案专利在申请时已将磁铁吸附技术特征排除在该项技术特征保护范围之外，为此，在专利侵权判断时，不能将磁铁吸附扩张到该项技术特征的保护范围，因此，被诉侵权产品不具有权利要求 4 所述的“外罩（6）的内侧设扣座与卡座（12c）卡扣连接”的技术特征。

三、技术调查结论

在无效宣告程序的口头审理过程中，专利权人明确权利要求1中“前侧面形成凸台”意思为由风叶的自由端形成整体上中间高、四周低的形状，也即专利权人对上述技术特征进行了明确的解释。同时，国家知识产权局亦基于现有设计中没有公开或给予技术启示的风轮前、后侧面中部形成整体轴向向前凸的伞形，前侧面形成凸台的技术特征，可以达到促使进风由中心的伞尖向径向离心进入，提高进风量的效果，认定权利要求1具有突出的实质性特点和显著的进步性，符合《专利法》关于创造性的规定，也即上述技术特征恰恰是该专利的发明点。被诉侵权产品风轮叶片的自由端并未形成整体上中间高、四周低的形状，整个叶片的自由端是水平状，故被诉侵权产品不具有“风轮前侧面形成凸台”的技术特征，同时正是因为该技术特征使得涉案专利具备创造性而维持专利有效，因此，也不宜认定被诉侵权产品具备与权利要求中上述相应技术特征等同的技术特征。合议庭根据技术调查的意见，认定被诉侵权产品不落入涉案专利权的保护范围。

综上，一审法院判决驳回两原告的全部诉讼请求。一审判决后，双方当事人均未提起上诉。

【技术调查官评述】

该案为侵害发明专利权案件，对该类案件的技术事实查明尤为重要。由于技术事实查明难度较大，案件难点问题一直无法解决，专利权利要求中技术特征存在歧义导致实际保护范围无法确认时，技术调查官可以参考无效审查文件、口头审理过程中的意见陈述、无效决定相关引用证据、无效决定文书等多重内容，给出正确的判断，为确认专利权保护范围困难及技术特征存在争议的该类案件提供了新的思路，即通过对专利确权程序中相关文件的合理利用，确定专利权实际保护范围。

面对存在争议的技术特征，技术调查官可以突破传统思维，从专利授权、无效审查文件中挖掘有效信息，解读存在争议的技术特征。本案涉及多个专利文件，技术调查官针对存在争议的技术特征，通过国家知识产权局无效审查过程中专利权人对相应技术特征结构、技术效果认定的明确回应，无效请求人引用的对比文件证据中相应技术特征的比对，以及无效决定中复审和无效审理部对上述技术特征结构和效果的进一步追认，综合考虑专利确权、复审和后续侵权认定过程中结论的一致性，对存在争议的技术特征保护范围作出准确判断，合议庭最终采纳技术调查官的意见。案件宣判后，诉辩双方对于技术事实的认定表示接受，均没有提出上诉，达到了服判息讼的良好社会效果，也为一审法院后续相关案件技术事实的查明，提供了有益参考。

编写人：广州知识产权法院　付雄

（编辑：刘合安）

11

施威德公司与明特科公司发明专利临时保护期使用费及侵害发明专利权纠纷案

阅读提示：分案申请专利临时保护期使用费的起算点如何确定？

【裁判要旨】

本案为国内首例关于分案申请专利临时保护期使用费的起算点存在争议的民事案件。分案申请是在母案申请专利已公开的专利权利要求、说明书及附图等申请文件的基础上，对已公开的上述母案申请文件进行重新组合布局并形成区别于母案申请的新权利要求。分案申请专利临时保护期使用费的起算点应以分案申请的申请日为准，还是以母案申请的申请日为准？一审判决认定本案不应采纳行政条线国家知识产权局指导案例的观点，分案申请的临时保护期使用费应当从分案申请的专利申请公布日计算至分案申请的专利授权公告日，而非向前延伸至母案申请的专利申请公布日，此判决就新颖疑难问题的法律适用在司法审判条线发出了广知声音。

【案号】

一审：广州知识产权法院（2021）粤73知民初559号

【案情与裁判】

原告：深圳市施威德自动化科技有限公司（简称施威德公司）

被告：中山市明特科自动化设备有限公司（简称明特科公司）

起诉与答辩

施威德公司向一审法院提出诉讼请求：1. 确认明特科公司于授权公告日以后生产、销售、许诺销售涉案产品的行为侵害施威德公司的专利号为ZL201910997160.0的发明专利权；2. 依法判令明特科公司立即停止生产、销售、许诺销售侵犯施威德公司专利号为ZL201910997160.0的发明专利权的产品；3. 依法判令明特科公司支付自母案申请的专利申请公布日至本案分案申请的专利授权公告日期间的发明专利临时保护期使用费50万元；4. 判令明特科公司赔偿自2021年3月16日起因侵权产生的经济损失10万元；5. 判令明特科公司支付施威德公司为制止侵权行为所支付的合理开支律师费10000元；6. 本案诉讼费用由明特科公司承担。事实和理由：施威德公司是名称为“一种用于散装扎带的自动分料机构”、专利号为ZL201910997160.0的发明专利的专利权人，该专利至今合法有效。施威德公司发现明特科公司未经许可擅自生产、销售、许诺销售与本案专利相同的产品，在发明专利临时保护期内，明特科公司应当支付使用费而未支付；在发明专利授权公告后，明特科公司构成侵权。综上，为维护合法权益，施威德公司特提起诉讼。

明特科公司辩称，1. 施威德公司第一项诉讼请求没有法律依据，本案不是确认之诉。2. 施威德公司第二项、第四项诉讼请求没有事实和法律依据。3. 施威德公司第三项诉讼请求没有事实依据；本案专利是原专利201710536769.9的分案申请，施威德公司以原专利针对明特科公司另案提起了侵权之诉。4. 施威德公司使用同样的证据起诉明特科公司三件专利侵权案件，律师费10000元已做了分摊。

一审审理查明

2017年7月4日，发明人许某义申请了申请号为201710536769.9、名称为“一种用于散装扎带的自动分料及自动计数的装置”的发明专利，申请公布日是2017年8月29日，授权公告日是2020年5月26日，专利权人是施威德公司。施威德公司将上述发明专利作为母案申请，分别申请了专利号为201911002980.8“一种用于散装扎带工具的棘轮驱动系统”、专利号为202010183483.9“一种用于散装扎带工具的分料导向结构”以及本案专利ZL201910997160.0“一种用于散装扎带的自动分料机构”三项发明专利的分案申请。上述母案申请201710536769.9“一种用于散装扎带的自动分料及自动计数的装置”的发明专利申请公布的权利要求为：

1. 一种用于散装扎带的自动分料及自动计数的装置，其特征在于，包括：

主机框架、控制处理器、触摸屏、圆形振动盘、分料机构，所述分料机构包括：分料本体、分料杆、推料气缸、导向块、传感器、阀门座、阀门、阀门气缸、方形截面送料管；所述控制处理器、触摸屏、圆形振动盘及所述分料机构安装在所述主机框架上，所述触摸屏与所述控制处理器电联接，在所述触摸屏上设定目标产量及显示已经生产的数量等参数，所述圆形振动盘能够将杂乱无章的散装扎带整理、筛选、排序、定向并按唯一的方位输出扎带，所述圆形振动盘的输出口是直线型的导轨，所述圆形振动盘的直线型输出导轨主要用于限制扎带头部，即所述圆形振动盘的输出导轨是扎带的头部导向，所述圆形振动盘的直线型输出导轨与所述分料本体相邻，所述分料本体上有台阶，所述分料本体的台阶底面与所述圆形振动盘的输出导轨的底面对齐，从所述圆形振动盘的直线导轨输出的扎带刚好过度到所述分料本体的台阶上，所述分料本体的台阶宽度刚好能容纳一个扎带头部，所述分料杆也安装在所述分料本体的台阶上，所述分料杆的端部紧贴扎带头部，防止扎带后退，在与扎带头部对应位置，所述分料本体的台阶下方或者侧面安装所述传感器，所述传感器与所述控制处理器电联接，所述传感器用于检测是否有扎带进入所述分料本体的台阶面上，所述传感器将有或者没有扎带的信号传输给控制处理器，所述导向块固定安装在所述分料本体上并位于扎带尾部一端，所述导向块有纵向及横向的导向斜面，在水平方向及竖直方向上对扎带尾部导向，所述阀门座安装在所述导向块与所述分料本体端部，所述阀门座内有方形截面孔，所述阀门座内的方形孔与所述导向块的纵向及横向的导向斜面的末端的边对齐，所述阀门座一端与所述方形截面送料管相连接，所述阀门座还安装有阀门用于截断或者开通所述阀门座内的方形孔通道，阀门或者阀门座内有小孔与压缩空气相连通；所述分料杆在所述推料气缸作用下将扎带推过所述阀门位置进入所述方形截面送料管内，当所述分料杆完成推料回退后所述阀门关闭，压缩空气推动扎带在所述方形截面送料管内运行到自动扎带工具终端，所述控制处理器控制所述分料机构、分料杆、阀门及压缩空气按照顺序执行工作。2. 根据权利要求 1 的一种用于散装扎带的自动分料及自动计数的装置，其特征在于：所述一种用于散装扎带的自动分料及自动计数的装置配合一个，或者两个，或者多个自动扎带工具使用；或者所述一种用于散装扎带的自动分料及自动计数的装置作为一个，或者两个，或者多个扎带包装的自动计数装置使用；所述的一种用于散装扎带的自动分料及自动计数的装置用于扎带定量包装的自动计数时，或者保留或者取消所述阀门座 54、阀门 56、方形截面送料管 55。3. 根据权利要求 1 的一种用于散装扎带的自动分料及自动计数的装置，其特征在于：在所述分料机构上增加弹性压板系统，所述弹性压板系统包括：压板、导向杆、线性轴承、轴套、弹簧限位器、弹簧、末端位置阻挡块；所述末端位置阻挡块固定在所述导向块或者所述分料本体的上方，所述弹簧限位器及线性轴承固定在所述分料杆上，所述导向杆与所述压板固定联接，所述轴套固定在所述导向杆上起到推压弹簧的作用，所述导向杆在所述线性轴承内滑动，在所述弹簧力的作用下，所述压板伸出所述分料杆的前端遮住扎带头部上方，当所述分料机构推动扎带头部进入所述阀门座的方形孔内时，所述末端位置阻挡块顶住所述导向杆并压缩所述弹簧，但所述分料杆继续前进将扎带头部推过阀门位置，所述分料机构完成推料并回退时所述导向杆及压板在所述弹簧的作用下伸出所述分料杆前端。4. 根据权利要求 1 的一种用于散装扎带的自动分料及自动计数的装置，其特征在于：所述圆形振动盘及所述分料机构之间增加直振系统或者棘轮驱动系统以便提高扎带输送的稳定性，所述直振系统包括：直振器、直振板、直振压料板，所述直振器提供振动，所述直振压料板固定在所述直振器上，所述直振板按扎带头部尺寸开槽，所述直振板一端的槽与所述圆形振动盘的直线导轨的槽对齐，所述直振压料板固定在所述直振板的槽上防止扎带头部向上跳动，所述直振板的另一端与所述分料本体相邻并留有 0.2~1.2mm 间歇；所述棘轮驱动系统包括：扎带输送板、压料板、电机、离合弹簧、扭矩调节螺母、摩擦离合器、棘轮，所述电机、离合弹簧、扭矩调节螺母、摩擦离合器及棘轮同轴安装并固定在扎带输送板下方，所述扎带输送板上按扎带头部尺寸开有槽，扎带头部在所述扎带输送板的槽内，所述压料板固定在所述扎带输送板的槽的上方，所述棘轮位于所述扎带输送板的槽底部并且棘轮的棘齿露出所述扎带输送板的槽的底面，所述电机的扭矩通过所述摩擦离合器传递给所述棘轮，所述棘轮转动推动扎带头部沿着所述扎带输送板的槽内移动，所述扭矩调节螺母用于调节所述离合弹簧的压缩量来控制所述摩擦离合器的过载力矩。5. 根据权利要求 1 的一种用于散装扎带的自动分料及自动计数的装置，其特征在于：所述方形截面送料管是指其内孔横截面是方形的，当一种用于散装扎带的自动分料及自动计数的装置与手持式自动扎带工具配合使用时，所述方形截面送料管采用软质材料制作；当一种用于散装扎带的自动分料及自动计数的装置与固定式自动扎带工具配合使用时，所述方形截面送料管采用软质材料制作或者采用硬质材料制作。6. 根据权利要求 1 的一种用于散装扎带的自动分料及自动计数的装置，其特征在于：将所述纵向及横向的导向斜面做在所述导向块上，或者所述分料本体与所述导向块合成一个零件，把所述纵向及横向的导向斜面做在所述分料本体上。7. 根据权利要求 1 的一种用于散装扎带的自动分料及自动计数的装置，其特征在于：所述控制处理器是可编程控制器或者单片机或者电脑或者微芯片。8. 根据权利要求 1 的一种用于散装扎带的自动分料及自动计数的装置，其特征在于：驱动所述的分料杆及所述阀门的动力采用气缸驱动，或者电机驱动的凸轮或皮带，或者齿轮齿条，或者电机驱动的杆组机构；同样地，当采用两组或者多组分料机构并联设计时，两组或者多组分料机构的上下运动采用气缸驱动，或者采用电机驱动的凸轮或皮带驱动，或者齿轮齿条驱动，或者电机驱动的杆组机构驱动。9. 根据权利要求 1 的一种用于散装扎带的自动分料及自动计数的装置，其特征在于：所述的分料杆及所述阀门的动力采用气缸驱动，或者电机驱动的凸轮或皮带，或者齿轮齿条，或者电机驱动的杆组机构驱动；同样地，当采用两组或者多组分料机构并联设计时，两组或者多组分料机构的上下运动采用气缸驱动，或者采用电机驱动的凸轮或皮带驱动，或者齿轮齿条驱动，或者电机驱动的杆组机构驱动。

具体到本案施威德公司主张权利的分案申请专利而言，施威德公司是分案申请专利即专利号为 ZL201910997160.0、名称为“一种用于散装扎带的自动分料机构”的专利权人，专利申请日为 2017 年 7 月 4 日，申请公布日是 2020 年 1 月 17 日，授权公告日为 2021 年 3 月 16 日，本案专利至今合法有效。施威德公司主张以本案专利申请公布的权利要求 1、2、3、4、7、8、9、10 和本案专利授权的权利要求 1~8 作为本案专利权的保护范围，主张被诉侵权技术方案同时落入上述二者权利要求的保护范围。

本案专利申请公布的权利要求 1、2、3、4、7、8、9、10 记载如下：1. 一种自动扎带工具的分料机构，其特征在于，包括：分料本体、分料杆、导向块、弹性压板系统；所述分料杆安装在所述分料本体的台阶上，所述导向块固定安装在所述分料本体的一端，所述导向块有纵向及横向的导向斜面或者所述导向块与所述分料本体组合后有纵向及横向的导向斜面，所述弹性压板系统设置在所述分料杆上。2. 根据权利要求 1 所述的一种自动扎带工具的分料机构，其特征在于：所述分料本体上有台阶，所述分料本体的台阶宽度刚好能容纳一个扎带头部。3. 根据权利要求 1 所述的一种自动扎带工具的分料机构，其特征在于，所述弹性压板系统至少包括：压板、弹簧；在所述弹簧力的作用下，所述压板伸出所述分料杆的前端。4. 根据权利要求 3 所述的一种自动扎带工具的分料机构，其特征在于：在所述分料机构推动扎带过程中，当所述压板被顶住并压缩所述弹簧，所述分料杆继续前进推动扎带。7. 根据权利要求 1 所述的一种自动扎带工具的分料机构，其特征在于：或者还设置阀门及阀门座；所述阀门座安装在所述导向块及所述分料本体端部，所述阀门座内有方形截面孔，所述阀门座内的方形孔与所述导向块的纵向及横向的导向斜面的末端的边对齐，所述阀门座内安装有阀门。8. 根据权利要求 7 所述的一种自动扎带工具的分料机构，其特征在于：所述阀门或者所述阀门座内有小孔与压缩空气相连通。9. 根据权利要求 1 所述的一种自动扎带工具的分料机构，其特征在于：或者还设置传感器，所述传感器安装在所述分料本体的台阶下方或者侧面。10. 根据权利要求 1 所述的一种自动扎带工具的分料机构，其特征在于：驱动所述的分料杆的动力或者机构为：气缸驱动，或者电机驱动的凸轮或皮带，或者齿轮齿条，或者电机驱动的杆组机构。

本案专利授权的权利要求 1~8 记载如下：

1. 一种用于散装扎带的自动分料机构，其特征在于：包括：分料本体、分料杆、导向块、阀门座、阀门、弹性压板系统；所述分料本体上有台阶，所述分料杆安装在所述分料本体的台阶上，所述导向块固定安装在所述分料本体的一端，所述导向块有纵向及横向的导向斜面或者所述导向块与所述分料本体合成一个零件后有纵向及横向的导向斜面，所述阀门座安装在所述导向块及所述分料本体端部，所述阀门座内有方形截面孔，所述阀门座内安装有阀门，所述弹性压板系统设置在所述分料杆上，所述弹性压板系统至少包括：压板、导向杆、轴套、弹簧限位器、弹簧、末端位置阻挡块，所述末端位置阻挡块固定在所述导向块或者所述分料本体上，所述弹簧限位器固定在所述分料杆上，所述导向杆与所述压板固定联接，所述轴套固定在所述导向杆上起到推压弹簧的作用，在所述弹簧力的作用下，所述压板伸出所述分料杆的前端；当所述末端位置阻挡块顶住所述导向杆并压缩所述弹簧，所述分料杆继续前进将扎带头部推过阀门位置。2. 根据权利要求 1 所述的一种用于散装扎带的自动分料机构，其特征在于：所述分料本体的台阶宽度刚好能容纳一个扎带头部。3. 根据权利要求 1 所述的一种用于散装扎带的自动分料机构，其特征在于：所述分料机构完成推料并回退时所述导向杆及压板在所述弹簧的作用下伸出所述分料杆前端。4. 根据权利要求 1 所述的一种用于散装扎带的自动分料机构，其特征在于：所述纵向及横向的导向斜面对扎带尾部导向。5. 根据权利要求 1 所述的一种用于散装扎带的自动分料机构，其特征在于：所述阀门座内的方形孔与所述导向块的纵向及横向的导向斜面的末端的边对齐。6. 根据权利要求 1 所述的一种用于散装扎带的自动分料机构，其特征在于：所述阀门或者所述阀门座内有小孔与压缩空气相连通。7.根据权利要求1所述的一种用于散装扎带的自动分料机构，其特征在于：还设置传感器，所述传感器安装在所述分料本体的台阶下方或者侧面。8.根据权利要求1所述的一种用于散装扎带的自动分料机构，其特征在于：所述的分料杆采用气缸或者电机驱动。

明特科公司制造了被诉侵权产品，2021年2月向施威德公司销售、许诺销售了被诉侵权产品，广东省深圳市宝安公证处出具（2021）深宝证字第5564号公证书对上述取证过程予以证明。当庭拆封上述经公证封存的物品，内有被诉侵权产品一台，明特科公司确认被诉侵权产品是其制造、销售、许诺销售的。在庭审比对中，施威德公司认为被诉侵权产品的技术方案包含本案专利的申请公开文本权利要求1、2、3、4、7、8、9、10的技术特征，同时也包含本案专利的授权文本的权利要求1~8的技术特征。明特科公司确认被诉侵权技术方案包含本案专利的申请公开文本权利要求1、2、3、4、7、8、9、10的技术特征，同时也包含本案专利的授权文本的权利要求1~8的技术特征。

关于临时保护期使用费，施威德公司提交了国家知识产权局指导案例4号“河北省邯郸市知识产权局调解专利分案申请临时保护纠纷案”的理解与适用，该指导案例的案件要点为：“临时保护期”为发明专利的公开日至授权日，其中对于分案申请的公开日判断，以其母案、分案申请中较早的公开日为准。施威德公司据此主张本案的临时保护期使用费以母案申请公布日2017年8月29日为起点，计算至本案的分案申请专利授权公告日2021年3月16日为止。

关于合理支出，施威德公司提交金额分别为5550元、6035元、1400元公证费发票三张，30000元的法律服务费发票一张，以及公证购买被诉侵权产品费用81600元。其中，公证费及购买被诉侵权产品的费用，施威德公司明确全额在（2021）粤73知民初385号案中进行主张，本案只主张律师费10000元。

另查明，施威德公司以申请号为201710536769.9、名称为“一种用于散装扎带的自动分料及自动计数的装置”的发明专利（即本案专利的母案申请）向一审法院起诉明特科公司制造、销售、许诺销售的同一被诉侵权产品构成侵权，并请求支付2017年8月29日至2020年5月26日的临时保护期使用费，案号为（2021）粤73知民初385号。此外，施威德公司以申请号为201720972078.9、名称为“一种用于自动扎带工具的温控或/及加湿装置”的实用新型专利向一审法院起诉明特科公司制造、销售、许诺销售的同一被诉侵权产品构成侵权，案号为（2021）粤73知民初922号，该案专利因被国家知识产权局宣告无效，一审法院已驳回施威德公司起诉。

一审判理和结果

本案系发明专利临时保护期使用费及侵害发明专利权纠纷。施威德公司是ZL201710536769.9“一种用于散装扎带的自动分料及自动计数的装置”的母案申请以及ZL201910997160.0“一种用于散装扎带的自动分料机构”的分案申请的专利权人，根据诉辩双方的主张，结合案件事实，本案的争议焦点如下：1. 施威德公司关于明特科公司支付发明专利临时保护期使用费的诉讼请求是否成立；2. 明特科公司的被诉侵权行为是否成立；3. 本案明特科公司的民事责任如何认定。此外，关于法律适用问题，鉴于明特科公司称其已于2021年8月25日停止制造、销售、许诺销售被诉产品的行为，被诉行为持续发生至2020年《专利法》修订施行后，故本案应适用现行《专利法》。

一、施威德公司关于明特科公司支付发明专利临时保护期使用费的诉讼请求是否成立

本案存在母案申请与分案申请的特殊情形，本案的发明专利属于分案申请。关于分案申请临时保护期使用费，施威德公司主张支付期间是从母案申请的专利申请公布日2017年8月29日至分案申请的专利授权公告日2021年3月16日期间，并主张支付前提要件是被诉侵权技术方案同时落入分案申请专利2020年1月17日申请公布时的保护范围与2021年3月16日公告授权时的保护范围（因这两种保护范围在本案中存在区别）。

一审法院认为，施威德公司主张分案申请专利临时保护期使用费的起算日是母案申请的专利申请公布日2017年8月29日，该主张不能成立。分案申请发明专利临时保护期使用费期间应当自分案申请发明专利申请公布日计至分案申请发明专利公告授权日；至于母案申请发明专利申请公布日，只有在权利人主张救济的是母案申请发明专利临时保护期使用费而非分案申请发明专利临时保护期使用费时，才应从该日期起算。因此，本案中即使明特科公司需要支付该使用费，分案申请发明专利的临时保护期应当是从分案申请的专利申请公布日2020年1月17日至公告授权日2021年3月16日。

对于施威德公司主张使用费的支付前提要件是被诉侵权技术方案同时落入分案申请专利2020年1月17日申请公布时的保护范围与2021年3月16日公告授权时的保护范围，根据《最高人民法院关于审理侵犯专利权纠纷案件应用法律若干问题的解释》第七条的规定，被诉侵权技术方案包含与权利要求记载的全部技术特征相同或者等同的技术特征的，人民法院应当认定其落入专利权的保护范围。经比对，被诉侵权产品采用的技术方案包含分案申请ZL201910997160.0的申请公布文本的权利要求1、2、3、4、7、8、9、10和授权公告文本的权利要求1~8所记载的全部技术特征，施威德公司及明特科公司对此均予以确认，故一审法院认定被诉侵权技术方案落入施威德公司分案申请ZL201910997160.0的申请公布文本的权利要求1、2、3、4、7、8、9、10和授权公告文本的权利要求1~8的保护范围。根据涉案公证书的内容及明特科公司自认等证据，足以证明明特科公司在临时保护期内制造、销售、许诺销售了被诉侵权产品，应当向施威德公司支付临时保护期使用费。

二、明特科公司的被诉侵权行为是否成立

鉴于被诉侵权产品落入了本案专利的保护范围，且根据涉案公证书的内容及明特科公司自认等证据，明特科公司称其于2021年8月25日停止制造、销售、许诺销售被诉产品的行为，而涉案分案申请专利的授权公告日是2021年3月16日，故明特科公司在涉案专利授权后仍然存在制造、销售、许诺销售被诉侵权产品等侵害涉案专利权的行为。

三、本案明特科公司的民事责任如何认定

鉴于明特科公司存在制造、销售、许诺销售被诉侵权产品的侵权行为，其应承担停止侵权以及2021年3月16日之后赔偿损失的民事责任，此外明特科公司还应向施威德公司支付临时保护期使用费。关于临时保护期使用费以及侵权赔偿的金额，其中侵权赔偿部分施威德公司主张惩罚性赔偿。然而，本案中施威德公司主张惩罚性赔偿的计算基数为60万元，主张适用5倍惩罚性赔偿，而侵权赔偿额却仅主张10万元；施威德公司主张的赔偿额远低于计算基数，此情形下若依据填平原则，适用酌定的补偿性赔偿已足以实现对施威德公司的救济，则没有适用惩罚性赔偿的必要。

鉴于此，依据《最高人民法院关于审理侵犯专利权纠纷案件应用法律若干问题的解释》第十六条关于人民法院依据专利法的规定确定侵权人因侵权所获得的利益，应当限于侵权人因侵犯专利权行为所获得的利益；因其他权利所产生的利益，应当合理扣除之规定以及《专利法》第七十一条的规定，虽然目前双方未能提交证据直接证明2021年3月16日之后施威德公司实际损失数额、明特科公司违法所得数额或者侵权获利的具体金额，以及涉案专利权合理的许可使用费，但结合明特科公司2019年和2020年这两年的经营规模以及由此合理推算延续至2021年的侵权获利，根据涉案专利权为发明专利、明特科公司侵权的主观过错、明特科公司存在举证妨碍事由、被诉侵权产品的价格、明特科公司侵权行为的性质和情节、施威德公司另案提起关于母案申请的诉讼以及施威德公司制止侵权的合理开支等因素，一审法院认定明特科公司应支付的临时保护期使用费为40万元，对于施威德公司主张的2021年3月16日之后侵权赔偿的经济损失10万元以及合理开支1万元应当予以全额支持，本案没有适用惩罚性赔偿的必要。

综上所述，一审法院判决：1. 明特科公司于本判决发生法律效力之日起立即停止制造、销售、许诺销售侵害施威德公司名称为“一种用于散装扎带的自动分料机构”、专利号为ZL201910997160.0发明专利权产品的行为；2. 明特科公司于本判决发生法律效力之日起十日内支付施威德公司发明专利临时保护期使用费40万元，以及赔偿侵权经济损失及合理开支11万元，以上合计51万元；3. 驳回施威德公司的其他诉讼请求。

本案二审正在审理中。

【法官评述】

本案为国内首例关于分案申请专利临时保护期使用费的起算点存在争议的民事案件，分案申请是在母案申请专利已公开的专利权利要求、说明书及附图等申请文件的基础上，对已公开的上述母案申请文件进行重新组合布局并形成区别于母案申请的新权利要求。分案申请专利临时保护期使用费的起算点应以分案申请的申请日为准，还是以母案申请的申请日为准？

《专利法》第十三条规定，发明专利申请公布后，申请人可以要求实施其发明的单位或者个人支付适当的费用。《最高人民法院关于审理侵犯专利权纠纷案件应用法律若干问题的解释（二）》第十八条规定：“权利人依据专利法第十三条诉请在发明专利申请公布日至授权公告日期间实施该发明的单位或者个人支付适当费用的，人民法院可以参照有关专利许可使用费合理确定。发明专利申请公布时申请人请求保护的范围与发明专利公告授权时的专利权保护范围不一致，被诉技术方案均落入上述两种范围的，人民法院应当认定被告在前款所称期间内实施了该发明；被诉技术方案仅落入其中一种范围的，人民法院应当认定被告在前款所称期间内未实施该发明。”根据以上规定，临时保护期使用费的支付期间是发明专利申请公布日至授权公告日期间，对于发明专利申请公布时保护范围与发明专利公告授权时专利权保护范围不一致的发明专利而言，发明申请人要求实施其发明的主体支付临时保护期使用费的前提要件是被诉技术方案均落入上述两种保护范围。

本案存在母案申请与分案申请的特殊情形，本案的发明专利属于分案申请。关于分案申请临时保护期使用费，施威德公司提交了国家知识产权局指导案例 4 号“河北省邯郸市知识产权局调解专利分案申请临时保护纠纷案”的理解与适用，该指导案例的案件要点为：“临时保护期”为发明专利的公开日至授权日，其中对于分案申请的公开日判断，以其母案、分案申请中较早的公开日为准。关于这个问题，具体思考如下：

第一，《专利法》第三十一条规定：“一件发明或者实用新型专利申请应当限于一项发明或者实用新型。属于一个总的发明构思的两项以上的发明或者实用新型，可以作为一件申请提出。”《专利法实施细则》第四十二条规定，一件专利申请包括两项以上发明、实用新型或者外观设计的，申请人可以提出分案申请；第四十三条规定，分案申请可以保留原申请日，享有优先权的，可以保留优先权日，但是不得超出原申请记载的范围。根据上述规定，新的分案申请专利是在母案申请专利已公开的专利权利要求、说明书及附图等申请文件的基础上，对已公开的上述母案申请文件进行重新组合布局并形成区别于母案申请的新权利要求。因此，母案申请与分案申请专利在发明构思上虽然可能具有一定的联系，权利要求中的部分技术特征也有可能存在相同的情况，但从专利独立权利要求的完整技术方案，或者从独立权利要求和从属权利要求结合所请求保护的整体技术方案而言，母案申请与分案申请专利仍然属于两项独立的专利，否则分案申请不能获得专利授权。例如本案中，将母案申请公布的权利要求、分案申请公布的权利要求以及分案申请公告授权的权利要求相对比，上述三份专利文本中独立权利要求 1 的技术方案及保护范围均不一致，因此当母案申请的技术方案向社会公布时，并不意味着社会公众已当然能获知重新组合布局并形成的分案申请技术方案。

第二，根据前述《最高人民法院关于审理侵犯专利权纠纷案件应用法律若干问题的解释（二）》第十八条的规定，对于发明专利申请公布时保护范围与发明专利公告授权时专利权保护范围不一致的发明专利而言，发明申请人要求实施其发明的主体支付临时保护期使用费的前提要件是被诉技术方案均落入上述两种保护范围。假如按照国家知识产权局指导案例 4 号“河北省邯郸市知识产权局调解专利分案申请临时保护纠纷案”的案件要点，将本案临时保护期使用费的起算点确定为母案申请的申请公布日 2017 年 8 月 29 日，那么就会出现三份保护范围不一致的专利权利要求，一是 2017 年 8 月 29 日申请公布的母案申请专利的权利要求，二是 2020 年 1 月 17 日申请公布的分案申请专利的权利要求，三是2021年3月16日授权公告的分案申请专利的权利要求，换言之存在保护范围的“三不同”；但是根据《最高人民法院关于审理侵犯专利权纠纷案件应用法律若干问题的解释（二）》第十八条的规定，却只需要同时落入分案申请专利2020年1月17日申请公布时的保护范围与2021年3月16日公告授权时的保护范围则应支付临时保护期使用费，换言之为保护范围的“双落入”规则。很明显，前者的保护范围“三不同”与后者的保护范围“双落入”规则存在矛盾之处，关键原因正是临时保护期使用费的起算点确定为母案申请的申请公布日。

第三，《专利法》第十三条规定，发明专利申请公布后，申请人可以要求实施其发明的单位或者个人支付适当的费用。该条法律规定的“发明专利申请”并没有区分一般的发明专利和分案申请的发明专利，因此应理解为适用于所有的发明专利，既如此，根据该条所确定的发明专利临时保护期使用费起算点应该为该发明专利的申请公布日，即在本案中应当是分案申请的公布日。若本案的临时保护期使用费的起算点确定为母案申请的专利申请公布日，不仅与《专利法》该条规定不符，也将令本案中分案申请的专利申请公布日失去法律意义。

因此，一审判决认定本案不应采纳行政条线国家知识产权局指导案例的观点，分案申请的临时保护期使用费应当从分案申请的专利申请公布日计算至分案申请的专利授权公告日，而非向前延伸至母案申请的专利申请公布日，此判决就新颖疑难问题的法律适用在司法审判条线发出了广知声音。

编写人：广州知识产权法院　朱文彬

（编辑：郝文灿）

12

友航公司与华科公司、粤高公司专利代理合同纠纷案

阅读提示：专利代理合同如何约定专利代理机构的代理事项？专利代理机构是否履行代理事项？

【裁判要旨】

当事人主张专利代理机构未履行代理义务导致其专利失效，首先应当审查双方是否存在专利代理合同关系，再审查专利代理机构的具体代理事项，最后审查专利代理机构是否履行合同义务以及合同附随义务。

【案号】

一审：广州知识产权法院（2021）粤 73 知民初 303 号

【案情与裁判】

原告：江门市友航光电科技有限公司（简称友航公司）

被告：广东华科新材料研究院有限公司（简称华科公司）

被告：广州粤高专利商标代理有限公司（简称粤高公司）

起诉与答辩

友航公司提出诉讼请求：1. 解除其与二被告之间的专利代理合同；2. 华科公司返还其于 2018 年 2 月 7 日支付的“服务费”2660 元；3. 二被告共同向友航公司赔偿专利失效造成的损失 300 万元；4. 本案全部诉讼费由二被告共同承担。事实和理由：2017 年年初友航公司将研制成功的 3 款球场灯和 1 款工矿灯委托二被告共同代理申请相关专利。二被告接受友航公司委托并指定孔某要

为代理外观设计专利申请的具体承办人、伦某彪为代理实用新型专利申请的具体承办人。经二被告代理，国家知识产权局于2017年8月18日授予友航公司2个球场灯和1个工矿灯的外观设计专利，专利号分别为2017300417601、2017300417635、2017300413808；同年9月12日，授予3个球场灯和1个工矿灯的实用新型专利，专利号分别为2017201408619、2017201408500、2017201408483、2017201406007。上述实用新型专利证书明确载明专利代理机构为粤高公司，代理人为伦某彪。同时载明上述专利的年费均应于每年2月16日前缴纳。2018年1月10日华科公司向友航公司发出《收费通知书》，通知明确收费内容为上述专利的登记费及手续费2660元。华科公司收取友航公司支付的服务费后没有缴纳相关专利年费，国家知识产权局就上述专利分别向粤高公司发送《缴费通知单》。二被告收到上述通知后没有将上述《缴费通知单》转发给友航公司，也没有及时向国家知识产权局为友航公司缴纳相关费用，造成友航公司缴费延迟。国家知识产权局再就上述3个外观设计专利向华科公司发送《专利权终止通知书》，2018年9月21日就上述4个实用新型专利向粤高公司发送《专利权终止通知书》，通知申请人涉案专利权已终止，并提示当事人应在规定期限内提交恢复权利请求书。二被告没有将上述《专利权终止通知书》转发给友航公司，也没有告知友航公司申请恢复上述专利。涉案专利因未缴纳年费而失效。二被告的不作为行为与友航公司丧失涉案专利权有直接因果关系，应承担相应的赔偿责任。

华科公司答辩称，友航公司的诉讼请求没有事实和法律依据，请求予以驳回。1.华科公司与友航公司不存在专利代理合同关系，华科公司并非专利代理机构，也没有代理友航公司专利事项。2.友航公司于2018年2月7日支付的服务费2660元是华科公司为其垫付的涉案7个专利的申请费、登记费、第一年年费，友航公司无权要求返还。3.涉案专利并不具备相应价值，友航公司主张因该专利失效所导致的损失无事实依据。

粤高公司答辩称，请求驳回友航公司的全部诉讼请求。粤高公司接受华科公司委托开展涉案4个实用新型专利的申请业务。上述专利授权后，粤高公司已完成华科公司委托的代理工作。涉案专利的专利权被终止系友航公司未尽到审慎注意义务、未履行缴纳专利年费义务导致的结果，应由其承担全部不利后果。

一审审理查明

2017年2月16日，友航公司向国家知识产权局共申请3个外观设计专利和

4个实用新型专利。其中，3个外观设计专利为:（1）名称为“球场灯”，专利号为ZL201730041760.1;（2）名称为“工矿灯”，专利号为ZL201730041763.5;（3）名称为“球场灯”，专利号为ZL201730041380.8。该3个外观设计专利均于2017年8月18日获得授权，专利权人均为友航公司。4个实用新型专利:（1）名称为“一种高效散热的LED工矿灯”，专利号为ZL201720140861.9;（2）名称为“一种高效散热的整体式球场灯”，专利号为ZL201720140850.0;（3）名称为“一种新型的球场灯”，专利号为ZL201720140848.3;（4）名称为“一种便于散热的球场灯”，专利号为ZL201720140600.7。该4个实用新型专利均于2017年9月12日获得授权，专利权人均为友航公司，专利代理机构均为粤高公司，代理人为伦某彪。

专利号为ZL201720140848.3的专利代理委托书有如下内容：根据《专利法》第十九条的规定，委托广州粤高专利商标代理有限公司代为办理名称为“一种新型的球场灯”的发明创造申请或专利（申请号或专利号为__）以及在专利权有效期内的全部专利事务；专利代理机构接受上述委托并指定专利代理人伦某彪办理此项委托；被委托人（专利代理机构）：广州粤高专利商标代理有限公司。

专利号为ZL201720140600.7的专利代理委托书有如下内容：根据《专利法》第十九条的规定，委托广州粤高专利商标代理有限公司代为办理名称为“一种便于散热的球场灯”的发明创造申请或专利（申请号或专利号为__）以及在专利权有效期内的全部专利事务；专利代理机构接受上述委托并指定专利代理人伦某彪办理此项委托；被委托人（专利代理机构）：广州粤高专利商标代理有限公司。

专利号为ZL201720140850.0的专利代理委托书有如下内容：根据《专利法》第十九条的规定，委托广州粤高专利商标代理有限公司代为办理名称为“一种高效散热的整体式球场灯”的发明创造申请或专利（申请号或专利号为__）以及在专利权有效期内的全部专利事务；专利代理机构接受上述委托并指定专利代理人伦某彪办理此项委托；被委托人（专利代理机构）：广州粤高专利商标代理有限公司。

专利号为ZL201720140861.9的专利代理委托书有如下内容：根据《专利法》第十九条的规定，委托广州粤高专利商标代理有限公司代为办理名称为“一种高效散热的LED工矿灯”的发明创造申请或专利（申请号或专利号为__）以及在专利权有效期内的全部专利事务；专利代理机构接受上述委托并指定专利代理人伦某彪办理此项委托；被委托人（专利代理机构）：广州粤高专利商标代理有限公司。

2017 年 2 月 17 日，华科公司向友航公司发送《收费通知单》。该通知单载明：友航公司交由华科公司撰写的专利已受理，请友航公司尽快处理汇款事宜，以便进行后续工作，费用 5700 元，具体为："一种便于散热的球场灯"，申请号 201720140600.7；"一种高效散热的 LED 工矿灯"，申请号 201720140861.9；"一种高效散热的整体式球场灯"，申请号 201720140850.0；"一种新型的球场灯"，申请号 201720140848.3，4 个实用新型专利（涉案 4 个实用新型专利），申请及服务费每个 1300 元。申请号 201730041760.1、201730041763.5、201730041380.8（涉案 3 个外观设计专利）、201730041762.0、201730041386.5，5 个外观设计专利，申请费每个 100 元。

2017 年 2 月 21 日，华科公司向友航公司发送《收费通知单》。该通知单载明：友航公司交由华科公司撰写的专利已受理，请友航公司尽快处理汇款事宜，以便进行后续工作，费用 100 元，具体为名称为"球场灯"、申请号为 201730044704.3 的外观设计专利（案外专利），申请及服务费 100 元。

2017 年 2 月 22 日，友航公司通过建设银行向华科公司转账 5800 元。友航公司主张上述 5800 元即收到华科公司上述两份《收费通知单》后向其支付的相应款项，并提交 2017 年 2 月 22 日的《付款申请书》为证，该申请书注明付款原因是"付 4 个实用新型专利和 5 个外观设计专利的费用，总计 5700 元"。

2018 年 1 月 10 日，华科公司向友航公司发送《收费通知单》。该通知单载明：华科公司代理友航公司申报的专利相关费用共计 6800 元，要求友航公司尽快处理汇款事宜，以便进行后续工作。具体如下：1. 外观设计专利"球场灯"，申请号 201730041760.1，登记费及手续费合计 380 元；2. 外观设计专利"工矿灯"，申请号 201730041763.5，登记费及手续费合计 380 元；3. 外观设计专利"球场灯"，申请号 201730041380.8，登记费及手续费合计 380 元；4. 实用新型专利"一种高效散热的 LED 工矿灯"，申请号 201720140861.9，登记费及手续费合计 380 元；5. 实用新型专利"一种高效散热的整体式球场灯"，申请号 201720140850.0，登记费及手续费合计 380 元；6. 实用新型专利"一种新型的球场灯"，申请号 201720140848.3，登记费及手续费合计 380 元；7. 实用新型专利"一种便于散热的球场灯"，申请号 201720140600.7，登记费及手续费合计 380 元。上述 7 个专利合计费用 2660 元。另有：8. 外观设计专利"球场灯"，申请号 201730041386.5，恢复权利请求费及登记费合计 1380 元；9. 外观设计专利“球场灯”，申请号201730041762.0，恢复权利请求费及登记费合计1380元；10.外观设计专利“球场灯”、申请号201730044704.3，恢复权利请求费及登记费合计1380元。上述3个专利合计4140元。

2018年2月7日，案外人江门市云达灯饰有限公司向华科公司付款6800元。

涉案3个外观设计专利的《办理登记手续通知书》均显示：申请人应当在2017年9月22日以前缴纳专利登记费150元、公告印刷费50元、第1年度年费90元及专利证书印花税5元，共计295元。《专利权终止通知书》均显示：专利权人未按缴费通知书的规定缴纳或缴足第2年年费和滞纳金，根据《专利法》第十一条的规定，该专利权于2018年2月16日终止。缴费信息均显示：华科公司为该专利于2017年2月24日缴纳专利申请费75元，2017年7月21日缴纳第1年年费90元、专利登记费150元、专利公告印刷费50元及专利证书印花税5元。2019年2月1日的事务公告均显示：该专利未缴年费专利终止。

涉案4个实用新型专利的《办理登记手续通知书》均显示：申请人应当在2017年10月9日以前缴纳专利登记费150元、公告印刷费50元、第1年度年费90元及专利证书印花税5元，共计295元。《专利权终止通知书》均显示：专利权人未按缴费通知书的规定缴纳或缴足第2年年费和滞纳金，根据《专利法》第十一条的规定，该专利权于2018年2月16日终止。缴费信息均显示：粤高公司为该专利于2017年3月27日缴纳专利申请费75元，2017年8月14日缴纳第1年年费90元、专利登记费150元、专利公告印刷费50元及专利证书印花税5元。2019年2月5日的事务公告均显示：该专利未缴年费专利终止。

华科公司原员工孔某要与友航公司法定代表人严某华的微信聊天记录中有如下内容：2017年7月14日，孔某要向严某华发送一份《收费通知单》(该单显示专利已授权，缴费380元)。2017年7月17日孔某要向严某华发送一份《办理登记手续通知书》。2017年7月31日孔某要又向严某华发送一份《专利案代缴纳规费通知》。2017年8月10日孔某要又向严某华发送一份《收费通知单》。2017年8月14日孔某要又向严某华发送一份《收费通知单》。2017年11月10日，孔某要告知严某华：严总你们费用还没付啊。2018年1月9日、1月10日，孔某要向严某华发送《友航光电－专利补缴费情况表》《友航光电－收费通知单》等材料。2018年3月17日，孔某要告知严某华：第2年的年费也要交了。

2017年7月31日的《专利案代缴纳规费通知》是粤高公司江门分公司向

友航公司发送的通知，主要内容是4个涉案实用新型专利已通过国家知识产权局审查，在收到通知后按时缴纳办理专利证书及手续费用，在缴纳费用后，国家知识产权局将在2~3个月颁发专利证书，并予以登记和公告，逾期未缴费的会导致视为放弃该专利。

2018年1月10日的《专利案代缴纳规费通知》是粤高公司江门分公司向友航公司发送的通知，主要内容是4个涉案实用新型专利第2年年费截止日期为2018年2月10日，每项专利年费90元，手续费80元，逾期未缴费的会导致视为放弃该专利。

一审判理和结果

本案为专利代理合同纠纷。友航公司主张其与二被告存在专利代理合同关系，因二被告未及时为其缴纳涉案7个专利第2年年费导致涉案专利失效，而请求二被告赔偿其经济损失。二被告均否认其与友航公司存在专利代理合同关系，友航公司涉案7个专利系因友航公司自己未缴纳第2年年费而失效。综合本案事实和双方当事人的诉辩意见，归纳本案争议焦点如下：1. 友航公司与二被告是否存在专利代理合同关系以及代理事项如何确定；2. 友航公司涉案7个专利未缴纳第2年年费系何方原因所致；3. 如涉案专利失效系二被告所致，应如何确定其赔偿责任。

一、友航公司与二被告是否存在专利代理合同关系

友航公司主张其与二被告存在专利代理合同关系。华科公司辩称其与友航公司不存在专利代理合同关系，只是为友航公司提供撰写服务，并将该公司账号借给友航公司申请专利使用。粤高公司主张其接受华科公司委托以友航公司的名义申请专利，但其与友航公司并不存在专利代理合同关系。对于友航公司与二被告是否存在专利代理合同关系，一审法院依据法律规定和相关证据予以认定。在诉讼过程中，友航公司并未提交其与二被告签订的书面专利代理合同予以证实其主张，因此，法院只能综合涉案证据认定友航公司与二被告是否存在专利代理关系。

（一）友航公司与华科公司是否存在专利代理关系

第一，2017年2月17日华科公司向友航公司发送的《收费通知单》明确载明，友航公司交由华科公司撰写的专利（包括涉案7个专利）已受理，要求友航公司尽快处理申请及服务费。2017年2月22日友航公司通过银行向华科公司转账5800元（包括涉案7个专利的申请费和服务费）。

第二，2018年1月10日华科公司向友航公司发送的《收费通知单》明确载明，华科公司要求友航公司尽快支付其代理友航公司申报的专利相关费用共计6800元（包括涉案7个专利的登记费和手续费），以便进行后续工作。该通知单附有华科公司的银行账户及联系人孔某要等信息。华科公司申请出庭的证人孔某要亦证实其曾代表华科公司向友航公司催缴涉案专利的相关费用。

第三，在国家知识产权局涉案专利的文档资料中，华科公司是涉案3个外观设计专利申请费、第1年年费等费用的缴费人，即华科公司代友航公司向国家知识产权局缴纳涉案3个外观设计专利相关费用；且该3个外观设计专利的专利审理受理通知书、办理登记手续通知书等通知书的收件人亦是华科公司的员工孔某要。

第四，在诉讼中，粤高公司主张其受华科公司委托为友航公司代理涉案4个实用新型专利的申请。

第五，华科公司在涉案专利申请前，曾多次为友航公司办理相关专利申请手续。

综上，尽管友航公司与华科公司没有签订专利代理合同，但综合上述事实，可以认定华科公司实际接受友航公司委托代理涉案专利事务。

（二）友航公司与粤高公司是否存在专利代理关系

一方面，涉案4个实用新型专利证书显示，该4个专利的专利代理机构均为粤高公司，代理人均为粤高公司的员工伦某彪。该4个实用新型专利在国家知识产权局的申请内档资料中的《专利代理委托书》，均显示粤高公司作为专利代理机构接受友航公司委托并指定专利代理人伦某彪办理此项委托。涉案4个实用新型专利的文档资料中，粤高公司江门分公司是涉案4个实用新型专利申请费、第1年年费等费用的缴费人，即粤高公司代友航公司向国家知识产权局缴纳涉案4个实用新型专利的相关费用；且该4个实用新型专利的专利审理受理通知书、办理登记手续通知书等通知书的收件人亦是粤高公司或其员工孔某要。标注日期为2017年7月31日与2018年1月10日的两份《专利案代缴纳规费通知》均是粤高公司江门分公司向友航公司发送的通知，要求友航公司按时缴纳办理专利证书及手续费用。因此，应当认定粤高公司作为专利代理机构为友航公司代理涉案4个实用新型专利事务。

另一方面，华科公司于2017年2月17日和2018年1月10日向友航公司发送的两份《收费通知单》均明确载明，华科公司要求友航公司尽快支付其代理友航公司申报的专利相关费用6800元（包括涉案7个专利的登记费和手续费）。该通知单附有华科公司的银行账户及联系人孔某要等信息。华科公司申请出庭的证人孔某要亦证实其曾代表华科公司向友航公司催缴涉案专利的相关费用。友航公司亦向华科公司支付了上述两份通知单所列的费用。友航公司并无证据证实其直接向粤高公司支付上述费用。

综上，应当认定粤高公司接受华科公司委托，与华科公司共同为友航公司代理涉案4个实用新型专利相关事务。

二、华科公司与粤高公司为友航公司代理的具体事务

第一，依据《最高人民法院关于适用〈中华人民共和国民事诉讼法〉的解释》第九十一条的规定，友航公司应当对其与二被告存在专利代理关系及具体的专利代理事务承担举证责任，但是其未提交证据证实。

第二，友航公司起诉时主张2017年年初友航公司将研制成功的3款球场灯和1款工矿灯委托二被告共同代理申请相关专利。即友航公司在起诉时主张二被告为其共同代理涉案7个专利的申请。

第三，2018年1月10日华科公司向友航公司发送的《收费通知单》载明，"华科公司代理友航公司申报的专利相关费用共计6800元，华科公司要求友航公司根据双方约定尽快处理汇款事宜，以便进行后续工作"等。可见华科公司代理友航公司申报相关专利，友航公司根据双方约定处理相关费用后，华科公司再进行后续工作。

第四，根据涉案4个实用新型专利在国家知识产权局内档资料中的《专利代理委托书》显示的内容，友航公司委托"粤高公司代为办理名称为__的发明创造申请或专利（申请号或专利号为__）以及在专利权有效期内的全部专利事务"。在该专利代理委托书中，委托代理事务"发明创造申请"与"专利（申请号或专利号为__）以及在专利权有效期内的全部专利事务"用选择性连词"或"字连接，即根据该专利代理委托书，粤高公司代理友航公司的事项为友航公司"代为办理名称为__的发明创造申请"，而没有明确粤高公司的代理事务包括该专利"专利权有效期内的全部专利事务"。

因此，在友航公司对二被告专利代理事务未举证的情况下，涉案证据仅能证明华科公司和粤高公司代理友航公司涉案专利申请的事务，而没有明确约定华科公司或粤高公司为友航公司代理涉案专利缴纳年费等其他事务。

综上，涉案7个专利已获得国家知识产权局授权，华科公司与粤高公司已经完成了涉案专利申请的代理事务。

三、华科公司与粤高公司是否尽到附随义务

双方没有明确约定华科公司与粤高公司为友航公司缴纳涉案专利第2年年

费的义务，但是，涉案专利证书以及专利申请书的专利代理人姓名以及国家知识产权局发送相关通知的收件人均为华科公司或粤高公司及其员工，双方对此均没有进行相应的变更。因此，依据诚实信用原则以及涉案专利代理关系的性质、目的和交易习惯，华科公司与粤高公司应当负有将涉案专利相关缴费通知书和专利权终止通知书等通知友航公司的附随义务。在本案中，应当审查华科公司与粤高公司是否已尽到通知的附随义务。微信聊天记录显示，2018 年 3 月 17 日孔某要告知严某华涉案专利第 2 年的年费也要交了。粤高公司江门分公司向友航公司发送的《专利案代缴纳规费通知》，告知友航公司涉案 4 个实用新型专利第 2 年年费截止日期为 2018 年 2 月 10 日以及逾期未缴费会导致视为放弃该专利。据此可以认定华科公司与粤高公司已经尽到通知友航公司缴纳涉案专利第 2 年年费及专利权终止通知书等附随义务。

四、何方原因导致涉案 7 个专利未及时缴纳第 2 年年费

根据涉案专利的相关资料，涉案 7 个专利均于 2017 年 2 月 16 日向国家知识产权局提出申请。2017 年 2 月 17 日、2 月 21 日华科公司向友航公司发送《收费通知单》，告知友航公司其专利已受理，要求友航公司支付申请及服务费共计 5800 元（其中涉案 7 个专利的申请及服务费共 5700 元）。2017 年 2 月 22 日友航公司向华科公司支付上述费用共计 5800 元（包括涉案 7 个专利及 1 个案外专利的申请及服务费）。因此，友航公司于 2017 年 2 月 22 日向华科公司支付的 5800 元即华科公司为友航公司申请涉案 7 个专利及 1 个案外专利的申请及服务费，并不包括涉案 7 个专利的年费。

一方面，友航公司与二被告并没有明确约定由二被告代理其缴纳涉案 7 个专利第 2 年年费的事务，华科公司或粤高公司已向友航公司尽到了通知缴纳第 2 年年费等随附义务，友航公司也没有向华科公司或粤高公司支付涉案 7 个专利第 2 年年费。另一方面，友航公司没有按照我国专利法或专利证书上明确载明的专利权人缴纳专利年费的义务以及恢复权利的相关规定及时缴纳涉案 7 个专利的第 2 年年费，也没有采取相应的补救措施。因此，涉案 7 个专利因未缴纳第 2 年年费而致无效的相应后果应由友航公司承担，友航公司主张因华科公司或粤高公司未及时缴纳涉案专利第 2 年年费而致其专利无效，要求二被告赔偿其经济损失 300 万元，依据不足，不予支持。

如上所述，一审法院认为，华科公司与粤高公司已为友航公司完成代理涉案 7 个专利的申请事务，友航公司的诉讼请求依据不足，不予支持，据此判决驳回友航公司的全部诉讼请求。

一审判决后，友航公司不服，向广东省高级人民法院提起上诉。二审正在审理中。

【法官评析】

近年来，随着我国知识产权事业的发展，专利代理业务发展迅速，相应的纠纷也随之增多。友航公司主张专利代理机构未尽作为义务导致其专利失效，进而要求专利代理机构承担损害赔偿责任。对于这类纠纷，应当审查专利代理合同如何约定专利代理事项、专利代理机构是否尽到合同义务以及合同附随义务，并最终确定合同责任。对于这类案件，可以按照以下审理思路进行审查：

一、审查双方是否存在专利代理合同关系

我国《民法典》第一百六十一条规定："民事主体可以通过代理人实施民事法律行为。"第一百六十五条规定："委托代理授权采用书面形式的，授权委托书应当载明代理人的姓名或者名称、代理事项、权限和期限，并由被代理人签名或者盖章。"第一百六十四条第一款规定："代理人不履行或者不完全履行职责，造成被代理人损害的，应当承担民事责任。"依照上述法律规定，民事主体可以通过代理人实施民事法律行为，但委托代理授权应当采用书面形式明确约定。当事人主张其与被告存在专利代理合同关系，依照《最高人民法院关于适用〈中华人民共和国民事诉讼法〉的解释》第九十一条规定："主张法律关系存在的当事人，应当对产生该法律关系的基本事实承担举证证明责任。"因此，友航公司主张其与二被告存在专利代理合同关系，应对双方存在专利代理合同关系的基本事实承担举证证明责任。

本案中，友航公司并未提交其与二被告签订的书面专利代理合同予以证实双方存在专利代理合同关系，因此，法院综合案件证据与事实对双方存在专利代理合同关系这一基础事实进行认定。

二、审查双方专利代理的具体事项以及专利代理机构是否履行专利代理义务

《专利代理条例》第十三条规定："专利代理机构可以接受委托，代理专利申请、宣告专利权无效、转让专利申请权或者专利权以及订立专利实施许可合同等专利事务，也可以应当事人要求提供专利事务方面的咨询。"第十四条规定："专利代理机构接受委托，应当与委托人订立书面委托合同。"依照上述法律规定，专利代理机构可以接受委托，代理专利申请、宣告专利权无效、转让专利申请权或者专利权以及订立专利实施许可合同等专利事务。在本案中，在友航公司对二被告专利代理事务未举证的情况下，涉案证据仅能证明二被告代理友航公司涉案专利申请的事务，而没有明确约定华科公司或粤高公司为友航公司代理涉案专利缴纳年费等其他事务。涉案专利已获得国家知识产权局授权，华科公司与粤高公司已经完成了涉案专利申请的代理事务。

三、专利代理机构是否尽到代理合同的附随义务

《民法典》第五百零九条第二款规定:“当事人应当遵循诚信原则，根据合同的性质、目的和交易习惯履行通知、协助、保密等义务。”在本案中，尽管双方没有明确约定华科公司与粤高公司为友航公司缴纳涉案专利第2年年费的义务，但是，涉案专利证书以及专利申请书的专利代理人姓名以及国家知识产权局发送相关通知的收件人均为华科公司或粤高公司及其员工，双方对此均没有进行变更。因此，依据诚实信用原则以及涉案专利代理关系的性质、目的和交易习惯，华科公司与粤高公司应当负有将涉案专利相关缴费通知书和专利权终止通知书等通知友航公司的附随义务。本案就应当审查专利代理机构是否已尽到通知的附随义务，如果专利代理机构未尽合同附随义务导致涉案专利失效，专利代理机构仍应对专利权人的损失承担赔偿责任。综合涉案事实，法院认定华科公司与粤高公司已经尽到通知友航公司缴纳涉案专利第2年年费及专利权终止通知书的附随义务。

四、何方原因导致涉案专利失效

《专利法》第四十三条规定:“专利权人应当自被授予专利权的当年开始缴纳年费。”友航公司主张其已向二被告支付了涉案专利的第2年年费，因其未及时缴费而致涉案专利失效。但是，综合双方当事人提交的证据，一方面，友航公司与二被告并没有明确约定由二被告代理其缴纳涉案专利第2年年费的事务，华科公司或粤高公司已向友航公司尽到了通知缴纳第2年年费等随附义务，友航公司也没有向华科公司或粤高公司支付涉案专利第2年年费。另一方面，友航公司没有按照我国专利法或专利证书上明确载明的专利权人缴纳专利年费的义务以及恢复权利的相关规定及时缴纳涉案专利的第2年年费，也没有采取相应的补救措施。因此，涉案专利因未缴纳第2年年费而致无效的相应后果应由友航公司承担。

编写人：广州知识产权法院　刘小鹏

（编辑：游彦）

商标权案件

13

华为公司与松铃公司等侵害商标权及不正当竞争纠纷案

阅读提示：在商标侵权案件中，在哪些情形中有必要认定权利人的商标驰名？

【裁判要旨】

权利人主张被诉侵权人在不相同或者不相类似商品或服务上使用复制、摹仿或者翻译其已经在中国注册的驰名商标的标识，误导公众，致使其利益可能受到损害的；或者被诉侵权人在相同或者类似商品或服务上使用复制、摹仿或者翻译其未在中国注册的驰名商标的标识，容易导致混淆的，人民法院根据案件具体事实，认为确有必要的，对所涉商标在被诉侵权行为发生时是否驰名作出认定。

【案号】

一审：广州知识产权法院（2021）粤73民初1748号

【案情与裁判】

原告：华为技术有限公司（简称华为公司）

被告：中山市松铃电器燃具有限公司（简称松铃公司）

被告：甘某红

被告：陈某梅

被告：成都红年商贸有限公司（简称红年公司）

起诉与答辩

华为公司起诉请求，1. 认定第 17886867A 号“华为”和第 14203957 号“HUAWEI”商标为驰名商标并予以保护；2. 四被告立即停止侵害华为公司第 17886867A 号“华为”和第 14203957 号“HUAWEI”注册商标专用权的行为；3. 四被告立即停止一切借华为公司名义进行虚假宣传的不正当竞争行为；4. 松铃公司、甘某红和陈某梅共同赔偿华为公司经济损失 485 万元，红年公司赔偿华为公司经济损失 15 万元；5. 松铃公司、甘某红和陈某梅共同赔偿合理费用 50 万元，红年公司赔偿华为公司合理费用 10 万元；6. 四被告在网站 www.vavi.com.cn、微信公众号“Vavi”以及今日头条 App 上刊登声明，消除因其商标侵权和不正当竞争行为给华为公司造成的不良影响；7. 四被告共同承担本案全部诉讼费用。事实与理由：“华为”和“HUAWEI”商标由华为公司注册并经长期、广泛使用和宣传，已形成很高的知名度，构成第 9 类商品上的驰名商标。松铃公司由甘某红独资设立。陈某梅与甘某红系夫妻关系，也是松铃公司的实际控制人。二人恶意串通，将陈某梅恶意申请注册的“华为”“华为 vavi”商标提供给松铃公司使用。松铃公司生产、销售“vavi 华为”电器产品的行为侵害了华为公司驰名商标权。甘某红作为松铃公司的唯一股东，且为松铃公司实施商标侵权行为提供了帮助，应与松铃公司承担连带责任。陈某梅许可松铃公司使用其“vavi 华为”商标，与松铃公司、甘某红共同实施侵害华为公司商标专用权的行为，也应承担连带责任。红年公司销售“vavi 华为”厨电产品，侵害了华为公司的驰名商标权。松铃公司虚假宣传其“vavi 华为”品牌为“中国厨电十大品牌”“世界 500 强厨卫品牌”“全国消费者放心满意品牌”“中国工程建设推荐产品”等，构成虚假宣传的不正当竞争行为。甘某红、陈某梅应承担连带责任。红年公司销售的“vavi 华为”产品介绍其为“中国智能厨电领导者”属于虚假宣传的不正当竞争。

松铃公司答辩称，该公司经陈某梅授权在第 11 类商品上使用“华为 vavi”商标，主观上并无恶意，对未注册商标的在先使用不构成侵权。华为公司商标无认定驰名商标的必要。松铃公司并非主要经营“华为”品牌的厨卫产品，也不存在公司与股东混同经营的情形，松铃公司、甘某红、陈某梅不构成共同侵权或虚假宣传等不正当竞争行为。华为公司主张松铃公司、甘某红、陈某梅共同赔偿 485 万元经济损失及 50 万元的合理开支等诉讼请求没有依据。

甘某红答辩称，松铃公司不存在公司与股东经营混同、财产混同等情形，甘某红不应承担松铃公司经营中产生的法律责任，与松铃公司不构成共同侵权。华为公司主张甘某红共同承担赔偿经济损失及合理费用、消除影响等法律责任没有事实及法律依据，请求予以驳回。

陈某梅答辩称，其在第11类商品上申请商标并将合法有效的商标对外授权不构成侵权。其没有实施华为公司主张的侵权行为，华为公司没有举证证明其与松铃公司主客观上有共同侵权，请求驳回华为公司对陈某梅的全部诉讼请求。

红年公司答辩称，该公司经松铃公司授权，销售第11类厨卫家电产品具有合法来源，不应承担赔偿责任。华为公司主张红年公司赔偿经济损失15万元及合理费用10万元没有事实及法律依据，请求驳回。

一审审理查明

华为公司于2015年9月14日申请注册第17886867A号“华为”商标。该商标核定使用商品类别为第9类：计算机软件（已录制）、计算机游戏软件、计算机存储装置、手机保护壳、手机保护套、手机充电器、手机底座、移动电话、手机、智能手机等，注册日期为2016年11月21日，有效期至2026年11月20日。华为公司于2014年3月19日申请注册第14203957号“HUAWEI”商标。该商标核定使用商品类别为第9类：智能手机、平板电脑、可穿戴式智能手机等，注册日期为2015年8月21日，有效期至2025年8月20日。

松铃公司系成立于2002年10月22日的有限责任公司（自然人独资），注册资本500万元，法定代表人及唯一股东均为甘某红，经营范围为生产、销售：燃气炉具、抽油烟机、电热水器等。陈某梅系第3908087号“华为”商标、第9510124号“VAVI 华为”商标的注册人。陈某梅许可松铃公司使用上述两个商标。甘某红与陈某梅系夫妻关系。红年公司系成立于2015年8月7日的有限责任公司，注册资本50万元，法定代表人杨某，经营范围为销售：厨房和卫生间用具、家用电器等。红年公司为松铃公司的“华为”品牌家电产品经销商。

松铃公司网站和微信公众号“vavi 华为厨卫”产品中心显示，松铃公司生产、销售的产品包括“吸油烟机、燃气灶具、燃气热水器、电热水器”等不同产品，且每种产品均有多个不同的产品型号，每个产品上均标有“vavi 华为”标识。松铃公司网站和微信公众号显示公司现有从业人员820人，建立了模具厂、冲压厂、氩弧焊厂等分厂组成的全程，年产1000万台（套）厨卫产品等；显示有“祝贺华为厨电进驻京东商城”等新闻以及在全国多个城市召开“华为中国　智能厨电”财富分享经销商会；对外从事加盟，全国有多家代理商。松铃公司确认红年公司销售的产品由其生产，宣传物料和销售单据由其统一制作。

松铃公司的经营场所有“vavi华为”“vavi华为厨电”“华为厨电商学院”等标识，热水器、吸油烟机等产品以及产品宣传册、名片等处标有“vavi华为”“华为科技”“华为厨卫”等标识。

湖南省长沙市华湘公证处（2021）湘长华证内字第3446号公证书证实：2021年3月9日华为公司委托代理人在某店铺内购买了“家用吸油烟机”“嵌入式家用燃气灶具”“储水式电热水器”等产品，并取得一本华为厨卫2020年招商手册。该招商手册有“vavi华为厨卫”“华为科技”“华为厨卫”等标识以及华为厨卫形象代言人某香港影星的肖像，展示了8款油烟机，8款燃气灶，5款燃气热水器，6款电热水器，2款消毒柜，1款油烟机智能面板，1款智能水槽，2款净水器等产品型号，销售价格数百元、数千元不等。

松铃公司的经营场所有“华为厨电商学院”“世界500强厨卫品牌”“厨卫电器企业10强”“中国厨电十大品牌”“全国消费者放心满意品牌”“中国工程建设推荐产品”等牌匾。松铃公司确认实施了上述宣传行为。

在庭审中，华为公司提交了公证购买的6款被诉侵权产品。松铃公司确认上述被诉侵权产品系其生产。上述6款产品外包装均在多处显著位置标有“vavi华为”标识以及松铃公司的企业名称、地址、电话、网址等信息，6款产品及其所附产品说明书上均多处标有“vavi华为”“华为科技”“vavi华为厨卫”等标识。在上述6款产品中：VB127家用吸油烟机显示生产日期2020年9月14日，CB7B嵌入式家用燃气灶显示生产日期2020年9月26日，14V112直流家用燃气快速热水器显示生产日期2019年12月30日，“家用吸油烟机”显示生产日期2020年8月18日，“嵌入式家用燃气灶具”显示生产日期2019年8月8日，“储水式电热水器”显示生产日期2021年1月16日。

陈某梅于2004年2月11日在核定使用商品类别第11类“饮水机、燃气炉、消毒碗柜”等商品上申请第3908087号“华为”商标；有效期自2016年1月21日至2026年1月20日。陈某梅许可松铃公司使用第3908087号“华为”商标。2016年2月1日国家工商行政管理总局商标评审委员会作出商评字〔2016〕第10885号《关于第3908087号“华为”商标无效宣告请求裁定书》，裁定第3908087号“华为”商标予以无效宣告。陈某梅不服该裁定向北京知识产权法院起诉。北京知识产权法院判决驳回陈某梅的诉讼请求。陈某梅不服该判决提出上诉。北京市高级人民法院于2018年1月19日作出（2017）京行终5586号行政判决，判决驳回上诉，维持原判。

陈某梅于2011年5月25日在核定使用商品类别第11类商品上申请第9510124号“VAVI华为”商标。该商标后于2015年4月6日被国家工商行政管理总局商标评审委员会裁定宣告无效。

陈某梅共30次申请注册“华为”商标，共29次申请注册“VAVI华为”商标，共5次申请注册“VAVI”商标，但上述64件商标或被不予受理，或被不予注册，或被无效宣告，均未取得合法权利。

一审判理和结果

一审法院认为，综合当事人的诉辩意见，对本案争议焦点分析认定如下：

一、松铃公司是否侵害华为公司涉案商标专用权

（　）华为公司第17886867A号“华为”和第14203957号“”商标是否有认驰必要以及是否达到驰名程度

华为公司请求保护第17886867A号“华为”商标和第14203957号“”商标，并请求认定该两个注册商标为驰名商标。我国驰名商标的司法认定采取“因需认定”的原则。首先，涉案两个注册商标均核定使用在第9类“智能手机”等商品上，被诉侵权产品属于第11类“抽油烟机、燃气灶、热水器”等商品，二者不属于相同商品；且二者在功能、用途、生产部门、销售渠道、消费对象等方面存在差异，因此，二者亦不属于类似商品。其次，根据华为公司的主张及举证，松铃公司使用了“vavi华为”“华为科技”“vavi华为厨卫”等被诉侵权标识，第14203957号“”为拼音“HUAWEI”与图的组合，依照《最高人民法院关于审理商标民事纠纷案件适用法律若干问题的解释》第九条的规定，很显然上述被诉标识与第14203957号“”商标既不相同，也不近似；且拼音“HUAWEI”可以拼成多个汉字词语，也不能认定第14203957号“”与“华为”形成稳定的对应关系，因此，华为公司主张的被诉侵犯商标权或者不正当竞争行为因不具备法律规定的要件而不成立。综上，本案有必要审查涉案侵权行为发生时第17886867A号“华为”商标是否达到驰名程度，而对第14203957号“”商标是否驰名不予审查，从而对华为公司要求认定该商标为驰名商标的诉讼请求亦不予支持。一审法院认定第17886867A号“华为”商标在2019年8月8日松铃公司使用被诉侵权标识时，在中国境内已为相关公众所熟知的商标，应当认定该商标在第9类“手机、智能手机”等商品上已达到驰名程度。

（二）松铃公司的行为是否侵害华为公司第17886867A号商标专用权

松铃公司在其公司官网、微信公众号、经营场所、产品宣传册、生产和销售的抽油烟机、热水器、燃气灶等被诉侵权产品及产品外包装等处使用“vavi华为”“华为科技”“华为厨卫”“华为厨电”等标识。上述标识的使用能够起到识别商品来源的功能，属于商标的使用。在上述被诉侵权标识中，“华为”相对于“vavi”“科技”“厨卫”“厨电”最具有显著性。经比对，该标识与第17886867A号“华为”驰名商标相同。因此，松铃公司复制华为公司注册的驰名商标在不类似商品上作为商标使用，足以使相关公众认为被诉侵权标识与华为公司驰名商标具有相当程度的联系，而减弱华为公司驰名商标的显著性，或者不正当利用华为公司驰名商标的市场声誉，损害华为公司的利益，属于《商标法》第五十七条规定的侵犯华为公司注册商标专用权的行为。因此，华为公司主张松铃公司侵犯其第17886867A号“华为”商标专用权，有事实和法律依据，予以支持。

二、松铃公司是否构成不正当竞争行为

松铃公司在其公司官网、产品宣传册等处宣传其“vavi华为”品牌为“中国厨电十大品牌”“世界500强厨卫品牌”“全国消费者放心满意品牌”“中国工程建设推荐产品”等，构成虚假宣传的不正当竞争行为。松铃公司确有实施上述宣传行为，但其均未提交合法有效的证据证实其获得上述荣誉或称号的真实性，因此，对其商品质量、销售状况、曾获荣誉等作了虚假宣传，欺骗、误导消费者，其行为构成虚假宣传的不正当竞争。

三、松铃公司、甘某红和陈某梅是否构成共同侵权

华为公司的企业名称及其“华为”商标具有极高的知名度，甘某红与陈某梅应当知晓华为公司及其涉案商标的知名度。甘某红是松铃公司的唯一自然人股东及法定代表人，应当认定甘某红控制松铃公司的经营活动，将松铃公司作为其实施涉案被诉侵权行为的工具。甘某红与陈某梅系夫妻关系。陈某梅在明知华为公司及商标知名度的情况下，以不正当手段申请注册第3908087号“华为”商标，并授权许可松铃公司使用；且在该商标被商标评审委员会裁定宣告无效后，松铃公司仍继续生产、销售被诉侵权产品。陈某梅以不正当手段申请注册第3908087号“华为”商标后，又先后59次申请注册与华为公司涉案商标相同或近似的商标。综上，可以认定松铃公司、甘某红和陈某梅在主观上具有共同实施被诉侵权行为的故意，客观上三被告分工合作、共同实施被诉侵权行为，导致同一损害结果的发生，共同实施了被诉商标侵权及不正当竞争行为。

四、红年公司的行为是否构成商标侵权和不正当竞争

红年公司销售侵犯华为公司第17886867A号“华为”商标专用权的商品，并在店铺招牌、收据上使用“vavi华为厨电”“vavi华为智能厨电”等被诉标识，因此，红年公司的行为侵犯华为公司第17886867A号“华为”商标专用权，但不足以认定其与松铃公司等共同实施商标侵权行为。

五、四被告的侵权责任如何确定

四被告的行为侵害华为公司商标专用权，同时松铃公司、甘某红和陈某梅的行为构成不正当竞争，依法应当承担停止侵权，并赔偿华为公司经济损失等民事责任，因此，华为公司请求四被告立即停止侵害其第17886867A号“华为”商标专用权与松铃公司、甘某红和陈某梅立即停止虚假宣传的不正当竞争行为，并赔偿其经济损失的诉讼请求，于法有据，予以支持。

关于四被告赔偿华为公司的经济损失，华为公司主张以松铃公司的侵权获利确定赔偿其经济损失的数额。但华为公司主张松铃公司的商品销售量、实际销售价格、利润率等均难以确定。一审法院综合考虑以下因素确定华为公司的经济损失数额：华为公司的企业名称与涉案商标具有较强的显著性和极高的知名度；松铃公司同时实施了侵犯商标专用权和虚假宣传的不正当竞争行为；侵权故意非常明显；侵权规模大；侵权获利大；侵权持续时间较长，因此，华为公司请求松铃公司、甘某红、陈某梅连带赔偿其经济损失485万元，有事实和法律依据；但华为公司主张本案适用惩罚性赔偿，不符合相关法律规定。红年公司作为松铃公司的产品经销商，销售被诉侵权商品，侵犯了华为公司涉案商标专用权，华为公司请求红年公司赔偿其经济损失15万元，亦予以支持。华为公司为制止本案商标侵权和不正当竞争行为聘请律师参与诉讼，多次公证购买被诉侵权产品，为制止本案侵权行为确有支付了一定的费用，酌情确定松铃公司、甘某红和陈某梅赔偿华为公司为制止侵权行为支付的合理开支共计15万元，红年公司赔偿华为公司为制止侵权行为支付的合理开支共计1万元。

据此，一审法院判决：1. 松铃公司、甘某红、陈某梅于判决发生法律效力之日起立即停止侵犯华为公司第17886867A号“华为”注册商标专用权的行为；2. 松铃公司、甘某红、陈某梅于判决发生法律效力之日起立即停止虚假宣传的不正当竞争行为；3. 红年公司于判决发生法律效力之日起立即停止侵犯华为公司第17886867A号“华为”注册商标专用权的行为；4. 松铃公司、甘某红、陈某梅于判决发生法律效力之日起十日内，连带赔偿华为公司经济损失485万元；5. 红年公司于判决发生法律效力之日起十日内，赔偿华为公司经济损失15万元；6. 松铃公司、甘某红、陈某梅于判决发生法律效力之日起十日内，连带赔偿华为公司为制止侵权行为支付的合理开支共计 15 万元；7. 红年公司于判决发生法律效力之日起十日内，赔偿华为公司为制止侵权行为支付的合理开支共计 1 万元；8. 驳回华为公司的其他诉讼请求。

一审判决后，松铃公司等均不服，向广东省高级人民法院提起上诉。二审正在审理中。

【法官评析】

本案涉及驰名商标的认定，特别是认定驰名商标的必要性问题。在司法实践中，在哪些情形中有必要认定权利人商标驰名是一个重要的问题。在本案中，华为公司请求对其第 17886867A 号“华为”和第 14203957 号“”商标认定为驰名商标，并给予驰名商标保护。一审法院根据本案事实以及认定驰名商标的必要性，认定第 17886867A 号“华为”商标为驰名商标，而驳回了华为公司要求认定第 14203957 号“”商标为驰名商标的诉请。

一、我国司法认定驰名商标的原则

我国《商标法》第十三条第一款规定：“为相关公众所熟知的商标，持有人认为其权利受到侵害时，可以依照本法规定请求驰名商标保护。”依照《商标法》第十四条第一款、《最高人民法院关于审理商标民事纠纷案件适用法律若干问题的解释》第二十二条、《最高人民法院关于审理涉及驰名商标保护的民事纠纷案件应用法律若干问题的解释》第二条的规定，我国司法对于商标驰名的认定，并非根据当事人的主张进行，而是坚持事实认定、个案认定、被动认定、因需认定的司法原则，依法慎重认定驰名商标，合理适度确定驰名商标跨类保护范围，既注重保护商标权，又有利于促进相关产业的升级和发展。在具体案件审理中，人民法院依当事人的申请与审理案件需要启动司法认定程序，只有在当事人明确提出驰名商标认定的事实主张时，法院才根据审理案件中认定事实和适用法律的必要性进行认定。人民法院在审理具体案件中认定的驰名商标仅对个案具有效力，在其他案件中并不当然有效。

二、在司法实践中有必要认定商标驰名的情形

1. 权利人主张被诉侵权人在不相同或者不相类似商品或服务上使用复制、摹仿或者翻译其已经在中国注册的驰名商标的标识，误导公众，致使其利益可能受到损害的；或者被诉侵权人在相同或者类似商品或服务上使用复制、摹仿或者翻译其未在中国注册的驰名商标的标识，容易导致混淆的，人民法院根据

案件具体事实，认为确有必要的，对所涉商标在被诉侵权行为发生时是否驰名作出认定。

《商标法》第十三条第一款、第三款规定：“为相关公众所熟知的商标，持有人认为其权利受到侵害时，可以依照本法规定请求驰名商标保护。就不相同或者不相类似商品申请注册的商标是复制、摹仿或者翻译他人已经在中国注册的驰名商标，误导公众，致使该驰名商标注册人的利益可能受到损害的，不予注册并禁止使用。”根据《最高人民法院关于审理民事纠纷案件适用法律若干问题的解释》第一条第（二）项的规定，复制、摹仿、翻译他人注册的驰名商标或其主要部分在不相同或者不相类似商品上作为商标使用，误导公众，致使该驰名商标注册人的利益可能受到损害的行为，属于《商标法》第五十七条第（七）项规定的给他人注册商标专用权造成其他损害的行为。上述法律和司法解释规定了驰名商标跨类保护的问题，在与权利人注册驰名商标不相同或者不类似商品或服务上使用被诉侵权标识时，需要对权利人商标认定驰名从而认定被诉侵权行为构成商标侵权，实现对商标权的保护。这种情形在司法实践中较为常见。如在本案中，华为公司第 17886867A 号“华为”商标核定使用在第 9 类“智能手机”等商品上，被诉侵权产品属于第 11 类“抽油烟机、燃气灶、热水器”等商品，二者不属于相同商品；且二者在功能、用途、生产部门、销售渠道、消费对象等方面存在差异，因此，二者亦不属于类似商品。因此，本案有必要审查涉案侵权行为发生时华为公司第 17886867A 号“华为”商标是否达到驰名程度，从而认定松铃公司使用被诉侵权标识的行为是否构成商标侵权。

当然，驰名商标的跨类保护范围应当是适度的跨类，而不是全类保护。对驰名商标跨类保护范围，应当根据具体案件事实，综合考虑权利商标的知名度、显著性和被诉侵权行为可能导致相关公众误认混淆的结果等因素在具体个案中合理确定。在司法实践中，人民法院应当根据个案具体事实，综合考虑以下因素确定跨类保护的范围：（1）权利商标的知名度。知名度越高，其知名度辐射范围也越广，则该权利商标跨类保护的范围也越宽，相关公众更容易将被诉商标标识与之建立联系，减弱权利商标唯一对应关系的可能性也越大。（2）权利商标的显著性。显著性越强，则权利商标跨类保护的范围越大。（3）商品的关联程度。权利商标核定使用的商品类别与被诉商标商品或使用企业名称商品类别之间的关联程度越强，则权利商标跨类保护的范围也越大。（4）相关公众的重合程度。重合程度高，相关公众看到被诉商标标识更容易联想到权利商标，更易减弱权利商标与商品的唯一对应关系。(5）标识的近似程度。被诉标识与权利商标越近似，则权利商标跨类保护的范围也越大。(6）其他相关因素。如侵权人的侵权故意，或被诉商标标识的使用方式等。

2. 权利人主张被诉侵权人申请注册的商标是复制、摹仿或者翻译他人已经在中国注册的驰名商标，误导公众，致使该驰名商标注册人的利益可能受到损害的；或者被诉侵权人在相同或者类似商品申请注册的商标是复制、摹仿或者翻译权利人未在中国注册的驰名商标，容易导致混淆的；人民法院根据案件具体事实，认为确有必要的，对所涉商标在被诉侵权人商标提出注册申请时是否驰名作出认定。

《商标法》第十三条第三款规定:“就不相同或者不相类似商品申请注册的商标是复制、摹仿或者翻译他人已经在中国注册的驰名商标，误导公众，致使该驰名商标注册人的利益可能受到损害的，不予注册并禁止使用。”《最高人民法院关于审理涉及驰名商标保护的民事纠纷案件应用法律若干问题的解释》第十一条规定:“被告使用的注册商标违反商标法第十三条的规定，复制、摹仿或者翻译原告驰名商标，构成侵犯商标权的，人民法院应当根据原告的请求，依法判决禁止被告使用该商标，但被告的注册商标有下列情形之一的，人民法院对原告的请求不予支持:(一）已经超过《商标法》第四十五条第一款规定的请求宣告无效期限的;(二）被告提出注册申请时，原告的商标并不驰名的。”在这种情形中，被诉侵权标识已申请注册为商标，被诉侵权标识是复制、摹仿或者翻译权利人已在中国注册的驰名商标的商标，或者在相同或者类似商品上复制、摹仿或者翻译权利人未在中国注册的驰名商标的商标，此时需要认定权利人商标为驰名商标从而认定被诉行为构成商标侵权。如果权利人商标达到驰名程度，可以认定被诉侵权行为构成商标侵权并判决被诉侵权人停止相应的商标侵权行为。如果权利人商标未达到驰名程度，人民法院应当根据民事诉讼法的相关规定，告知权利人向有关行政主管机关申请解决，法院不予处理。如果权利人商标未达到驰名程度，但被诉侵权标识是以超出核定商品的范围或者以改变显著特征、拆分、组合等方式使用被诉侵权人注册商标，与权利人注册商标相同或者近似，人民法院可以审查被诉标识是否侵犯权利人商标权。

3. 被诉侵权人在相同或者类似商品或者服务上将他人未注册的驰名商标作为企业名称、字号使用，引人误认为是他人商品、服务或者与他人存在特定联系的；或者在不相同或者不相类似商品或者服务上将他人注册的驰名商标作为企业名称、字号使用，足以使相关公众认为被诉企业名称、字号与驰名商标具有特定联系，致使驰名商标注册人的利益可能受到损害的，人民法院根据案件具体事实，认为确有必要的，对所涉商标是否驰名作出认定。

在社会生活中，驰名商标与企业名称、字号会发生冲突，被诉侵权人的行为可能构成不正当竞争。《商标法》第五十八条规定："将他人注册商标、未注册的驰名商标作为企业名称中的字号使用，误导公众，构成不正当竞争行为的，依照《中华人民共和国反不正当竞争法》处理。"根据《反不正当竞争法》第六条的规定，经营者擅自使用他人有一定影响的企业名称（包括简称、字号等）、社会组织名称、姓名等混淆行为，引人误认为是他人商品或者与他人存在特定联系的，构成不正当竞争。《最高人民法院关于审理商标民事纠纷案件适用法律若干问题的解释》第一条规定："下列行为属于商标法第五十七条第（七）项规定的给他人注册商标专用权造成其他损害的行为：（一）将与他人注册商标相同或者相近似的文字作为企业的字号在相同或者类似商品上突出使用，容易使相关公众产生误认的；（二）复制、摹仿、翻译他人注册的驰名商标或其主要部分在不相同或者不相类似商品上作为商标使用，误导公众，致使该驰名商标注册人的利益可能受到损害的；……"《最高人民法院关于审理涉及驰名商标保护的民事纠纷案件应用法律若干问题的解释》第二条规定："在下列民事纠纷案件中，当事人以商标驰名作为事实根据，人民法院根据案件具体情况，认为确有必要的，对所涉商标是否驰名作出认定：（一）……（二）以企业名称与其驰名商标相同或者近似为由，提起的侵犯商标权或者不正当竞争诉讼；……"因此，将与他人注册商标相同或者相近似的文字作为企业的字号在相同或者类似商品上突出使用，容易使相关公众产生误认的，属于《商标法》第五十七条第（七）项规定的给他人注册商标专用权造成其他损害的行为，无须认定权利人所涉商标驰名。但当事人以企业名称与其驰名商标相同或者近似为由，提起的侵犯商标权或者不正当竞争诉讼，可能需要对权利人商标进行是否驰名的认定。

4. 权利人以被诉商标的使用侵犯其注册商标专用权为由提起侵犯商标权或者不正当竞争民事诉讼，被诉侵权人以权利人的商标复制、摹仿或者翻译其在先注册的驰名商标或者未注册驰名商标为由提起抗辩或者提起反诉的，人民法院根据案件具体情况，认为确有必要的，对所涉商标是否驰名作出认定。

《最高人民法院关于审理涉及驰名商标保护的民事纠纷案件应用法律若干问题的解释》第二条规定："在下列民事纠纷案件中，当事人以商标驰名作为事实根据，人民法院根据案件具体情况，认为确有必要的，对所涉商标是否驰名作出认定:(一)……(三)符合本解释第六条规定的抗辩或者反诉的诉讼。”第六条规定:“原告以被诉商标的使用侵犯其注册商标专用权为由提起民事诉讼,被告以原告的注册商标复制、摹仿或者翻译其在先未注册驰名商标为由提出抗辩或者提起反诉的,应当对其在先未注册商标驰名的事实负举证责任。”因此,当被诉侵权人以其商标驰名抗辩权利人主张其商标侵权的,本质上属于“以违反商标法第十三条的规定为由提起的侵犯商标权诉讼”,是以抗辩或反诉的形式出现,此时,法院有可能需要对涉案商标是否驰名进行审查。

三、在司法实践中不予认定商标驰名的情形

1. 被诉侵犯商标权或不正当竞争行为的成立不以商标驰名为事实根据的,人民法院对涉案商标是否驰名不予审查。

《最高人民法院关于审理涉及驰名商标保护的民事纠纷案件应用法律若干问题的解释》第三条规定:“在下列民事纠纷案件中,人民法院对于所涉商标是否驰名不予审查:(一)被诉侵犯商标权或者不正当竞争行为的成立不以商标驰名为事实根据的。”商标驰名不是被诉侵犯商标权或不正当竞争行为法律要件事实的情形,被诉侵权人实施的商标侵权行为或者不正当竞争行为是否成立不以权利人商标驰名为事实根据,即使不审查和认定权利人商标驰名,也不影响权利的保护。如将与他人注册商标相同或者相近似的文字作为企业的字号在相同或者类似商品上突出使用,容易使相关公众产生误认的,属于《商标法》第五十七条第(七)项规定的给他人注册商标专用权造成其他损害的行为,无需认定权利人所涉商标驰名。再如,即使不认定权利人商标驰名也可以认定被诉企业名称的使用构成不正当竞争行为。

2. 被诉侵犯商标权或者不正当竞争行为虽以商标驰名为事实根据,但因不具备法律规定的其他要件而不成立的,人民法院对涉案商标是否驰名不予审查。

《商标法》第十三条第二款、第三款规定:“就相同或者类似商品申请注册的商标是复制、摹仿或者翻译他人未在中国注册的驰名商标,容易导致混淆的,不予注册并禁止使用。就不相同或者不相类似商品申请注册的商标是复制、摹仿或者翻译他人已经在中国注册的驰名商标,误导公众,致使该驰名商标注册人的利益可能受到损害的,不予注册并禁止使用。”《最高人民法院关于审理涉及驰名商标保护的民事纠纷案件应用法律若干问题的解释》第三条第一款规定:“在下列民事纠纷案件中,人民法院对于所涉商标是否驰名不予审查:(一)……(二)被诉侵犯商标权或者不正当竞争行为因不具备法律规定的其他要件而不成立的。”认定驰名商标只是在具体个案中作为制止商标侵权行为、不正当竞争行为或制止他人抢注的手段，而不是商标权人的目的。只有在商标驰名是构成被诉侵犯商标权或不正当竞争行为的法律要件事实时，才有必要认定驰名商标。商标是否驰名仅是客观事实，并不经过司法认定而产生。在具体个案中，遵循“因需认定”的原则，防止当事人为了追求其他目的而单纯获取驰名商标司法认定，因此，根据案件事实无须认定商标驰名的，也就无须认定驰名商标。依照《最高人民法院关于审理涉及驰名商标保护的民事纠纷案件应用法律若干问题的解释》第三条第一款的规定，只有在满足其他要件之后，才有必要对商标是否驰名的事实作出认定。如果其他要件不满足，就不需要对权利人所涉商标是否驰名作出认定。如在本案中，松铃公司使用了“vavi 华为”“华为科技”“vavi 华为厨卫”等被诉侵权标识，但是，华为公司第 14203957 号“”商标为拼音“HUAWEI”与图的组合，依照《最高人民法院关于审理商标民事纠纷案件适用法律若干问题的解释》第九条的规定，很显然，被诉标识与第 14203957 号“”商标既不相同，也不近似；且拼音“HUAWEI”可以拼成多个汉字词语，也不能认定第 14203957 号“”与“华为”形成稳定的对应关系，因此，华为公司主张的被诉侵犯商标权或者不正当竞争行为因不具备法律规定的要件而不成立，本案就没有必要认定华为公司第 14203957 号“”商标是否驰名。

编写人：广州知识产权法院　刘小鹏

（编辑：游彦）

14

广东富华公司与广州富华桥公司等侵害商标权纠纷案

阅读提示： 如何审查涉驰名商标纠纷中认定驰名商标的必要性？如何认定各被告是否构成共同侵权？

【裁判要旨】

在驰名商标必要性审查中，一审法院在参考《商标注册用商品和服务国际分类表》《类似商品和服务区分表》的基础上，结合相关公众对商品的一般认识进行综合判断，认定使用被诉侵权标识的商品与涉案权利商标核定使用的商品不构成相同或类似商品，进而肯定广东富华公司主张驰名商标保护的必要性。广州富华桥公司、临沂富华桥公司、郭某佐主观上存在共同故意，客观上存在分工合作，造成了共同的损害结果，应认定构成共同侵权。

【案号】

一审：广州知识产权法院（2021）粤 73 民初 764 号

【案情与裁判】

原告：广东富华重工制造有限公司（简称广东富华公司）

被告：广州富华桥油脂有限公司（简称广州富华桥公司）

被告：临沂富华桥油脂有限公司（简称临沂富华桥公司）

被告：郭某佐

起诉与答辩

广东富华公司向法院提起诉讼，请求法院判令：1. 广州富华桥公司、临沂富华桥公司、郭某佐立即停止侵犯广东富华公司第 1239424 号商标专用权的行为，包括停止在涉案产品容器、产品包装箱、产品宣传单及名片等宣传、使用“Fuwa”“Fuwa qiao”商标的行为，并回收、销毁涉案产品容器、产品包装箱、产品宣传单及名片等；2. 广州富华桥公司、临沂富华桥公司、郭某佐共同赔偿广东富华公司经济损失及因本案维权所支付的公证费、律师费等合理费用合计人民币 100 万元；3. 广州富华桥公司、临沂富华桥公司、郭某佐在《南方都市报》《沂蒙晚报》刊登致歉声明，赔礼道歉、消除影响；4. 广州富华桥公司、临沂富华桥公司、郭某佐承担本案全部诉讼费。广东富华公司第 1239424 号注册商标（以下简称涉案商标）在中国为相关公众所熟知、已经驰名，依法应受到驰名商标跨类别的强保护。广州富华桥公司、临沂富华桥公司在其生产、销售的“润滑脂、润滑油”等商品的容器、包装箱、宣传单及名片等显著位置擅自宣传、使用与涉案商标相同或高度近似的“Fuwa”“Fuwa qiao”标识。涉案商标核定使用的“汽车或货车零件”等商品与涉案“润滑脂、润滑油”商品系上下游产品关系，两者具有相当程度的关联性。广州富华桥公司、临沂富华桥公司通过复制、摹仿，不正当利用涉案商标的市场声誉，欺骗误导相关公众，给广东富华公司造成损害。广州富华桥公司、临沂富华桥公司、郭某佐侵权故意明显、性质恶劣，郭某佐曾在“润滑脂、润滑油”等商品上申请注册第 19632626 号“FUWA QIAO”商标，因侵害涉案商标权益，未被允许注册，但其仍以注册商标的方式继续宣传、使用，并在全国性车展与广东富华公司竞争。郭某佐是广州富华桥公司、临沂富华桥公司的法定代表人、股东及实际控制人，也是被诉侵权商标的注册申请人。广州富华桥公司为一人公司，郭某佐作为股东，如不能证明其财产独立于广州富华桥公司，则对其债务承担连带责任。

广州富华桥公司、临沂富华桥公司、郭某佐共同答辩称，1. 广州富华桥公司、临沂富华桥公司、郭某佐未侵犯广东富华公司涉案商标，郭某佐使用的是其所有的第 7571427 号“富华桥 FUWAQIAO”注册商标的字母部分，且自商标申请日之前就一直使用，根据《商标法》第五十九条第三款，广东富华公司无权禁止郭某佐使用该商标。2. 广东富华公司为重工企业，非油脂化工企业，无证据证明广州富华桥公司、临沂富华桥公司、郭某佐在第 4 类润滑脂商品上使用第 30332772 号“FUWAQIAO”、第 12447734 号“FUWA”商标。3. 广东富华公司主张广州富华桥公司、临沂富华桥公司、郭某佐赔偿 100 万元及登报道歉、消除影响的诉求没有事实和法律依据。4. 广东富华公司应承担本案全部费用。5. 广东富华公司无法证明广州富华桥公司参与实施侵权行为。6. 广东富华公司涉案商标虽受到驰名商标保护，但不足以证明其持续具有驰名商标的效力。广东富华公司举证的销售发票中没有“FUWA”商标，而其在第12类产品商标多达57个，不能证明广东富华公司实际使用了“FUWA”品牌的车轴或者润滑油、润滑脂。7. 润滑脂应用范围广泛，并非仅用于汽车零配件。

一审审理查明

一、关于广东富华公司主张的注册商标及其知名度的事实

国家商标局核准注册的第1239424号商标，注册人为富华工程机械（新加坡）私人有限公司，核定使用商品为第12类，包括拖车（车辆）、车辆拖车连接装置、汽车或货车零件、陆地车辆及陆地车辆拖车半挂车的联接器、陆地车辆联动机件、车辆挂钩、车辆悬挂弹簧、汽车链、车辆用非引擎、马达零件连接杆等商品，注册有效期限为1999年1月14日至2009年1月13日止，经续展注册，有效期至2029年1月13日。2008年5月21日经核准，第1239424号注册商标转让给案外人广东富华工程机械制造有限公司，2017年4月20日又核准转让给广东富华公司。2011年5月27日，国家商标局商标驰字（2011）第17号批复认定，广东富华工程机械制造有限公司上述FUWA商标在第12类“车轴”商品上为驰名商标。

国家商标局（2018）商标异字第0000015854号决定中，认定第1239424号商标曾被国家商标局认定为驰名商标，具有较高的知名度和影响力，郭某佐申请的指定使用在第4类“齿轮油、润滑油”商品上的第19632626号“FU WA QIAO”商标完整包含第1239424号驰名商标文字“FUWA”，并在“FU WA QIAO”的构成中将文字“FUWA”进行了独立突出显示，易使相关消费者将“FU WA QIAO”与该驰名商标产生关联，或易造成广东富华公司驰名商标利益受到损害，对第19632626号“FU WA QIAO”商标不予注册。

国家商标局（2018）商标异字第0000063548号决定中，认定广东富华公司注册并使用在“车轴”商品上的“FUWA”商标曾被国家商标局认定为驰名商标，第22949795号“GDFUWA”指定使用在第7类商品上的商标完整包含该驰名商标，且与该商标中的“F”字母设计造型高度近似，双方商标指定使用商品关联性较强。“GDFUWA”商标已构成对“FUWA”商标的摹仿，该商标的注册及使用容易误导公众，致使广东富华公司利益可能受损，对第22949795号“GDFUWA”商标不予注册。

国家商标局（2020）商标异字第0000062024号决定中，认定广东富华公司注册并使用在“车轴”商品上的“FUWA”商标曾获《商标法》第十三条保护，第32694761号指定使用在第35类商品上的商标“FVWA及图”商标与“FUWA”商标在字母构成、整体外观、视觉效果上较为近似，故“FVWA及图”商标已构成对“FUWA”商标的摹仿，该商标注册容易误导公众，致使广东富华公司的利益可能受到损害，故对第32694761号“FVWA及图”商标不予注册。

广东富华公司提供的1998年至2020年销售发票显示涉及产品包括车轴、悬挂等产品，购买方为分布在沈阳、临清、济南等地的企业。广东富华公司提交了2007—2013年、2015—2019年完纳税证明，证明其纳税额较高。

中国汽车工业协会专用车分会（以下简称中汽专用车分会）出具的多份证明显示：“Fuwa”商标于1999年1月注册，该商标的产品畅销国内汽车、专用车、半挂车行业，在市场具有极高的知名度和影响力，多个年份的产量、产值、利润、税收等主要经济指标在行业中名列第一。

国家交通部2002年发布的标准《挂车车轴》（JT/T 475—2002）和《挂车支承装置》（JT/T 476—2002）记载，这两个标准参加起草的单位为案外人顺德富华工程机械制造有限公司。国家交通部2020年发布的标准《挂车车轴》（JT/T 475—2020）记载，该标准起草单位包括广东富华公司。国家质量监督检验检疫总局、中国国家标准化管理委员会2011年发布的标准《挂车支撑装置》（GB/T 26777—2011）记载，该标准起草单位为顺德富华工程机械制造有限公司。

根据广东富华公司提交的图片，涉案商标被印制在车轴产品上使用，展示在汽车类、工业设计类等国内外展览会上，以及在户外广告牌、车体广告上对涉案商标进行过宣传展示。根据广东富华公司提交的荣誉证书等照片显示，其于2010年至2018年获得了多项荣誉。

二、关于广州富华桥公司、临沂富华桥公司、郭某佐商标侵权的事实

顺德公证处出具的（2019）粤佛顺德第16227号公证书显示，2019年5月13日，广东富华公司委托代理人谭某彬到山东省临沂汽配城某店铺内，购买了被诉侵权产品，其中，“富华桥滑脂LX2”产品罐装包装上印有“/Fuwaqiao”“富华桥®滑脂”“LX2”“生产商：广东轴的宝油脂有限公司地址：广东佛山勒流新城工业园”等字样。该产品纸箱包装上印有“Fuwaqiao”“富华桥 FUWAQIAO 极润LX2”“生产商：广东顺德富华桥保内润滑油有限公司地址：广东顺德勒流镇新城工业园”等字样。“富华桥滑脂XHP222”产品品罐装包装上印有“//Fu waqiao”“富华桥 FUWAQIAO”“滑脂XHP222”“分销商：广东富华桥油脂有限公司”等字样。该产品纸质包装箱上，印制有“//Fu waqiao”“富华桥”“滑脂XHP222”“经销商：临沂卡拉力商贸有限公司”等字样。临沂富华桥公司、郭某佐确认其实施了销售被诉侵权产品的行为。上述广东轴的宝油脂有限公司、广东顺德富华桥保内润滑油有限公司及分销商广东富华桥油脂有限公司均无法查询到对应的企业信用信息。

顺德公证处出具的（2019）粤佛顺德第25977号公证书显示，2019年9月17日，广东富华公司委托代理人谭某彬、何某琪在第十五届中国（梁山）专用汽车展览会上，对标识为“临沂卡拉力商贸有限公司”的展位环境、展览产品进行拍摄，并在该展位取得宣传单、名片。该名片正面印制有“郭某佐 广州富华桥油脂有限公司”及电话、手机等信息，背面右面有“生产富华桥滑脂 轴得宝滑脂 经销壳牌能得力0746、美孚滑脂XHP222”等字样。宣传单上印制有“临沂卡拉力商贸有限公司”“富华桥®”等字样以及多款罐（桶）装产品图片及名称、型号、重量信息。广东富华公司指控宣传单上“壳牌能得力0746”产品上使用的“Fuwa”及“富华桥Q7”商品上使用的“/Fuwa QIAO”；公证购买的“富华桥油脂LX2”商品上使用“/Fuwaqiao”，“富华桥油脂XHP222”产品上使用“/Fu waqiao”及其包装纸箱上使用的“//Fu waqiao”等标识与广东富华公司涉案商标相同或近似，构成侵权。临沂富华桥公司、郭某佐确认广东富华公司指控的五个被诉侵权标识均在其销售的被诉侵权产品或宣传资料上使用。广东富华公司称宣传单上的“壳牌能得力0746”产品并非其生产、销售的产品。

三、广东富华公司为制止侵权行为所支付的合理维权开支

广东富华公司提交了委托代理合同、发票记载本案一审代理费为5万元。顺德公证处出具发票两张，金额均为820元。

四、广州富华桥公司、临沂富华桥公司、郭某佐抗辩的事实

广州富华桥公司、临沂富华桥公司、郭某佐提交的北京市第一中级人民法院（2014）一中行（知）处字第7238号判决书查明如下事实：“第7571427号商标由郭某佐于2009年7月27日向国家商标局提出注册申请，于2010年11月7日获准注册。”另提交《富华桥润滑油区域代理合同书》6份，内容为郭某佐授权案外人杨某、王某东于2010年、2011年、2013年度分别在黑龙江省齐齐哈尔市、山东省临沂市范围内经销富华桥润滑油。拟证明“富华桥”商标为其在先权利，其不构成侵权。

五、其他事实

广东富华公司于2007年9月5日成立，注册资本5800万美元，经营范围为生产经营汽车卡车车轴总成等。广东富华工程机械制造有限公司于 1997 年 12 月 23 日成立，2016 年 8 月 4 日注销，曾用企业名称包括顺德富华工程机械制造有限公司。广东富华公司称上述企业均同属于富华集团。

广州富华桥公司于 2018 年 11 月 30 日成立，系自然人独资有限责任公司，注册资本 10 万元，股东为郭某佐，经营范围为批发业。临沂富华桥公司于 2015 年 6 月 26 日成立，系自然人投资或控股有限责任公司，注册资本 10 万元，经营范围为销售：润滑油等。2020 年 12 月 17 日，临沂富华桥公司企业名称由临沂卡拉力商贸有限公司变更为现名。

国家商标局核准注册第 7571427 号商标，注册人为郭某佐，核定使用商品为第 4 类，包括润滑石膏、润滑脂等。注册有限期限为 2010 年 11 月 7 日至 2020 年 11 月 6 日，经核准续展至 2030 年 11 月 6 日。

一审判理和结果

本案争议焦点为：1. 广州富华桥公司、临沂富华桥公司、郭某佐是否构成商标侵权；2. 如侵权成立，本案的民事责任应如何承担。

一、关于广州富华桥公司、临沂富华桥公司、郭某佐是否构成商标侵权的问题

（一）广东富华公司第 1239424 号商标是否构成驰名商标

本案中，广东富华公司请求认定涉案商标在被诉侵权行为发生时属于驰名商标而在本案中予以保护。一审法院认为，首先，涉案第 1239424 号商标核定使用的商品类别为第 12 类，被诉侵权行为发生在第 4 类商品上；其次，两者虽均属于车辆配件，但在用途上存在一定区别，销售渠道及消费对象也不完全相同。综合考虑上述因素，一审法院认定两者属于不相同或不相类似的商品，故在广东富华公司请求跨类保护的情况下，本案有必要对涉案第 1239424 号商标是否为驰名商标作出认定。

根据已查明的事实，涉案第 1239424 号商标于 1999 年注册，核准使用在第 12 类车轴产品上，广东富华公司提交的证据可以证明，涉案商标得到商标权人长期持续的使用和宣传。该商标于 2011 年被国家商标局评为驰名商标，在 2018 年、2020 年作为驰名商标受到保护，亦曾于 2010 年被评为广东省著名商标。广东富华公司虽未提交其为宣传该商标所投入的资金等情况，但考虑到涉案商标使用的商品属于车辆部件，并非一般的日常消费品，其宣传方式与一般的日常消费品有所不同。依据《最高人民法院关于审理商标民事纠纷案件适用法律若干问题的解释》第八条的规定，商标法所称相关公众，是指与商标所标识的某类商品或者服务有关的消费者和与前述商品或者服务的营销有密切关系的其他经营者，故在对该商标的知晓程度以及对商标的宣传投入等因素考量时，应考虑到其商品特性进行判断。广东富华公司提交了大量参加展会的照片，可以证明其对涉案商标进行了持续的宣传。根据相关行业证明、广东富华公司提交的纳税情况，以及广东富华公司多次参与行业标准起草工作，可以证明该商标的商品产值、销量、利润占有极高的市场份额和市场知名度。综上，广东富华公司提交的国家商标局认驰记录、涉案商标作为驰名商标受保护的情况、纳税情况、行业协会证明、销售发票、荣誉证书等证据真实有效、能够相互印证，一审法院据此认定广东富华公司第1239424号商标在被诉行为发生时已经驰名。

（二）广州富华桥公司、临沂富华桥公司、郭某佐是否构成侵权

经比对，一审法院认为，广东富华公司公证购买的被诉侵权产品“富华桥滑脂LX2”“富华桥滑脂XHP222”包装及外纸箱上使用的标识，以及公证获得的宣传单上“富华桥Q7”产品上使用的标识中均完整包含了广东富华公司涉案商标的“Fuwa”字母，上述被诉侵权标识在字母“F”前的斜杠设计，亦是明显摹仿涉案商标相同位置的设计。公证获得的宣传单上“壳牌能得力0746”产品上使用的标识与涉案商标“Fuwa”字母、读音相同。故上述标识的使用构成对涉案商标的复制、摹仿。广东富华公司涉案商标虽核准使用在第12类车轴产品上，与被诉侵权产品不相同也不相类似，但润滑脂的主要用途在于使用在机械摩擦部位起润滑、密封作用，或是使用于金属表面起填充空隙和防锈作用，车轴作为汽车的金属机械配件，润滑脂使用范围涵盖车轴产品，故在润滑脂上使用被诉侵权标识，足以使相关公众认为被诉侵权标识与驰名商标存在相当程度联系。该行为减弱了广东富华公司涉案驰名商标的显著性，不正当地利用了该驰名商标的市场声誉，因而侵害了该驰名商标专用权。

《侵权责任法》第八条规定，二人以上共同实施侵权行为，造成他人损害的，应当承担连带责任。广东富华公司主张广州富华桥公司、临沂富华桥公司、郭某佐承担连带责任。对此，一审法院认为，首先，被诉侵权产品上印制的生产商广东轴的宝油脂有限公司、广东顺德富华桥保内润滑油有限公司，分销商广东富华桥油脂有限公司均无法查询到企业信用信息，无法确认上述企业真实存在。而两被诉侵权产品包装上使用的“富华桥 FUWAQIAO”标识与郭某佐所有的第7571427号注册商标一致，郭某佐是广州富华桥公司、临沂富华桥公司的法定代表人。广东富华公司在临沂富华桥公司的展位上公证取得的印有广州富华

桥公司、郭某佐信息的名片上明确记载“生产富华桥滑脂 轴得宝滑脂”，故本案广州富华桥公司、临沂富华桥公司、郭某佐具有共同的意思联络，在广州富华桥公司、临沂富华桥公司、郭某佐不能说明被诉侵权产品来源的情况下，一审法院认定广州富华桥公司、临沂富华桥公司、郭某佐在被诉侵权产品上使用了被诉侵权标识。其次，广东富华公司公证购买的“富华桥滑脂 XHP222”的包装箱上印制有“经销商：临沂卡拉力商贸有限公司”字样。广东富华公司公证获得的宣传单上，印制有“临沂卡拉力商贸有限公司”字样，相应公证书附图亦显示展位信息为临沂卡拉力商贸有限公司，且该展位处获得的宣传册上亦印制有与公证保全取得的“富华桥滑脂 XHP222”“富华桥滑脂 LX2”实物包装一致的产品图片。而临沂卡拉力商贸有限公司即临沂富华桥公司的曾用企业名称，现有证据能够证明临沂富华桥公司实施了侵权行为。最后，一审法院注意到国家商标局曾于 2018 年驳回了郭某佐在第 4 类润滑脂等商品上注册“FU WA QIAO”商标申请，理由正是该商标完整包含了广东富华公司涉案商标的文字“FUWA”且进行了独立突出的显示，在此情况下，郭某佐仍然在其润滑脂商品上使用“FUWAQIAO”标识，主观存在故意。故综合考虑上述因素，一审法院认定郭某佐、广州富华桥公司、临沂富华桥公司主观存在恶意，客观上三者进行分工合作实施侵权行为，构成共同侵权，应承担连带责任。

二、关于本案的民事责任承担问题

根据《侵权责任法》第六条、第十五条的规定，对广东富华公司提出广州富华桥公司、临沂富华桥公司、郭某佐立即停止侵犯其第 1239424 号商标专用权行为的主张，一审法院予以支持。

根据《商标法》（2013 年修正）第六十三条的规定，本案中，广东富华公司的实际损失、广州富华桥公司、临沂富华桥公司与郭某佐的侵权获利、广东富华公司涉案商标许可使用费均难以确定。为确定法定赔偿数额，一审法院考虑以下因素：1. 涉案第 1239424 号商标是驰名商标。广东富华公司为培育和维持该商标知名度，付出了高昂的成本，理应给予更大保护和更高赔偿。2. 如前所述，郭某佐侵权恶意明显，在明知“FU WA QIAO”商标被驳回的情况下，仍在被诉侵权产品上使用相同字母的标识。3. 广州富华桥公司、临沂富华桥公司、郭某佐的侵权情节和规模，以及三者存在分工合作，共同侵权的事实。同时，亦考虑到本案广东富华公司的公证取证情况及广州富华桥公司、临沂富华桥公司工商登记中注册资本金额。4. 广东富华公司为制止侵权所支付的合理开支。广东富华公司主张公证费 1640 元，且提交了公证书及公证费发票，该笔费用属于合理开支，一审法院予以全额支持。关于律师费部分，广东富华公司供了相应的发票及代理合同，且综合考虑案件标的、难易程度、律师工作量大小以及当地经济社会发展水平和收费标准等，一审法院对律师费 5 万元亦予以全额支持。综合考虑以上因素，一审法院酌定广州富华桥公司、临沂富华桥公司与郭某佐连带赔偿广东富华公司经济损失及合理开支共计 50 万元。

关于广东富华公司要求在《南方都市报》《沂蒙晚报》上刊登声明赔礼道歉、消除影响的诉讼请求，鉴于广东富华公司未能举证证明因广州富华桥公司、临沂富华桥公司、郭某佐的侵权行为使其商誉受到损害，且广州富华桥公司、临沂富华桥公司、郭某佐承担停止涉案侵权行为并赔偿损失的民事责任足以使广东富华公司享有的权益得到救济，故该项请求一审法院不予支持。

综上，一审法院根据《商标法》(2013 年修正) 第三十三条第三款、第十四条、第四十八条、第六十三条，《侵权责任法》第六条、第八条、第十五条，《最高人民法院关于审理商标民事纠纷案件适用法律若干问题的解释》第一条、第二十二条第一款，《最高人民法院关于审理涉及驰名商标保护的民事纠纷案件应用法律若干问题的解释》第一条、第四条、第五条、第九条第二款，《民事诉讼法》第六十七条、第一百四十五条，《最高人民法院关于适用〈中华人民共和国民事诉讼法〉的解释》第九十条之规定，判决：1. 广州富华桥公司、临沂富华桥油公司、郭某佐于判决发生法律效力之日起立即停止侵害广东富华公司所享有的第 1239424 号注册商标专用权的行为；2. 广州富华桥公司、临沂富华桥公司、郭某佐于判决发生法律效力之日起十日内连带赔偿广东富华公司经济损失及合理开支共计 50 万元；3. 驳回广东富华公司的其他诉讼请求。

本案二审正在审理中。

【法官评述】

本案主要涉及驰名商标的认定及保护问题。驰名商标凝结了权利人大量的经营劳动和成本付出，是企业生存发展的重要支柱，驰名商标是商标权利人提供的商品服务有良好商誉的证明，也意味着广阔的市场发展前景。对消费者而言，驰名商标代表着优质商品与服务，有助于降低消费者的选择成本。对驰名商标的有效保护不仅关系商标权人的利益，也关系消费者的切身利益。

一、关于认定驰名商标必要性的审查

驰名商标司法认定程序是以事后认定、个案认定、被动保护为特征的动态

认定机制。当事人的请求和案件的具体情况是对涉及的商标是否驰名依法作出认定的前提条件。《最高人民法院关于审理涉及驰名商标保护的民事纠纷案件应用法律若干问题的解释》第二条规定，当事人以商标驰名作为事实根据，人民法院根据案件具体情况，认为确有必要的，对所涉商标是否驰名作出认定，故是否满足“确有必要”是进行驰名商标认定的先决条件。一般而言，只有在注册商标无法提供保护的情况下，需要依据驰名商标提供更大保护范围时，才有必要根据当事人的请求及其提供的相关证据来认定该商标是否构成驰名商标。具体到本案中，原告于本案中主张权利的商标核准使用的商品种类为第 12 类，包括拖车（车辆）、车辆拖车连接装置、汽车或货车零件等，而本案被诉侵权商品属于润滑脂，根据《商标注册用商品和服务国际分类表》《类似商品和服务区分表》一般属于第 4 类商品，两者不属于同类商品。关于两者是否构成类似商品，根据司法解释的规定，类似商品是指在功能、用途、生产部门、销售渠道、消费对象等方面相同，或者相关公众一般认为其存在特定联系、容易造成混淆的商品。经比较，涉案商标核定使用的车辆连接装置、车辆配件均属于用于汽车装配的组成部件，润滑脂可以用于车辆配件润滑，但其本身并非汽车的组成部件，故两者的功能、用途存在一定差异。前者为金属配件，后者为化工类产品，生产部门亦不同。此外，两者在销售渠道和消费对象上也不完全相同，综合考虑上述因素，应认定两者不构成类似商品。根据《商标法》第十三条第三款的规定，本案存在需跨类保护的情形，有认定驰名商标的必要性。

本案中，涉案商标曾被国家商标局认定为驰名商标，也有作为驰名商标受到保护的记录，广东富华公司于本案中也提交了大量证据证明其使用涉案商标的商品的市场份额、销售区域、利税、广告宣传、参与国家标准专利起草以及所获荣誉等情况，上述证据足以证明被诉侵权行为发生时涉案商标已经驰名，应给予其跨类保护。

二、各被告是否构成共同侵权的审查

本案涉及多个被告，广东富华公司主张广州富华桥公司、临沂富华桥公司、郭某佐承担连带责任，前提需为构成共同侵权。《侵权责任法》第八条规定，二人以上共同实施侵权行为，造成他人损害的，应当承担连带责任。根据该规定，共同侵权的构成要件包括以下四点：主体应为复数、主观有共同故意、客观上有共同行为、造成共同损害后果，在上述要件满足后，可认定广州富华桥公司、临沂富华桥公司、郭某佐构成共同侵权。首先，关于主体要件，本案被告包括广州富华桥公司、临沂富华桥公司、郭某佐，为多个主体，三者之间关系密切，郭某佐系广州富华桥公司法定代表人及唯一股东，同时为临沂富华桥公司法定代表人及股东。其次，主观要件，根据原告举证，国家商标局曾于2018年驳回郭某佐在第4类润滑脂等商品上注册“FU WA QIAO”商标的申请，因申请注册的“FU WA QIAO”标识完整包含了涉案商标的文字“FUWA”且进行了独立突出的显示，故不予注册，因此，至迟于2018年，郭某佐应当清楚“FUWAQIAO”标识构成对“FUWA”的复制、摹仿，而其仍然在润滑脂商品上使用侵权标识，应认定其主观存在侵权故意。郭某佐仍通过其担任法定代表人、作为股东的广州富华桥公司、临沂富华桥公司销售带有被诉侵权标识的产品，应认定各被告之间存在共同侵权的意思联络。再次，客观要件，根据本案举证情况，广州富华桥公司、临沂富华桥公司、郭某佐之间存在分工合作、共同实施侵权行为的表现。两款被诉侵权产品上所标识的生产厂家、经销厂家均非合法登记在册的商事主体，但被诉侵权产品上所使用的侵权标识与郭某佐持有的第7571427号注册商标一致，且广东富华公司在取证中从临沂富华桥公司处获得印有广州富华桥公司、郭某佐信息的名片，该名片中明确记载有生产富华桥油脂的信息，而广州富华桥公司、临沂富华桥公司、郭某佐均不能对被诉侵权产品的来源予以说明，根据现有证据可以认定，三被告采取分工合作的方式，实施侵权行为。最后，关于共同损害后果。被诉侵权产品所使用的被诉侵权标识中均完整包含了原告涉案商标的“Fuwa”字母，上述被诉侵权标识在字母“F”前的斜杠设计，亦是明显摹仿涉案商标相同位置的设计，构成对涉案商标的复制、摹仿。而润滑脂主要用途在于使用在机械摩擦部位起润滑、密封作用，或是使用于金属表面起填充空隙和防锈作用，车轴作为汽车的金属机械配件，润滑脂使用范围涵盖车轴产品，故在润滑脂上使用被诉侵权标识，足以使相关公众认为被诉侵权标识与驰名商标存在相当程度联系。该行为减弱了原告涉案驰名商标的显著性，不正当地利用了该驰名商标的市场声誉，因而侵害了该驰名商标专用权。本案中，三被告构成共同侵权。

本案审理结果有效地维护了驰名商标权利人的合法利益，彰显了人民法院持续加大知识产权司法保护力度、以高质量司法服务护航高质量发展的决心和作为。

编写人：广州知识产权法院　谭卫东　郝文灿

（编辑：郝文灿）

15

广州农商银行与广州农商普惠文化公司、广州农商普惠公司等侵害商标权及不正当竞争纠纷案

阅读提示：金融服务类私营企业攀附知名村镇银行商誉开展经营活动，危及民众重大资金安全和国家金融机构公信力，应予严惩。

【裁判要旨】

使用知名村镇银行有一定影响的字号注册企业名称，经营活动中擅自使用与知名村镇银行相同或相近似的注册商标和具有一定影响的装潢，属于商标侵权和不正当竞争行为。金融服务类私营企业实施该行为不仅危及民众重大资金安全，还可能贬损国家金融机构在民众中长期培植的公信力和安全感，判赔时应作为严重侵权情节予以考量。

【案号】

一审：广东省广州市天河区人民法院（2020）粤 0106 民初 28033 号

二审：广州知识产权法院（2021）粤 73 民终 6304 号

【案情与裁判】

上诉人（一审被告）：广州农商普惠文化发展有限公司（简称广州农商普惠文化公司）

被上诉人（一审原告）：广州农村商业银行股份有限公司（简称广州农商银行）

一审被告：广州农商普惠投资咨询有限责任公司（简称广州农商普惠公司）

一审被告：广州农商普惠投资咨询有限责任公司增城分公司（简称广州农商普惠增城分公司）

起诉与答辩

广州农商银行起诉称，广州农商银行经营货币金融服务，曾入选全球银行1000强、广东省优秀企业等，在全国农商银行中居于前列。经长期使用和宣传，其“农商”字号、商标及在营业网点统一使用的装潢均具有较高的知名度及影响力。经查，广州农商普惠文化公司、广州农商普惠公司、广州农商普惠增城分公司均使用“广州农商普惠”作为企业名称；在微信公众号、网站发布的宣传文章和视频中使用广州农商银行注册商标；在实体店门头及店内装潢多处使用广州农商银行特有装潢；不具有贷款资质却大肆宣传可以办理贷款业务，甚至称广州农商银行为其合作单位。上述行为会使相关公众混淆，误以为其提供的服务来自广州农商银行或与该银行有关联。故请求判令广州农商普惠文化公司、广州农商普惠公司、广州农商普惠增城分公司：1. 停止使用与广州农商银行第7803171号注册商标相同或相近似的标识进行广告宣传；2. 停止不正当竞争行为，包括但不限于停止在经营场所、店铺招牌、线上线下的宣传中使用“广州农商”或“农商普惠”名称、使用广州农商银行独有企业装潢等；3. 变更工商登记名称，禁止在企业名称中使用“广州农商”或“农商普惠”字号；4. 赔偿经济损失及合理维权费用合计500万元。

广州农商普惠公司、广州农商普惠增城分公司共同辩称，1. 广州农商普惠公司及增城分公司没有侵害广州农商银行的商标专用权。微信公众号中的图片标识不属于商标性使用，且图片拍摄时间、地点不明，无法判断构成相关消费者混淆的可能性。2.“蓝底黄标”为市场通用且常用的店面招牌装饰装修设计，消费者无法仅通过配色将该装潢与广州农商银行唯一对应联系起来。被诉侵权标识及“广州农商普惠”企业简称也与广州农商银行具有明显区别。3. 广州农商普惠公司及增城分公司没有侵害广州农商银行的字号。（1）广州农商银行的简称为“广州农商银行”或“广州农村商业银行”，而非“广州农商”，从未使用“广州农商”指代自己，相关消费者亦不会将“广州农商”与广州农商银行联系起来，广州农商银行无权对“广州农商”主张《反不正当竞争法》所规定的企业名称权益。广州农商普惠公司及增城分公司的企业名称经合法登记，在经营活动中使用“广州农商普惠”或“农商普惠”指代自己属于合理使用，且使用的“广州农商普惠”和“农商普惠”均与广州农商银行使用的“广州农商银行”有明显区别。（2）“广州”二字是行政区划名，“农商”二字并非广州农商银行所独创，而是一个固定的通用名词。（3）广州农商普惠公司及增城分公司在经营活动中从未宣称其与广州农商银行存在附属或关联关系，相关公众对于金融服务来源的注意程度高于一般服务，也不会把一家服务中介和一家银行弄混。4. 即使认定侵权，广州农商银行主张的赔偿金额亦无依据。开庭前广州农商普惠公司及增城分公司早已更改了店铺名称及公司名称。

广州农商普惠文化公司辩称，1. 广州农商普惠文化公司与广州农商普惠公司及其增城分公司不存在任何关联，广州农商普惠公司及其增城分公司对外宣传的行为与广州农商普惠文化公司没有关联，广州农商普惠文化公司本身不存在任何侵害广州农商银行商标权的行为。2. 广州农商普惠文化公司未在顺企网及 58 同城网站上发布过任何广告宣传或招聘信息，涉案公证书不能证明广州农商普惠文化公司存在侵权行为。3. 广州农商银行并不享有“农商普惠”合法有效的注册商标专用权，且对“农商普惠”四个字不享有在先字号或其他合法权益。广州农商普惠文化公司的企业字号“农商普惠”与广州农商银行的企业全称“广州农村商业银行股份有限公司”或“广州农村商业银行”并不相同或近似，一般消费者对其不会产生任何混淆或误认，广州农商银行要求广州农商普惠文化公司变更企业名称没有任何事实和法律依据。4. 因不存在任何侵权行为，广州农商银行主张广州农商普惠文化公司共同承担 500 万元的经济损失及合理维权费用没有依据。

一审审理查明

广州农商银行系其他股份有限公司（非上市），经营货币金融服务，曾入选《福布斯》全球企业 2000 强、全球银行 1000 强、中国企业 500 强、广东省优秀企业等，总资产规模在全国农商银行中居于前列。注册有第 7803171 号图形商标，核定使用服务包括第 36 类的金融服务、典当、募集慈善基金、担保、经纪、银行、保险等，有效期自 2011 年 3 月 7 日至 2021 年 3 月 6 日止。

2018 年至 2019 年期间，广州农商银行在地铁站、电台、公交、商业中心、报纸、体育比赛投放广告，在广告中使用了第 7803171 号图形商标及“广州农商银行”文字标识。此外，广州农商银行在产品手册、宣传单张和官网、微信公众号和新浪微博账号上亦使用了第 7803171 号图形商标及“广州农商银行”文字标识。

广州农商银行主张其装潢包含广州农商银行企业名称在内的商业标识为主的视觉设计，主要使用在门头和墙面设计等处。该装潢以蓝色为基调，采用黄色底边，整个版面正中央并排广州农商银行英文加商标加企业字号“广州农商银行”，寓意在碧空映衬下，“广州农商银行”如太阳冉冉升起，蓬勃向上的企业文化。广州农商银行提供的营业网点照片显示，上述网点门头使用的装潢以蓝色为基调，采用黄色底边，居中并排“GRCBANK”、第 7803171 号图形商标以及“广州农商银行”文字，上述文字、图形中“GRC”及图形商标为黄色，其余为白色。

广州农商普惠公司于 2017 年 6 月 30 日成立，注册资本 3 万元，经营范围包括：投资咨询服务、企业管理服务等。2020 年 4 月 8 日经核准变更为广州市流星华元商务有限公司。广州农商普惠增城分公司系于 2018 年 3 月 21 日设立的分支机构。

广州农商普惠文化公司于 2016 年 10 月 9 日成立，注册资本 3000 万元，经营范围包括：为中小企业提供信用担保、开展个人置业贷款担保业务（融资性担保除外）、投资咨询服务、代办按揭服务、受金融企业委托提供非金融业务服务等。

广州农商银行提交的（2019）粤广海珠第 20097、20098 号公证书记载，广州农商普惠增城分公司在经营场所门头使用蓝底黄条颜色装潢，门头及宣传资料标有“NSPH 及图广州农商普惠”字样，店内墙上、一次性纸杯标有“广州农商普惠”白色字样，侧墙上还展示有与中国银行等九个银行“信贷业务战略合作伙伴”字样牌匾，落款为“农商普惠”。

广州农商银行提交的（2019）粤广南粤第 12651 号公证书记载，微信公众号“农商普惠”登记主体为广州农商普惠公司，该公众号发布的《向钱看，向厚赚，农商普惠欢迎您！》一文所使用的经营场所照片显示有“农商普惠”及商标图案，文末显示“农商普惠”二维码及“工作地址：广州市天河区耀中广场 A 座 2704–2705 室农商普惠”。微信公众号“广州农商普惠”登记主体为个人，发文《广州农商普惠增城分公司开业一周年啦》显示“NSPH 及图广州农商普惠”字样及广州农商普惠增城分公司及地址；发文《农商普惠集团 2018 年招聘计划》称 2016 年 10 月 8 日正式营业，2017 年 3 月农商普惠从化分公司成立，2017 年 9 月农商普惠增城分公司成立，2017 年 3 月农商普惠惠州分公司成立（所附照片显示有广州农商普惠文化公司企业名称）；发文《广州农商普惠增城分公司》称广州农商普惠公司总部位于广州市天河区林和西路 9 号耀中广场 A 座 2704 室，为客户提供融资咨询服务的第三方平台，所附照片为广州农商普惠增城分公司经营场所。

广州农商银行提交的（2019）粤广南粤第19852、12647、12649号公证书记载，企顺网显示“广州农商普惠文化发展有限公司”的公司简介，内容与前述《广州农商普惠增城分公司》一文基本一致，但地址为“广州市天河区林和西路9号耀中广场B座416室”，并附最新招聘信息。“58同城”招聘页面显示为广州农商普惠增城分公司的电话销售（信贷顾问）招聘信息，注明“营业执照认证”，所附公司介绍与前述“广州农商普惠文化发展有限公司”的公司简介基本一致，所附照片为前述广州农商普惠增城分公司经营场所开业典礼现场。

广州农商银行就本案经济损失请求适用法定赔偿，另主张合理开支包括公证费17600元，已提供相应发票。

一审判理和结果

一审法院审理认为，第一，广州农商普惠文化公司经营的投资咨询服务、代办按揭服务与金融服务、银行等服务相同或类似，所使用的被诉侵权图案与广州农商银行第7803171号商标近似，构成商标侵权。但鉴于商标有效期已届满，不予支持停止商标侵权行为的请求。第二，广州农商普惠增城分公司擅自使用广州农商银行具有一定影响的装潢，广州农商普惠文化公司等三公司擅自使用广州农商银行具有一定影响的企业名称，还构成虚假宣传。第三，广州农商普惠文化公司等三公司分工合作、共同经营，构成共同侵权。一审法院依照《商标法》第五十七条、第六十三条第一款和第三款，《反不正当竞争法》第六条、第八条、第十七条，《最高人民法院关于审理商标民事纠纷案件适用法律若干问题的解释》第十六条第一款和第二款、第十七条，《最高人民法院关于审理不正当竞争民事案件应用法律若干问题的解释》第一条、第三条、第六条，《最高人民法院关于审理注册商标、企业名称与在先权利冲突的民事纠纷案件若干问题的规定》第四条，《民事诉讼法》第六十四条第一款之规定，判决：1. 广州农商普惠文化公司、广州农商普惠公司、广州农商普惠增城分公司停止涉案不正当竞争行为；2. 广州农商普惠增城分公司、广州农商普惠文化公司变更企业名称，变更后的企业名称不得包含“农商”字样；3. 广州农商普惠文化公司、广州农商普惠公司、广州农商普惠增城分公司连带赔偿广州农商银行100万元；4. 驳回广州农商银行其他诉讼请求。

上诉与答辩

一审判决后，广州农商普惠文化公司不服，向二审法院提起上诉称，1. 一审认定广州农商普惠文化公司侵害了广州农商银行涉案商标权错误。2. 广州农商普惠文化公司使用“农商”字号不构成不正当竞争。3. 一审认定广州农商普惠文化公司与广州农商普惠公司及其增城分公司存在关联关系错误，没有事实依据。4. 一审认定广州农商普惠文化公司与广州农商普惠公司及其增城分公司共同侵权无法律依据。5. 一审判定三被告共同赔偿 100 万元金额过高。请求撤销一审判决，驳回广州农商银行一审全部诉讼请求。

广州农商银行答辩同意一审判决。

广州农商普惠公司及其增城分公司二审无答辩。

二审审理查明

二审查明事实与一审查明事实一致。

二审判理和结果

二审法院审理认为，第一，广州农商普惠公司在微信公众号“农商普惠”中发布的《向钱看，向厚赚，农商普惠欢迎您！》内容包括公司简介及招聘信息。该文所附照片显示该公司经营场所使用了与广州农商银行涉案图形商标近似的商业标识，侵害了广州农商银行涉案商标权。第二，广州农商普惠增城分公司在营业场所门头等使用的装潢，与广州农商银行本案请求保护的装潢，二者图案、色彩及排列组合近似，属于擅自使用广州农商银行具有一定影响的装潢的行为。第三，广州农商普惠公司在微信公众号文章中，广州农商普惠增城分公司在经营场所门头、店内、牌匾及宣传资料上等使用“广州农商普惠”或“农商普惠”文字标识，属于擅自使用广州农商银行具有一定影响的企业名称的行为。第四，广州农商普惠增城分公司与广州农商普惠公司为关联公司，均以“广州农商普惠”或“农商普惠”之名在广州地区推介公司相关业务，如广州农商普惠增城分公司在“58 同城”发布的招聘页面所附公司介绍包含广州农商普惠文化公司，广州农商普惠公司微信公众号发布的《向钱看，向厚赚，农商普惠欢迎您！》一文所载工作地址指向“广州市天河区耀中广场 A 座 2704–2705 室农商普惠”。个人注册的微信公众号“广州农商普惠”虽未直接显示与三者之间的关系，但所发布的《农商普惠集团 2018 年招聘计划》一文简介正式营业时间与广州农商普惠文化公司登记信息相符，所附照片亦显示有广州农商普惠文化公司企业名称，发布的《广州农商普惠增城分公司》一文，称广州农商普惠公司总部坐落于广州市天河区林和西路 9 号，指向广州农商普惠文化公司经营地址。上述多种信息的一致，实难谓巧合。广州农商银行诉称该文系广州农商普惠文化公司所发布，主张广州农商普惠文化公司与广州农商普惠公司及其增城分公司共同以“广州农商普惠”或“农商普惠”名义对外经营，业务混同，提交的证据已达高度盖然性证明标准。在无相反证据的情况下，一审法院认定广州农商普惠文化公司与广州农商普惠公司及其增城分公司主观上存在共同故意，共同实施了侵权行为，应负连带赔偿责任合法有据，予以支持。

广州农商普惠文化公司经营范围包括：为中小企业提供信用担保、开展个人置业贷款担保业务、代办按揭服务、受金融企业委托提供非金融业务服务等，涉及广大民众的重大资金安全。更重要的是，其涉案行为极有可能贬损国有金融机构在民众中长期培植的公信力和安全感。一审法院综合广州农商银行涉案商标、装潢及企业名称在广州地区的知名度和市场影响力，侵权者侵权行为的情节及广州农商银行维权合理费用等因素，酌定的判赔数额合法合理。广州农商普惠文化公司涉案行为严重违背了诚实信用原则，其上诉认为一审判赔数额畸高没有提交相关证据，不予采纳。

综上，二审法院依照《民事诉讼法》第一百七十七条第一款第（一）项的规定，判决驳回上诉，维持原判。

【法官评述】

与一般商事主体不同，银行类金融机构作为国家金融安全和经济稳定的关键因素，承担着其特殊的社会责任和历史使命。银行在对外经营过程中，为吸引储户、提高品牌竞争力，也通过注册商标、设计品牌标识和经营场所特色装潢等方式提高自己的辨识度。广州农商普惠文化公司、广州农商普惠公司及广州农商普惠增城分公司为业务互相关联的金融服务类私营企业，登记的经营范围包括供房抵贷、装修贷、代办按揭服务等金融业务或融资服务，与银行机构的业务存在部分重叠。

本案被“傍名牌”的是广州本地知名村镇银行广州农商银行。广州农商银行注册了第 7803171 号图形商标，将企业名称“广州农商银行”在内的商业标识为主作为营业场所的门头设计：以蓝色为基调，采用黄色底边，居中并排“GRCBANK”、第 7803171 号图形商标以及“广州农商银行”文字，寓意其蓝天映衬、如日东升的企业文化。广州农商银行所使用的上述装潢在色彩比例、构图以及标识的搭配上已具有显著特征，客观上能起到区分服务来源的作用，构成广州农商银行独特的品牌服务符号。值得注意的是，村镇银行的主要客户群是周边村民和村镇企业，该类群体与外界接触相对较少，信息接收较慢，金融理财知识较弱，本来凭着对国家金融机构的信任想将闲钱存入村镇银行，可能并不具备甄别服务来源的意识和能力。广州农商普惠文化公司、广州农商普惠公司及广州农商普惠增城分公司虽未直接以“广州农商银行”之名进行经营和宣传，但其使用广州农商银行有一定影响的字号注册企业名称，经营活动中擅自使用与广州农商银行相同或相近似的标识和具有一定影响的装潢，行为隐蔽且极具迷惑性，极易造成公众混淆和误认，已构成商标侵权和不正当竞争行为。我们不免想到 2021 年上半年的河南某村镇银行储户数百亿存款“取款难”事件，该事件引起了广大民众和新闻媒体的高度关注，对社会稳定和民生经济造成了创伤，此教训很是令人揪心。而回归本案，若广州农商普惠文化公司、广州农商普惠公司及广州农商普惠增城分公司打着“农商”名号吸存理财甚至恶意卷款，不仅侵害了广州农商银行的合法权益，还误导和欺骗了消费者，扰乱了市场秩序，更会贬损国有金融机构在民众中长期培植的公信力和安全感，后果实不堪设想。

本案终审审结于河南某村镇银行“取款难”事件爆发之前，凸显两级法院坚决严惩金融领域不法行为、保护金融消费者权益、维护金融安全与稳定的决心，对防范和化解金融风险，促进社会公平正义有积极意义。

编写人：广州知识产权法院　郭小玲　邓文婷

（编辑：邓文婷）

16

碧欧公司与碧鸥国际公司等侵害商标权纠纷案

阅读提示：区分“抢注商标行为的否定性评价”和“商标在先使用抗辩”。

【裁判要旨】

本案是规制商标权权利滥用的典型案例，应适用《商标法》第三十二条对于抢注商标行为进行否定性评价，还是应当适用《商标法》第五十九条第三款商标在先使用抗辩，二审判决创新性地指出上述两种情形的适用场景和法律要件的区分标准。在后注册商标申请人在申请注册商标时主观上是善意还是恶意，是区别适用上述两个法条的关键。在后注册商标申请人主观上明显存有恶意，应考虑对其抢注商标滥用权利行为给予否定性评价，而非适用“商标在先使用抗辩”制度对在先使用人施以“原使用范围”“附加适当区别标识”等限制后对先后二者注册的行为均予以肯定，避免了适用“商标在先使用抗辩”制度放任有恶意的在后注册商标申请人的行为。

【案号】

一审：广东省广州市白云区人民法院（2020）粤 0111 民初 5287 号

二审：广州知识产权法院（2020）粤 73 民终 5237 号

【案情与裁判】

上诉人（一审原告）：广州市碧欧化妆品有限公司（简称碧欧公司）

被上诉人（一审被告）：广东碧鸥国际化妆品有限公司（简称碧鸥国际公司）

被上诉人（一审被告）：广州汝宁木影贸易有限公司（简称汝宁公司）

被上诉人（一审被告）：广州汝宁木影贸易有限公司韶关分公司（简称汝宁韶关分公司）

被上诉人（一审被告）：澳宝化妆品（惠州）有限公司（简称澳宝公司）

起诉与答辩

碧欧公司向一审法院提出诉讼请求：1. 碧鸥国际公司、澳宝公司立即停止制造侵害碧欧公司第 12113899 号注册商标的产品；2. 碧鸥国际公司、澳宝公司、汝宁韶关分公司立即停止销售、许诺销售侵害碧欧公司第 12113899 号注册商标的产品；3. 碧鸥国际公司、澳宝公司、汝宁韶关分公司、汝宁公司连带赔偿碧欧公司经济损失 20 万元，含维权支出；4. 碧鸥国际公司于《广州日报》登报道歉，为碧欧公司恢复商誉；5. 碧鸥国际公司、澳宝公司、汝宁公司、汝宁韶关分公司承担本案的诉讼费用。事实和理由：碧欧公司成立于 2009 年 9 月 1 日，一直生产、销售自主品牌的化妆品。“ᒷ”系碧欧公司最主要的商标，读音与碧欧公司企业字号“碧欧”相同，且与“碧欧”拼音“biou”的首字母相同。碧欧公司于 2013 年 1 月 28 日在第 3 类护发素、洗发液、浴液、化妆品等商品上申请第 12113899 号注册商标“ᒷ”。第 12113899 号注册商标于 2014 年 4 月 20 日初审公告，核准专用期限为 2014 年 7 月 21 日至 2024 年 7 月 20 日。碧欧公司经营中注重产品品质及服务质量，“ᒷ”品牌在高端化妆品领域已经具有较高的知名度。碧鸥国际公司成立于 2011 年 5 月 5 日，原名广州市道然化妆品有限公司，2014 年 4 月 30 日名称变更为广东碧鸥投资有限公司，2018 年 10 月 11 日名称变更为现名称碧鸥国际公司。碧鸥国际公司于 2014 年将企业名称更改为与碧欧公司字号同音的“碧鸥”，傍名牌的主观意图是十分明显的。碧欧公司于 2015 年 4 月开始发现碧鸥国际公司违法使用“ᒷ”商标。此后，其还对碧欧公司的第 12113899 号注册商标多次提出异议申请、无效宣告请求。可见，碧鸥国际公司对于碧欧公司享有第 12113899 号注册商标“ᒷ”是知情的，其侵权行为极具恶意。根据涉案公证书可见，碧鸥国际公司于 2015 年 4 月 23 日开始在其天猫店及产品照片上违法使用“ᒷ”商标。碧欧公司于 2015 年 11 月向市面上未经授权使用该商标的商家发送律师函提出侵权交涉。碧鸥国际公司以其代理商收到上述律师函为由向越秀区法院立案起诉碧欧公司不正当竞争，案号为（2018）粤 0104 民初 32409 号。以上证据足以证明碧鸥国际公司于 2015 年 4 月已经开始违法使用“ᒷ”商标，侵权时间跨度长，给碧欧公司造成的经济损失和商誉损失极大。2019 年 12 月 4 日，碧欧公司通过公证购买的方式对碧鸥国际公司、澳宝公司、汝宁韶关分公司的侵权行为进行了证据保全。碧欧公司通过汝宁韶关分公司在淘宝网开设的“芭莎美发用品店”购买取得了丝质柔滑营养润发乳、角质调理去屑洗发乳、碧鸥润发精油、碧鸥秀发套装共四款产品。该四款产品上分别使用标识：“”“”，属于未经许可在相同或类似商品上使用相同或近似的商标，均构成侵害碧欧公司的第12113899号注册商标专用权。汝宁韶关分公司持续销售至今，并有库存产品。上述购买产品标贴上显示委托方均为碧鸥国际公司，被委托方均为澳宝公司。用微信扫描产品标贴上的“碧鸥服务号”二维码均显示碧鸥国际公司的相关信息。可见，被诉产品系碧鸥国际公司委托澳宝公司制造，汝宁韶关分公司代理碧鸥国际公司进行销售。汝宁韶关分公司是汝宁公司的分公司，双方应负连带责任。综上，碧鸥国际公司、澳宝公司、汝宁公司、汝宁韶关分公司的行为已构成侵害碧欧公司的注册商标专用权，为维护自身合法权益，诉至法院，要求判如所请。

澳宝公司答辩称，1. 澳宝公司有委托合同的约定，属于合法加工，不存在侵权事实。2. 澳宝公司在商标注册证及商标授权协议的基础上尽到了合理审查商标权属的义务，没有侵害碧欧公司的商标专用权。请求驳回上诉，维持原判。

一审审理查明

第12113899号“”注册商标的注册人系碧欧公司，该商标在商品国际分类中为第3类：化妆品；洗发液；护发素；浴液；香精油；干花瓣与香料混合物（香料）；动物用化妆品；空气芳香剂（截止）。注册申请日为2013年1月28日，初审公告日为2014年4月20日，注册有效期自2014年7月21日至2024年7月20日。

被诉侵权产品为：1.“碧鸥丝想角质调理去屑洗发乳”一瓶，净含量为750mL，委托方为广东碧鸥投资有限公司，被委托方为澳宝公司，生产许可证为粤妆20160032。2.“碧鸥丝质柔滑营养润发乳”一瓶，净含量为520mL，委托方为广东碧鸥投资有限公司，被委托方为澳宝公司，生产许可证为粤妆20160032。碧欧公司主张上述两产品外包装正面标贴上标有“”标识，该标识主体部分与其第12113899号注册商标“”图案相同，仅仅是增加了“BIOU”四个英文字母，与第12113899号注册商标构成近似，侵犯其第12113899号注册商标专用权。3.“碧鸥润发精油”一瓶，净含量为100mL，委托方为广东碧鸥投资有限公司，被委托方为澳宝公司，生产许可证为粤妆

20160032。4.“碧鸥秀发套装”一盒，净含量为30mL×3，委托方为广东碧鸥国际化妆有限公司，被委托方为澳宝公司，生产许可证为粤妆20160032。碧欧公司主张上述两产品外包装正面标贴标有“”标识，该标识主体部分与其第12113899号注册商标“”图案相同，仅仅是增加了“BIOU”四个英文字母及“碧鸥”中文，与第12113899号注册商标构成近似，侵犯其第12113899号注册商标专用权。此外，碧欧公司主张广东碧鸥投资有限公司系碧鸥国际公司的前身，广东碧鸥国际化妆有限公司在工商系统上检索不到相似的企业名称，通过生产许可证等信息可以确认仍为碧鸥国际公司。汝宁韶关分公司、汝宁公司确认被诉产品系由汝宁韶关分公司开设的淘宝网店铺销售。碧鸥国际公司确认被诉产品系其司委托澳宝公司生产，并由其司销售给汝宁韶关分公司，但抗辩称被诉产品上面的标识不侵犯碧欧公司的注册商标权。

一审判理和结果

一审法院依照《商标法》第四条、第七条、第三十二条、第四十八条、第五十九条，《商标法实施条例》第二条，《民事诉讼法》第六十四条之规定，判决驳回碧欧公司的全部诉讼请求。理由是，钟某民对于“”标识的使用符合商标在先使用抗辩的构成要件，有权在原使用范围内继续使用该商标，碧欧公司无权加以禁止，但钟某民在后续使用中，应注意附加区别标识，使其产品区别于碧欧公司产品。

上诉与答辩

碧欧公司上诉请求：1.撤销广州市白云区人民法院（2020）粤0111民初5287号民事判决；2.依法对本案进行改判，支持碧欧公司的全部一审诉讼请求；3.本案的一审、二审诉讼费用由碧鸥国际公司、汝宁公司、汝宁韶关分公司、澳宝公司承担。事实与理由：1.碧鸥国际公司、澳宝公司并未提交其在先使用被诉标识的证据。澳宝公司提交的证据不足以证明澳宝公司在涉案第12113899号商标申请日2013年1月28日前已经在先使用被诉标识并具有一定影响力；碧鸥国际公司提交的在其成立日期之前的证据与碧鸥国际公司无关。2.碧鸥国际公司提交的在先使用证据无法确定在涉案商标核定的类似商品上使用被诉标识。3.国家知识产权局的裁定书认定案外人钟某民对第12113899号商标不享有在先使用权。4.被诉侵权产品上使用的被诉标识并不构成对12113899号注册商标的在先使用。碧鸥国际公司无论是否取得钟某民、广州市宗艺化妆品有限公司、香港宗艺连锁系统研究院、意大利碧鸥国际集团有限公司的许可，均无权依据《商标法》第五十九条第三款提出商标在先使用抗辩；商标在先使用抗辩包含“原有范围”的限制，一审判决以钟某民系碧鸥国际公司原股东为由，将钟某民在先使用扩大适用至碧鸥国际公司是明显错误的。5. 澳宝公司、碧鸥国际公司在被诉侵权产品上使用被诉标识侵害了碧欧公司第 12113899 号注册商标专用权。综上所述，澳宝公司、碧鸥国际公司基于《商标法》第五十九条第三款的规定而提出商标在先使用抗辩不成立。请求二审法院依法改判，支持上诉人的一审诉讼请求。

二审审理查明

碧欧公司提交了 2013 年 4 月 16 日的检验报告，内容显示产品名称为“碧欧营养洗发乳”、生产单位碧欧公司、生产日期 2012 年 4 月 4 日、抽样日期 2013 年 4 月 9 日等。但检验报告没有附图显示使用的商标；碧欧公司另提交的使用“”商标的产品图片不能证明与上述检验报告相关，该图片也不能证明第 12113899 号商标是碧欧公司在申请日 2013 年 1 月 28 日前使用的。此外，碧欧公司还提交了微信公众号账号迁移流程指引网页和爱心助学证书，主张碧鸥国际公司提交的微信公众号证据只能体现办理公证时的状态，不具有证明碧鸥国际公司在先使用的证明力；以及主张碧鸥国际公司 2013 年使用的是第 6280156 号商标。碧鸥国际公司、澳宝公司、汝宁公司、汝宁韶关分公司则认为微信公众号账号迁移流程指引网页不足以否认碧鸥国际公司提交的微信公众号证据，且第 6280156 号商标与被诉标识均存在在先使用情形。

碧鸥国际公司为有限责任公司，成立日期为 2011 年 5 月 5 日，原名广州市道然化妆品有限公司，于 2014 年 4 月 28 日更名为广东碧鸥投资有限公司，后更名为现名称；法定代表人兼股东原为钟某民，于 2019 年 1 月 29 日均变更为钟某亮，经营范围包括化妆品及卫生用品零售、化妆品及卫生用品批发等。二审期间，碧鸥国际公司提交了该公司的《公司登记（备案）申请书》，内容显示 2021 年 9 月 13 日，碧鸥国际公司申请将法定代表人和董事由钟某亮变更为钟某民。此外，碧鸥国际公司还提交了穗云劳人仲案〔2021〕2604 号仲裁裁决书，内容显示申请人刘某锋称其于 2020 年 11 月 7 日检查怀孕，并已告知了董事长钟某民；后于 2020 年 12 月 21 日通过微信与董事长钟某民沟通。碧鸥国际公司据此主张钟某民一直管理碧鸥国际公司的日常工作事务；碧欧公司则认为钟某民是否存在在先使用被诉标识的事实，是否在碧鸥国际公司工作或作为其股东，与本案侵权无关。

二审判理与结果

本案属于侵害商标权纠纷，根据各方当事人的诉辩意见，本案中双方主要争议是，碧欧公司以第12113899号“”注册商标作为权利基础，主张碧鸥国际公司等在商业活动中使用“”“”被诉标识的行为构成侵权；碧鸥国际公司则认为其股东钟某民在第12113899号“”注册商标申请前在先使用“”标识、“”及“碧鸥国际”标识、“”与“碧鸥”的上下排列组合标识等包含“”图形的商业标识，碧鸥国际公司在商业经营中延续使用“”“”被诉标识不构成侵权，反而是碧欧公司注册第12113899号“”商标属于抢注商标行为，不应获得保护。据此，二审法院主要审查一审法院判决驳回碧欧公司的全部诉讼请求依据和结论是否正确，以及碧欧公司上诉请求支持碧欧公司一审全部诉讼请求的主张是否成立。

一、钟某民及其经营的相关企业是否在先使用包含“”图形商业标识并通过使用令其达到有一定影响的知名度

《商标法》第三十二条规定，申请商标注册不得损害他人现有的在先权利，也不得以不正当手段抢先注册他人已经使用并有一定影响的商标。因此，认定构成抢注商标行为的前提是他人存在已经使用并有一定影响的商标标识，故首先应审查钟某民及其经营的相关企业是否在先使用包含“”图形商业标识并且已具有一定影响的问题。对此，二审法院具体分析如下：

第一，钟某民在不同商品服务中申请了多枚包含“”图形的注册商标，如第6510723号“”商标、第6941927号“”商标、第7853968号“”商标、第8309959号“”商标、第10401291号“”商标、第10401303号“”商标，以上商标的公告日期均在2013年1月28日之前。其中，至今仍然有效的第10401291号“”商标的核定使用商品服务类别中包括疗养院、美容院、桑拿浴服务等，第10401303号“”商标的核定使用商品服务类别中包括化妆用具等，根据《最高人民法院关于审理商标民事纠纷案件适用法律若干问题的解释》(2020年修正)第十一条关于“类似商品是指在功能、用途、生产部门、销售渠道、消费对象等方面相同，或者相关公众一般认为其存在特定联系、容易造成混淆的商品。类似服务是指在服务的目的、内容、方式、对象等方面相同，或者相关公众一般认为存在特定联系、容易造成混淆的服务。商品与服务类似是指商品和服务之间存在特定联系，容易使相关公众混淆”之规定，第10401291号“”商标、第10401303号“”商标与核定使用商品包括化妆品、洗发液、浴液等的第12113899号“”商标在商品与服务的用途和消费对象等方面存在相同之处，容易使相关公众认为存在特定联系。

第二，钟某民以法定代表人、董事等身份在2008年至2011年分别成立广州市宗艺化妆品有限公司、意大利碧鸥公司、宗艺国际投资集团有限公司、碧鸥国际公司（曾用名广州市道然化妆品有限公司、广东碧鸥投资有限公司）等关联企业，在第 12113899 号“”商标申请注册前，钟某民及其成立的关联企业在经营中于对外签订合同文件、化妆品宣传资料、美容美发化妆品相关展览会、电视媒体宣传推广、微博和微信公众号宣传等商业文书、商业活动中持续使用包含“”的商业标识，其中所涉商品包括第 12113899 号“”商标的核定使用商品化妆品等，一审法院该部分的认定理据充分，二审法院予以维持；碧欧公司在二审中认为钟某民未将“”相关标识使用在洗洁物品、化妆品商品上，其使用证据上显示的标识极有可能是第 44 类核定使用商品服务包括“美容院”的第 10401291 号“”商标，对此，二审法院认为无论钟某民及其成立的关联企业是否以第 10401291 号“”商标作为权利基础，其在第 12113899 号“”商标申请注册前在化妆品等商品上在先使用包含“”的商业标识均属于事实。

第三，2009 年钟某民针对图形进行作品登记以及 2011 年钟某民申请包含“”标识的洗洁用品包装瓶的 ZL201130343334.6 号外观设计专利，虽然图形被生效判决认定欠缺独创性不构成美术作品，以及 ZL201130343334.6 号外观设计专利因与钟某民申请的 ZL200830040259.4 号外观设计专利以及钟某民申请的第 8309959 号图形商标的组合构成实质相似、欠缺新颖性而被宣告无效，但却不能否认钟某民在第 12113899 号“”商标申请注册前，将使用“”商业标识的洗洁用品包装瓶申请外观设计专利的事实以及存在“希望以著作权、外观设计专利权来全方位加强保护‘’商业标识”的初衷。

第四，二审法院（2017）粤 73 民终 506 号二审民事判决认定：“从本案二审查明的事实来看，钟某民早于碧欧公司使用包含有涉案“”图形的商业标识，碧欧公司注册第 12113899 号“”图形商标并使用“”和“”标识，难谓善意，但这些事实与本案认定涉案“”图形是否具有独创性进而认定是否构成美术作品不具有关联性。对于钟某民使用的含有涉案“”图形的商业标识，应另寻《著作权法》以外的有关法律保护。”也就是说，二审法院在先的生效判决亦认定钟某民早于碧欧公司使用包含有涉案“”图形的商业标识。

第五，关于国家工商总局商评委和国家知识产权局的相关裁定书及后续行政判决的认定，经查，国家工商总局商评委既曾在 2012 年 10 月作出商评字〔2012〕第 41110 号关于第 7281807 号图形商标争议裁定书，认定 2009 年 3 月

26日在包括洗发液、护发素、染发剂、化妆品等商品上申请注册的第7281807号“”商标属于以不正当手段抢先注册钟某民已经使用并有一定影响的商标；国家工商行政管理总局商评委和国家知识产权局也在后续2019年、2020年分别作出商评字〔2017〕第0000009483号重审第0000002335号《关于第12113899号图形商标无效宣告请求裁定书》、商评字〔2020〕第0000028390号《关于第12113899号图形商标无效宣告请求裁定书》，认定钟某民提交的证据不足以证明在第12113899号商标2013年1月28日申请注册前，钟某民在化妆品、洗洁用品等商品上已使用了与第12113899号“”商标相同或近似的商标并有一定影响。以上裁定书结论虽然从表面上看存在一定的矛盾性，但更应视为属于行政机关针对当事人在个案中提供不同证据情况下所作的个案认定，且当事人均未提起后续的行政诉讼，而本案中钟某民所提交的证据与前述裁定中的证据亦存在区别，因此以上行政裁定结果不影响本案的审理结论。另查，因当事人不服商评字〔2017〕第0000009483号《关于第12113899号图形商标无效宣告请求裁定书》提起行政诉讼，北京知识产权法院作出的（2017）京73行初2100号行政判决以及北京市高级人民法院作出的（2019）京行终4940号行政判决，审理的争议焦点是碧欧公司申请注册的第12113899号“”商标是否损害钟某民主张的“”图形在先著作权问题，审理结论与（2017）粤73民终506号二审判决认定“”图形欠缺独创性不构成美术作品一致，且上述两份行政判决并未对碧欧公司注册的第12113899号“”商标是否构成抢先注册钟某民已经使用并有一定影响的商标标识作出认定，因此亦不影响本案的审理结论。

综合以上五方面，根据《最高人民法院关于审理商标授权确权行政案件若干问题的规定》第二十三条关于“在先使用人举证证明其在先商标有一定的持续使用时间、区域、销售量或者广告宣传的，人民法院可以认定为有一定影响”之规定，二审法院认为，钟某民自2008年开始对碧鸥品牌及包含涉案“”图形的商业标识进行长期、持续的使用，在碧欧公司2013年1月28日申请第12113899号“”商标之前，钟某民及其经营的相关企业在第12113899号“”商标核定使用的化妆品、洗洁用品等商品上存在在先使用包含“”图形商业标识的事实并且符合《商标法》第三十二条“有一定影响”的要件。因此，一审法院认定钟某民在商业活动中使用的“”标识在第12113899号“”商标申请注册前已具有一定影响力的结论正确，予以维持。

二、碧欧公司是否存在抢注商标的行为及其在本案中的侵权主张是否成立

《最高人民法院关于审理商标授权确权行政案件若干问题的规定》第二十三条规定，在先使用人主张商标申请人以不正当手段抢先注册其在先使用并有一定影响的商标的，如果在先使用商标已经有一定影响，而商标申请人明知或者应知该商标，即可推定其构成“以不正当手段抢先注册”，但商标申请人举证证明其没有利用在先使用商标商誉的恶意的除外。鉴于钟某民及其经营的相关企业在第12113899号“ ”商标核定使用的化妆品、洗洁用品等商品上在先使用包含“ ”图形商业标识并且达到《商标法》第三十二条“有一定影响”的知名度标准，因此认定碧欧公司是否存在不正当抢注商标的行为，关键在于审查碧欧公司在2013年1月28日申请第12113899号“ ”商标前，是否明知或应知钟某民等在先使用包含“ ”图形商业标识的事实，对此二审法院具体分析如下：

第一，钟某民及其相关企业自2008年起就在广州乃至广东开始在先使用包含“ ”图形商业标识，例如钟某民2008年成立的广州市宗艺化妆品有限公司等企业对外签订《宗艺－碧鸥代理合约书》等交易文书，又如南方TVS电视台节目2008年对于碧鸥品牌以及包含“ ”图形商业标识的宣传报道，再如钟某民及其相关企业在第12113899号“ ”商标申请注册日前已发布的相关微信公众号、微博文章等；而碧欧公司于2009年9月成立，注册地点也在广州市，经营范围包括化妆品制造等，作为同一地区、相同行业的经营者，在2013年1月28日申请第12113899号“ ”商标前，碧欧公司应当知道钟某民及其相关企业在先使用并有一定影响的“ ”图形商业标识的情况。

第二，2011年9月30日钟利民申请的ZL201130343334.6号“包装瓶（bo）”外观设计专利中包含“ ”图形，碧欧公司随之在2012年9月10日申请的第201230431412.2号外观设计专利中也包含“ ”图形。2009年钟某民针对“ ”图形进行作品登记，登记作品完成日期为1998年；随之碧欧公司的法定代表人黄某财也进行“ ”图形的作品登记，并将首次发表时间登记为1996年。虽然钟某民上述登记的作品被法院认定不具有独创性、申请的外观设计专利被碧欧公司以钟某民自己申请的其他专利和商标作为现有设计对比文件最终宣告无效，但碧欧公司这种极具针对性的行为恰恰证明其对于钟利民等在先使用包含“ ”图形商业标识的事实应当是知道的。

第三，（2017）粤73民终506号二审民事判决认定：“从本案二审查明的事实来看，钟某民早于碧欧公司使用包含有涉案“ ”图形的商业标识，碧欧公

司注册第 12113899 号“”图形商标并使用“”和“”标识，难谓善意”，也就是说，在先的生效判决亦认定碧欧公司注册第 12113899 号“”图形商标存在主观恶意。

第四，钟某民等除了在先使用包含“”图形商业标识之外，还存在在先使用“碧鸥 BIOU”等商业标识的事实；而碧欧公司与钟某民双方于 2018 年 9 月签订的《和解协议》记载，钟某民一方自 2008 年起使用“碧鸥”“BIOU”“碧鸥 BIOU”等标识生产、销售洗发水等化妆产品，碧欧公司确认其生产、销售的带有“碧欧”“BIOU”“碧欧 BIOU”等标识的被诉洗发水等化妆品侵犯了钟某民第 6280156 号及第 12577563 号注册商标权，碧欧公司立即停止生产带有“碧欧”“BIOU”等标识的洗发水化妆品并在 6 个月内清理完毕。以上协议说明双方于 2018 年曾作出过针对“碧鸥 BIOU”等标识相应的确认和承诺，同时结合钟某民在碧欧公司申请注册第 12113899 号“”图形商标前已存在将“”图形与“碧鸥 BIOU”等标识共同使用的情形，如钟某民申请的核定使用商品服务类别中包括疗养院、美容院、桑拿浴服务等的第 10401291 号“”商标，以及核定使用商品服务类别中包括化妆用具等的第 10401303 号“”商标，以上进一步佐证了碧欧公司注册第 12113899 号“”图形商标前应当知道钟某民等在先使用包含“”图形的商业标识。

综上所述，在碧欧公司 2013 年 1 月 28 日申请第 12113899 号“”商标之前，钟某民及其经营的相关企业在化妆品、洗洁用品等商品上在先使用包含“”图形的商业标识并达到“有一定影响”的知名度，应当允许钟某民及其许可的碧鸥国际公司等延续使用“”“”被诉标识；碧欧公司在申请第 12113899 号“”商标之前，应当知道钟某民在化妆品、洗洁用品等商品上在先使用包含“”图形的商业标识，故其申请注册取得第 12113899 号“”注册商标构成《商标法》第三十二条规定的以不正当手段抢先注册他人已经使用并有一定影响商标的行为；碧欧公司在本案中以此作为权利基础主张侵权，有违诚实信用原则，难谓正当，构成权利滥用，因此一审法院驳回碧欧公司对于碧鸥国际公司、澳宝公司、汝宁公司、汝宁韶关分公司的全部诉讼请求，认定结论正确，予以维持。

综上所述，碧欧公司的上诉理由不能成立，其上诉请求应予驳回。一审判决认定事实基本清楚，适用法律虽有不当但结论正确，二审法院予以维持。依照《商标法》第七条第一款、第三十二条，《民事诉讼法》第一百七十七条第一款第（一）项，《最高人民法院关于审理商标授权确权行政案件若干问题的规定》第二十三条的规定，判决如下：驳回上诉，维持原判。

【法官评述】

本案在细化商标法条文、填补法律空白、统一裁判尺度法律等方面有一定指导意义。在本案之前，《商标法》没有明确区分第三十二条“抢注商标行为的否定性评价”以及第五十九条第三款的“商标在先使用抗辩”两种情形的适用要件。“商标在先使用抗辩”只是在先使用人被动、有限的抗辩理由，而“抢注商标行为的否定性评价”制度则是全面否定滥用权利者的有力武器。本案中，一审法院以“商标在先使用抗辩”成立为由驳回碧欧公司的诉讼请求；碧欧公司上诉认为“商标在先使用抗辩”包含“原使用范围”的限制，即使钟某民构成在先使用抗辩，但一审法院以钟某民系碧鸥国际公司原股东为由，将钟某民在先使用抗辩超出“原使用范围”扩大适用至碧鸥国际公司等主体是明显错误的。碧欧公司的上诉意见恰好戳中了“商标在先使用抗辩”制度的痛点及局限性。针对此，二审判决创新性地指出应当区分“抢注商标行为的否定性评价”以及“商标在先使用抗辩”两种情形。在后注册商标申请人在申请注册商标时主观上是善意还是恶意，是区别适用商标在先使用抗辩和对于抢注商标行为的否定性评价两种法律制度的关键。在后注册商标申请人主观上明显存有恶意，应考虑对其抢注商标滥用权利行为给予否定性评价，而非适用“商标在先使用抗辩”制度对在先使用人施以“原使用范围”“附加适当区别标识”等限制后对先后二者的行为均予以肯定，避免了适用“商标在先使用抗辩”制度放任有恶意的在后注册商标申请人的行为。本案是一审法院首次在裁判中将这两种情形的适用场景和法律要件加以区分并明确，更有力地遏制了权利滥用行为。裁判作出之后，在《中国知识产权报》上宣传报道，获得良好的法律效果和社会效果。

《商标法》第三十二条规定，申请商标注册不得损害他人现有的在先权利，也不得以不正当手段抢先注册他人已经使用并有一定影响的商标。最高人民法院指导案例 82 号王某永诉深圳歌力思服饰股份有限公司、杭州银泰世纪百货有限公司侵害商标权纠纷案的裁判要点为“当事人违反诚实信用原则，损害他人合法权益，扰乱市场正当竞争秩序，恶意取得、行使商标权并主张他人侵权的，人民法院应当以构成权利滥用为由，判决对其诉讼请求不予支持”。据此，法院在民事诉讼中可以对于恶意抢注商标抗辩中所涉及的抢注商标行为进行否定性评价和认定，注册商标权人若构成恶意抢注商标行为的，属于权利滥用，法院应对注册商标权人关于侵权的诉讼请求判决不予支持。

一审法院依据商标在先使用抗辩的规定，认定钟某民在先使用被诉商标，并合法授权给碧鸥国际公司等使用，不构成侵害第12113899号“ ”注册商标权的行为；碧欧公司则上诉认为商标在先使用抗辩包含“原使用范围”的限制，一审法院将钟某民在先使用抗辩超出“原使用范围”扩大适用至碧鸥国际公司等主体是明显错误的。因此，本案存在应适用《商标法》第三十二条对于抢注商标行为进行否定性评价，还是应当适用《商标法》第五十九条第三款商标在先使用抗辩的前置性问题；只有在本案应适用《商标法》第五十九条第三款商标在先使用抗辩而非适用《商标法》第三十二条时，才涉及碧欧公司上诉主张碧鸥国际公司的使用超出“原使用范围”的争议。

商标法保护的是用于识别商品来源的标识性权利，这种标识性权利是一种因商业使用产生的知名度决定保护范围的弹性权利，其保护范围伴随着商业标识知名度的提升而扩大。首先，当在先使用的未注册标识在其使用区域达到《商标法》第五十九条第三款规定的“有一定影响”知名度，但在后注册商标申请人对他人在先使用的未注册标识尚不了解、主观上属于善意并成功申请在后注册商标的，《商标法》通过第五十九条第三款给予在先使用人在其原使用范围内附加适当区别标识继续使用，让先后二者的商标在市场中共存，这是法律对于双方主观均属于诚信善意的一种肯定。其次，在先使用的未注册标识知名度继续提升、保护范围进一步增大，达到《商标法》第三十二条规定的“有一定影响”知名度，当有证据证明在后注册商标申请人对他人在先使用的未注册标识已然了解、主观上属于恶意并成功抢先注册商标时，应当适用《商标法》第三十二条的规定对于抢注商标行为予以否定性评价，《最高人民法院关于审理商标授权确权行政案件若干问题的规定》第二十三条关于“在先使用人主张商标申请人以不正当手段抢先注册其在先使用并有一定影响的商标的，如果在先使用商标已经有一定影响，而商标申请人明知或者应知该商标，即可推定其构成‘以不正当手段抢先注册’，但商标申请人举证证明其没有利用在先使用商标商誉的恶意的除外”之规定对此已然明确；同时，若在先使用的未注册标识符合《反不正当竞争法》第六条的规定，在先使用人可以另行通过反不正当竞争法对于违反公平竞争的行为予以规制。再次，当在先使用的未注册标识知名度继续提升达到驰名程度，在后注册商标申请人恶意成功注册商标的，可以适用《商标法》第十三条第二款关于“就相同或者类似商品申请注册的商标是复制、摹仿或者翻译他人未在中国注册的驰名商标，容易导致混淆的，不予注册并禁止使用”之规定通过未注册驰名商标保护制度予以处理。综上，在后注册商标申请人在申请注册商标时主观上是善意还是恶意，是区别适用商标在先使用抗辩和对于抢注商标的否定性评价两种法律制度的关键；若在后注册商标申请人主观上明显存有恶意，应考虑对其抢注商标行为给予否定性评价，而非适用商标在先使用抗辩对在先使用人施以“原使用范围”“附加适当区别标识”等限制后对先后二者的行为均予以肯定。当然，适用《商标法》第三十二条对于抢注商标行为进行否定性评价，除了用于识别商品来源的标识性权利以外，还应当将在先主体是否存在著作权、专利权等其他在先权利一并纳入审查范围。

编写人：广州知识产权法院　朱文彬

（编辑：郝文灿）

17

刘某洪与麦巭粉面公司侵害商标权纠纷案

阅读提示：商标注册人恶意行使商标权是否构成权利滥用？

【裁判要旨】

商标注册人申请商标时应当秉持善意，尊重在先权利。基于恶意申请取得的注册商标不具有实质正当性。商标注册人利用形式上存在“合法”权利基础的商标权，对他人使用商标行为提起侵权诉讼，构成商标权滥用，其相关权利主张不应得到司法保护。对于商标注册人恶意行使商标权的行为，人民法院有权对商标权正当性进行有限、审慎的审查，若权利基础欠缺正当性，则应对商标注册人行使权利进行一定的限制，防止商标权滥用，合理平衡各方利益，公平维护市场竞争秩序。

【案号】

一审：广东省广州市越秀区人民法院（2021）粤0104民初5973号

二审：广州知识产权法院（2021）粤73民终5965号

【案情与裁判】

上诉人（一审原告）：刘某洪

被上诉人（一审被告）：广州市麦巭记粉面世家餐饮有限公司（简称麦巭粉面公司）

起诉与答辩

刘某洪诉称，其系第33340276号“麦炃记”注册商标权利人，“麦炃记”商标经刘某洪长期推广和广泛使用或授权他人使用，业已形成相应公众群体，并建立了一定市场声誉，具有一定的知名度和显著性。麦炃粉面公司从事餐饮行业，在其经营的香港麦炃云吞面世家（东方文德广场店）中，门店的广告牌、店招、装饰、餐具、餐单、员工服装及其他物品突出使用“麦炃”二字的文字标识，起到了识别服务来源的作用，与刘某洪涉案注册商标构成使用在相同服务或类似服务上。且麦炃粉面公司所突出使用的“麦炃”与刘某洪“麦炃记”构成近似，麦炃粉面公司的行为侵犯了刘某洪的注册商标专用权。麦炃粉面公司所突出使用的“麦炃”标志是出于搭便车的主观恶意，其使用会淡化刘某洪的知名商标，损害刘某洪的利益，造成较大的经济损失。刘某洪诉请：1.麦炃粉面公司立即停止侵犯刘某洪注册商标专用权的行为，即停止在门店的广告牌、店招、装饰、餐具、餐单、员工服装及其他物品上使用与刘某洪相似的“麦炃”商标的行为；2.麦炃粉面公司赔偿刘某洪经济损失200000元；3.麦炃粉面公司赔偿刘某洪因维权合理支出费用共计18762.64元，其中包括公证费3600元、消费取证费59元、交通费103.64元和律师费15000元；4.麦炃粉面公司承担本案全部诉讼费用。

麦炃粉面公司辩称，不同意刘某洪的诉讼请求。1.刘某洪并不是诉争商标的权利人，不具有提起本案诉讼的资格。2.麦炃粉面公司使用“麥炃”标识是来源于第43类第13227484号“麦炃云吞面世家及图”注册商标权利人的许可。该注册商标中显著部分为“麥炃”，且早于第33340276号“麦炃记”注册。麦炃粉面公司使用“麥炃”标识具有合法来源，不构成侵权。3.诉争商标的权属是不稳定的，案外人国际星河有限公司所注册的第43类第13227484号“麦炃云吞面世家及图”注册商标申请注册日期在诉争商标之前，诉争商标与该商标构成使用在同一种或者类似服务上的近似商标。国际星河有限公司依法享有宣告诉争商标无效的权利，并且国际星河有限公司已经依法提起无效宣告的申请。

一审审理查明

一、关于涉案注册商标权属情况

第33340276号“麦炃记”商标的注册人为刘某洪，核定使用商品为第43类：住所代理（旅馆、供膳寄宿处）；咖啡馆；饭店；茶馆；餐馆；餐厅；会议室出租；旅馆预订；自助餐厅，申请日期为2018年9月5日，注册日期为

2019年8月28日，有效期至2029年8月27日。2021年3月27日，经国家知识产权局核准，上述第33340276号“麦奀记”商标转让注册，受让人为广州市来利食品有限公司。

刘某洪为证明上述注册商标实际使用情况，提交了若干份内容基本相同的《商标使用许可合同》。上述《商标使用许可合同》约定，刘某洪授权广州市盛溢餐饮有限公司、广州市潮聚丰餐饮有限公司、广州鑫杰餐饮有限公司、广州太牛餐饮有限公司、广州悦鸣轩餐饮有限公司、广豫餐饮（广州）有限公司、广州聚拾荟餐饮有限公司、广州市白云区人和麦恩餐厅等使用第33340276号“麦奀记”商标。国家知识产权局于2021年1月4日发出的《商标使用许可备案通知书》记载，刘某洪报送的第33340276号注册商标使用许可，予以备案；许可人为刘某洪，被许可人为广州市白云区人和麦恩餐厅，许可期限为2020年4月24日至2029年8月27日。根据刘某洪提交的照片显示，店铺招牌使用了“麥奀記”标识。广州市白云区人和麦恩餐厅系于2020年4月23日登记注册的个体工商户，经营范围为餐饮业。

二、关于被控侵权行为有关事实

涉案（2020）粤广南粤第27615号公证书记载：2020年12月3日，刘某洪的委托代理人来到广州市越秀区文明路与文德路交界处的“东方文德”首层门面标识有“麥奀”字样的地点，在公证人员的监督下进行消费并取得结账单一张。公证书所附照片显示，上述店铺招牌、广告牌、菜单、牙签包装上均使用了“麥奀雲吞麵世家1920 Mak's Noodle及图”，碟子上使用了“麥奀”及图，碗、勺子上使用了“麥奀”及花纹；结账单记载“麦奀（文德广场店）”字样；支付截图显示“香港麦奀云吞面世家（东方文德广场店）”字样；点餐单上记载关联店铺包括香港九家店铺，新加坡一家店铺以及广州三家店铺。庭审中，麦奀粉面公司确认公证书所记载店铺系其经营。

刘某洪提交的美团网网页截图显示，搜索“麦奀”，显示搜索结果第一位为“香港麦奀云吞面世家东方文德广场店”，第二位为“香港麦奀云吞面世家中山二路店”；“香港麦奀云吞面世家东方文德广场店”的商家资质信息显示为麦奀粉面公司，该店铺使用了“麥奀雲吞麵世家1920及图”标识，并显示月售213，1219评价，其中“麥奀記精選單人餐”半年售1936，“麦奀记精选双人餐”半年售585。

三、麦奀粉面公司抗辩使用被控侵权标识具有合法授权有关事实

麦奀粉面公司系于2015年12月4日成立的有限责任公司，经营范围为餐饮业，企业名称未发生过变更。案外人国际星河有限公司系第13227484号注册商标的注册人，该商标核定使用服务为第43类：住所（旅馆、供膳寄宿处）；咖啡馆；餐厅；饭店；餐馆；快餐馆等，申请日期2013年9月11日，专用权期限自2015年2月7日至2025年2月6日。麦奀粉面公司提交的商标使用许可备案公告记载，国际星河有限公司许可其使用上述第13227484号注册商标，许可使用的期限为2016年8月1日至2025年2月6日。

麦奀粉面公司提交的大众点评网网页显示：香港麦奀云吞面世家（东方文德广场店）的经营者为麦奀粉面公司；2018年6月1日，该店铺点餐单已使用“麥奀雲吞麵世家1920”标识；2018年6月20日，该店铺内勺子上已使用“麥奀”标识；2018年6月21日，该店铺招牌及装潢已使用“麥奀雲吞麵世家1920 Mak's Noodle及图”标识。

另查明，刘某洪曾申请注册第6502779号、第19697283号“麦奀记”商标。2019年4月27日第1645期商标公告记载，第6502779号“麦奀记”商标依法撤销，予以公告，其商标专用权自公告之日起终止。2020年5月12日，国家知识产权局作出商评字〔2020〕第0000123781号《关于第19697283号“麦奀记”商标无效宣告请求裁定书》，该裁定书载明申请人国际星河有限公司对第19697283号“麦奀记”商标提出无效宣告请求，经审理认为争议商标“麦奀记”与引证商标第13227484号商标显著识别文字“麦奀”在文字构成、呼叫上相近，已构成近似标识。争议商标核定使用的餐厅等服务与引证商标核定使用的餐厅等服务属于同一种或类似服务，争议商标与引证商标并存使用在上述服务上，易使消费者对服务来源产生混淆，已构成2013年修正的《商标法》第三十条所指的使用在同一种或类似服务上的近似商标。鉴于争议商标核定使用的会议室出租服务与引证商标核定使用的服务不属于类似服务，故争议商标在上述服务上的注册未构成2013年修正的《商标法》第三十条所指的情形。国家知识产权局裁定：争议商标在会议室出租服务上予以维持，在其余服务上予以无效宣告。2020年8月20日，第1708期商标公告记载第19697283号“麦奀记”商标，商评字［2020］第0000123781号无效宣告请求裁定书通过公告方式送达，予以公告。自公告发布之日起满三十日，该文件视为已经送达。

2021年1月20日，刘某洪以麦奀云吞面世家餐饮广州有限公司（以下简称麦奀云吞面公司）经营的香港麦奀云吞面世家（中山二路店），在门店招牌、店招、餐具、餐单等突出使用“麥奀”文字标识，侵犯其涉案注册商标专用权为由，对麦奀云吞面公司在一审法院提起侵害商标权纠纷诉讼，案号为

(2021)粤0104民初5975号。根据该案证据显示，麦奀云吞面公司所经营香港麦奀云吞面世家（中山二路店）店铺装潢以及使用被控侵权标识的情况与涉案店铺基本一致，该店铺点餐中记载的分店包括涉案店铺。

一审庭审中，刘某洪表示在本案中主张第33340276号及第6502779号“麦奀记”注册商标专用权。

一审判理和结果

一审法院审理认为，麦奀粉面公司自2015年起使用“麦奀”作为其企业字号，另于2016年经国际星河有限公司授权许可使用第13227484号注册商标。麦奀粉面公司经营的“香港麦奀云吞面世家”经营具有一定的规模，相关公众已对该品牌建立了一定的认知度。依照《商标法》第五十九条第三款规定，麦奀粉面公司在先、善意地使用“麥奀”标识，不构成侵害刘某洪就第33340276号享有的注册商标专用权。遂判决驳回刘某洪的诉讼请求。

上诉与答辩

一审宣判后，刘某洪不服，提起上诉，请求撤销一审判决，改判支持其全部诉讼请求。主要事实和理由：1. 一审法官违反中立原则，提示麦奀粉面公司超期举证，与法官中立原则相悖，有未审先判、预设结论而后填充证据之嫌。2. 刘某洪自2010年4月14日至2021年3月27日一直享有“麦奀记”商标权利，该商标权利具有前后连续传承关系，一审法官孤立认定刘某洪仅具有第33340276号商标权，属于事实认识错误。3. 麦奀粉面公司及其股东、关联公司，明知刘某洪“麦奀记”在先商标存在的情况下自2017年11月17日以来一直在非法使用“麦奀”和“麦奀记”商标。4. 麦奀粉面公司于庭后补交的《补充证据材料一》为非法证据，恰恰证明了其一直以来的侵权事实，该证据在法律上应评价为不法的行为，根本不能称之为在先使用，更不能作为定案依据。5. 我国《商标法》采用在先申请原则，注册商标间彼此权利平等，绝不能因为刘某洪合法的注册商标使用的范围小，就允许其被非法的大规模侵权使用所取代，所覆盖。

麦奀粉面公司答辩称，一审判决认定事实准确，程序合法，判决正确，应予以维持。第一，根据法律规定，人民法院认为审理案件需要的证据，人民法院应当调查收集或要求当事人提交，因此一审法院并没有违反审判中立原则，一审采信麦奀粉面公司提交的相关证据也没有违反法律规定。第二，刘某洪主张的第6502779号“麦奀记”商标已经在2019年4月27日被国家商标局公告依法撤销，第26295057号“麦奀记”商标已于2021年1月13日被公告在餐馆、餐厅、旅馆预订、自助餐厅等服务项目上依法宣告无效，刘某洪在本案中主张对该两枚商标享有商标专用权没有依据。刘某洪主张的第33340276号“麦奀记”商标因与申请在先的第13227484号注册商标构成在相同或类似服务项目上的近似商标，已经被申请宣告无效，宣告无效正在实质审理中。第三，麦奀以及麦奀记品牌最早是由麦奀先生（原名为麦镜雄）在20世纪50年代于香港创设并在1993年成立香港麦奀云吞面世家有限公司作为该品牌的经营实体之一，麦奀粉面公司使用本案被诉侵权标识来源于香港麦奀及麦奀记品牌，其来源是合法的，不存在刘某洪所称的恶意侵权。相反，刘某洪在明知麦奀及麦奀记品牌在香港地区具有广泛知名度的情况下，从2008年1月起开始在中国内地恶意抢注使用在相同或类似服务项目上的麦奀及麦奀记商标，刘某洪的行为具有明显的主观恶意，且违反诚实信用原则。第四，麦奀粉面公司一审提交的证据客观真实，且依法质证、认证，具有证据效力，该证据充分证明了麦奀粉面公司在先使用被诉侵权标识的事实，也证明被诉侵权标识经麦奀粉面公司使用已经具有知名度和一定的影响力，麦奀粉面公司使用被诉侵权标识不构成商标侵权，刘某洪也无权禁止麦奀粉面公司继续使用。

二审审理查明

一审法院查明的事实有相应的证据佐证，二审法院依法予以确认。

二审法院另查明以下事实：

一、刘某洪主张权利的涉案商标权利状态

1. 关于第33340276号“麦奀记”商标宣告无效情况。国家知识产权局于2022年1月17日作出《关于第33340276号“麦奀记”商标无效宣告请求裁定书》（商评字〔2022〕第0000010565号）认定第33340276号争议商标由文字“麦奀记”构成，与申请人的第13227484号“麥奀雲吞麵世家及图”的引证商标显著识别部分“麦奀”在文字构成、呼叫等方面相近，已构成近似商标。争议商标核定使用的“住所代理（旅馆、供膳寄宿处）；咖啡馆；饭店；茶馆；餐馆；餐厅；旅馆预订；自助餐厅”服务与引证商标核定使用的“住所（旅馆、供膳寄宿处）；咖啡馆；餐厅”等服务属于同一种或类似服务，易使相关公众认为上述商标标识的服务来源于同一主体或者其提供者之间具有特定联系，从而对服务来源产生混淆，故争议商标在上述服务上与引证商标已构成2013年修正的《商标法》第三十条所指使用在同一种或类似服务上的近似商标。争议商标核定使用的“会议室出租”服务与引证商标核定使用的服务不属于同一种类或类似服务，故争议商标在上述服务上与引证商标未构成2013

年修正的《商标法》第三十条所指使用在同一种或类似服务上的近似商标。综上，国家知识产权局对于第 33340276 号“麦关记”商标核定使用在第 43 类上的“会议室出租”服务上维持有效，在其余服务上予以宣告无效，该行政裁决目前在行政诉讼过程中。2. 关于第 6502779 号“麦关记”商标撤销情况。第 6502779 号“麦关记”商标由广州周记食品发展有限公司于 2008 年 1 月 9 日申请注册，核定使用在第 43 类：住所（旅馆、供膳寄宿处）；咖啡馆；自助餐厅；餐厅；饭店；快餐馆；会议室出租；酒吧；流动饮食供应；茶馆。专用权期限自 2010 年 4 月 14 日至 2020 年 4 月 13 日。《关于第 6502779 号“麦关记”商标撤销复审决定》（商评字〔2017〕第 93111 号）认定，综合考虑到刘某洪在案提交的证据，难以认定其在 2013 年 1 月 26 日至 2016 年 1 月 25 日期间对该诉争商标在其核定使用的住所（旅馆、供膳寄宿处）等服务上进行了真实、有效的商业使用，故予以撤销。后刘某洪不服该裁决提起行政诉讼，经北京知识产权法院于 2018 年 11 月 27 日作（2017）京 73 行处 7292 号行政判决书认定，驳回刘某洪的诉讼请求。2019 年 4 月 27 日，《注册商标撤销公告》显示，该注册商标依法撤销，予以公告，其商标专用权自公告之日起终止。

二、与本案有关的商标权利状态情况

1. 关于第 26295057 号“麦关记”商标宣告无效情况。国家知识产权局于 2020 年 5 月 12 日作出的《关于第 26295057 号“麦关记”商标无效宣告请求裁定书》（商评字〔2020〕第 0000123780 号）认定，第 26295057 号“麦关记”争议商标与申请人的第 13227484 号“麥关雲吞麵世家及图”的引证商标显著识别“麦关”在文字构成、呼叫上相近，已构成近似标识。争议商标核定使用的餐厅等服务与引证商标核定使用的餐厅等服务属于同一种或类似服务，争议商标与引证商标并存使用在上述服务上，易使消费者对服务来源产生混淆，已构成 2013 年修正的《商标法》第三十条所指使用在同一种或类似服务上的近似商标。鉴于争议商标核定使用的会议室出租服务与引证商标核定使用的服务不属于类似服务，故争议商标在上述服务的注册未构成 2013 年修正的《商标法》第三十条所指的情形。综上，国家知识产权局对于第 26295057 号“麦关记”商标核定使用在第 43 类上的“会议室出租”服务上维持有效，在其余服务上予以宣告无效。2021 年 1 月 13 日，《注册商标宣告无效公告》显示，该注册商标在“住所代理（旅馆、供膳寄宿处）；咖啡馆；饭店；茶馆；餐馆；餐厅；旅馆预订；自助餐厅”项目上宣告无效，在前述项目上视为自始即不存在。2. 关于第 19697283 号“麦关记”商标宣告无效情况。国家知识产权局于

2020年5月12日作出的《关于第19697283号“麦夽记”商标无效宣告请求裁定书》（商评字〔2020〕第0000123781）认定，争议商标核定使用的餐厅等服务与引证商标核定使用的餐厅等服务属于同一种或类似服务，争议商标与引证商标并存使用在上述服务上，易使消费者对服务来源产生混淆，已构成2013年修正的《商标法》第三十条所指使用在同一种或类似服务上的近似商标。鉴于争议商标核定使用的会议室出租服务与引证商标核定使用的服务不属于类似服务，故争议商标在上述服务的注册未构成2013年修正的《商标法》第三十条所指的情形。综上，国家知识产权局对于第19697283号“麦夽记”商标核定使用在第43类上的“会议室出租”服务上维持有效，在其余服务上予以宣告无效。

三、麦夽粉面公司主张第13227484号注册商标的使用情况

麦夽粉面公司向一审法院提交了一份《商标使用许可备案公告》，公告记载国际星河有限公司将第13227484号“麥夽雲吞麵世家及图”注册商标许可给麦夽粉面公司使用，许可使用期限自2016年8月1日至2025年2月6日，麦夽粉面公司提交该证据拟证明其为第13227484号注册商标的被许可人，在经营中有权使用该商标中的显著识别文字“麦夽”，不构成商标侵权。一审庭审中，一审法院要求麦夽粉面公司提交其证据6中的公告所对应的许可合同。

二审判理和结果

二审法院经审理后认为，依照《商标法》第七条、第三十二条规定，刘某洪在第43类餐厅等服务上申请第33340276号商标违背诚信原则，损害了第13227484号注册商标在前述使用范围的在先权利，刘某洪申请注册并获得授权，难谓正当。麦夽粉面公司在经营活动中使用“麥夽”标识，无论基于企业还是被许可注册商标，均具有一定的正当性。刘某洪非善意行使第33340276号注册商标专用权，属于利用商标注册制度恶意行使权利，构成权利滥用，其主张麦夽粉面公司被诉行为侵害第33340276号注册商标专用权的诉讼请求不能成立，依法不予支持。遂判决驳回上诉，维持原判。

【法官评述】

本案争议焦点在于商标注册人恶意行使商标权是否构成权利滥用的司法认定标准。

一、恶意申请取得的注册商标不具有实质正当性

《商标法》第三十二条规定，申请商标注册不得损害他人现有的在先权利，也不得以不正当手段抢先注册他人已经使用并有一定影响的商标。在先权利包括当事人在诉争商标申请日前享有的民事权利或者其他应予保护的合法权益，具体涵盖注册商标权、未注册驰名商标、著作权、外观设计专利权、姓名权、商号权益、包装、装潢等。商标权是授权性权利，系由商标主管部门依法审查后经核准注册授予的私权。通过行政授权的商标权仅具有推定效力而非终局效力，允许通过相反证据予以推翻。如存在损害他人在先权利的情形，异议人可向商标主管部门申请对已注册商标宣告无效。故商标注册人在申请注册时应当秉持善意，尊重在先权利，维护公平的市场竞争秩序。法律对恶意申请的遏制主要集中在商标授权、确权阶段，对损害他人在先权利的行为予以否定性评价。人民法院在侵权认定中应当秉持同一立场，通过注册所取得的商标权应当具有实质正当性。若该注册商标系恶意取得，仅享有形式上“合法”的外衣，则缺乏权利存在的正当性基础。

本案中，麦奀粉面公司的关联公司国际星河有限公司是第13227484号“麥奀云吞麵世家及图”的注册商标的商标权人，该注册商标的申请日为2013年9月11日，核定使用服务类别为第43类的餐厅、快餐馆等。而刘某洪第33340276号商标标识与第13227484号注册商标近似，使用服务类别与上述类别相同，故在后注册的第33340276号注册商标损害了第13227484号注册商标上述使用范围的在先权利，刘某洪第33340276号注册商标在第43类餐厅上的申请并获授权，难谓正当。

二、恶意诉讼行使商标权构成权利滥用

诚信原则是民事领域的基本原则，无论行使商标权还是寻求司法救济的诉讼活动，商标注册人均应遵循。由于法律原则重在表达抽象的观念，而没有完整地表述相应的侵权行为和法律后果，故难以作为裁判规则予以适用。民事诉讼中，商标注册人以违背诚信原则行使权利构成权利滥用，其主张侵权的诉求不应得到司法认定。商标权保护范围仅在于禁止他人未经许可实施损害其识别来源、破坏品质控制的商标侵权行为。商标注册人不得滥用商标权以获取非法利益。司法实践中认定商标权滥用考虑因素主要包括：商标权的取得是否具有不正当性、商标注册人是否不适当地主张权利以及是否具有损害他人利益的主观过错。对于商标注册人恶意行使商标权的行为，人民法院经审查认为其构成权利滥用的，应依法驳回其诉讼请求，以保护利益攸关方的正当权利。

本案中，麦奀粉面公司在经营活动中使用“麥奀”标识，无论是基于企业字号还是被许可注册商标，均具有一定的正当性。刘某洪在第43类的餐厅

等服务类别上申请取得第33340276号注册商标不具有实质正当性。刘某洪以恶意取得的商标权主张麦奀粉面公司使用行为侵害商标权，属于利用商标审查制度的不足来恶意行使权利，构成商标权滥用，刘某洪主张被诉行为侵害其第33340276号注册商标专用权的诉讼请求不应得到支持。

三、规制滥用商标权行为符合商标法宗旨

我国商标法的立法目的在于保护商标专用权，促进社会主义市场经济的健康发展。人民法院要依照法律的规范意旨，结合商标法的基本法理对法律所保护的商标权进行符合立法目的的解释。商标法所要保护的商标权，应当是依法取得的商标权，而不是依靠商标授权制度存在的缝隙，采取不正当手段恶意申请商标。人民法院应加大对于知识产权恶意诉讼等行为的规制力度，防止滥用知识产权，推进知识产权诉讼诚信体系建设。在审理侵害商标权的案件中，人民法院虽然无权对商标权的法律效力进行审查，但有权对商标权正当性进行有限、审慎的审查，在商标权的取得欠缺正当性时，对商标注册人行使商标权进行一定的限制，以此避免商标注册人恶意注册商标后利用形式上具有"合法"权利基础的商标滥用权利，规制以保护商标专用权之名来谋取非法利益扰乱市场竞争秩序的行为。故人民法院有权对商标权的取得是否正当进行审查，并以此为基础判断是否存在商标权滥用的情形，这并非对商标权效力的司法审查，而是对权利行使是否具有正当性、合法性的审查，依此来判断行使商标权是否符合商标法的立法目的，这是发挥人民法院秉持公平正义来保护商标权的应然选择，对于经济社会高质量发展具有重要意义。

编写人：广州知识产权法院　蒋华胜　杨岚

（编辑：谢保明）

18

泸州老窖公司与正和公司、恒利公司侵害商标权纠纷案

阅读提示：电子商务平台经营者对其用户的商标侵权行为承担连带责任的判定。

【裁判要旨】

根据《民法典》第一千一百九十七条和《电子商务法》第二十七条之规定，电子商务平台经营者在其电子商务平台运营过程中对于关系消费者生命健康安全的商品应尽到更高的资质资格审核义务，包括对销售者提供的资质材料与身份信息进行真实性核验，否则应当承担过错责任。

【案号】

一审：广州市海珠区人民法院（2021）粤 0105 民初 16927 号

二审：广州知识产权法院（2022）粤 73 民终 1195 号

【案情与裁判】

上诉人（一审原告）：泸州老窖股份有限公司（简称泸州老窖公司）

被上诉人（一审被告）：正和智能网络科技（广州）有限公司（简称正和公司）

一审被告：郑州恒利酒业有限公司（简称恒利公司）

起诉与答辩

泸州老窖公司起诉请求判令：1. 恒利公司和正和公司立即停止销售侵犯泸州老窖公司注册商标专用权的商品，销毁库存侵权产品；2. 恒利公司和正和公

司赔偿泸州老窖公司经济损失 150000 元（包含调查取证、制止侵权、聘请律师所支出的合理费用）；3. 恒利公司和正和公司承担本案诉讼费用。事实和理由：泸州老窖公司享有“国窖”系列商标专用权，该商标经过泸州老窖公司的长期使用和广泛宣传，具有极高的知名度和广泛的影响力，已被认定为驰名商标。恒利公司未经许可擅自在正和公司经营的网络平台上销售假冒该商标的产品，侵犯了泸州老窖公司的注册商标专用权。

恒利公司辩称，恒利公司从未在正和公司经营的电商平台上注册和经营，亦从未在网络上销售泸州老窖公司的白酒产品。涉案交易的发货和收款均与恒利公司无关。

正和公司辩称，1. 正和公司在为恒利公司销售的商品做广告和进行技术服务时已经尽到了广告发布者和网络服务提供者的合理审查义务。恒利公司在正和公司经营的多多提平台上投放广告并销售商品，其提供了相关资质材料供审核。2. 正和公司不是侵犯泸州老窖公司注册商标专用权产品的销售者，仅提供技术支持。恒利公司在多多提平台上销售的商品由恒利公司根据订单发货并自行收取货款，多多提平台提交订单的页面提示涉案商品由恒利公司提供。3. 正和公司在收到网络服务运营商微信平台通知恒利公司销售商品可能涉嫌侵权后及时对所涉商品进行了屏蔽和网络下线处理。

一审审理查明

泸州老窖公司系第 1719161 号“国窖”注册商标的权利人，该商标核定使用商品为第 33 类的酒（利口酒）、酒（饮料）等，注册有效期限自 2002 年 2 月 21 日开始，经续展至 2022 年 2 月 20 日止。2006 年 10 月 12 日，国家工商行政管理总局商标局作出《关于认定“国窖”商标为驰名商标的批复》，认定泸州老窖公司使用在第 33 类白酒商品上的“国窖”注册商标为驰名商标。

泸州老窖公司系第 3287443 号“国窖 1573”注册商标的权利人，该商标核定使用商品为第 33 类的酒精饮料（啤酒除外）、烈性酒等，注册有效期限自 2006 年 5 月 7 日开始，经续展至 2026 年 5 月 6 日止。

泸州老窖公司为证明其商标及产品的知名度和品牌价值提供了以下证据：1. 中国质量监督协会于 2016 年 3 月 16 日对泸州老窖公司的国窖 1573 白酒等产品颁发全国质量信得过产品证书。2. 中国酿酒工业协会颁发“2006 中国白酒香型代表：浓香型代表 – 国窖 1573”的牌匾。3. 中华人民共和国商务部认定“泸州老窖”注册商标为“中华老字号”的证书。4. 北京无形资产开发研究中心于 2000 年 12 月 28 日发布的品牌评价证书，认定“泸州老窖”的品牌价值为 1028546 万元。5. 四川省企业联合会、四川省企业家协会于 2014 年 11 月发布证书，认定泸州老窖集团有限责任公司名列 2014 年四川制造业企业 100 强的第九位。6. 2006 年 5 月 20 日，中华人民共和国国务院国发〔2016〕18 号《国务院关于公布第一批国家级非物质文化遗产名录的通知》，认定泸州老窖酒酿制技艺属国家非物质文化遗产。

泸州老窖公司的委托代理人于 2020 年 11 月 22 日在正和公司运营的“多多提”微信小程序中以 3600 元的价格购得名为“【百年品牌泸州老窖】一箱六瓶装，国窖 1573，52 度 500ml 经典装，年终钜惠，送礼佳品！”的商品。

泸州老窖公司主张被诉侵权产品并非正品，恒利公司和正和公司予以确认。

正和公司为广东和邦网络科技有限公司（简称和邦公司）的全资子公司。正和公司提供了和邦公司与北京腾讯文化传媒有限公司（简称腾讯文化公司）于 2019 年 8 月 7 日签订的《腾讯广告－服务商合作协议》，主张其仅是为微信提供推广广告服务。

正和公司在一审中表示，微信号为 SI57333 的微信用户主动与正和公司的工作人员联系业务，要求在正和公司经营的多多提平台上销售产品；正和公司工作人员要求其提供相应资质材料，其就通过微信发送了涉案商标的注册证，泸州老窖公司的《网络销售及商标授权书》、食品生产许可证，恒利公司的食品经营许可证、营业执照以及载明泸州老窖公司授权恒利公司于 2020 年 1 月 1 日至 2021 年 12 月 31 日经销国窖系列酒产品的《供货协议》等。正和公司收到上述材料后为该微信用户开设了腾讯广告账户，并在其经营的多多提平台上投放广告。恒利公司提供其签署的《经销合同》及公安机关出具的《印章销毁证明》拟证实其使用的公章与上述《供货协议》上的公章不一致。另查，泸州老窖公司与恒利公司在本案中出具的授权委托书上加盖的公章均与上述《网络销售及商标授权书》及《供货协议》上的公章不一致。

一审判理和结果

一审法院认为，泸州老窖公司依法享有涉案注册商标专用权。泸州老窖公司和正和公司未能提供其他证据证明涉案货物是恒利公司销售或恒利公司有其他商标侵权行为，则泸州老窖公司主张恒利公司承担侵权责任缺乏依据。正和公司仅查看微信号为 SI57333 的微信用户提供的电子文档，未对该部分电子文档的原件进行核验，应认定其核验义务未履行完毕。正和公司对被诉侵权货物的经营者未尽核验审查义务，导致被诉侵权货物在正和公司经营的电子商务平台上销售，侵犯了泸州老窖公司的商标权，正和公司应承担相应的侵权责任。

泸州老窖公司主张正和公司立即停止销售，合法合理，应予支持。泸州老窖公司因侵权行为遭受的实际损失或正和公司因侵权而实际获利的数额无法确定，故一审法院结合案情酌情认定正和公司应向泸州老窖公司赔偿经济损失及维权合理开支10000元。综上，一审法院判决：1.正和公司于判决生效之日起立即停止销售侵犯泸州老窖公司注册商标专用权的商品；2.正和公司于判决生效之日起七日内向泸州老窖公司赔偿经济损失及维权合理开支10000元；3.驳回泸州老窖公司的其他诉讼请求。

上诉与答辩

一审判决后，泸州老窖公司不服，向二审法院提起上诉，请求：1.撤销一审判决，依法改判正和公司赔偿经济损失及合理维权支出共15万元；2.正和公司承担本案一审、二审全部诉讼费用。事实和理由：正和公司不仅是电子商务平台经营者，同时提供了交易担保、商家认证、交易监管、售后服务、快速发货等服务，深度参与销售侵权商品的行为，应承担连带赔偿责任。“国窖1573”作为泸州老窖公司核心产品，生产流程复杂，工艺标准严苛，产量有限，且每年投入市场的品牌宣传推广费高达数亿元，泸州老窖公司更是每年投入大量物力、财力用于打假维权。一审判决正和公司赔偿泸州老窖公司经济损失及合理开支共10000元明显过低。

正和公司辩称，1.正和公司不是电子商务平台经营者，仅为恒利公司销售商品做广告和技术服务，被诉侵权产品的销售、发货、售后服务、收款均由恒利公司负责，武汉市德邦物流有限公司是涉案货物的物流方，亦是代收货款方。“腾讯广告服务号”中发布的文章正好可以证明正和公司是销售商品的网络广告发布者和网络服务提供者，而不是销售者。对被诉侵权产品提供交易保障的是微信平台。2.正和公司对恒利公司的资质已尽到审核义务，没有侵权故意和过失，向泸州老窖公司赔偿侵权损失于法无据。在得知恒利公司销售的商品涉嫌侵权后，正和公司已及时对涉案商品进行屏蔽和网络下线处理。

恒利公司述称，一审判决认定事实清楚、适用法律正确，应予维持。

二审审理查明

二审期间，泸州老窖公司提交“腾讯广告服务号”文章《单日最高5000单！多多提商城借力腾讯广告打造爆款产品》，拟证明正和公司经营的多多提平台采用“代运营”商业模式，不仅仅是平台经营者，且深度参与销售活动，应承担连带赔偿责任。

二审判理和结果

二审法院认为，本案二审争议焦点为：1. 正和公司是否应当承担连带赔偿责任；2. 一审判决赔偿金额是否合理。

第一，关于正和公司是否应当承担连带赔偿责任的问题。正和公司为提供电子商务平台服务的网络服务提供者，应当对申请进入平台销售商品的经营者的身份信息进行核验，并对其身份信息的真实性负有注意义务。被诉侵权商品系使用泸州老窖公司涉案商标、供消费者饮用的白酒，若该商品属于假冒产品，其质量将无法保证，很可能危害消费者的生命健康，因此正和公司在核验被诉侵权商品的经营者身份信息时应当承担更高的审慎注意义务。但是，正和公司仅仅基于微信用户“SI57333”向其发送的相关电子文档就认定涉案白酒的经营者为恒利公司，既未对该微信用户的真实身份进行核验，亦未对其发送的电子文档的原件进行核验，导致被诉侵权商品的实际经营者未知。正和公司未履行其应尽的注意义务，可以推定正和公司应当知道网络用户利用其网络服务侵害他人民事权益，其未采取必要措施，构成帮助侵权，应当对全部损害与实际侵权人承担连带责任。由于正和公司未能提供实际侵权人的真实身份信息，其应当对全部损害承担连带赔偿责任。

第二，关于一审判决赔偿金额是否合理的问题。考虑到泸州老窖公司主张权利的“国窖”“国窖 1573”注册商标均具有较高的知名度，泸州老窖公司生产、销售的正品白酒的销售价格较高，侵权人销售假冒白酒时能够获得的利益亦较大，泸州老窖公司为维护其合法权益支付了相应的律师费、公证费、购买侵权商品的费用等维权合理开支，且白酒属于直接关系消费者生命健康安全的商品，销售假冒白酒将直接威胁广大人民群众的生命健康，并可能对泸州老窖公司的声誉和品牌价值造成严重损害，故应当认定侵权行为性质较为恶劣，侵权情节、后果严重，一审判决赔偿 10000 元不足以起到遏制侵权行为的震慑作用，对泸州老窖公司上诉请求判令正和公司赔偿其经济损失及合理维权费用共计 15 万元的主张，二审法院予以支持。

【法官评述】

本案为商标权侵权纠纷，主要涉及电子商务平台在其经营过程中对进驻商家和销售商品相关资质审核以及合理注意义务的认定问题。根据国家统计局电子商务交易平台调查显示，2021 年全国电商交易额为 42.3 万亿元，同比增长 19.6%。可见，当前我国电子商务经济发展迅猛、网络销售繁荣，但各类电子商务平台层出不穷，对于中小型电子商务平台监管不到位、平台运营不合规以及相关责任与义务不明确等问题也随之出现，导致在侵权纠纷发生后，电子商务平台经营者利用各种理由推脱、逃避相关法律责任，权利人的合法权益无法得到有效保障。

对于电子商务平台应当承担的义务，《电子商务法》第二十七条明确规定，电子商务平台经营者应当要求申请进入平台销售商品或者提供服务的经营者提交其身份、地址、联系方式、行政许可等真实信息，进行核验、登记，建立登记档案，并定期核验更新。从前述法律规定可知，电子商务平台具有事前审核义务，主要是要对经营者主体资格进行审核。由于电子商务的虚拟性，电子商务平台负有对平台内经营者相关资质进行审核的义务，并应该在合理的范围内对进入平台的商家身份信息进行真实性核验，以避免不符合资质要求的经营者利用电子商务平台实施侵权行为，有利于在侵权行为发生后迅速、准确地“锁定”侵权人。《民法典》第一千一百九十七条规定，网络服务提供者知道或者应当知道网络用户利用其网络服务侵害他人民事权益，未采取必要措施的，与该网络用户承担连带责任。该条款是关于提供技术服务的网络服务提供者承担间接侵权责任的规定，提供技术服务的网络服务提供者承担的侵权责任是过错责任，其过错体现在网络服务提供者知道或者应当知道网络用户利用其网络服务侵害他人民事权益，未采取必要措施。其中，“应当知道”是指一个正常的、理性的人在负有某种注意义务而且具有注意能力的情况下，将能够认识到某一事实的存在。本案中，正和公司作为提供电子商务平台服务的网络服务提供者，应当对申请进入平台销售商品的经营者的身份信息进行核验，并对其身份信息的真实性负有注意义务。尤其是当被诉侵权商品系使用泸州老窖公司涉案商标、供消费者饮用的白酒，为关系消费者生命健康的商品，正和公司在运营过程中对于此类商品应当尽到更高的资质资格审核义务，包括对销售者的相关材料与身份进行真实性核验，否则应当承担过错责任。但是，正和公司仅仅基于未进行实名认证的微信用户向其发送的相关电子文档就认定涉案白酒的经营者为恒利公司，既未对该微信用户的真实身份进行核验，亦未对其发送的电子文档的原件进行核验，导致被诉侵权商品的实际经营者未知，正和公司未履行其应尽的注意义务，可以推定正和公司应当知道网络用户利用其网络服务侵害他人民事权益，其未采取必要措施，构成帮助侵权，应当对全部损害与实际侵权人承担连带赔偿责任。

二审法院综合考量泸州老窖公司本案中所主张的“国窖”与“国窖 1573”

商标具有较高社会知名度，侵权人依靠侵权产品可能获得较大收益以及正和公司作为电子商务平台经营者罔顾消费者生命健康与权利人的合法权益等因素，依法改判全额支持上诉人的侵权损害赔偿请求，在严厉打击侵犯知识产权行为的同时，兼顾保护消费者生命健康安全，打破了电子商务平台经营者仅仅以其已经要求商品销售者提供相关资质证明为由，逃避其理应承担的责任的不合理现状。本案对于明确电子商务平台经营者的责任与义务、促进各类电子商务平台运营的规范化与制度化、进一步确保知识产权权利人与消费者合法权益不受侵害等方面具有重要意义。

编写人：广州知识产权法院　裘晶文　梁希灵

（编辑：梁希灵）

19

徐某朋与壹欣公司侵害商标权纠纷案

阅读提示：商标侵权中可以行使商标先用权抗辩的主体有哪些？

【裁判要旨】

除了在先使用者本人以外，以下两种类型的主体亦可以主张商标先用权抗辩或承继商标先用权：1. 源自在先使用人的商标先用权。（1）在先被许可使用人。在先使用人是在商标申请日之前已对外许可使用其未注册商标，该行为也是一种商标“使用”行为，因此在先使用人在商标申请日后继续许可该在先被许可使用人“使用”其未注册商标并未超出其原使用范围，故在先被许可使用人可以源于在先使用人的商标先用权而主张不侵权抗辩。（2）在先使用供应商的销售商。作为在先使用人的供应商将相关产品供应给销售商进行销售的行为，销售商的销售行为通常并未超出其原使用范围，故在先使用供应商的销售商可以源于在先使用供应商的商标先用权而主张不侵权抗辩。2. 承继在先使用人的商标先用权。对于享有商标先用权的法人或者非法人组织，因合并、分立、产权转让、终止等原因导致其整体权利义务发生变更或转移，由其权利义务变更或转移后的继承者享有商标先用权。对于享有商标先用权的个体工商户或自然人，个体工商户业主或者自然人死亡的，由其法定继承人、遗嘱继承人享有商标先用权，个体工商户转让整体资产的，由受让方享有商标先用权。

【案号】

一审：广东自由贸易区南沙片区人民法院（2021）粤 0191 民初 14175 号

二审：广州知识产权法院（2021）粤 73 民终 7380 号

【案情与裁判】

原告（上诉人）：徐某朋

被告（被上诉人）：广州壹欣贸易有限公司（简称壹欣公司）

起诉与答辩

徐某朋起诉称，徐某朋注册取得了第 37296136 号注册商标“牧马人”。徐某朋自该注册商标申请日起一直持续不断地使用该商标，已经具备了极大的市场知名度。经调查发现，壹欣公司在没有得到徐某朋授权的情况下，擅自在其开设的淘宝网店上销售使用了“牧马人”标识的产品，壹欣公司的行为严重侵犯了徐某朋的商标专用权。徐某朋请求法院判令：1. 壹欣公司立即停止对徐某朋享有的第 37296136 号商标专用权的侵害，停止销售侵权产品；2. 壹欣公司赔偿徐某朋经济损失人民币 150 万元；3. 壹欣公司赔偿徐某朋合理维权费用 800 元（公证费），律师费 2 万元；4. 本案的所有诉讼费用由壹欣公司承担。一审庭审中，徐某朋确认被诉侵权链接现已下架，申请撤回诉讼请求 1 中停止销售侵权产品的诉请，变更诉讼请求 3 律师费为 1 万元。

壹欣公司辩称，1. 徐某朋取得第 37296136 号“牧马人”0901 子类注册商标，但湖北牧马人网络技术股份有限公司在先在 0901 类注册第 1570141 号商标，并且一直向商标局对徐某朋的案涉商标提出异议。2. 在此商标注册前，壹欣公司早就在先设计和使用了“牧马人”标识进行宣传推广，并取得较好交易业绩，交易数量和金额是徐某朋的 10 倍以上，每年各项推广、广告费用几百万元。徐某朋无权禁止壹欣公司继续使用该商标，但可以要求附加适当区别标识。3. 徐某朋在淘宝平台投诉壹欣公司使用“牧马人”关键字，壹欣公司提供先于其使用证据，淘宝判定壹欣公司申诉证据成立，驳回徐某朋的投诉请求。4. 壹欣公司主动联系投诉人协商解决时，对方却索赔 20 万元和下架商品，存在主观恶意。5. 徐某朋店铺“牧马人数码旗舰店”产品销量仅几百个，并不“具有极大知名度”。壹欣公司网店产品全部图片上显示我方销售的产品为广州市派仕盾电子有限公司（简称派仕盾公司）旗下的 KINBAS 品牌商标，无任何“牧马人”的宣传和使用。6. 京东平台的“牧马人旗舰店”经营方是深圳市讯则达科技有限公司，与徐某朋无关。

一审审理查明

第 37296136 号“牧马人”商标注册人为徐某朋，有效期为 2020 年 2 月 14

日至2030年2月13日，核定使用商品为第9类：计算机、计算机键盘、条形码读出器、电子笔（视觉演示装置）、鼠标（计算机外围设备）、商品电子标签、USB闪存盘、平板电脑、电话铃音（可下载）、可下载的手机应用软件。

（2020）粤莞东莞第32700号公证书载明，2020年10月13日，公证处指派公证人员随同申请人徐某朋的委托代理人张某林到公证处，由公证人员操作公证处计算机，进行了如下保全证据行为：访问淘宝网搜索查看“壹欣数码专营店”，在该网店搜索“牧马人”结果显示有两款产品，其中链接名称为“牧马人机械电竞鼠标有线电脑吃鸡宏笔记本台式游戏专用cf绝地求生”产品，总销量为6651件，价格为25.8~29.9元，库存14851件。商品详情显示产品名称为火银狐，品牌为火银狐，链接网页打印件首行显示“牧马人机械电竞鼠标有线电脑吃鸡宏笔记本台式游戏专用cf绝地求生lol男生家用办公网吧……”字样。链接名称为“牧马人游戏鼠标电竞机械宏编程有线电脑吃鸡笔记本台式家用cf无声”产品，总销量为1955件，价格为24.9~33.9元，库存6648件。商品详情显示产品名称为火银狐游戏鼠标，品牌为火银狐，链接网页打印件首行显示“牧马人游戏鼠标电竞机械宏编程有线电脑吃鸡笔记本台式家用cf无声lol男女生联想惠普虾米华为专用网吧咖”字样。

壹欣公司称其在案涉权利商标申请注册前已经使用“牧马人”标识进行宣传和销售，并提交以下证据：1.电脑图片打印件2张、网店销售记录网页截图、广告推广费用网页截图、交易概况网页截图，电脑图片上显示有“牧马人”字样；网店销售记录网页截图显示2015年至2021年多笔交易订单的交易产品名称链接中有“牧马人”字样，产品为鼠标、键盘。2.（2021）粤莞东部第15383号公证书，载明：壹欣数码专营店2019年12月至2020年1月多笔交易订单产品名称有“牧马人”字样。3. 2018年12月至2019年3月交易清单打印件。壹欣公司称上述证据是在案涉店铺后台导出的销售交易数据，因为数据太多，仅在每个月对其中的3个买卖的交易详情进行截图。

徐某朋主张其为制止侵权行为所支付的合理开支及依据：律师费1万元、公证费800元，提交民事诉讼委托代理合同及2万元的律师服务费发票及转账凭证、公证费发票予以证明，主张律师费2万元是两件案件的费用，在本案中主张1万元。

一审判理和结果

一审法院审理认为，徐某朋是第37296136号“牧马人”注册商标的权利人，享有注册商标专用权，该商标核定使用商品包括鼠标（计算机外围设备）

等，申请注册日期为2019年4月3日，现处于有效保护期内，应当受到法律保护。壹欣公司在案涉网店销售的鼠标产品的销售链接名称中使用“牧马人”标识的行为属于在同一种商品上使用与案涉权利商标相同商标标志的行为。

本案中，首先，徐某朋确认其是在2020年2月后才开始使用“牧马人”商标，而壹欣公司提交案涉网店销售记录以及2018年12月至2019年3月交易清单打印件，可以证明其在案涉权利商标申请注册之前即2019年4月3日前已经在案涉网店销售的鼠标商品标题中使用了“牧马人”标识。其次，根据查明的事实，从销售时间来看，现有证据可以证明壹欣公司最早从2015年起就已经在案涉网店销售被诉侵权产品，至徐某朋申请注册案涉权利商标时，已经持续将近四年；从销售量来看，根据其提供的交易清单，仅2018年12月至2019年3月期间销售使用“牧马人”标识的鼠标总金额已达70余万元，交易订单2.7万余笔；从广告宣传情况看，壹欣公司虽未能证明其提交的截图上的广告推广费用是全部用于“牧马人”产品的宣传推广，但可以证明其为涉案网店进行了宣传推广的事实，结合其自2015年前就开始在案涉店铺销售链接名称中含“牧马人”标识的产品及其销量的证据，在一定程度上可以被案涉店铺的宣传推广涵盖。根据以上事实，可以认定壹欣公司在先使用被诉侵权标识在鼠标产品线上销售领域已经有一定影响。最后，壹欣公司在本案的被诉侵权行为系其在案涉网店销售被诉侵权产品的商品链接名称、商品标题使用“牧马人”标识，上述行为未超出壹欣公司举证证明的其在先使用“牧马人”标识的范围。

一审法院判决驳回徐某朋的诉讼请求。

上诉与答辩

一审判决后，徐某朋不服，向二审法院提起上诉称，1. 一审法院认定事实不清。壹欣公司是在2019年7月10日才注册成立的，其提供的2015年至2019年4月的交易清单不是壹欣公司自身的交易清单，一审法院据此认定壹欣公司在先使用权抗辩成立属于认定事实错误。2. 一审法院对第三人的第1570414号注册商标与本案关系的认定属于适用法律错误、认定事实错误。商标在先使用权成立的内在要求之一是使用人必须是出于善意。壹欣公司在第三人有合法商标权期间擅自使用第三人的商标标识行为是一种主观恶意行为，该行为不应该受到法律的保护。综上，壹欣公司对“牧马人”标识的真正使用时间是在徐某朋注册商标申请日之后，而且其不符合善意的内在要求，壹欣公司所主张的在先使用权不成立。徐某朋据此请求撤销一审判决，依法支持其全部诉讼请求。

壹欣公司答辩称，请求驳回徐某朋的全部诉讼请求。1. 是否侵犯第三人商标权无相关事实依据，且第三人的商标已经自始无效。2. 首先，壹欣公司有在先使用并取得一定影响力，壹欣公司在一审答辩状中明确提及案涉网店的产品全部主图及详情图片上显示为派仕盾公司旗下的 KINBAS 品牌的产品，另案涉网店的所有文案、广告设计及推广标题等都来自派仕盾公司，且 25055 号案已认定派仕盾公司的商标先用权抗辩成立。既然作为供应商的派仕盾公司先用权抗辩成立，那么这个商品的合作代理销售商壹欣公司就可以承袭这一在先使用权利。其次，壹欣公司和派仕盾公司系同法人代表、同股东公司。由于同一公司在天猫平台不可就同一品牌开设两个专营类型店铺，壹欣公司、派仕盾公司的法定代表人和股东个人早在 2010 年起就在淘宝网店、阿里巴巴批发平台和实体渠道销售“牧马人”产品，由于几家个人网店已注销，故未能提供更早的使用依据。后来法定代表人和股东二人成立了派仕盾公司继续推广销售“牧马人”产品，2019 年在原有经营的基础上，以壹欣公司名下的天猫店铺壹欣数码专营店继续推广销售“牧马人”产品。壹欣公司不知道有案涉商标的存在，善意地继续承袭使用。3. 徐某朋一审时称其在注册前没有使用过案涉商标，徐某朋在恶意抢注后，起诉多家同行业公司，高价转让或高价许可使用该商标，甚至涉嫌占有别家在先使用但法律知识不健全的公司股份。4. 徐某朋在注册案涉商标前没有使用过该商标，且徐某朋提供的授权使用证明签订时间均在其公证之后。5. 商标许可使用合同不能证明有使用商标，且目前也无证据证明徐某朋在公证之前三年或五年内有使用过案涉商标，故壹欣公司无须承担赔偿责任。

二审审理查明

二审查明事实与一审查明事实一致。

根据二审中当事人确认的证据，补充查明事实如下：

关于壹欣公司在一审中提交的 2015 年至 2021 年多笔交易订单销售记录截图和 2018 年 12 月至 2019 年 3 月交易清单打印件等在先使用证据的销售主体，壹欣公司在二审中提交书面补充民事答辩状确认前述证据的销售主体均为同法人、同股东的派仕盾公司。徐某朋回应认为，即使壹欣公司与派仕盾公司是关联公司也不符合在先使用的条件，壹欣公司提交案外第三人的使用证据当成是自己本身的使用证据存在明显恶意，二审应该予以纠正并正确适用法律。

另查明，徐某朋因案外人派仕盾公司侵害其案涉商标权另案提起诉讼［一审案号：（2021）粤 0111 民初 25055 号；二审案号：（2022）粤 73 民终 1702 号］。

在该案中，派仕盾公司提交了上述交易订单截图和交易清单打印件等证据作为在先使用权抗辩的证明，一审法院认定派仕盾公司的商标先用权抗辩成立，徐某朋主张派仕盾公司侵害商标权不成立。二审判决驳回上诉，维持原判。

壹欣公司提交的《产品代理及合作协议书》显示，壹欣公司和派仕盾公司于2019年9月30日签订的《产品代理及合作协议书》约定，由派仕盾公司指定壹欣公司为全系列产品在淘宝网、天猫、京东、拼多多等网上商城零售和实体批发等渠道的代理商，且可以使用派仕盾公司的包括但不限于商标、文案等。

壹欣公司提交的采购合同显示，壹欣公司和派仕盾公司于2019年12月2日签订的采购合同约定，壹欣公司向派仕盾公司采购KINBAS的机械鼠G9有线鼠标、A6无线鼠标和VP900有线鼠标等产品一批，数量为100至400不等，总价为18600元。2019年12月9日，派仕盾公司向壹欣公司开具收据一张。

壹欣公司提交的《产品供应证明》显示，壹欣公司和派仕盾公司于2021年12月29日共同出具的《产品供应证明》载明，派仕盾公司确认壹欣公司为淘宝网、天猫、京东、拼多多等网上商城零售和实体渠道批发的分销商，所售鼠标、键盘、耳机、音箱等产品采购自派仕盾公司。

壹欣公司和派仕盾公司在二审庭询中均确认以下事实：1. 壹欣公司和派仕盾公司的法定代表人均为张某，股东均为方某焱、张某；2. 壹欣公司在2019年8月23日前的股东为邓某德、柯某巧，2019年8月23日股东变更为林某哺，2019年9月11日股东变更为张某、方某焱；3. 派仕盾公司没有变更过股东。

二审判理和结果

二审法院经审理认为，以下两种类型的主体亦可以主张商标先用权抗辩或承继商标先用权：1. 源自在先使用人的商标先用权。（1）在先被许可使用人。在先使用人是在商标申请日之前已对外许可使用其未注册商标，该行为也是一种商标“使用”行为，因此在先使用人在商标申请日后继续许可该在先被许可使用人“使用”其未注册商标并未超出其原使用范围，故在先被许可使用人可以源于在先使用人的商标先用权而主张不侵权抗辩。（2）在先使用供应商的销售商。作为在先使用人的供应商将相关产品供应给销售商进行销售的行为，销售商的销售行为通常并未超出其原使用范围，故在先使用供应商的销售商可以源于在先使用供应商的商标先用权而主张不侵权抗辩。派仕盾公司与壹欣公司签订《产品代理及合作协议书》的时间是在案涉商标申请日之后，故壹欣公司不属于在先被许可使用人，且壹欣公司不能证明其销售的被诉侵权产品来源于派仕盾公司，故壹欣公司不属于在先被许可使用人也不属于在先使用供应商的销售商。2. 承继在先使用人的商标先用权。对于享有商标先用权的法人或者非法人组织，因合并、分立、产权转让、终止等原因导致其整体权利义务发生变更或转移，由其权利义务变更或转移后的继承者享有商标先用权。对于享有商标先用权的个体工商户或自然人，个体工商户业主或者自然人死亡的，由其法定继承人、遗嘱继承人享有商标先用权，个体工商户转让整体资产的，由受让方享有商标先用权。本案中，壹欣公司和派仕盾公司虽是同法定代表人、同股东的公司，但双方均是独立的法人，有独立的法人人格，且在先使用人派仕盾公司并未注销，故壹欣公司不能作为派仕盾公司的承继人或受让方承继其商标先用权。

综上，二审认定壹欣公司的商标先用权抗辩不成立，改判壹欣公司构成商标侵权，判决壹欣公司赔偿徐某朋经济损失 150000 元和合理维权费用 10800 元。

【法官评述】

本案需要审查的是壹欣公司能否承继派仕盾公司的在先使用权，这一问题涉及《商标法》第五十九条第三款规定的在先使用权抗辩主体以及原有范围的界定。

我国商标法采用注册制度并非因为商标的实质价值来源于商标注册行为，而是因为注册制度比使用制度具有明显更低的社会成本且更易操作，但商标的价值最终仍源于商标的实际使用行为。虽然法律上有必要给予在先使用的未注册商标一定保护，但保护水准不宜过高，以免冲击到注册制这一商标管理中的基本制度。因此，商标先用权抗辩制度的引入并不意味着在商标法框架下，未注册商标与注册商标可以获得同等的保护。《商标法》第五十九条第三款的规定主要是为了平衡商标在先使用人和注册商标专用权人之间的利益，目的在于保护那些已经在市场上具有一定影响但未注册的商标所有人的权益。从商标法的设计及逻辑结构上分析，《商标法》第七章主要是规定注册商标专用权的保护及权利限制，其中第五十九条是针对商标权人限制的条款，该条前两款规定的是商标正当使用的情形，包括叙述性和功能性的合理使用，即属于商标侵权的例外情形，由此可推出第三款的规定即未注册商标先用性的合理使用也属于例外情形，立法者将先用权亦作为正当使用的情形之一。因此，商标先用权是商标在先使用人对抗商标注册人的商标侵权指控的消极权利即抗辩权，不具有积极意义的权能，并不是与商标权平行的权利，其性质是民事法益而非民事权利，不享有支配性的排他性权利。

一般来说，可以主张商标先用权抗辩的主体应为在先使用者本人，商标先用权原则上不能转让或许可他人使用。如果允许商标在先使用人将商标先用权进行转让或许可他人使用，客观上扩大延伸商标先用权的范围和边界，不符合原使用范围的限定，从而使商标先用权成为与商标权近乎等同的民事权利。对于在先使用者本人以外的其他主体能否主张商标先用权抗辩或承继商标先用权，则应在维护我国商标注册制度稳定的框架下，在商标在先使用人和注册商标专用权人之间进行利益平衡。以下两种类型的主体亦可以主张商标先用权抗辩或承继商标先用权。

一、源自在先使用人的商标先用权

1. 在先被许可使用人。在先使用人是在商标申请日之前已对外许可使用其未注册商标，该行为也是一种商标“使用”行为，因此在先使用人在商标申请日后继续许可该在先被许可使用人“使用”其未注册商标并未超出其原使用范围，故在先被许可使用人可以源于在先使用人的商标先用权而主张不侵权抗辩。当然，在先被许可使用人可以主张该抗辩的前提是其后续的被许可使用行为必须在原有的被许可使用范围内。本案中，从时间上看，派仕盾公司与壹欣公司签订《产品代理及合作协议书》的时间为2019年9月30日，是在涉案商标申请日即2019年4月3日之后，故壹欣公司不属于在先被许可使用人。

2. 在先使用供应商的销售商。作为在先使用人的供应商将相关产品供应给销售商进行销售的行为，销售商的销售行为通常并未超出其原使用范围，故在先使用供应商的销售商可以源于在先使用供应商的商标先用权而主张不侵权抗辩。

根据《专利法》第七十五条的规定，下列情形不视为侵犯专利权：在专利申请日前已经制造相同产品、使用相同方法或者已经作好制造、使用的必要准备，并且仅在原有范围内继续制造、使用的。《最高人民法院关于审理侵犯专利权纠纷案件应用法律若干问题的解释》第十五条规定，原有范围包括专利申请日前已有的生产规模以及利用已有的生产设备或者根据已有的生产准备可以达到的生产规模。在判断商标先用权的“原使用范围”时，是否应当参照上述专利法的相关规定，将其限定在原有的生产规模内。对于专利而言，专利技术具有直接可替代性，即消费者在选择专利产品时，只要具有相同专利技术的产品都可以满足其需求，专利技术之外的因素不在其考虑范围内。因此，消费者如果购买了专利先用权人的产品，则不会也没必要再购买专利权人的专利产品，两者的产品具有相同技术，在销售环节具有冲突性。对于商标而言，其性质与专利不同，商标主要是标识商品的来源，而商品来源只是消费者在选购产品时考虑的因素之一，其他考虑的因素还包括商品的价格、质量、功能和外观等，先用权人的商品与商标权人的商品之间并不具有直接替代关系。因此，商标先用权人扩大其生产规模，提供更多的商品，一般也不会直接影响商标权人的商品销量。

《商标法》中的“原使用范围”强调的是使用范围而非使用规模，因此，在确定原有范围时，应当主要考量商标的使用方式和地域范围。对于使用方式，一般而言，包括限定于原使用的商品标识和商品或服务类别，不允许扩展到类似标识、扩大到类似商品或服务上。对于地域范围，审判实践中的通常观点认为，原使用范围应该是指地域范围。例如，在先仅通过实体店铺销售商品或者提供服务的，在商标注册人申请商标注册后，又在原实体店铺影响范围之外的地域新设店铺销售商品或提供服务，则应当认定超出了原有范围。但是，在互联网经济快速发展的今天，网络交易发达导致商品或服务不可能仅限于原有地域范围，此时已无法界定传统意义上的地域范围。因此，原有范围的判断，应以在先使用人使用其未注册商标所形成的商誉所及的范围为主要判断依据。

作为在先使用供应商的销售商，若其仅是直接销售行为，并没有新的使用商标行为，且销售的地域范围仍在供应商的销售地域范围内，则应认定其销售行为并未超出供应商的原使用范围。但是，若在先使用供应商仅在实体店铺销售，而销售商在网络上销售供应商提供的商品，则应认定销售商的行为已超出供应商的原使用范围。此外，若在先使用供应商有在网络销售商品，则销售商在网络上销售并不超出供应商的原使用范围，但对于销售商新的商标使用行为，如在网店、名片、合同等上使用该商标，或者跨网络平台进行销售的，则判断该行为是否超出供应商的原使用范围，应综合该商标的使用方式、商品产能、经营规模等因素在个案中综合予以考量。本案中，派仕盾公司已在另案生效的二审判决中被认定其商标先用权抗辩成立。壹欣公司虽在二审中提交了采购合同、收据和产品供应证明等证据，但是其未能提供该合同实际履行的发票、转账记录等凭证，且进货数量与其销售网页所显示销量严重不符，故应认定壹欣公司不能证明其销售的被诉侵权产品来源于派仕盾公司。另外，本案的被诉侵权标识并非使用在壹欣公司销售的被诉侵权产品上，而是使用在商品链接名称上，因此壹欣公司不属于在先使用供应商的销售商，其不能以源于派仕盾公司的商标先用权而主张不侵权抗辩。

二、承继在先使用人的商标先用权

《最高人民法院关于审理侵犯专利权纠纷案件应用法律若干问题的解释》第十五条规定，先用权人在专利申请日后将其已经实施或作好实施必要准备的技术或设计转让或者许可他人实施，被诉侵权人主张该实施行为属于在原有范围内继续实施的，人民法院不予支持，但该技术或设计与原有企业一并转让或者承继的除外。参照上述专利法的规定，对于享有商标先用权的法人或者非法人组织，因合并、分立、产权转让、终止等原因导致其整体权利义务发生变更或转移，由其权利义务变更或转移后的继承者享有商标先用权。对于享有商标先用权的个体工商户或自然人，个体工商户业主或者自然人死亡的，由其法定继承人、遗嘱继承人享有商标先用权，个体工商户转让整体资产的，由受让方享有商标先用权。理由在于，其一，《民法典》第一百二十九条规定："民事权利可以依据民事法律行为、事实行为、法律规定的事件或者法律规定的其他方式取得。"商标属于知识产权的一种，是商标权利人享有的专有民事权利。未注册商标虽非严格意义上的民事权利，但它既是对不同商品和服务进行区分和竞争的标识，也是经营者商品和服务质量、商业信誉和形象的保证，属于民事法益，可以参照民事权利的获取方式而取得，故未注册商标依法应具有承继性。其二，因商标的使用凝聚而成的商誉是企业重要的无形资产，而商标所承载的权利与商标亦具有不可分割性。在先使用者本人因各种原因无法继续经营时，如果不允许在先使用人的承继者主张先用权抗辩，则可能导致在先未注册商标所累积的商品和服务质量、商业信誉和形象等只能任其自行消逝，这对在先使用人是不公平的。其三，在先使用人的承继者本质上并非对在先未注册商标的受让或被许可，而是对在先使用人经营业务的承继，并不会损害注册商标权人的利益，亦不会导致在先使用权被无限放大。本案中，壹欣公司和派仕盾公司虽是同法定代表人、同股东的公司，但双方均是独立的法人，有独立的法人人格，且在先使用人派仕盾公司并未注销，故壹欣公司不能作为派仕盾公司的承继人或受让方承继其商标先用权。因此，对壹欣公司对于其可以善意地继续承袭派仕盾公司使用被诉侵权标识的主张不予支持。

编写人：广州知识产权法院　谭海华　林奕濠

（编辑：林奕濠）

20

精工控股株式会社与广西天睿精工公司等侵害商标权及不正当竞争纠纷案

阅读提示： 商标权利人主张依照《商标法》第六十三条的规定，以被诉侵权人的侵权获利确定经济损失金额，应当如何举证？

【裁判要旨】

商标侵权案中，商标权利人主张以侵权人的侵权获利确定经济损失金额。法院采信了权利人提交的侵权人向国家税务机关申报的《增值税纳税申报表》《纳税申报明细》以及国家统计局公布的相关行业利润率数据等证据，计算确定其经济损失数额。

【案号】

一审：广东省广州市越秀区人民法院（2018）粤0104民初38134号

二审：广州知识产权法院（2021）粤73民终2419号

【案情与裁判】

上诉人（一审被告）：广西天睿精工精密电子有限公司（简称广西天睿精工公司）

上诉人（一审被告）：湖南天睿精工科技有限公司（简称湖南天睿精工公司）

上诉人（一审被告）：广州仟鼎进出口贸易有限责任公司（简称广州仟鼎公司）

被上诉人（一审原告）：精工控股株式会社（SEIKO HOLDINGS CORPORATION）

起诉与答辩

精工控股株式会社起诉请求：1. 广西天睿精工公司、湖南天睿精工公司和广州仟鼎公司立即停止侵害其第 97127 号、第 159371 号、第 8016040 号、第 11347165 号注册商标专用权的行为，销毁现有库存产品和广告宣传材料，销毁专用于制造侵权产品、侵权标识的模具；2. 广西天睿精工公司、湖南天睿精工公司和广州仟鼎公司立即停止不正当竞争行为，广西天睿精工公司、湖南天睿精工公司停止使用含有"精工""SEIKO"字样的企业名称并向工商登记主管机关变更其企业名称；3. 广西天睿精工公司、湖南天睿精工公司和广州仟鼎公司连带赔偿其经济损失（含合理费用）1000 万元；4. 广西天睿精工公司、湖南天睿精工公司和广州仟鼎公司共同承担本案诉讼费用。事实和理由：精工控股株式会社于 1979 年 8 月至 2014 年 8 月在中国先后注册了第 97127 号"SEIKO"、第 159371 号"精工"、第 8016040 号"SEIKO"、第 11347165 号"精工"商标，这些商标核定使用商品包括表、精密计时器、钟表机件、钟表盘等产品。经过多年经营，精工控股株式会社在手表及精密仪器等领域取得了良好商誉。广西天睿精工公司在中国（深圳）国际钟表展览会上以"日本天睿精工株式会社（JAPAN TIMERISE_SEIKO LIMITED）"名义参展，并展示涉案品牌"TRSEIKO""天睿精工"多个型号机芯产品。2017 年 9 月 8 日精工控股株式会社在广州仟鼎公司公证购买涉案手表机芯，该手表机芯上使用了"TIMERISE-SEIKO"标识，产品宣传册也使用了"TRSEIKO""天睿精工"标识。广西天睿精工公司、广州仟鼎公司擅自使用精工控股株式会社有一定影响力的域名主体部分"seiko.com"，存在虚假宣传行为；广西天睿精工公司、湖南天睿精工公司以"SEIKO""精工"商标为字号经营同类机芯产品，从事侵权产品的宣传和生产销售，三公司的行为同时构成不正当竞争。

广西天睿精工公司、湖南天睿精工公司、广州仟鼎公司共同辩称，1. 三公司没有实施侵权行为，使用的商标并非精工控股株式会社的"SEIKO"商标。2. 广西天睿精工公司、湖南天睿精工公司企业名称中使用的字号"天睿精工"不是精工控股株式会社的"精工"商标和字号，且"精工"二字属于机械制造中的常用技术词语，不具有商标的显著性。3. 三公司并未构成共同侵权，不需要承担连带赔偿责任。

一审审理查明

精工控股株式会社是 1917 年 10 月 29 日在日本注册成立的公司，1997 年

7月1日变更名称为“精工株式会社”，2007年7月2日变更为现名。精工控股株式会社在全球各国设立的集团成员公司以“精工”和“SEIKO”为字号，其中在中国大陆地区有4家手表、钟表产品制造基地和销售公司。

第97127号“SEIKO”商标于1979年8月15日注册，核定使用在第14类商品上，包括钟、表、计时器，注册有效期续展至2029年8月14日，商标注册人于2009年11月23日变更为精工控股株式会社。第8016040号“SEIKO”商标于2011年2月14日注册，注册人是精工控股株式会社，核定使用在第14类商品上，包括钟、表、计时器（手表）、钟表机件、钟表盘（钟表制造）等，注册有效期至2021年2月13日。第159371号“精工”商标于1982年6月30日注册，核定使用在第14类商品上，包括钟、表、精密计时器，注册有效期续展至2022年6月29日，商标注册人于2009年11月23日变更为精工控股株式会社。第11347165号“精工”商标于2014年8月14日注册，注册人是精工控股株式会社，核定使用在第14类商品上，包括钟、表、精密计时器、计时器（手表）、钟表机件等，注册有效期至2024年8月13日。

“2017年中国（深圳）国际钟表展览会”现场照片显示展会现场有“日本天睿精工株式会社（JAPAN TIMERISE SEIKO LIMITED）”的展厅，展厅隔墙上使用“TRSEIKO”标识，展厅悬挂的电脑显示屏展示有多种型号的手表机芯产品图。

2017年9月8日精工控股株式会社的委托代理人在位于广州市越秀区站西路站西北街标有“站西北街34号之十”字样门牌及标有“仟鼎国际机芯销售部”字样招牌的商铺，购买商品22个，并取得名片各一张及宣传册一本。所附名片载明：“广州市仟鼎公司《昇龙香港电子》《日本天睿精工》机芯广州销售办事处；蔡某梁；销售地址广州市越秀区站西路站西北街34号九档，办公地址广州市站西路站西大院内118号一楼”等。所附宣传册显示“本社长期研发IC、石英线路板、主板、化工、环保电源、电池以及计时器等，集研发、生产、销售为一体的系统化企业……”，还用粗黑大字体标明“世界最优质机芯由日本天睿精工提供”等。公证封存的手表机芯产品包装盒上有“日本天睿精工株式会社制造”“JAPAN TIMERISE- SEIKO”等标识。

广东招标网2017年12月4日的招标公告显示“出租站西路118号西侧首层物业（原站西路马棚岗1号首层物业）”。2019年2月28日精工控股株式会社委托代理人再次来到位于站西北街34号之十的仟鼎国际机芯销售部，店铺内展示有“TRSEIKO日本天睿精工株式会社”“仟鼎国际”标识及手表机芯产品。

广西天睿精工公司前台背景墙上有“广西天睿精工精密电子有限公司”“GUANGXI TIMERISE-SEIKO PRECISE ELECTRONIC CO, LTD”“天睿精工（香港）有限公司”“TIMERISE-SEIKO（HK）LIMITED”“TRSEIKO”字样。湖南天睿精工公司前台背景墙上有“TRSEIKO 湖南天睿精工科技有限公司”“HUNAN DAY FARCE SEIKO PRECISE TECHNOLOGY CO, LTD”字样。在广西天睿精工公司厂区张贴的关于绕线与焊线岗位工资的计算方法通知上盖有广西天睿精工公司公章。深圳前海股权交易中心网的公司简介页面显示广西天睿精工公司前台使用了“TRSEIKO”标识，在背景墙上的公司名称使用“广西天睿精工科技有限公司”“GUANGXI TIMERISE-SEIKO PRECISE ELECTRONIC CO, LTD”等标识。

广西天睿精工公司于 2012 年 1 月 29 日成立，注册资本 5116 万元，经营范围包括手表机芯装配，公司网址是“www.timeriseseiko.com”。该公司成立时股东为李某妍、蔡某媛、邓某松，法定代表人是蔡某媛；2016 年 5 月 20 日，股东变更为李某、胡某辉、邓某松、蔡某媛；2018 年 5 月 11 日，股东变更为李某、蔡某媛；2019 年 1 月 15 日，股东变更为湖南天睿精工公司；2020 年 2 月 26 日，股东变更为聂某汇，市场主体类型变更为有限责任公司（自然人独资），法定代表人是聂某汇；2020 年 7 月 8 日，法定代表人变更为蔡某梁。湖南天睿精工公司于 2016 年 3 月 16 日成立，注册资本 5168 万元，经营范围包括手表机芯装配。该公司成立时股东为蔡某媛，法定代表人为蔡某媛；2016 年 8 月 16 日，股东变更为李某、胡某辉、邓某松、蔡某媛；2018 年 5 月 18 日，股东变更为李某、蔡某媛。2020 年 11 月，法定代表人由蔡某媛变更为李某。广州仟鼎公司成立于 2010 年 4 月 26 日，注册资本 50 万元，股东为蔡某媛、李某，法定代表人为李某。

湖南省株洲市人民政府网 2015 年 11 月 17 日发布的《广西天睿精密电子项目落户攸县》的新闻宣传稿报道：广西天睿精工项目由广西天睿精工公司投资，项目总投资 3 亿元，项目一期投入 10 条全自动化机芯制造生产线。2017 年 3 月 30 日攸县新闻网发布《强园区：陈可勇进点天睿 助力企业发展》的新闻报道，该新闻提到“湖南天睿精工公司暂时租借攸州工业园创业园进行标准化生产，之后将投资 3 亿元在攸州工业园建设科技产业园”。2015 年 12 月 2 日攸州网上发布招工信息“湖南天睿精工急聘流水线技工 1000 人”，附有广西天睿精工电子项目落户攸州工业园签约仪式现场照片，其厂区的招工广告上使用了“SEIKO”标识。

在诉讼中，精工控股株式会社主张侵权损害赔偿数额计算依据为：

1. 商标许可使用费。2012 年 6 月 1 日精工控股株式会社与精工时钟（深圳）有限公司签订商标许可合同，约定精工控股株式会社授予精工时钟（深圳）有限公司在中华人民共和国区域内（不包括台湾、香港和澳门地区）非独占性许可使用第 97127 号“SEIKO”与第 159371 号“精工”商标，并载明许可使用费按使用有关商标销售的每项产品的公司发票总价比例计算。

2. 侵权获利。精工控股株式会社向国家税务总局广西梧州高新技术产业开发区税务局调取了广西天睿精工公司 2015 年 1 月至 2019 年 8 月《增值税纳税申报表》。经统计这期间广西天睿精工公司销售总额为 41675644.89 元。精工控股株式会社向国家税务总局攸县税务局调取湖南天睿精工公司 2017 年 1 月至 12 月以及 2018 年 1 月、9 月、10 月、12 月的《增值税纳税申报表》。经统计这期间湖南天睿精工公司销售总额为 3735600 元。精工控股株式会社向国家税务总局广州市越秀区税务局调取广州仟鼎公司 2005 年 5 月至 2019 年 8 月的《纳税申报明细》。经统计这期间广州仟鼎公司销售总额 44908289.52 元。

国家统计局网站公布的数据显示，仪器仪表制造行业私营工业企业 2010—2017 年度主营业务成本（亿元）分别为 1336.67、1650.92、2034.97、2417.54、2687.45、2850.11、3176.69、3357.27，主营业务收入（亿元）分别为 1619.68、2004.08、2477.6、2925.32、3252.11、3472.7、3833.77、4048.37。精工控股株式会社根据公式“利润率 =（主营业务收入 – 主营业务成本）÷ 主营业务收入 ×100%”，计算出仪器仪表制造行业私营工业企业 2010 年至 2017 年的利润率分别为 17.5%、17.6%、17.9%、17.3%、17.4%、17.9%、17.1%、17.1%。

国家统计局网站公布的数据显示，机械设备、五金交电及电子产品批发业 2010—2018 年度主营业务成本（亿元）分别为 28728、36478.52、34099.44、39849.38、45160.55、47670.43、55274.55、62520.42、70796.8，主营业务收入（亿元）分别为 31537.8、39959.97、37211.22、43692.8、49407.76、51714.85、60119.24、67942.58、76772.4。精工控股株式会社根据公式“利润率 =（主营业务收入 – 主营业务成本）÷ 主营业务收入 ×100%”，计算出机械设备、五金交电及电子产品批发业 2010 年至 2018 年的利润率分别为 8.9%、8.7%、8.4%、8.8%、8.6%、7.8%、8.1%、8%、7.8%。

精工控股株式会社调查取得的“蔡某媛支付宝账户收入记录”显示，2016 年 3 月 16 日至 2019 年 8 月 1 日止，蔡某媛支付宝标记为“机芯款、广州仟鼎贸易有限公司、商品”的收入共计 3551072.06 元。

精工控股株式会社主张为维权支付公证购买服务费、公证费、翻译费、律师费、交通费、调查服务费、法律意见书费用、公证及认证费共计267898.05元，并提交相应证据。

一审判理和结果

一审法院认为，本案是侵害商标权及不正当竞争纠纷。广西天睿精工公司、湖南天睿精工公司、广州仟鼎公司使用“JAPAN TIMERISE-SEIKO”“TRSEIKO”标识侵害精工控股株式会社涉案商标专用权。广西天睿精工公司、湖南天睿精工公司作为同业竞争者，将精工控股株式会社企业字号注册登记为自己的企业字号，容易引起消费者误认或混淆，构成不正当竞争。三公司是利益共同体，共同实施了商标侵权及不正当竞争行为，构成共同侵权。精工控股株式会社主张以侵权人的侵权获利来确定侵权损害赔偿数额。据《增值税纳税申报表》《纳税申报明细》统计的数据显示，2015年1月至2019年8月，广西天睿精工公司销售总额为41675644.89元；2017年1月至12月及2018年1月、9月、10月、12月，湖南天睿精工公司销售总额为3735600元；2010年5月至2019年8月，广州仟鼎公司销售总额为44908289.52元。根据相关统计数据，可以仪器仪表制造行业私营工业企业2010年至2017年度的平均利润率作为计算侵权获利的标准。广西天睿精工公司、湖南天睿精工公司从事仪器仪表制造行业，该行业2018年、2019年利润率数据精工控股株式会社未提交，2015年至2017年平均利润率为17.4%，考虑2018年、2019年全国经济状况，确定2015年至2019年该行业平均利润率为17%。广州仟鼎公司从事五金交电及电子产品批发业，2010年至2018年该行业平均利润率为8.3%。精工控股株式会社未提交2018年之后该行业利润数据，考虑该行业经济状况，确定2010年至2019年该行业平均利润率为8%。据此计算，广西天睿精工公司的侵权获利为7084859元，湖南天睿精工公司的侵权获利为635052元，广州仟鼎公司的侵权获利为3592663元，合计11312574元。据此，一审法院判决：1.广西天睿精工公司、湖南天睿精工公司、广州仟鼎公司立即停止侵害精工控股株式会社第97127号、第159371号、第8016040号、第11347165号注册商标专用权的行为，销毁库存侵权商品和广告宣传材料、专用于制造侵权产品、侵权标识的模具；2.广西天睿精工公司、湖南天睿精工公司、广州仟鼎公司立即停止不正当竞争行为，广西天睿精工公司、湖南天睿精工公司立即停止使用含有“精工”“SEIKO”字样的企业名称；3.广西天睿精工公司、湖南天睿精工公司、广州仟鼎公司在本判决发生法律效力之日起十五日内连带赔偿精工控股株式会社经济损失（包含合理开支）1000 万元。

上诉与答辩

广西天睿精工公司、湖南天睿精工公司、广州仟鼎公司均不服上述判决，向二审法院提出上诉请求：1. 撤销一审判决，改判驳回精工控股株式会社全部诉讼请求；2. 本案一审、二审诉讼费用由精工控股株式会社承担。事实和理由：1. 一审判决认定事实错误，三公司未实施侵权行为，使用的标识与精工控股株式会社的商标并不相同及近似；2. 广西天睿精工公司与湖南天睿精工公司的企业字号为“天睿精工”，与精工控股株式会社企业的名称、商标并不一致，且广西天睿精工公司在企业宣传时将自身与精工控股株式会社进行区分，没有不正当竞争行为；3. 本案商标侵权行为与不正当竞争行为应系权利竞合，一审法院已认定构成商标侵权，对于不正当竞争不应再进行单独认定；4. 一审判决对共同侵权的事实认定错误；5. 三公司销售的未使用涉案标识的产品，不应认定为侵权。三公司销售的产品绝大部分有合法来源，与涉案标识有关的产品仅占一小部分。一审判决赔偿损失数额畸重，应当予以调整。

精工控股株式会社答辩称，请求驳回三公司的上诉请求，维持原判。三公司在一审期间就提出被诉侵权产品包含有其他产品等问题，一审法院对此已详细查实。同时，一审法院开庭时要求三公司提交详细的账本、合同等证据，但三公司仅提交了相应的手工账本，一审法院认定该证据与本案没有关系，并在判决书中对此进行回应，认为三公司提交的证据资料不能证明其诉讼目的。精工控股株式会社在一审中向税务机关调取了相应的账户资料，且根据三公司在各种官方网站及政府的宣传报道能充分认定三公司的侵权获利情况。而三公司在一审期间未提交完整的账本资料等供法院查明，应承担举证不能的后果。

二审审理查明

一审法院查明的事实属实，二审法院予以确认。

二审判理和结果

二审法院认为，三公司使用被诉侵权标识构成商标使用。被诉侵权标识与涉案商标相同或者近似。被诉侵权标识的使用侵害精工控股株式会社涉案商标专用权。三公司对被诉侵权标识的使用以及广西天睿精工公司、湖南天睿精工公司注册登记和使用含有“精工”及“SEIKO”字样的中、英文企业名称，分别构成商标侵权和不正当竞争。广西天睿精工公司、湖南天睿精工公司、广州仟鼎公司的经营范围基本一致。根据其工商登记变更情况，三公司均由李某、蔡某媛夫妻控制。广州仟鼎公司销售的被诉侵权商品来源于“日本天睿精工公司”，而蔡某媛是该公司董事。精工控股株式会社取证的“日本天睿精工公司”产品宣传册显示其产品来源于广州仟鼎公司，产品宣传册中的网址是广西天睿精工公司的公司网址，同时广西天睿精工公司、湖南天睿精工公司的前台背景墙又标注了“日本天睿精工公司”的企业名称。湖南天睿精工公司系广西天睿精工公司在湖南攸县为扩大生产规模而设立的公司。三公司在一审期间自认共同使用广西天睿精工公司的网站，以及三公司在生产、销售机芯产品时进行分工，即广西天睿精工公司生产产品，湖南天睿精工公司组装产品，由广州仟鼎公司销售。根据上述事实足以认定广西天睿精工公司、湖南天睿精工公司、广州仟鼎公司共同故意实施了涉案侵害精工控股株式会社商标专用权及不正当竞争的行为，构成共同侵权。精工控股株式会社提交的《增值税纳税申报表》《纳税申报明细》来源于国家税务机关，上述证据中的纳税数据由三公司自行申报，因而具有真实性、合法性，且与本案有关联，可以作为计算被诉侵权商品销售量的依据。国家统计局网站公布的行业利润率数据，代表一个行业年度整体销售状况，具有参考价值。一审法院采用行业利润平均值作为计算侵权获利的标准，并无不当。因此，一审法院计算三公司侵权获利共计 11312574 元，据精工控股株式会社的诉讼请求，判决侵权人赔偿其经济损失共计 1000 万元，有事实和法律依据。据此，二审法院判决驳回上诉，维持原判。

【法官评析】

我国《商标法》第六十三条规定了四种确定商标侵权经济损失的依据：权利人因被侵权所受到的实际损失；侵权人因侵权所获得的利益；参照该商标许可使用费的合理倍数；法定赔偿。在立法与学理上，我国对商标侵权损害赔偿的基本原则与适用方法均无争议，但在司法实践中，如何确定赔偿数额成了商标侵权诉讼的难题，商标权利人对因侵权受到的损失或侵权人的侵权获利难以举证，人民法院难以解决损害赔偿的计算标准和损害赔偿数额的依据，法定赔偿成了确定商标侵权损害赔偿的主要方式。在本案中，权利人对侵权人的侵权获利进行了充分举证。法院采信了权利人的举证，并利用证据妨碍规则，认定侵权人的侵权获利应当在权利人起诉赔偿金额之上，因此，法院全额支持了权利人的经济损失赔偿请求。

对于侵权人侵权获利的计算，依照《最高人民法院关于审理商标民事纠纷案件适用法律若干问题的解释》第十四条的规定，《商标法》第六十三条第一款规定的侵权所获得的利益，可以根据侵权商品销售量与该商品单位利润乘积计算；该商品单位利润无法查明的，按照注册商标商品的单位利润计算。因此，对于侵权获利可以根据侵权商品销售量与该商品单位利润乘积确定。但在商标侵权诉讼中，涉及侵权人侵权获利情况由侵权人掌握，而权利人难以获得。《商标法》第六十三条规定："人民法院为确定赔偿数额，在权利人已经尽力举证，而与侵权行为相关的账簿、资料主要由侵权人掌握的情况下，可以责令侵权人提供与侵权行为相关的账簿、资料；侵权人不提供或者提供虚假的账簿、资料的，人民法院可以参考权利人的主张和提供的证据判定赔偿数额。"在侵权人侵权获利难以举证的情况下，权利人可以申请人民法院责令侵权人披露；在人民法院作出证据披露决定后，侵权人拒绝提供或不实提供相关证据，构成证明妨害，应为其妨碍行为承担相应的法律后果。在一审诉讼中，权利人精工控股株式会社要求按照侵权人侵权获利来确定赔偿数额，并提交了相应的证据。广西天睿精工公司、湖南天睿精工公司、广州仟鼎公司辩称其销售的产品来自案外人武汉某公司，但经一审法院多次要求，其均未按照法律规定和法院要求提交相应的销售合同、票据、支付凭证等证据。在二审时，广西天睿精工公司、湖南天睿精工公司、广州仟鼎公司主张有部分被诉侵权产品来源于案外人武汉某公司、重庆某公司等，但是，其在二审期间提交的试图证实该上述主张的证据均不属于一审庭审后新发生的证据；且该证据大部分由广西天睿精工公司、湖南天睿精工公司、广州仟鼎公司自行制作，其提交的部分销售发票和合同不能相互佐证，不能证明其上述主张。广西天睿精工公司、湖南天睿精工公司、广州仟鼎公司共同实施侵害涉案商标专用权及不正当竞争行为，且涉案侵权行为持续多年，持续多年的侵权行为具有整体性。因此，法院依据《商标法》第六十三条的规定，参考精工控股株式会社提交的证据来确定其经济损失赔偿数额。

在一审诉讼中，权利人精工控股株式会社为证明侵权人的侵权获利，提交了侵权人向国家税务机关申报的《增值税纳税申报表》《纳税申报明细》以及国家统计局公布的相关行业利润率数据等证据。《增值税纳税申报表》《纳税申报明细》记载了申报单位当年的产品销售量。该申报表来源于国家税务机关，纳税数据由三公司自行申报，具有真实性、合法性，与本案有关联，可以作为被诉侵权商品销售量的证据。根据上述报表统计的数据，广西天睿精工公司销售总额为 41675644.89 元；湖南天睿精工公司销售总额为 3735600 元；广州仟鼎公司销售总额为 44908289.52 元。由于广西天睿精工公司、湖南天睿精工公司、广州仟鼎公司共同侵权使用精工控股株式会社商标及企业字号，其侵权行为具有整体性，在广西天睿精工公司、湖南天睿精工公司、广州仟鼎公司未提交相反证据的情况下，应当认定所有销售额均来自侵权商品。

精工控股株式会社难以举证证明侵权商品单位利润，三公司在诉讼中拒绝提交相关证据，而精工控股株式会社提供的国家统计局网站公布的行业利润率数据，代表一个行业年度整体销售状况，具有参考价值。考虑该数据具有参照意义，取前述销售总额统计期间内行业利润平均值，作为计算侵权获利的标准。确定广西天睿精工公司、湖南天睿精工公司从事仪器仪表制造行业的平均利润率为 17%。广州仟鼎公司从事五金交电及电子产品批发业的平均利润率为 8%。

按照《最高人民法院关于审理商标民事纠纷案件适用法律若干问题的解释》第十四条关于侵权获利的计算公式，广西天睿精工公司的侵权获利为 7084859 元（41675644.89 元 ×17%=7084859 元）；湖南天睿精工公司的侵权获利为 635052 元（3735600 元 ×17%=635052 元）；广州仟鼎公司的侵权获利为 3592663 元（44908289.52×8%=3592663 元）。广西天睿精工公司等三公司侵权获利合计 11312574 元。依照法律规定，精工控股株式会社获得的侵权损害赔偿数额还应当在该金额基础上增加精工控股株式会社为制止涉案侵权行为所支付的合理开支。精工控股株式会社诉请侵权人赔偿经济损失及合理开支 1000 万元。一审法院仅依据侵权人的部分侵权时间的销售数据来计算侵权获利就已达 11312574 元，没有按侵权人整个持续侵权期间的销售量来计算侵权获利，且在确定侵权损失时还应当计算精工控股株式会社为制止侵权行为支付的合理费用。因此，广西天睿精工公司、湖南天睿精工公司、广州仟鼎公司的侵权获利应当远超一审法院认定的侵权获利，一审法院判决侵权人赔偿商标权人经济损失共计 1000 万元，合法合理。

编写人：广州知识产权法院　刘小鹏

（编辑：游彦）

21

熠汇饮公司与一诺公司等侵害商标权及不正当竞争纠纷案

阅读提示：如何在适用法定赔偿时充分依据“证据披露—证据妨碍”规则破解“举证难、赔偿低”问题？

【裁判要旨】

在确定法定赔偿数额时，可以根据权利人提交的初步证据，依法适用证据披露规则，责令侵权人提供有关获利的证据，合理减轻权利人的举证责任。同时，在侵权人无正当理由拒不提供有关证据时，按照民事诉讼举证妨碍制度规定，判定侵权人承担举证妨碍责任，并结合涉案侵权行为情节、侵权人主观恶意等确定侵权赔偿数额，有效遏制恶意侵权、源头侵权行为。

【案号】

一审：广州市白云区人民法院（2020）粤 0111 民初 25407 号

二审：广州知识产权法院（2021）粤 73 民终 5590 号

【案情与裁判】

上诉人（一审原告）：武汉熠汇饮科技有限公司（简称熠汇饮公司）

被上诉人（一审被告）：广州一诺餐饮管理有限公司（简称一诺公司）

被上诉人（一审被告）：乔某龙

被上诉人（一审被告）：尹某亮

起诉与答辩

熠汇饮公司诉称，该司股东胡某红于 2012 年注册成立武汉熠和餐饮管理有限公司，开始经营“益禾堂”品牌；2018 年，胡某红投资成立熠汇饮公司，并将其注册成立的第 23148222 号商标授权熠汇饮公司独占许可使用，熠汇饮公司后又取得第 30854154 号商标、第 40563646 号商标、第 39487742 号商标、第 40687899 号注册商标的独占许可使用权。经过熠汇饮公司长期精心培育和大量宣传，“益禾堂”商标已享有较高的知名度，成为国内茶饮行业的知名品牌。在多年的使用中，熠汇饮公司的“益禾堂”店铺使用的统一装修风格、与设计配套的菜单、“畅饮年轻这一杯”的广告语、员工工作服、产品装潢等具有显著的区别性特征，构成有一定影响的特有装潢。从 2012 年起，“益禾堂”品牌规模不断扩大，店铺遍布全国各地，在同行业中销量、利润及知名度均名列前茅。一诺公司使用与“益禾堂”近似的标识进行招商加盟，并宣称其是熠汇饮公司在广东的代理商，与加盟商签订的《合作协议书》约定由一诺公司授权加盟商在指定区域内使用“益禾堂”标识，向加盟商提供设备、核心物料、专业技术培训等服务，并对加盟商在经营场所的装饰、陈列和品牌形象标识应用的规划安装上有指导权等。一诺公司向加盟商提供的核心物料上使用“益禾堂”图案，指导加盟商所经营店铺的装饰、陈列和品牌形象标识的规划和安装，在店铺招牌、装饰、菜单、工作服、宣传栏等物料上均使用了“益禾堂”“”标识和相关装饰装潢，且加盟费等大量支付通过其公司股东个人或他人账户。一诺公司使用“益禾堂”标识突出显示了“益禾堂”三个字，侵害了熠汇饮公司涉案商标专用权；许可加盟商使用熠汇饮公司特有的有一定影响的装潢构成了不正当竞争行为；虚构其系熠汇饮公司在广东区域代理商对外宣传和招商加盟的行为，拦截熠汇饮公司的商业机会，系虚假宣传并违反诚实信用原则和公认的商业道德，构成不正当竞争。一诺公司应停止侵权并适用惩罚性赔偿。乔某龙、尹某亮作为一诺公司的股东，实际控制公司，出资不实且股东财产与公司发生财产混同，应对一诺公司承担连带责任，故请求判令：1. 一诺公司立即停止侵害商标权及不正当竞争行为，即立即停止使用与“益禾堂”商标、杯形图案商标相同（近似）的标识及与熠汇饮公司相同（近似）的装潢；2. 一诺公司赔偿给熠汇饮公司造成的经济损失 150 万元；3. 一诺公司赔偿熠汇饮公司因制止侵害商标权及不正当竞争行为支付的合理费用 52277 元；4. 乔某龙、尹某亮与一诺公司承担连带赔偿责任；5. 诉讼费用由一诺公司、乔某龙、尹某亮承担。

一诺公司、乔某龙、尹某亮共同辩称，一诺公司销售涉案产品使用“益禾堂南壶诗”具有合法来源，没有侵权的故意。熠汇饮公司主张 150 万元的损失没有任何依据。一诺公司在 2019 年 12 月是全体放假的，后因疫情基本上没有经营，目前处于停业状态，请求驳回熠汇饮公司的全部诉讼请求。

一审审理查明

一、关于熠汇饮公司的相关注册商标、产品包装装潢及其知名度事实

第 23148222 号“益禾堂”注册商标核定使用商品 / 服务项目为国际分类第 43 类茶馆、咖啡馆、餐馆等。第 30854154 号“益禾堂”注册商标核定使用商品为第 21 类家用或厨房用容器、日用玻璃器皿等。第 40563646 号“益禾堂”注册商标核定使用商品 / 服务为第 16 类期刊、杂志等。第 39487742 号“”注册商标核定使用商品 / 服务为第 43 类餐厅、茶馆等。第 40687899 号“”注册商标核定使用商品 / 服务为第 21 类纸或塑料杯、日用玻璃器皿等。以上五个商标均由商标权人授权给熠汇饮公司独占许可使用，且熠汇饮公司可独立以自己的名义处理其在生产经营前述商标产品 / 服务打假维权中涉及该商标的维权事宜。

熠汇饮公司主张的不正当竞争行为是指一诺公司在授权特许加盟商经营中使用熠汇饮公司特有装潢和虚假宣传的不正当竞争行为。特有装潢具体体现为：由“益禾堂”商标标识和“畅饮年轻这一杯”广告语组成的灰色大背景蓝底和白色字体的招牌，招牌右下角带有含有饮品元素图案的四个正方形框架的店铺门头装潢；使用有木质结构上杯形图案及黄色字体的“畅饮年轻这一杯”字样的吧台；使用有“益禾烤奶”和“益禾堂小房子”组合图形的奶茶杯；将奶茶商品进行划类并独创命名、字体和颜色组合的菜单；正面使用“益禾堂小房子”图形标识以及“畅饮年轻这一杯”字样、背面有“益禾烤奶”标识的员工工作服。

二、关于侵权行为的表现情况

诉讼中，熠汇饮公司明确一诺公司的商标侵权行为是指：在招商加盟过程中使用和许可使用涉案注册商标；向加盟商销售使用被诉侵权标识的物料。具体表现为：擅自在商业活动中使用、许可使用与“益禾堂”商标近似的“益禾堂”标识，该标识突出显示了“益禾堂”三个字，仅是在“益禾堂”右上角加上了字体显著小于益禾堂的“南壶诗”三个字，足以使公众联想到熠汇饮公司经营的“益禾堂”品牌，进而产生混淆误认，侵犯了熠汇饮公司对第 23148222 号、第 30854154 号、第 40563646 号“益禾堂”商标的独占许可使用权。其中，一诺公司在招商过程中和许可过程中使用被诉侵权标识，属于在第 43 类核定使用商品 / 服务类别上的使用，分别侵犯了第 23148222 号“益禾堂”、第 39487742 号“”注册商标专用权；同时构成第 30854154 号“益禾堂”、第 40687899 号“”注册商标在第 21 类商品 / 服务类别上以及第 40563646 号“益禾堂”注册商标在第 16 类商品 / 服务类别上的近似使用；一诺公司向加盟商提供使用被诉侵权标识的商品，属于在第 21 类核定使用商品 / 服务类别上的使用，侵犯了第 30854154 号“益禾堂”、第 40687899 号“”注册商标专用权；同时，构成第 23148222 号“益禾堂”、第 39487742 号“”注册商标在第 43 类商品 / 服务类别上的近似使用。

诉讼中，熠汇饮公司明确一诺公司的不正当竞争行为具体表现为：一诺公司许可加盟商在经营的店铺招牌、吧台、员工工作服、菜单装潢中，以及供应的商品奶茶杯的杯贴上使用熠汇饮公司特有装潢，属于使用熠汇饮公司有一定影响的装潢的不正当竞争行为；一诺公司虚构其系熠汇饮公司在广东区域的代理商进行对外宣传和招商加盟，拦截熠汇饮公司的商业机会，使用熠汇饮公司的“畅饮年轻这一杯”广告语，系虚假商业宣传并违反诚信原则和公认的商业道德，构成不正当竞争。

三、其他查明的事实

诉讼中，熠汇饮公司请求一诺公司赔偿经济损失 150 万元的考虑因素为：一诺公司的侵权收益，加盟规模大，熠汇饮公司取证的一诺公司的加盟店已经有 40 家，收取的许可经营费用合计有 154.7 万元，涉及的年度管理服务费有 35000 元，履约保证金 40000 元以及供应物料的费用合计 334000 元，这些数据仅仅涉及一诺公司签订的大概不到十家店铺，但是本案中查证的加盟店铺就有四十多家。维权合理费用 52277 元中包括律师费 50000 元、公证费 340 元及差旅费等。一诺公司认为按照加盟合同费用计算获利不合理，请求减轻或者从轻惩罚。

熠汇饮公司还主张乔某龙、尹某亮与一诺公司承担连带责任，因为乔某龙、尹某亮为一诺公司的股东，实际控制公司却出资不实且股东财产与公司发生混同，可能存在共同侵权行为。

另查，一诺公司企业类型为有限责任公司（自然人投资或控股），成立日期 2017 年 12 月 8 日，注册资本 300 万元，经营范围为食品经营管理、预包装食品零售等。2019 年 6 月 17 日股东由乔某龙、谢某超变更为乔某龙、尹某亮，2020 年 5 月 11 日，一诺公司成立清算组进行清算备案。

一审判理和结果

一审法院经审理认为：

一、一诺公司是否侵害涉案商标专用权及法律责任的认定

结合在案证据可知，熠汇饮公司独占许可使用的涉案商标在国内使用的区域范围较广，具有较高的知名度。被诉侵权标识“益禾堂”“”实际使用在特许加盟授权合同中，特许加盟商的店铺招牌、装潢中，以及经营产品的包装盒、包装袋上等，在以上经营活动中可以直接起到区分商品来源的功能和作用，可以认定属于商标使用行为。其中一诺公司在特许经营加盟合同中及授权加盟商在店铺装潢及经营中的使用与第23148222号“益禾堂”、第39487742号“”商标在第43类商品/服务类别中的“茶馆、餐馆”类别相同；一诺公司授权加盟商在经营活动中销售的产品上使用被诉侵权标识与第40687899号“”、第30854154号“益禾堂”商标在第21类商品/服务类别上的“纸或塑料杯、日用玻璃器皿”类别相同；一诺公司在合同书、文件上以及授权加盟商在经营过程中的包装袋上使用被诉侵权标识与第40563646号“益禾堂”商标在第16类商品/服务类别上的“海报、包装用纸袋或塑料袋（信封、小袋）、印刷出版物”类别相同。

被诉侵权标识的使用与涉案商标核定使用商品/服务类别相同，比对被诉侵权标识“益禾堂”与涉案第23148222号、第30854154号、第40563646号“益禾堂”商标标识，被诉侵权标识使用的“益禾堂”文字与涉案商标文字构成完全相同，被诉侵权标识上方的“南壶诗”文字较小且与“益禾堂”文字字体不同，被诉侵权标识突出使用的“益禾堂”文字在视觉上与涉案商标构成无差别，整体上构成近似；对比被诉侵权标识“”与第39487742号、第40687899号注册商标标识“”，二者视觉上无差别；被诉侵权商品的上述使用情况，极易导致相关公众误认为被诉侵权标识与涉案注册商标有特定的联系，造成混淆和误认，可以认定为侵权标识。因此，一诺公司的行为侵害了熠汇饮公司享有的涉案商标专用权，应承担相应责任。

二、一诺公司是否实施了熠汇饮公司主张的不正当竞争行为，是否应承担不正当竞争行为的法律责任

熠汇饮公司与一诺公司属于同业竞争关系。根据熠汇饮公司提交的证据材料，可以认定熠汇饮公司的奶茶杯装潢、店面招牌、店铺装潢、店员服装等整体设计为《反不正当竞争法》第六条规定的有一定影响的装潢。经比对，一诺公司特许经营加盟商经营的店铺招牌及前台等店铺装潢，店员服装、包装袋、奶茶杯的包装装潢元素与熠汇饮公司相关店铺及商品的装潢元素基本相同；使用的广告“畅饮年轻这一杯”字样与熠汇饮公司相同；一诺公司在与加盟商签

订相关合同时，确有陈述其是熠汇饮公司在广东区域代理商，其品牌系熠汇饮公司子品牌等虚假宣传内容。一诺公司作为同业竞争者，成立于2017年12月8日，从时间上来讲，客观上可以获知熠汇饮公司的相关商业信息，包括商标注册情况、服务名称及相关店铺、产品的包装装潢情况，主观上具有借助熠汇饮公司商誉宣传自己的商品或服务，从而提高知名度的故意，客观上会导致相关公众对于服务来源的混淆和误认，给熠汇饮公司的合法权益造成影响。故一审法院认定一诺公司的行为混淆了服务来源，违反诚信原则和公认的商业道德，构成不正当竞争行为。

三、关于乔某龙、尹某亮是否应承担连带责任的认定

虽然有加盟商将合同款项支付至乔某龙个人账户，但并不必然导致一诺公司财产与乔某龙个人财产混同，也不足以证实乔某龙存在滥用股东权利和公司法人独立地位、逃避债务损害债权人利益，致使熠汇饮公司的债务无法实现的行为。举证期限内，熠汇饮公司未举证证实乔某龙与一诺公司存在商标侵权的故意；故一审法院对熠汇饮公司要求乔某龙与一诺公司承担连带责任的请求不予支持。一诺公司并未被强制破产清算，熠汇饮公司以股东乔某龙、尹某亮未实际出资为由，要求二人与一诺公司承担连带赔偿责任亦缺乏事实法律依据。

四、关于赔偿数额的认定

一审法院结合实际情况酌情认定律师费和公证费等实际损失。关于经济损失部分，考虑到一诺公司与案外人签订的部分特许经营加盟合同确实存在未实际履行或解除的实际情况，熠汇饮公司所受损失及一诺公司获利情况均难以实际确认，故一审法院综合考虑涉案商标、店铺装潢的知名度、商标、装潢价值、一诺公司的主观过错及纠错态度、侵权形式、期间、后果以及熠汇饮公司为制止侵权行为所支付的合理开支等因素；参考熠汇饮公司的加盟费用、一诺公司加盟商数量、加盟费用，酌情认定一诺公司的赔偿数额为300000元（含合理费用）。

综上所述，一审法院依照《商标法》第四十八条、第五十六条、第五十七条、第六十三条，《反不正当竞争法》第二条、第六条第一款、第十七条，《民事诉讼法》第六十四条之规定，判决：1. 于判决生效之日起，一诺公司立即停止侵害熠汇饮公司第23148222号、第30854154号、第40563646号、第39487742号、第40687899号注册商标专用权的行为；2. 于判决生效之日起，一诺公司立即停止不正当竞争行为，不得在相同服务、商品上使用与熠汇饮公司近似的装潢；3. 于判决生效之日起十日内，一诺公司赔偿熠汇饮公司经济损失 300000 元（含合理费用）；4. 驳回熠汇饮公司的其他诉讼请求。

上诉与答辩

一审判决后，熠汇饮公司不服，提起上诉，请求：1. 撤销一审判决第三、四项，改判一诺公司赔偿熠汇饮公司经济损失 150 万元及维权合理费用 52277 元，乔某龙、尹某亮承担连带赔偿责任；2. 一审、二审诉讼费用由一诺公司承担。理由是：1. 一审法院未查明乔某龙、尹某亮是否与一诺公司的财产发生混同、是否与公司构成共同侵权以及出资情况，导致未判令乔某龙、尹某亮承担连带赔偿责任。（1）熠汇饮公司已初步完成举证证明股东乔某龙、尹某亮与一诺公司的财产混同，且熠汇饮公司已经向一审法院申请乔某龙、尹某亮、一诺公司提供资金去向的相关证据，法院也已责令其提供，但乔某龙、尹某亮、一诺公司均未提供，依法应承担不利后果。股东未实缴出资，也应承担连带责任。（2）乔某龙、尹某亮与一诺公司共同实施了侵权行为，仅是分工不同，也应共同承担侵权责任。2. 一审法院未依照申请按照侵权获利确定赔偿数额，而采用法定赔偿，属于适用法律错误，且酌定的赔偿额远低于侵权获利，完全无法覆盖熠汇饮公司的损失。1. 本案应依据一诺公司的侵权收益确定赔偿数额。熠汇饮公司向市场监督管理局调阅档案证明，一诺公司的加盟店已经超过 40 家，一诺公司也认可该说法。关于侵权收益，熠汇饮公司提交的证据中清晰划分了“投资费用”、物料供应款项、管理费、保证金，且有相关收款收据、转账记录作为凭证，完全可以认定一诺公司的侵权收益。一诺公司提出有多个合同未实际履行，但并未提交任何证据，一审法院认定“考虑到一诺公司与案外人签订的部分特许经营加盟合同确实存在未实际履行或解除的实际情况”，既缺乏证据证明，也与熠汇饮公司提交的证据冲突。证据显示一诺公司收取的“投资费用”合计 154.7 万元（平均 85989 元/家，该数据与一诺公司公布的《关于“益禾堂南壶诗”合作费用调整通知》中的数据基本吻合）；另有年度管理服务费 35000 元，履约保证金 40000 元，供应物料的费用合计 47.3 万元（平均 52524 元/家）。上述证据证明一诺公司的侵权收益已高达 209.5 万余元，远高于一审判赔数额 30 万元。以一诺公司至少有 40 家加盟商的数据进行计算，一诺公司的“投资费用”收益总额为 343.9 万元（85989 元/家 ×40 家），供应物料收益 210 万元，亦远超一审判决 30 万元。熠汇饮公司申请法院要求一诺公司提供数据，一审法院也责令一诺公司提供加盟商、利润相关数据，一诺公司拒不提供，应当承担不利后果。2. 本案同时满足适用惩罚性赔偿的条件，一诺公司的侵权主观恶意明显、情节严重，具体表现在：（1）侵权标识与涉案注册商标非常近似，且使用商品相同，导致相关公众产生混淆；（2）侵权时间长；（3）侵权行为的社会影响大，涉及众多消费者和加盟商，造成大规模的加盟商在市场监督管理局、街道办等投诉、举报；（4）侵权行为恶劣，一诺公司的商标已经达到混淆程度，且其大范围虚假宣传、虚构与熠汇饮公司的关系。综上，应在一诺公司侵权获利基础上适用惩罚性赔偿。3. 即使酌定赔偿数额，一审法院酌定的数额也畸低。一审法院未查明和参考一诺公司主观恶性大、侵权持续时间长、影响恶劣的特点，反而认为一诺公司有“纠错态度”，明显与事实不符。即使酌定赔偿数额，也不应畸低于一诺公司的侵权收益或熠汇饮公司许可使用费的合理倍数。（1）一诺公司在 2016 年申请注册“益禾堂南壶诗”并获得初审公告，于 2020 年 2 月才获得驳回初审回复，与商标局的查询结果完全不符；（2）根据商标局的查询结果，一诺公司在 2019 年 8 月被受理“益禾堂南壶诗”的注册申请时，熠汇饮公司的益禾堂品牌已经在区域内具有极高的知名度，一诺公司作为同业经营者其注册行为反而彰显其恶性；（3）熠汇饮公司在 2020 年 1 月即提起异议，一诺公司在 2020 年年初仍然持续对外进行招商、供应活动，具有明显恶意，其所述的从 2019 年 6 月至 12 月的经营主张也不属实。因此，一诺公司所述的侵权时间短、纠错态度好均是在没有举证情况下不负责的抗辩，一审法院不应将其作为减轻责任的考量因素。4. 熠汇饮公司在一审时将经济损失赔偿、合理费用分开主张，而一审法院将两项合并酌定为 30 万元，熠汇饮公司认为一审法院酌定数额实属过低。

一诺公司、乔某龙、尹某亮二审答辩意见与一审基本相同。

二审审理查明

熠汇饮公司向一审法院申请责令一诺公司等提交使用涉案商标的加盟商数量、实际收款情况及收款后资金流向，但一诺公司等限期内并未提交。二审法院亦责令一诺公司等提供上述材料，一诺公司等虽承诺于庭后七个工作日内整理并提供，但并未提交。

关于本案赔偿数额的确定，熠汇饮公司主张以一诺公司侵权获益作为赔偿依据，并提出两种计算方式：第一种是以现有证据中一诺公司与加盟商签订合同中的投资费用（加盟费）确定一诺公司的获利数额，具体包括刘某林等 18 名加盟商向一诺公司支付的投资费用（加盟费）合计 1522800 元；第二种是根据一诺公司自认其加盟商数量估算一诺公司的获益情况。一诺公司在一审及二审庭审中均自认其加盟商数量约为 40 家，根据一诺公司于 2019 年 9 月 1 日发布的《关于“益禾堂南壶诗”合作费用调整通知》显示，一诺公司关于“益禾堂南壶诗”加盟费用自2019年9月1日由79800元调整为119800元，物料供应每家52524元，由此估算一诺公司的侵权获益为553.9万元。经查，一诺公司与加盟商的合作协议中记载投资费用含技术培训、生产设备及配件，第三条约定“合作费用的使用及费用支付方式：1.甲方持有的商号、注册商标、企业标识的使用费。2.甲方系统的专业技术工业培训费。3.甲方提供的运营指导、新品研发和其他服务费用。4.甲方提供的专业生产设备及其配件”。其中，加盟商江某玲提供《开店流程确认书》记载，江某玲开店分六个步骤，一诺公司为江某玲提供开业筹备、运营指导、售后服务等服务。

另查明，二审法院审理的涉及一诺公司与其加盟商的特许经营合同纠纷共计22件，均涉及特许经营资源“益禾堂南壶诗”标识且已生效。一审法院查明的一诺公司加盟商为17家，一诺公司在二审提交的裁判文书及和解协议涉及加盟商17家，二审法院审理中查明的裁判文书涉及一诺公司加盟商10家，故本案已核查的一诺公司加盟商共计44家。经统计，一诺公司累计共向44家加盟商收取投资费用3516200元，物料费用797554.1元。其中有裁判文书及和解协议佐证的29家特许经营加盟商中，共计收取投资费用及年度运营管理费2223200元，物料费用384104.1元，经生效判决累计返还投资费用1555540元，累计返还物料费用166716元。根据上述数据，一诺公司已获得的投资费用为1960660元，物料费为630838.1元。

还查明，熠汇饮公司在一审中提交了一份中国工商银行的境内汇款电子回单，记载收款户名乔某龙，收款金额124280元，付款户名罗某雄。此外还提交了收款用户名分别为“给兮哩哩”“嘟嘟嘟”的两份微信账单详情，金额分别为37500元和62400元。熠汇饮公司据此主张加盟费系向一诺公司的股东以及不知名账户支付，而一诺公司未提供相应的资金去向，故其股东财产与公司财产混同。

再查明，熠汇饮公司向一审法院提交其与加盟商之间于2017年9月至2018年7月期间签订的特许经营合同11份，记载的店面地址包括桂林市、贵港市、广州市等地，约定熠汇饮公司（甲方）许可加盟商（乙方）使用“益禾堂”商标，并提供管理体系的咨询和培训，管理体系即有价值的专用商名、商标、建筑风格、装修风格、培训体系、财务体系、营销体系、营运体系和专有技术等，其核心内容是商标、专有技术质量标准及VI识别体系。合同约定三年品牌使用费35000元，管理费15000元，市场保证金10000元，保证金于合同期满后予以退还。

二审判理和结果

二审法院认为，关于乔某龙、尹某亮应否对一诺公司的赔偿数额承担连带赔偿责任的问题。熠汇饮公司主张乔某龙、尹某亮作为一诺公司的股东，利用个人账户收取公司款项，与公司财产混同，且乔某龙、尹某亮与一诺公司分工合作，构成共同侵权，故乔某龙、尹某亮应当对一诺公司的侵权赔偿数额承担连带责任。但从本案现有证据来看，熠汇饮公司提交的17家使用被诉侵权标识的加盟商的合作协议、付款凭证等证据中，乔某龙以个人名义收取加盟费的情形仅有一次，而熠汇饮公司所主张的不明账户收取加盟费的情形亦仅有两次，而且本案未有证据证明尹某亮存在以个人名义收取加盟费的情形，据此可知，熠汇饮公司提交的证据不足以证明乔某龙、尹某亮与一诺公司构成财产混同，更不足以证明乔某龙、尹某亮与一诺公司构成共同侵权。因此，熠汇饮公司上诉主张乔某龙、尹某亮应对一诺公司的侵权损害赔偿承担连带责任，缺乏事实依据，二审法院不予支持。

关于一审法院确定的赔偿数额是否合理的问题。首先，本案应当适用法定赔偿。本案中，熠汇饮公司主张按一诺公司的侵权获利计算赔偿数额。熠汇饮公司主张一诺公司的投资费用为一诺公司侵权所获得的利益，但根据熠汇饮公司提交的证据显示，一诺公司与其加盟商在签订合同时约定该投资费用包含技术培训、生产设备及配件，相应的合作协议中也对上述合作费用作出进一步的约定，除商标授权使用费外，还包含专业技术工业培训费、运营指导费、新品研发费及生产设备与配件费用等。根据熠汇饮公司提交的加盟商微信聊天记录、《开店流程确认书》等证据显示，一诺公司在加盟商签订合作协议后实际履行了店铺选址、店面设计、技术培训等后续服务，可见，商标等经营资源仅是特许经营合作费用的一部分。此外，计算一诺公司获得的合作费用还应扣除其已经返还给加盟商的部分，并且熠汇饮公司并未举证证明涉案商标和有一定影响的装潢的市场价值以及所占合作费用的比例。基于上述事实，熠汇饮公司主张该投资费用均属于商标授权费用，并以此作为一诺公司的侵权获益数额不能成立。鉴于本案一诺公司侵权获利的具体数额无法确定，一审法院适用法定赔偿确定赔偿数额并无不当。熠汇饮公司主张按一诺公司的侵权获利计算赔偿数额不能成立，二审法院不予支持。至于熠汇饮公司主张适用惩罚性赔偿的问题，熠汇饮公司未在一审法庭辩论终结前提出，而二审中未能与一诺公司对赔偿数额达成调解，故二审法院对其该项主张不予支持，熠汇饮公司可另行起诉。

其次，关于本案适用法定赔偿时应考虑的因素。结合本案的具体情况，二审法院重点考虑以下几个因素：1. 涉案商标以及特有装潢的知名度。从本案查明的事实来看，益禾堂品牌始创于 2012 年，熠汇饮公司成立于 2018 年并经营益禾堂品牌招商加盟业务，结合熠汇饮公司一审提供的加盟商数量、媒体的宣传报道等证据，益禾堂品牌在茶饮品牌中具有较高的知名度。2. 一诺公司侵权的主观恶意。一诺公司在 2019 年注册申请被诉侵权标识，突出使用“益禾堂”字样，且在商标未通过注册申请时即开展招商加盟活动，加盟店所使用物料的包装装潢均模仿熠汇饮公司已构成有一定影响的装潢。根据与一诺公司签订合同的加盟商的陈述，一诺公司在与加盟商签订相关合同时，陈述其是熠汇饮公司在广东区域的代理商，其品牌系熠汇饮公司的子品牌。上述事实足以证明一诺公司存在攀附熠汇饮公司的益禾堂品牌商誉的恶意。3. 一诺公司的侵权情节。根据本案查明的事实，一诺公司的侵权行为包括商标侵权和擅自使用有一定影响的装潢的不正当竞争，并且通过授权加盟商在经营过程中使用被诉侵权标识以及特有装潢。这种许可使用的侵权行为为源头侵权，侵权行为造成的影响范围大、损失及后果严重。4. 熠汇饮公司的益禾堂品牌的许可使用费。根据熠汇饮公司提供的与其加盟商之间的特许经营合同，熠汇饮公司授权加盟商加盟的品牌使用费及管理费为 50000 元 / 三年，合同中明确约定该费用的核心内容为商标、专有技术质量标准及 VI 识别体系。5. 一诺公司的侵权规模。一诺公司使用被诉侵权标识以及特有装潢作为核心经营资源从事特许经营业务，现有证据证明至少已有 44 家加盟商，累计获取的投资费用及年度运营管理费高达 3516200 元，物料费用 797554.1 元。即便扣除因违约返还的费用，剩余的收益仍有 1960660 元，物料费用 630838.1 元。根据《商标法》第六十三条第二款的规定，人民法院为确定赔偿数额，在权利人已经尽力举证，而与侵权行为相关的账簿、资料主要由侵权人掌握的情况下，可以责令侵权人提供与侵权行为相关的账簿、资料；侵权人不提供或提供虚假的账簿、资料的，人民法院可以参考权利人的主张和提供的证据判定赔偿数额。一诺公司在一审、二审法院责令其提交相关账簿、资料的情况下，仍拒不提供，二审法院在确定赔偿数额时将着重参考上述查明的数额。6. 熠汇饮公司为维权支出的合理费用。熠汇饮公司主张为维权支付律师费、公证费及差旅费共计 52277 元，并提交了律师费 50000 元及公证费 2423 元的发票。综合考虑上述事实，一审法院酌定的赔偿数额明显偏低，二审法院依法酌定一诺公司赔偿熠汇饮公司经济损失（包含合理费用）1000000 元。本案中，一审、二审法院均责令一诺公司提交由其控制的相应证据材料，一诺公司无正当理由拒不提供，导致本案判赔数额难以查清，故一审、二审的诉讼费用均应由一诺公司承担。

综上所述，二审法院依照《商标法》第六十三条、《民事诉讼法》第一百七十七条第一款第（二）项规定，判决：1. 维持一审判决第 1、2 项；2. 撤销一审判决第 4 项；3. 变更一审判决第 3 项为：一诺公司于本判决生效之日起十日内，赔偿熠汇饮公司经济损失（含合理费用）1000000 元；4. 驳回熠汇饮公司的其他诉讼请求。

【法官评述】

在知识产权侵权诉讼中，如何查明权利人的实际损失或侵权人的侵权获利以确定损害赔偿数额，一直制约着知识产权审判质量与司法保护水平的提升。我国现行《专利法》第七十一条、《商标法》第六十三条和《著作权法》第五十四条等均规定了证据披露和举证妨碍制度。适用证据披露和举证妨碍制度的条件包括：相关证据是查明案件事实的关键证据；负有举证责任的一方已经尽力举证；法院依法要求证据持有者披露相关证据；证据持有者无正当理由不提供或者提供虚假的证据。从实践来看，适用证据披露和举证妨碍制度，可以推定不利于证据持有者的主张成立，或者参考权利人的主张和提供的证据判定赔偿数额，从而有利于促使侵权人积极履行举证义务，保障诉讼程序的顺利进行。同时，该制度还能适当减轻权利人的举证负担，破解权利人举证难等问题。

在案件审理中，权利人提出侵权赔偿并完成初步举证后，如果被诉侵权方拒绝提供其有关获利的证据，此时，法院可以适用证据披露规则，认定被诉侵权方承担举证妨碍责任。本案中，熠汇饮公司主张一诺公司侵权获利极高，为证明其主张，熠汇饮公司开展了大量调查活动，通过现场取证、市场监督投诉、律师持令调查等方式获取并提交了大量证据，包括加盟合同、收据、案外人的转账记录等。此外，熠汇饮公司还根据已掌握的证据初步统计出加盟商数量、加盟合同收益、供应物料费用数据，基于此，其请求判决一诺公司赔偿 155 万余元。本案中，依据熠汇饮公司的申请，一审、二审法院均责令一诺公司提交使用被诉侵权标识的加盟商数量、实际收款情况及收款后资金流向，一诺公司在庭审中承诺庭后提交，但其在期限内没有提交。一诺公司拒绝披露相关证据，应承担举证妨碍责任。

此外，侵权人的恶意、侵权行为的情节与法院最终确定的赔偿数额密切相关，尤其是对于恶意侵权行为，理应加大惩罚力度。"益禾堂"商标在熠汇饮公司的持续经营和推广下，在奶茶品牌中已经具有了一定的知名度，一诺公司在经营中突出使用"益禾堂"字样并将被诉侵权标识申请注册为商标，该行为具有攀附恶意。一诺公司在商标申请未核准注册的情况下大肆开展招商加盟业务，这种许可使用的侵权行为属于源头侵权，侵权行为造成的影响范围大、损失及后果严重。二审法院着重参考在案事实查明的数额，作出不利于一诺公司的事实推定，所确定的100万元赔偿数额更为合理。

本案中充分运用了证据披露与举证妨碍制度，该做法在破解权利人举证难题、推动诉讼诚信建设方面具有典型借鉴意义：一是法院在权利人已经尽力举证、侵权人实施举证妨碍行为的情况下，将侵权人的行为作为确定赔偿额时的考量因素之一，着重参考已查明的事实，据以确定赔偿额，有利于贯彻"全面赔偿原则"，尽可能实现对权利人的充分救济；二是法院根据侵权人的举证妨碍行为确定由侵权人承担一审、二审全部诉讼费用，既是对举证妨碍惩处制度的落实，又提高了侵权成本，缓解了权利人的维权压力，有助于强化知识产权司法保护。

编写人：广州知识产权法院　蔡健和　王冠燕
（编辑：邓志愿）

22

正新公司与广州食盟公司等侵害商标权及不正当竞争纠纷案

阅读提示：对于严重侵犯知识产权的行为，人民法院应综合分析赔偿额证据，敢于适用惩罚性赔偿制度。

【裁判要旨】

本案的审理过程中，权利人已尽力完成对于侵权人可能存在侵权获利的举证，但根据其举证，仍不能准确计算出侵权人获利的确切数字。一审法院通过梳理案情，对涉及被告侵权获利的复杂证据予以整理、部分采信，在根据现有证据可以认定的部分获利数额的基础上，认定侵权人获利数额加上倍数，已经超过权利人的诉请。一审法院依法适用惩罚性赔偿，全额支持权利人千万诉请。司法要敢于“亮剑”，对于严重侵犯知识产权的行为，人民法院应综合分析赔偿额证据，敢于适用惩罚性赔偿制度。

【案号】

广州知识产权法院（2021）粤73民初85号

【案情与裁判】

原告：上海正新食品集团有限公司（简称正新公司）

被告：广州食盟企业管理有限公司（简称广州食盟公司）

被告：广州澳广企业管理有限公司（简称广州澳广公司）

被告：四川食盟企业管理有限公司（简称四川食盟公司）

被告：李某康

被告：刘某

被告：陈某江

被告：段某辉

起诉与答辩

正新公司起诉称，1. 正新公司依法享有“正新”“正新”“正新鸡排”“正新”“”等多项“正新”系列注册商标专用权。2. 各被告侵犯正新公司注册商标专用权及实施不正当竞争行为。广州食盟公司、广州澳广公司、四川食盟公司、原四川澳广企业管理有限公司（已注销）（简称四川澳广公司）共同实施商标侵权、不正当竞争行为。李某康与广州食盟公司、广州澳广公司、四川食盟公司、四川澳广公司共同侵权。李某康使用个人多个银行账户收取广州食盟公司、广州澳广公司、四川食盟公司、四川澳广公司运营“白羽正新”项目的授权加盟所得款项，是常态化经营行为，且广州食盟公司对此行为出具公司汇款账号说明及收款收据。3. 四川澳广公司在本案诉讼期间在未告知正新公司及法庭的情况下，进行注销清算并发布债务已清偿完毕、无司法案件的不实承诺，属于未依法清算即完成注销，且其股东完全未履行 300 万元出资义务。其赔偿责任应变更为由其股东及清算组成员刘某、陈某江承担。4. 各被告实施的侵权行为情节严重且获利巨大，侵权恶意明显，法院应适用惩罚性赔偿制度，依法惩处严重侵害知识产权的行为。正新公司请求法院判令：1. 广州食盟公司、广州澳广公司、四川食盟公司、李某康立即停止使用与正新公司“正新”“正新”“正新鸡排”“正新”“”等“正新”系列注册商标相同或者近似的商标的侵权行为；2. 广州食盟公司、广州澳广公司、四川食盟公司、李某康立即停止实施足以引人误认为与正新公司存在合作或同一系列品牌的特定联系的混淆行为以及作引人误解虚假宣传的不正当竞争行为；3. 广州食盟公司、广州澳广公司、四川食盟公司、李某康在《法制日报》《广州日报》《上海日报》、被告官网及公众号显著位置刊登声明、消除影响；4. 六被告连带赔偿因其实施侵犯正新公司商标权行为和实施不正当竞争侵权行为所致正新公司的经济损失 1000 万元；5. 六被告连带赔偿正新公司为制止侵权行为而支付的调查费、公证费、律师费、担保费等合理开支 5 万元；6. 段某辉对四川食盟公司以上第 4、5 项诉讼请求的赔偿义务承担连带责任；7. 七被告承担本案诉讼费、保全费。

广州食盟公司、广州澳广公司、四川食盟公司、李某康、刘某、陈某江、段某辉均未到庭答辩，均未提交任何书面材料。

一审审理查明

一、正新公司涉案商标的权利情况

正新公司系第3589099号“正新”商标、第9710123号“正新”商标、第19687366号“正新”商标、第19878269号“正新鸡排”商标、第19878246号“正新”商标、第15655097号“”商标、第1627211号“正新”商标、第9710076号“正新”商标、第9710097号“正新”商标的权利人。

二、正新公司涉案商标知名度的情况

（一）正新公司介绍

正新公司的官网网页上显示影视演员黄渤为正新公司的形象代言人；集团简介描述“正新成立于2006年，是以食品为主导……的大型多元化产业集团”。截至2020年6月16日，正新集团“正新鸡排”全国分店达2万多家。自2013年至今，正新公司与全国多个城市经营者签订《正新特许经营合同》。

（二）营业收入及广告费用支出

正新公司2015年至2019年的年度财务报表及审计报告显示，2015年至2019年的总营业收入分别为85505561.17元、263995405.53元、366813057.52元、227791809.34元、248525284.21元；2015年、2016年、2018年的广告费分别为1191572.30元、19862889.74元、9387926.22元。

（三）商业宣传及推广

2009年至2017年，正新公司与案外人多次签订广告合同，通过多种形式的广告投放在全国范围内对“正新鸡排”进行宣传。2015年至2016年，正新公司与黄渤（上海）影视文化工作室、黄渤签订《使用平面广告合同》《代言合同》，约定由黄渤担任“正新鸡排”产品形象代言人。

（四）正新公司企业及“正新”品牌各年度所获荣誉

正新品牌曾获“2017中国餐饮新零售20强最佳餐饮新零售”“2019年度餐饮优秀连锁品牌奖”“2019中国小吃十大品牌”等荣誉证书、奖牌；正新公司曾获“2010中国饭店业百家优秀品牌企业”“2018年度最佳全国时尚连锁50强”等荣誉证书、奖牌；正新公司的正新鸡排、正新肉串、正新鱿鱼、正新烤鸭脖曾分别获中国饭店协会颁发的“中国名小吃”证书。

三、各被告的侵权行为

1.广东省广州市白云区人民法院（2019）粤0111民初29683号民事判决书。该案的原告为杨某霞，被告为广州食盟公司，案由为特许经营合同纠纷。该判决查明杨某霞（甲方）与广州食盟公司（乙方）签订《运营服务合同》，项目

名称为：白羽正新。合同签订之日，甲方向乙方支付服务费 41000 元。

2.（2020）深盐证字第 12556 号公证书。广州食盟公司的经营场所内，店铺招牌、宣传海报、产品宣传图片等有使用“”或“”“”标识；宣传海报亦显示黄渤代言的宣传照片。宣传册封面及内容均展示有“”标识以及黄渤代言的宣传照片，其中一本宣传册内显示有三种店铺形式，分别为创业店、标准店和旗舰店，并显示区域代理二线城市 8 万元、一线城市含北上广深 12 万元。其中一本宣传册中的菜式包括“正新金典鸡排杯”“正新小吃豪华组合杯”等内容。宣传资料显示有黄渤的宣传图片以及“”标识，显示设立创业店、标准店、旗舰店，分别收取合作费 29800 元、39800 元、49800 元，以及管理费 2000 元、保证金 10000 元。

3.（2020）川国公证字第 85534 号公证书。四川食盟公司的经营场所内，宣传册、宣传资料内容与上述（2020）深盐证字第 12556 号公证书所附宣传册、宣传资料内容一致。场所内展示店铺亦显示有“”标识，并使用黄渤的照片进行宣传。展示的产品实物中的饮料杯上也使用了上下排列的“”“”标识。

4.（2020）川国公证字第 85535 号公证书。成都市一家标识为“白羽正新”的店铺内，店铺的招牌、店铺内装潢、菜单以及所购饮品的饮料杯及包装袋上均显示有“”以及上下排列的“”“”标识。

5.（2020）深盐证字第 14050 号公证书。广州食盟公司开办的白羽正新鸡排官网中有使用“”“”“”标识。四川食盟公司开办的食盟企业管理有限公司的网站首页显示有“旗下品牌”，其中包括“白羽正新”项目，使用“”“”“”等标识。对“白羽正新”项目进行推广介绍。查看“餐饮杰”“商告网”“全球项目网”等品牌招商宣传网站，“白羽正新”加盟招商信息中使用“”“”“”等标识。其中“餐饮杰”网站招商信息中显示其中一家门店招牌有使用“”标识及“正新鸡排”文字及拼音、英文 zhengxin chicken steak。

6.（2020）深盐证字第 14052 号公证书。在“抖音”App、“今日头条”App 上查询“白羽正新”，查询到相关用户使用了“”“”“”标识。

7.（2020）深盐证字第 14053 号公证书。被告的员工微信账号“A 食盟招商经理刘某 130442××××××”，查看该微信号发布的朋友圈内容，该朋友圈内容多为签约、店铺新开业或客户到公司考察的照片，照片中的门店照片均显示使用有“”标识。其中，有部分照片配文中涉及地点，其中签约以及新店开张的内容包括湖南李先生（代理）、江西许先生、湖南、湖南向先生、四川绵阳邹先生、湖南衡阳刘先生（代理）、广西北海（代理客户店面）、宁夏、广东梅州卢总、安徽马鞍山、广西、湖南省株洲（代理）、云南昆明沈总（代理）、广东惠州周先生（代理）、湖南郴州、海南琼海（代理）、广东汕头（代理）、江西余先生、佛山南海区（代理）、广西贺州平桂区（代理）、广东阳江市（代理）、湖南岳阳、广西南宁江宁区（代理）、深圳龙岗店、江西、湖北、广西南宁马山县（代理）、福建福州等。该微信朋友圈内容显示时间从 2020 年 4 月至 2020 年 6 月。正新公司与被告的员工微信账号“张某 135407×××××”洽谈付款，主要内容为：6 月 21 日，“张某 135407×××××”发送一张账号图片，并称这是公司授权的私人账户，李某康是其公司财务。前述图片显示抬头为“广州食盟汇款账号”主要内容为广州食盟公司授权李某康为其银行开户授权人，并附有李某康的多个银行账号信息，该材料上加盖有广州食盟公司印章。“DJL”对转账到李某康的私人账户表示担心，“张某 135407×××××”提出“那你就直接打我成都食盟的对公账户吧”，并提供四川食盟公司的银行账户信息。后双方继续洽谈，其间“张某 135407×××××”提到他们有四家公司，在广州、成都、南京、山东都有公司，成都食盟是先起的，总部是在广州，都是同一个老板。经沟通，“DJL”最后向李某康的农业银行账号转账 1000 元定金。正新公司向法院提交了上述收据，收据显示为“食盟白羽正新合作费”，注明“收到杜某磊白羽正新标准店合同定金”，盖有广州食盟公司的财务专用章。点击查看“张某 135407×××××”发布的朋友圈内容，该朋友圈内容多为加盟者合作成功的照片，部分照片显示有门店照片，门店照片和柜台均有使用“”标识，内容中还显示有黄渤的代言形象。签约客户照片配文中有部分显示有地点，与上述“A 食盟招商经理刘某 130442×××××”朋友圈内容不同的，还显示有广东东莞的薛先生、湖南长沙代理的李先生、广西柳州代理吕老板、湖南永州许先生、广州杨先生、广州王女士、陕西汉中杨先生、广东佛山张女士、河南信阳杨先生、广西博白郑先生（代理）等。该微信朋友圈内容显示时间从 2020 年 3 月至 2020 年 7 月。

8.（2020）深盐证字第 14051 号公证书、在“美团”“大众点评”“饿了么”App 上，定位不同城市分别搜索“白羽正新”，查询到若干城市均有“白羽正新”店铺。部分店铺信息显示有“”以及上下排列的“”“”

标识以及黄渤宣传图片。

9. 大众点评、美团搜索结果。在深圳地区搜索“白羽正新”，显示有五家“白羽正新”门店，均使用“”“”标识，其中有一家门头上有“食盟企业”字样。

10.（2020）深盐证字第15169号公证书。佛山市标识有“白羽正新”的店铺，其在饮料杯上使用了上下排列的“”“”标识，店铺的招牌、菜单、装潢及宣传海报上均有使用“”标识，宣传海报上还使用了黄渤代言产品的图片。

11.（2020）深盐证字第15170号公证书。惠州市标识有“白羽正新”的店铺，其在饮料杯上使用了上下排列的“”“”标识，店铺的招牌、宣传单及宣传海报上均有使用“”标识，宣传海报上还使用了黄渤代言产品的图片。

12.（2020）深盐证字第16069号公证书。广州食盟公司开设的“白羽新港式鸡排”及“食盟企业管理”微信公众号，均使用了“”“”“”标识。2019年2月15日，“食盟企业管理”微信公众号发布一篇名为“食盟集团将登场GFE第三十八届广州餐饮加盟展（一）”的文章，其中“GFE历届知名品牌”中包括“黄渤代言的正新鸡排”。

13. 可信时间戳认证证书及其所附文件内容。被告的员工“白羽李某清166020××××”的微信，查看该微信号发布的朋友圈内容，该朋友圈内容多为产品宣传、签约、店铺新开业或客户到公司考察的照片，照片中的门店及前台均显示有使用“”标识，宣传的产品上多见上下排列的“”“”标识，朋友圈内还显示有黄渤代言的宣传图片。签约客户照片配文中有部分显示有地点，与上述第14053号公证书所涉微信朋友圈内容不同的，还显示有广西百色杨女士、抚州鲁女士（代理）、衡阳、广东东莞欧先生、浙江绍兴黄女士（代理）、贵州吴女士等。该微信朋友圈内容显示时间从2020年7月至2020年8月。

正新公司在庭审以及庭后的说明中明确，被告使用被诉侵权“正新金典鸡排杯”“正新小吃豪华组合杯”“正新特制鸡排杯”等标识的行为，侵犯其第3589099号“”、第9710123号“”、第19687366号“正新”商标；被告使用被诉侵权“”“”标识的行为，侵犯其第3589099号“”、第9710123号“”、第19687366号“正新”、第19878269号“正新鸡排”、第19878246号“”、第1627211号“”、第9710076

号“正新”、第 9710097 号“正新”商标；被告使用被诉侵权“”标识的行为，侵犯其第 15655097 号“”商标。

庭审中，正新公司明确本案主张的不正当竞争行为为虚假宣传，称各被告虚构正新公司签约的品牌代言人黄渤为其明星代言人，做虚假以及引人误解的商业宣传，欺骗和误导投资及消费者。黄渤投资的上海瀚纳影视文化传媒有限公司出具《关于黄渤先生与“白羽正新”无任何代言及授权的说明》，内容包括“本公司及艺人黄渤先生与‘白羽正新’品牌无任何代言及授权关联，也未进行过与‘正新鸡排’【现炸鸡排】产品存在竞争关系的其他同类产品的代言”。

正新公司主张依据各被告侵权获利确定本案的经济损失，并主张适用惩罚性赔偿，倍数为五倍。关于基数，正新公司称被告宣传中称其加盟店已超两千家，即便是正新公司整理证据中显示的加盟店，也达 132 家，再根据被告宣传资料中的加盟店以及代理的收费，远超正新公司诉请。关于合理开支 5 万元，正新公司称其举证的费用已达 21298 元，还有 3 万元已经实际支出尚未提供票据的律师费。

正新公司为证明其合理开支，还向法院提交了公证费发票、收据、四川食盟公司项目专用收据等作为证据。

另查明，段某辉是四川食盟公司的法定代表人及唯一股东。四川澳广公司于 2020 年 11 月 5 日核准注销，该公司由刘某、陈某江出资，公司解散时，刘某、陈某江郑重承诺：“本企业申请注销登记前未发生债权债务 / 已将债权债务清算完结……清算工作已全面完结……本企业全体投资人对以上承诺的真实性负责，如果违法失信，则由全体投资人承担相应的法律后果和责任，并自愿接受相关行政执法部门的约束和惩戒。”

一审其余查明事实略。

一审判理和结果

一审法院审理认为，本案争议焦点为：1. 各被告的行为是否侵犯正新公司涉案注册商标专用权；2. 各被告的行为是否构成不正当竞争；3. 如果被诉侵权行为成立，应当如何确定各被告的责任。

一、各被告的行为是否侵犯正新公司涉案注册商标专用权

被告在特许经营活动中使用被诉侵权标识，并许可他人使用被诉侵权标识，构成商标性使用。正新公司在本案中主张的商标核定使用的服务项目为第 43 类包括餐馆等；第 29 类包括肉、香肠等；第 32 类包括奶茶（非奶为主）、不含酒精的果汁饮料、果茶（不含酒精）等。分析现有证据可知，被告使用或许可使用被诉侵权标识的内容是餐饮服务，并提供肉类以及奶茶、果茶等饮品，即被告有在相同服务或商品上使用被诉侵权标识的情形。且由于餐饮服务的特殊性以及被告使用被诉侵权标识状态的多样性，服务和商品的区分并不清晰，商品和服务之间存在特定联系，容易使相关公众混淆，故即便是严格定义为服务或商品，被诉侵权标识的使用亦具有商品与服务类似的情形。至于比对，一审法院认为，正新公司主张的九个商标，除第15655097号“”商标外，其他均包含“正新”文字，“正新”二字，并非汉语中的固定搭配，显著性较高，且正新公司的证据显示，通过正新公司使用，其正新系列商标具有较高的知名度。而被诉侵权标识的使用方式，对于被诉侵权“正新金典鸡排杯”“正新小吃豪华组合杯”“正新特制鸡排杯”等标识，识别的是“正新”二字，经过比对，其与第3589099号“正新”、第9710123号“正新”商标构成近似，与第19687366号“正新”商标构成相同。对于被诉侵权“白羽正新 HK CHICKEN”“白羽正新 HK CHICKEN”标识，“白羽”是一种鸡的品种，且“正新”二字使用了不用的颜色，“白羽正新”的使用，容易使消费者认为该服务或商品来源于正新公司，或是正新公司开发的新产品或服务。经将该两被诉侵权标识与正新公司主张的八个涉案商标进行一一比对，一审法院认为构成近似。对于被诉侵权“”标识，其与正新公司主张的第15655097号“”商标，虽然鸡头的具体形态不同，但是二者均具有圆圈加鸡冠造型，在正新公司商标具有较高知名度的情况下，一审法院亦认定二者构成近似，容易导致混淆。一审法院认定被告使用被诉侵权标识构成商标侵权，正新公司的主张成立。

二、各被告的行为是否构成不正当竞争

本案中，正新公司提供了证据证明黄渤是正新公司的形象代言人。正新公司亦提供了证据证明其在宣传中大量使用了黄渤形象，可以认定正新公司的“正新”鸡排品牌与黄渤形象产生了特定联系。现有证据显示被告在经营“白羽正新”项目中使用了黄渤代言的图片，加盟的店铺在实际经营中也使用了黄渤代言的宣传图片。现正新公司向一审法院提供了上海瀚纳影视文化传媒有限公司出具的说明，可以证明黄渤未与被告存在代言或授权关系的事实，且被告亦未到庭证明其与黄渤存在代言或授权关系，一审法院认定黄渤与被告不存在代言或授权关系。在此情况下，被告在经营活动中使用黄渤代言的宣传图片，且宣传代言的产品与正新公司的产品相同，被告作虚假的商业宣传，欺骗、误导消费者，构成不正当竞争。

三、关于民事责任的承担

（一）关于侵权主体的认定问题

综合本案查明事实，一审法院认定广州食盟公司、广州澳广公司、四川食盟公司、四川澳广公司共同实施了涉案商标侵权及不正当竞争行为。关于李某康，现有证据显示李某康提供银行账号帮助广州食盟公司收取白羽正新项目合作费，并在事实上收取了正新公司代理人的定金，帮助广州食盟公司实施商标侵权和不正当竞争行为。虽然微信聊天记录中白羽正新项目的工作人员称李某康是公司财务，公司授权其收款。但是，李某康并未到庭应诉证明其与广州食盟公司的关联性，也未提交证据证明其已经将所收款项返还公司。结合微信聊天记录中工作人员称广州是总部、都是同一个老板，所有被告均未到庭应诉以及一审法院上述关于广州食盟公司、广州澳广公司、四川食盟公司、四川澳广公司构成共同侵权的论述，一审法院认定李某康构成共同侵权，应当承担连带责任。

（二）关于责任的承担问题

广州食盟公司、广州澳广公司、四川食盟公司、李某康共同实施了涉案商标侵权及不正当竞争行为，应当承担停止侵权、赔偿损失等民事责任。结合本案案情，从必要性以及可操作性角度出发，一审法院支持正新公司关于广州食盟公司、广州澳广公司、四川食盟公司在《广州日报》《上海日报》上刊登声明、消除影响的主张。

第一，关于赔偿损失金额。本案中，被告实施的是商标侵权及虚假宣传的不正当竞争行为，侵害正新公司多个商标权，并使用正新公司的代言人虚假宣传，实施的是全方位的侵权行为。正新公司经过多年经营，至 2019 年 11 月，在全国已开设有两万家门店，知名度较高。上述第 14050 号公证书显示被告在“餐饮杰”网站上的加盟信息中同时使用了带有正新公司商标以及带有被诉侵权标识的图片。上述第 16069 号公证书载明，“广州食盟企业”公众号发布的一篇名为“食盟集团将登场 GFE 第三十八届广州餐饮加盟展（一）”的文章中显示，GFE 历届知名品牌”中包括“黄渤代言的正新鸡排”。故可以认定被告知晓正新公司的权利商标以及代言人，被告主观上有侵权的故意，且恶意明显。第二，关于侵权情节。被告在全国成立多家公司共同实施侵权行为，侵权规模大。公证书内容显示，被告自称 2018 年推出“白羽正新”品牌，现有证据至少显示至 2020 年 8 月尚有签约行为，再考虑到合同持续时间，可以证明被告侵权行为持续时间长。虽然被告网站上显示被告亦有经营其他品牌，但是多个被告员工的微信朋友圈信息可见均为涉及“白羽正新”项目的内容，可以认定被告以侵害知识产权为业。从被告员工的朋友圈信息可见，被告的侵权地域广泛，侵权获利巨大，且被告是通过特许经营的方式实施侵权行为，被告的行为侵权后果严重。综合以上因素，一审法院认为被告的侵权情节严重。对于正新公司关于按照五倍主张惩罚性赔偿的主张，一审法院予以支持。第三，关于基数，公证书载明被告在加盟信息中自称门店总数为 1111 家，或意向加盟数为 3919 家，申请加盟数为 821 家，或意向加盟者 4662 人，申请加盟者 568 人。正新公司称其通过整理证据，显示加盟店达 132 家。一审法院通过整理三个微信朋友圈中附文显示地点、身份的部分内容，已基本可见共 56 家，其中代理 20 家，再以被告宣传中最低合作费 29800 元、代理费 80000 元计算，可得 2672800 元。如上所述，该加盟店数量仅是微信朋友圈中附文内容显示地点、身份的部分签约数量，且该三个微信朋友圈的显示时间也仅限于 2020 年 3 月到 2020 年 8 月的内容，且均是以最低合作费用进行的计算，不包括管理费、保证金以及其他费用。仅以该部分金额进行计算，被告获利再加上五倍的惩罚性赔偿，得到的金额已远超本案正新公司的诉请，正新公司主张 1000 万元的赔偿金额，一审法院予以支持。至于合理开支，正新公司提交的票据虽不足 50000 元，综合正新公司提交的票据金额，以及本案正新公司确有委托代理人参加诉讼，再结合本案的证据数量及内容，正新公司主张 50000 元合理开支，并无不当，一审法院亦予以支持。

四川澳广公司于 2020 年 11 月 5 日核准注销，本案于 2020 年 8 月 10 日在广东省深圳市中级人民法院立案。刘某和陈某江在申请四川澳广公司简易注销登记时，签署承诺书，承诺注销登记前未发生债权债务 / 已将债权债务清算完结，清算工作已全面完结，并承诺如果违法失信，则全体投资人承担相应的法律后果和责任。此时涉案侵权行为已经实施，且本案已经立案。四川澳广公司构成共同侵权，作为股东的刘某和陈某江应当承担相应民事责任，与广州食盟公司、广州澳广公司、四川食盟公司、李某康承担连带赔偿责任。

段某辉为四川食盟公司的唯一股东，其未出庭，也无任何答辩意见，未提供证据证明四川食盟公司财产独立于其个人财产，故段某辉应对四川食盟公司的赔偿责任承担连带责任。

一审法院判决：1. 广州食盟公司、广州澳广公司、四川食盟公司、李某康立即停止涉案商标侵权及不正当竞争行为；2. 广州食盟公司、广州澳广公司、四川食盟公司、李某康、刘某、陈某江连带赔偿正新公司经济损失 1000 万元；

3. 广州食盟公司、广州澳广公司、四川食盟公司、李某康、刘某、陈某江连带赔偿正新公司维权合理开支5万元；4. 广州食盟公司、广州澳广公司、四川食盟公司、李某康限期在《广州日报》《上海日报》上刊登声明（内容须经一审法院审核），就其涉案商标侵权及不正当竞争行为消除影响，如不履行，一审法院将在上述两报纸上公布本判决的主要内容，费用由广州食盟公司、广州澳广公司、四川食盟公司、李某康连带承担；5. 段某辉对四川食盟公司在上述第2、3项内的赔偿金额承担连带责任；6. 驳回正新公司的其他诉讼请求。

【法官评述】

知识产权惩罚性赔偿，是遏止与预防知识产权故意侵权行为、严重侵权行为的制度，权利人可请求法院作出超出实际损失的赔偿。适用知识产权惩罚性赔偿制度，对于解决我国知识产权“赔偿难”问题具有重要意义，能够切实提升知识产权侵权案件赔偿数额、一定程度上遏止频发的知识产权侵权行为。但在司法实践中，如何确定惩罚性赔偿计算基数，进而如何计算惩罚性赔偿数额，成为适用惩罚性赔偿制度的一大难题。知识产权具有无形性，知识产权侵权往往具有复杂性、隐蔽性，其侵害难以直接观察，故存在赔偿数额“举证难”和相关证据链条缺失。因难以计算基数，对于部分知识产权严重侵权案件，人民法院不敢适用惩罚性赔偿制度，导致案件赔偿额相较于侵权行为性质而言偏低。

正新公司系国内知名的餐饮企业，其在本案中主张诸被告侵害其多项商标权及构成虚假宣传不正当竞争行为，全面侵犯了正新公司的知识产权，而且存在故意侵权，侵权性质较为严重。正新公司主张以被告侵权获利确定本案的经济损失，并主张适用惩罚性赔偿，倍数为五倍，所诉请的判赔数额高达1000万元。被告实施的是商标侵权及虚假宣传的不正当竞争行为，侵害正新公司多个商标权，并使用正新公司的代言人虚假宣传，实施的是全方位的侵权行为。一审法院通过综合考量被告的侵权情节、侵权规模、侵权故意等因素，认为被告的侵权情节严重，对于正新公司关于按照五倍主张惩罚性赔偿的主张，予以支持。关于基数，在案公证书载明被告在加盟信息中自称门店总数为1111家，或意向加盟数为3919家，申请加盟数为821家，或意向加盟者4662人，申请加盟者568人。一审法院通过整理三个微信朋友圈中附文显示地点、身份的部分内容，已基本可见共56家，其中代理20家，再以被告宣传中最低合作费29800元、代理费80000元计算，可得2672800元。且该加盟店数量仅是微信朋友圈中附文内容显示地点、身份的部分签约数量，且该三个微信朋友圈的显示时间也仅限于2020年3月至2020年8月的内容，且均是以最低合作费用进行的计算，不包括管理费、保证金以及其他费用。仅以该部分金额进行计算，被告获利再加上五倍的惩罚性赔偿，得到的金额已远超本案正新公司的诉请，正新公司主张1000万元的赔偿金额，一审法院判决予以支持。

本案的审理过程中，权利人已尽力完成对于侵权人可能存在侵权获利的举证，但根据其举证，仍不能准确计算出侵权人获利的确切数字。一审法院通过梳理案情，对涉及被告侵权获利的复杂证据予以整理、部分采信，在根据现有证据可以认定的部分获利数额的基础上，认定侵权人获利数额加上倍数，已经超过权利人的诉请。一审法院依法适用惩罚性赔偿，全额支持权利人千万诉请。司法要敢于"亮剑"，对于严重侵犯知识产权的行为，人民法院应综合分析赔偿额证据，敢于适用惩罚性赔偿制度。

编写人：广州知识产权法院　丁丽　潘星予
（编辑：梁希灵）

著作权案件

23

亨美公司与典泰公司著作权权属、侵权纠纷案

阅读提示：权利人仅提交《作品登记证书》，法院如何把握认定作品创作及发表时间的标准？

【裁判要旨】

我国的作品版权登记采用自愿登记制度，相关部门对作品的登记审查仅作形式审查，认定作品的创作及发表时间均采信申请人自述，登记的事项一般是登记人自行申报填写，因此《作品登记证书》仅能直接证明作品的登记时间，如果被告有证据证明所涉作品早于《作品登记证书》的登记时间公开使用，则应适当加大著作权归属以及作品创作发表时间证据的审查力度，不能仅凭在后的《作品登记证书》直接认定著作权人以及作品创作及发表时间。

【案号】

一审：广东省广州市天河区人民法院（2020）粤0106民初12947号

二审：广州知识产权法院（2021）粤73民终4809号

【案情与裁判】

上诉人（一审被告）：广州亨美文化创意有限公司（简称亨美公司）

被上诉人（一审原告）：广州市典泰工艺品有限公司（简称典泰公司）

起诉与答辩

典泰公司起诉请求：1. 判令亨美公司立即停止生产、销售侵权产品；2. 判令亨美公司赔偿典泰公司经济损失及合理开支50000元。事实和理由：典泰公

司成立于2012年，经过多年不断创新与不懈努力，生产销售的产品在业界赢得较好的反响与口碑。亨美公司未经典泰公司许可，擅自使用典泰公司享有著作权的作品（登记号：国作登字-2018-F-00671472号，作品：飞机系列设计图形）制作了“飞机行李牌卡套”产品在阿里巴巴的“广州亨美文化创意有限公司”店铺中销售，严重侵犯典泰公司的著作权。

亨美公司辩称，1.著作权保护的是具有独创性的作品，本案中典泰公司所主张权利的作品未体现独创性以及体现其付出智力成果的要素；2.典泰公司提交的证据显示其主张权利的作品登记时间是2018年11月27日，而在2017年已存在多个商家以及多个平台使用该作品，故典泰公司的作品属于抄袭他人的作品，不应予以保护；3.亨美公司通过1688网站购买被诉侵权产品，已支付了合理对价，典泰公司主张权利的作品并不具有知名度，亨美公司主观善意，构成著作权法意义上的合法来源；4.亨美公司在涉案网站上销售的被诉侵权产品均没有销量。

一审审理查明

国家版权局颁发的国作登字-2018-F-00671472《作品登记证书》载明，作品名称为“飞机系列设计图形”，作品类别为美术作品，作者及著作权人均为典泰公司，创作完成时间为2013年5月1日，首次发表时间为2013年5月9日，登记日期为2018年11月27日。

涉案公证书及可信时间戳认证证书显示：2019年12月5日，亨美公司在其经营的“广州亨美文化创意有限公司”店铺，销售名为“磨砂款PVC行李牌创意行李箱吊牌硅胶旅行箱包托运牌图案可定制”商品，起批量为25~199个的价格为3元，200~499个的价格为2.9元，超过500个的价格为2.8元，成交0，评价2。上述产品中颜色为“圆形（橙色）”、货号为“6”的商品正面显示有“”图案，与涉案美术作品“飞机系列设计图形”除颜色外的部分均相同。亨美公司当庭确认涉案店铺由其经营，被诉侵权产品由涉案店铺所售出。辩称涉案产品系对外采购而来，上述生产视频并非生产涉案产品。典泰公司主张合理费用包括律师费5000元、公证费2000元、购买被诉侵权产品费75元，其中公证费、购买被诉侵权产品费已提交相关证据，其余的费用未提交相关证据。

一审判理和结果

一审法院审理认为，典泰公司主张权利的“飞机系列设计图形”图案在整体造型、外部形态、线条组合上具有独创性，属于我国著作权法规定的美术作品。本案中，典泰公司已就涉案美术作品的权属提交了相应的作品登记证书，证书上记载的著作权人为典泰公司，在没有相反证明的情况下，一审法院认定典泰公司系涉案美术作品“飞机系列设计图形”的著作权人。亨美公司未经典泰公司许可在其销售的被诉侵权产品上使用涉案作品，侵害了典泰公司的著作权，依法应承担停止侵权、赔偿损失的民事责任。一审法院依据《著作权法》第十一条、第四十八条第（一）项、第四十九条,《著作权法实施条例》第六条,《最高人民法院关于审理著作权民事纠纷案件适用法律若干问题的解释》第七条第一款、第二十五条第一款和第二款、第二十六条,《民事诉讼法》第六十四条第一款，判决亨美公司停止侵权行为并赔偿典泰公司经济损失及合理开支 20000 元。

上诉与答辩

一审判决后，亨美公司不服，向二审法院提起上诉，请求撤销一审判决，改判驳回典泰公司的全部诉讼请求，本案一、二审诉讼费由典泰公司承担。事实和理由：1. 典泰公司主张权利的涉案美术作品不具有著作权法意义上的独创性，不应获得保护，不能仅依据涉案《作品登记证书》认定典泰公司享有著作权。2. 涉案《作品登记证书》本身并不能证明所登记对象的完成时间以及发表时间，在没有其他证据证明涉案美术作品发表时间的情形下，不足以证明亨美公司存在接触涉案美术作品的可能性。3. 被诉侵权产品具有合法来源，且典泰公司的涉案美术作品不具有知名度，一审判决的赔偿金额缺乏事实和法律依据。

典泰公司答辩称，1. 涉案作品具有独创性，典泰公司对该作品享有著作权。涉案作品整体较为简约，颜色多样且靓丽，无论是素材的选取、布局，都体现了作者对作品的把控与思考，具有一定程度的个性、美感，符合著作权法最低限度的独创性保护标准。国家版权局针对涉案作品颁发《作品登记证书》，可以进一步说明涉案作品符合著作权法意义上的独创性要求。2. 涉案作品于 2013 年就已经在市场流通，亨美公司有接触涉案作品的可能。3. 亨美公司作为专门从事相关产品生产及销售的公司，未对被诉侵权产品的著作权加以审查，未尽到合理注意义务，其主张的合法来源抗辩不能成立。

二审审理查明

对于一审法院查明的事实，二审法院依法予以确认。

二审期间，亨美公司针对涉案作品不具有独创性的上诉主张提交证据予以证明。

二审判理和结果

二审法院审理认为，涉案图案由飞机图形以及蓝底圆形轮廓构成，在图形元素、飞机线条的组合等方面体现了作者独特的选择、编辑和表达，具有一定的独创性，符合最低限度的审美意义，一审法院认定涉案图案属于美术作品并无不当，二审法院予以维持。

关于典泰公司是否享有涉案美术作品著作权，由于作品自愿登记不进行实质性审查，典泰公司在本案中提交的《作品登记证书》仅可以作为证明著作权权属的初步证据，该《作品登记证书》的登记时间为2018年11月27日，亨美公司一审中提交证据证明上述登记时间之前已有阿里巴巴网店销售与涉案美术作品类似的产品，典泰公司在二审中未进一步提交创作底稿及发表记录等补强证据，应当承担举证不能的不利后果，故《作品登记证书》上记载的作品创作完成时间2013年5月1日及首次发表时间2013年5月9日真实性均存疑，不能直接予以采信。尽管典泰公司在二审中提交其自行录制的阿里巴巴网店2013年销售记录作为其享有著作权的证据，但该电子证据未经公证取证，且自行录制的取证视频过于简单，未能反映该销售记录的完整取证流程及具体内容，亨美公司对该证据真实性亦不确认，故二审法院对该证据不予采信。根据一审法院查明的事实，亨美公司在一审时提交证据证明在涉案作品登记时间之前已有阿里巴巴店铺销售与涉案美术作品实质性相似的产品，早于涉案美术作品登记时间，一审法院以该证据中产品销售时间晚于涉案美术作品登记的创作完成时间2013年5月1日为由，对亨美公司该主张不予采纳错误，二审法院予以纠正。综上所述，由于典泰公司未能提交创作底稿及发表记录等证据证明涉案美术作品的创作及发表时间，而亨美公司举证证明早于涉案美术作品登记时间已有实质性相似的产品在阿里巴巴网店销售，典泰公司未进一步举证证明涉案美术作品的创作或发表时间早于阿里巴巴店铺销售前述产品的时间，故二审法院认定典泰公司提交的证据不足以证明典泰公司为涉案美术作品的著作权人，一审法院仅以典泰公司提交的《作品登记证书》即认定典泰公司享有涉案美术作品的著作权不当，二审法院予以纠正。亨美公司关于典泰公司不享有涉案美术作品著作权的上诉理由成立，二审法院对本案其余争议焦点不再论述。

综上，二审法院依照《最高人民法院关于审理著作权民事纠纷案件适用法律若干问题的解释》第七条，《民事诉讼法》第六十七条第一款、第一百七十七条第一款第（二）项规定，判决：撤销一审判决，驳回典泰公司的全部诉讼请求。

【法官评述】

本案为一起典型的著作权权属、侵权纠纷案件。在著作权权属、侵权案件中，认定涉案权利作品是否属于著作权法意义上的作品，以及主张权利的原告是否享有涉案权利作品的著作权、作品真实创作发表时间，均是该类案件的审理重点。

本案中，对于涉案图案在图形元素的色彩、变化、组合等方面是否体现作者独特的选择、编辑和表达以及是否具有一定的独创性，符不符合最低限度的审美意义，进而认定涉案权利作品是否属于著作权法意义上的作品，一、二审法院意见均一致。但在主张权利的原告是否享有涉案权利作品著作权以及作品创作发表时间的问题上，一、二审法院观点不一致。二审法院之所以改判，主要是综合典泰公司未能提交创作底稿及发表记录等证据证明涉案美术作品的真实创作及发表时间，而亨美公司举证证明早于涉案美术作品登记时间已有实质性相似的产品在阿里巴巴网店销售，典泰公司未能进一步举证证明涉案美术作品的创作或发表时间早于阿里巴巴店铺销售前述产品的时间，故二审法院认定典泰公司提交的证据不足以证明典泰公司为涉案美术作品的著作权人，据此改判驳回典泰公司的全部诉讼请求。该案为此类案件中认定主张权利的原告是否享有涉案权利作品的著作权以及认定作品创作、发表时间提供了参考。

《著作权法》第十一条、第十二条规定，著作权属于作者，如无相反证明，在作品上署名的公民、法人或者其他组织为作者。《最高人民法院关于审理著作权民事纠纷案件适用法律若干问题的解释》第七条规定，当事人提供的涉及著作权的底稿、原件、合法出版物、《作品登记证书》、认证机构出具的证明、取得权利的合同等，可以作为证据。在作品或者制品上署名的自然人、法人或者其他组织视为著作权、与著作权有关权益的权利人，但有相反证明的除外。《最高人民法院关于民事诉讼证据的若干规定》规定，一方当事人提出的证据，另一方当事人提出的相反证据不足以反驳的，人民法院可以确认其证明力。根据上述法律、法规以及司法解释对著作权权利的归属及如何证明所作的规定，在司法实践中，只要原告提交的《作品登记证书》等证据证明其主张权利的作品上署有其名的，在被告未提出异议的前提下，就可推定原告为著作权人。

但是，由于我国的作品版权登记是采用自愿登记制度，相关部门对作品的审查仅作形式审查，认定作品的创作和发表时间均采信申请人自述，登记的事项往往是登记人自行申报填写，因此，登记著作权人仅提供作品登记证书既不足以直接证明登记著作权人独立创作完成登记作品，也无法证明作品的创作和发表时间，更不足以直接证明登记著作权人对登记作品享有著作权，《作品登记证书》仅能直接证明作品的登记时间。特别是在作品登记之前，如果有证据证明所涉作品早已公开使用，则不能仅凭在后的《作品登记证书》认定作品登记人为著作权人，也不能证明作品创作时间以及发表时间的真实性。在此情况下，被告提出异议的，由被告提出反证予以证明，在被告可以提交相反证据的情形下，则不再直接依据《作品登记证书》予以确权，而是应当由原告进一步提交涉及著作权的底稿、原件等创作或发表证据，综合判断原告是否享有其主张权利作品的著作权。

综上，在著作权权属、侵权纠纷案件中，如果权利人仅提交《作品登记证书》，则应适当加大对著作权归属以及作品创作发表时间证据的审查力度，保证权利人能够通过诉讼维护自身的合法权益，同时防止非权利人滥用诉讼而损害他人合法权益，确保著作权市场健康有序发展。

编写人：广州知识产权法院　黎炽森　刘合安

（编辑：刘合安）

24

开古公司与陶陶居公司、联合思创公司等侵害著作权及不正当竞争纠纷案

阅读提示：洗稿行为的著作权侵权判定。

【裁判要旨】

“洗稿”并非著作权法所明文规制的侵权行为，其源自新闻术语，通常指对已有作品进行的结构重组、文本近义词和同义词替换、情节再生等伪原创的现象。因著作权中思想与表达界限本就难以厘清，而“洗稿文”往往与原作品神似但具体用语又不一致，易出现判定困难或者判定标准的不一。对于商业推文，在判断相似之处并非思想或在先表达后，更宜适用整体观察法，即从普通观察者的理解和认知水平来看，若洗稿推文与权利推文二者存在结构相同，各部分采用类似情节，且存在大量相同用语表达或使用同义词、调整语序等类似表达的情形，给人整体上相同或相似的内在感受，应认定二者在表达上构成实质性相似。

【案号】

一审：广州互联网法院（2019）粤0192民初31236号

二审：广州知识产权法院（2021）粤73民终1579号

【案情与裁判】

上诉人（一审原告）：广州开古互联网科技有限公司（简称开古公司）

被上诉人（一审被告）：广州陶陶居有限公司（简称陶陶居公司）

被上诉人（一审被告）：广州袋颗糖网络科技有限公司（简称袋颗糖公司）

被上诉人（一审被告）：广州联合思创网络科技有限公司（简称联合思创公司）

起诉与答辩

开古公司诉称，开古公司为罗一坊品牌月饼商标权人及运营人，其主张该品牌月饼的商业推文构成作品，并认为联合思创公司制作的涉案陶陶居月饼商业推文与涉案权利推文在措辞表达、构成要素、文章架构、语言风格等方面高度一致，仅局部进行“洗稿”，但仍构成实质性近似，且联合思创公司与被诉侵权推文的发布方袋颗糖公司、广告主陶陶居公司存在分工合作，构成共同侵权，故请求一审法院判令陶陶居公司、袋颗糖公司、联合思创公司停止侵犯开古公司著作权及不正当竞争行为，赔偿开古公司经济损失 150 万元、合理支出 3.5 万元，并在陶陶居官方网站首页等平台刊登声明、消除影响等。

陶陶居公司、袋颗糖公司、联合思创公司辩称，被诉侵权推文不构成侵权。

一审审理查明

开古公司是罗一坊商标的权利人，其在本案中主张著作权的权利作品为 6 张图片和 10 篇推文。其中图片是开古公司委托第三方创作，按照约定著作权归开古公司所有，文字部分是开古公司员工自行创作，著作权均归属开古公司。开古公司主张就罗一坊月饼的广告宣传推广事宜分别与 Cn2mel Pty Ltd、纽约吃啥哟自媒体微信公众号、Red Scarf Limited、英国酷锐传媒（Creative Time Media Ltd）等自媒体签署协议，并提交了相应协议内容。

开古公司明确构成侵权的作品为 9 张图片及 54 篇文章，发文平台或主体为“广州吃喝玩乐满 FUN”“吃喝玩乐 IN 广州”等三十余个微信公众号。陶陶居公司认为被诉侵权推文与涉案权利推文的相似之处为思想或在先表达，并提交了在先发表的 5 篇推广文章页面截图等证据。联合思创公司则提交了相关证据拟证明被诉侵权推文为其原创。

一审判理和结果

一审法院认为，根据在案证据，开古公司是涉案图片和推文的著作权人，其有权以自己的名义对侵权行为提起诉讼。

关于文字作品。经查，微信公众号“广州吃喝玩乐满 FUN”发布的《通宵排队 10 小时！火到欧洲的流心月饼，炒到 5 万一盒！》《什么？改装车只能换来一盒流心月饼，火遍欧洲流心月饼炒到 5 万一盒！》是介绍“陶陶居”月饼的销售推广文章，内容大多与介绍月饼的特点和销售情况的火爆有关，而开古公司主张权利的两篇推文《火爆小红书、INS 的流心月饼终于来墨尔本啦！！

200 盒限量预售》《一口沦陷！2000 减库存瞬间秒杀！英国超人气流心月饼再度上架！速抢！》同样是对其销售月饼的介绍和对销售情况的宣传。权利推文与被诉侵权推文在文字表达的思想内容上存在相似。但著作权保护的对象并非思想本身，而是对思想的表达。在商品推广文中，对于相同商品的特征介绍、商品销售情况的说明和描述，属于众所周知的有限表达或在先表达的部分，开古公司未能就其权利文字的独创性表达部分充分举证被告存在抄袭或复制，亦无法证明被告使用的文字除去在先表达和有限表达外的部分与开古公司权利文字的独创性表达部分存在相似的情况下，一审法院认为前述被诉侵权推文与开古公司主张权利的文字作品均不构成实质性相似。一审法院认定被诉侵权图片与涉案权利图片亦不构成实质性相似，遂判决驳回开古公司的全部诉讼请求。

上诉与答辩

开古公司上诉请求判令：1. 撤销广州互联网法院（2019）粤 0192 民初 31236 号民事判决，依法改判支持开古公司的全部诉讼请求；2. 判令陶陶居公司、袋颗糖公司、联合思创公司承担本案一、二审诉讼费。事实与理由：被诉侵权推文与开古公司涉案推文在语言的措辞表达、构成要素、文章架构、语言风格等方面高度一致，仅局部进行“洗稿”，但仍构成实质性相同。

陶陶居公司、袋颗糖公司、联合思创公司辩称，被诉侵权推文与涉案权利推文的近似之处部分属于思想、主题、构思或创意领域，如“产品热销”“工艺师傅故事”“制作工序”等；部分属于公有领域，如利用图文结合、月饼动态捏开、月饼特写、消费者排队购买产品、小红书评测等在开古公司涉案权利推文发布前就存在，故被诉侵权推文不构成侵权。

二审审理查明

涉案权利推文主要以月饼的评价、月饼的口感、月饼的吃法、月饼制作师傅的故事、月饼古法手工制作的工艺、月饼包装礼盒六部分内容来向消费者推销其产品。具体而言，涉案权利推文包括以下内容：第一，在评价方面，以产品包装盒、月饼特写等图文组成的小红书推文截图，以消费者与客服的微信对话截图如“比美心好吃一百倍”“说句大实话，除了贵，没有缺点”等展现产品广受好评，并称“不到一周时间小红书美食榜已跃居榜首，国内外的美食达人都疯狂为它打 call！”“据说在国内已经到了一盒难求的地步”“短短几天已经俘获了全球吃货的心！”“让吃货们纷纷爆照、打 call 的根本原因是因为罗一坊它真的很好吃”；第二，在口感方面，以月饼组成和品尝的口感来展示月饼的美味，如“软糯流心馅还会像‘火山岩浆’般爆浆淌出”“最感人的是还有种华丽的天鹅绒质感”“有曲奇饼皮、奶黄和流心奶黄三层……咬上一口就是深深的欲罢不能”；第三，在吃法方面，以冷食“奶黄部分会变得像霜淇淋一样轻甜幼滑”、热食“微波炉中高火叮 5 秒的口感！流心会直接像火山岩浆一样爆发，奶香味无敌浓郁”、常温食三种方式介绍月饼吃法；第四，在制作师傅方面，讲述罗一坊月饼由具有 30 年香港五星级酒店老糕点师傅罗一叔精心研制而成，如“罗一叔 17 岁跟着父母去香港打拼，跟了一个糕点师傅当徒弟谋生，20 岁进了家五星级酒店做糕点，一做就做了 30 年”“要想尝到最正宗最细腻的港式糕点，必须试一试罗一叔的亲手制作”；第五，在制作工艺方面，以每个月饼制作完成需“整整 6 个小时，21 道手作工序”介绍月饼的古法手作；第六，在包装方面，突出产品外包装的复古、高定感，强调“不管是私藏还是送礼都很对味”。

关于被诉侵权推文内容，虽然 54 篇推文内容不完全一致，但大致内容相同，一般主要包括以下部分：第一，产品广受好评。如“短短几天，就登上小红书美食榜首！不止国内，海外许多美食达人也在疯狂为它打 call ！”“据说已经到了一盒难求的地步……短短几天已经俘获了吃货的心！”“让吃货们纷纷爆照、打 call 的根本原因是因为陶陶居金尊流心月饼它真的很好吃”，以及以产品包装盒、月饼特写等图文组成的小红书推文截图和以消费者与客服的微信对话截图如“我妈说很好吃，比美心好吃”“除了贵，没毛病”等展现产品广受好评。第二，产品展示。如“咬一口，入喉就如天鹅绒质感，让人欲罢不能”“饼皮、奶黄和流心，三层互相缠绕，竟然会如此细腻柔滑……”第三，产品吃法。以热吃“加入微波炉加热 10 秒，切开之后有爆浆效果，奶香更加浓郁”、冰吃“放进冰箱冷藏，既有雪糕的质感，又保持蛋黄沙沙的口感”、拼着吃“巧克力和奶黄拼着吃，绵密的奶黄咸香……”三种方式介绍月饼吃法，并分别配热食、冷食、拼着吃图片（其中热食、冷食图片为被诉侵权图片）。第四，月饼制作师傅故事。具体为：陶陶居金尊月饼是由具有 30 年香港澳门五星级酒店经验的老糕点师傅姚师傅精心研制的，如：“说起陶陶居金尊月饼的姚师傅，他 13 岁开始学做点心，入行已超过 30 年。他曾任职于香港澳门五星级酒店……”“传闻想品尝到最正宗最精致的港式糕点，必须尝试姚师傅的亲手制作！”第五，产品制作工艺。以每个月饼都要经过 6 小时、29 道手作工序介绍月饼的古法手作。“每一个月饼都要经过 6 小时、29 道工序，为了出更高品质的饼食，姚师傅拒绝机器的量产，每年只能限量出售 5000 盒”。第六，产品包装介绍。强调外包装到内包装的金砖造型的高级感，表明购买陶陶居月饼有机会获得租金金条或金饰，并配以外包装及金饰图片。第七，产品销售链接。大部分推文包含微信公众号“广州吃喝玩乐满 FUN”和“吃喝玩乐 IN 广州”所涉被诉侵权推文中的陶陶居金砖月饼微信小程序销售链接。

陶陶居公司主张利用图文结合、月饼动态捏开、月饼特写、消费者排队购买产品、小红书评测等在开古公司涉案权利推文发布前就存在，属于公共领域，并提交 5 篇推文页面截图。其中，2017 年 9 月 27 日，微信公众号“鹿豹座”发布的《堪称月饼界的劳斯莱斯奶黄流心月饼是怎么火起来的？》一文中以消费者排队购买流心月饼的方式展示销售的火爆，以及由于销售火爆导致的假流心月饼的产生，随后介绍了如何自制流心月饼等内容，点出流心月饼的成功并不在于美味而在于饥饿营销的运用等；2018 年 7 月 27 日，微信公众号“Ole 精品超市”发布的《等了 1 年，1 小时卖断 2000 份的美心流心月饼终于来了，限量预售》一文对流心、白莲蓉等五款月饼进行介绍，包括流心月饼限量预售的火爆，以及流心月饼“内馅采用法国牛油、淡忌廉、咸蛋黄精制而成，一口咬下去，奶黄流心慢慢流出的”“常温下用微波炉加热 3~5 秒后切开，诱人的奶黄就会自然流出”等关于原料、吃法的描述，并配以月饼特写图片；2018 年 8 月 19 日，微信公众号“3 人行生活”发布的《美心月饼预售咬一口就爆浆！糟了，是心动的感觉！》一文中通过消费者排队、朋友圈及小红书评价来展示美心月饼的火爆，然后通过月饼特写图、月饼选材来介绍月饼的美味；2018 年 8 月 31 日，微信公众号“KCD 快车道易乐购”发布的《爆浆！流心！拉丝！今年的网红月饼》一文中以小红书评价截图形式呈现流心月饼的火爆，并用月饼特写、动态捏开图来介绍月饼的美味；2018 年 9 月 6 日，微信公众号“长沙吃货”发布的《今年第一口流心月饼来啦！还换了件爱马仕潮牌》一文中首先描述月饼火爆，然后通过图文结合方式呈现月饼特写、月饼动态捏开、文字描述月饼选材、月饼制作工艺，最后以图文展示月饼外包装等。

二审判理和结果

二审法院认为，虽如陶陶居公司、袋颗糖公司、联合思创公司所述“产品热销”“工艺师傅故事”“制作工序”等属于思想领域，但涉案权利推文以小红书评价、顾客微信对话评价，月饼一盒难求，跃居美食榜榜首等情节来描述产品热销，以具有 30 年香港五星级酒店烘焙经验的老师傅通过 6 小时 21 道工序手工制作限量月饼来体现产品高品质等情节均体现了作者在结构安排、情节选择上的独特选择、判断、取舍，且已脱离思想领域而具象化构成涉案权利推文的独创性表达。关于陶陶居公司、袋颗糖公司、联合思创公司提交的有关在先表达证据，其中，2017 年 9 月 27 日，微信公众号“鹿豹座”发布的《堪称月饼界的劳斯莱斯奶黄流心月饼是怎么火起来的？》一文是以消费者排队购买流心月饼的方式展示销售的火爆，引出饥饿营销的运用；2018 年 7 月 27 日，微信公众号“Ole 精品超市”发布的《等了 1 年，1 小时卖断 2000 份的美心流心月饼终于来了，限量预售》一文虽有对月饼内馅原料和吃法的介绍，但描述与涉案权利推文显然不同，如流心月饼“内馅采用法国牛油、淡忌廉、咸蛋黄精制而成，一口咬下去，奶黄流心慢慢流出的”“常温下用微波炉加热 3~5 秒后切开，诱人的奶黄就会自然流出”；另外 3 篇推文的发布时间则晚于涉案权利推文最早发布的时间，且其所主张的在先表达内容也在涉案权利推文最早发布版本中有所涉及。因此，陶陶居公司、袋颗糖公司、联合思创公司所主张的在先表达与事实不符，二审法院不予支持。

被诉侵权推文作为陶陶居流心月饼的推广文，与涉案权利推文相比，具有以下共同点：第一，结构相同。具体表现为二者均以月饼的评价、月饼的口感、月饼的吃法、月饼制作师傅的故事、月饼古法手工制作的工艺、月饼包装礼盒六部分内容来向消费者推销流心月饼。第二，情节相同。具体表现为二者均以产品包装盒、月饼特写等图文组成的小红书推文截图，以消费者与客服的微信对话截图来突出产品广受好评，以月饼三部分组成和品尝的口感来展示月饼的美味，以热食、冷食、常温食或拼着吃介绍一饼三食的月饼吃法，以十多岁开始在香港五星级酒店学习烘焙的拥有 30 年经验的糕点师傅采用 6 小时、二十几道工序的古法手作月饼工艺来凸显月饼制作的高品质及稀缺性等。第三，文字表述相同或相似。具体表现为：1. 在评价方面，涉案权利推文为“比美心好吃一百倍”“说句大实话，除了贵，没有缺点”以及“不到一周时间小红书美食榜已跃居榜首，国内外的美食达人都疯狂为它打 call！”“据说在国内已经到了一盒难求的地步”“短短几天已经俘获了全球吃货的心！”“让吃货们纷纷爆照、打 call 的根本原因是因为罗一坊它真的很好吃！”，而被诉侵权推文为“我妈说很好吃，比美心好吃”“除了贵，没毛病”以及“短短几天，就登上小红书美食榜首！不止国内，海外许多美食达人也在疯狂为它打 call！”“据说已经到了一盒难求的地步……短短几天已经俘获了吃货的心！”“让吃货们纷纷爆照、打 call 的根本原因是因为陶陶居金尊流心月饼它真的很好吃”。2. 在口感方面，涉案权利推文为“软糯流心馅还会像‘火山岩浆’般爆浆淌出”“最感人的是还有种华丽的天鹅绒质感”“有曲奇饼皮、奶黄和流心奶黄三层……咬上一口就是深深的欲罢不能”，而被诉侵权推文为“咬一口，入喉就如天鹅绒质感，让人欲罢不能”“饼皮、奶黄和流心，三层互相缠绕，竟然会如此细腻柔滑……”。3. 在吃法方面，涉案权利推文为“奶黄部分会变得像霜淇淋一样轻甜幼滑”“微波炉中高火叮 5 秒的口感！流心会直接像火山岩浆一样爆发，奶香味无敌浓郁”，而被诉侵权推文为“加入微波炉加热 10 秒，切开之后有爆浆效果，奶香更加浓郁”“放进冰箱冷藏，既有雪糕的质感，又保持蛋黄沙沙的口感”。4. 在制作师傅的故事上，涉案权利推文为“罗一叔 17 岁跟着父母去香港打拼，跟了一个糕点师傅当徒弟谋生，20 岁进了家五星级酒店做糕点，一做就做了 30 年”“要想尝到最正宗最细腻的港式糕点，必须试一试罗一叔的亲手制作”，而被诉侵权推文为“说起陶陶居金尊月饼的姚师傅，他 13 岁开始学做点心，入行已超过 30 年。他曾任职于香港澳门五星级酒店……”“传闻想品尝到最正宗最精致的港式糕点，必须尝试姚师傅的亲手制作”。5. 在制作工艺方面，涉案权利推文为“整整 6 个小时、21 道手作工序”，而被诉侵权推文为“每一个月饼都要经过 6 小时、29 道工序……”。因此，被诉侵权推文包含了与涉案权利推文相同的结构，并在各部分采用类似情节和用语，且存在大量相同用语表达或使用同义词、调整语序等类似表达，故被诉侵权推文与涉案权利推文构成实质性近似。最终结合案件事实判定陶陶居公司、袋颗糖公司、联合思创公司停止侵权并向开古公司连带赔偿损失 300000 元及合理开支 32400 元。

【法官评述】

本案主要涉及自媒体时代商家多利用微信公众号等网络平台进行商业推广时，所出现的同行从业者对于竞争对手商业推文进行洗稿的法律认定问题。

一、关于洗稿的法律属性问题

“洗稿”一词并非严格意义上的法律用语，其源自新闻术语，通常指对已有作品进行的结构重组、文本近义词和同义词替换、情节再生等伪原创的现象。[①] 主要包括以下情形：1. 同义词替代，即用近义词、否定 + 反义词替换。2. 调整句子，即变换词语顺序，变化句式，颠倒句子。3. 大量引用相同的材料论述。4. 用自己的话说他人作品每个自然段的观点。5. 用自己的语言谈他人作

① 参见莫家辉、俞锋：《网络“洗稿”的法律属性、社会危害及治理策略》，载《中国出版》2019 年第 24 期。

品每个自然段的观点并加入自己的观点。[①] 故洗稿本质可认为是通过转换表达，来展现他人核心的思想主题。因著作权中思想与表达界限本就难以厘清，而“洗稿文”往往与原作品神似但具体用语又不一致，易出现判定困难或者判定标准的不一。具体而言，如洗稿程度很高，且已达到就同一主题的不同表达，则不构成侵权，否则即为表达偷换型洗稿。在所洗对象并非公有表达等情形下，应认定该表达偷换型洗稿实为高级剽窃[②]。而高级剽窃，即非字面相似的侵权判断问题，是著作权的又一固有难点所在，进而加剧了洗稿司法认定标准形成的困难。

二、关于实质性相似认定的问题

我国著作权法并未明文规定对非字面相似应采用实质性相似的判断标准，但司法实务中普遍接受该标准，并主要借鉴美国版权法领域中的“抽象分离法”和“整体观感法”两种判断方法。目前，关于上述两种判断方法适用的区别、适用的条件，司法实务中多未涉及，出现了部分案件适用抽象分离法，部分适用整体观感法，或者二者均适用的情形。

从著作权的基本法理来看，抽象分离法主要立足于思想表达二分法原则，采用解构主义的方法，通过抽象手段，将作品中的思想、事实等不受著作权保护的范畴剥离出去，仅比对作品中受保护的部分。[③] 整体观感法则是基于“不受版权保护的要素的原创性组合可以获得版权保护”的角度，从“整体概念和感觉”出发，将多种创作要素（包括不受保护的作品要素）作为一个整体，以识别讼争作品是否构成“实质性相似”。[④] 故“抽象分离法”由于层层筛除，存在着将不属于公有领域的部分排除比对范畴的可能性而不经意间缩小了作品受保护的范围，如某一情节因属于公有领域而被排除，但其仍有可能与其他情节相互融合而具有独创性，从而构成受著作权保护的表达。正如涉案权利推文以

---

① 参见赵虎:《哪些“洗稿”方式侵犯他人著作权》，载《光明日报》2018 年 1 月 30 日第 2 版。

② 国家版权局版权管理司在《关于如何认定抄袭行为给青岛市版权局的答复》（权司〔1999〕第 6 号）中指出，从抄袭的形式看，有原封不动或者基本原封不动地复制他人作品的行为，也有经改头换面后将他人受著作权保护的独创成分窃为己有的行为，前者在著作权执法领域被称为低级抄袭，后者被称为高级抄袭。

③ 参见官正艳:《论司法实践中洗稿侵犯著作权的认定标准》，载《电子知识产权》2018 年第 11 期；梁志文:《版权法上实质性相似的判断》，载《法学家》2015 年第 6 期。

④ 吴汉东:《试论“实质性相似 + 接触”的侵权认定规则》，载《法学》2015 年第 8 期。

小红书评价、顾客微信对话评价，月饼一盒难求，跃居美食榜榜首等情节来描述产品热销，以具有30年香港五星级酒店烘焙经验的老师傅通过6小时、21道工序手工制作限量月饼来体现产品高品质等情节均体现了作者在结构安排、情节选择上的独特选择、判断、取舍，故已脱离思想领域而具象化构成涉案权利推文的独创性表达。而“整体观感法”则存在着将原属于公有领域的部分纳入比对范畴，扩大作品保护范围的风险。

可见，两种判断方法在一定程度上互为优缺，并非彼此对立的两种标准，更宜两相融合以更好地平衡著作权权利人利益与公共利益。故在本案二审中，在认定二者相似之处并非思想及在先表达的情况下，考虑到商业推文所涉特殊人物关系、故事情节等不能简单分离，其互相结合易形成受保护表达的特性，故适用“整体观感法”进行侵权比对。即以普通观察者的理解和认知水平来看，在被诉侵权推文包含与涉案权利推文相同的结构，各部分采用类似情节和用语，且存在大量相同用语表达或使用同义词、调整语序等类似表达，以至于二者给人整体上相同或相似的内在感受的情形下，认定二者在表达上构成实质性相似。二审判决在避免一审判决不当缩小保护范围的同时也有效规避了保护范围不当扩大的风险，为商业推文的实质性相似的判断提供一定的细化审理思路。

编写人：广州知识产权法院　龚麒天　齐柳

（编辑：汤家丽）

25

菲狐公司与霍尔果斯侠之谷公司等侵害著作权纠纷案

阅读提示：作品改编权保护范围的司法认定问题。

【裁判要旨】

1. 未经权利人许可，被诉侵权人对游戏作品中玩法规则的特定呈现方式，以及其安排、选择、取舍和组合上进行抄袭剽窃，即使在此基础上对美术、音乐、文字等内容进行一定程度的再创作，但这仅改变了游戏作品中独创性表达的存在形式，并未完全脱离游戏作品而成为全新的表达方式，构成对游戏作品改编权的侵犯。

2. 游戏作品改编权作为著作权人的排他性财产权，不仅控制游戏作品的改编行为，而且还控制改编作品的财产性后续使用行为，被诉侵权人未经许可，对改编作品的后续使用行为包括复制、发行和信息网络传播等均被改编权吸收。未经游戏作品著作权人许可，被诉侵权人对改编形成的被诉游戏画面财产性后续使用行为，仍落入游戏作品改编权的控制范围。

【案号】

一审：广州互联网法院（2019）粤0192民初22710号

二审：广州知识产权法院（2021）粤73民终1245号

【案情与裁判】

上诉人（一审原告）：上海菲狐网络科技有限公司（简称菲狐公司）

上诉人（一审被告）：霍尔果斯侠之谷信息科技有限公司（简称霍尔果斯

侠之谷公司）

上诉人（一审被告）：深圳侠之谷科技有限公司（简称深圳侠之谷公司）

被上诉人（一审被告）：广州柏际网络科技有限公司（简称柏际公司）

起诉与答辩

菲狐公司诉称，其是昆仑墟手机游戏软件（简称《昆仑墟》）V1.0的著作权人及运营方，菲狐公司认为霍尔果斯侠之谷公司、深圳侠之谷公司、柏际公司共同运营的《青云灵剑诀》等五款游戏前81级整体画面与《昆仑墟》构成实质性相似，侵犯其《昆仑墟》游戏署名权及改编权。遂向法院诉请：1.霍尔果斯侠之谷公司、深圳侠之谷公司立即停止侵害菲狐公司著作权的行为；2.霍尔果斯侠之谷公司、深圳侠之谷公司连带赔偿菲狐公司经济损失5000000元；3.柏际公司对第二项诉讼请求在2000000元的范围内与霍尔果斯侠之谷公司、深圳侠之谷公司承担连带赔偿责任；4.霍尔果斯侠之谷公司、深圳侠之谷公司、柏际公司连带赔偿菲狐公司为制止侵权行为而支出的律师费用100000元，公证费用13600元，共计113600元；5.霍尔果斯侠之谷公司、深圳侠之谷公司、柏际公司共同在《人民日报》《中国知识产权报》及其官网首页显著位置发表书面声明，向菲狐公司赔礼道歉，消除影响；6.霍尔果斯侠之谷公司、深圳侠之谷公司、柏际公司连带承担本案诉讼费用。

霍尔果斯侠之谷公司、深圳侠之谷公司共同辩称，《昆仑墟》游戏前81级不构成著作权法意义上的作品，即使构成类电作品，被诉游戏也不构成对改编权的侵害，且改编权控制的是改编行为，改编行为不会对《昆仑墟》游戏造成任何实际的损失。

柏际公司辩称，其仅负责涉案游戏的推广和支付服务，不涉及游戏内容的开发、制作、改编或署名，未实施任何改编行为，不构成对菲狐公司改编权的侵犯。

一审审理查明

一、当事人的主体情况

菲狐公司于2013年12月20日成立，经营范围为从事网络技术、计算机技术领域内的技术开发、计算机系统集成、动漫设计、信息服务业务等。

深圳侠之谷公司于2014年6月3日成立，经营范围为计算机信息技术、通信设备、计算机软硬件的研发与销售、互联网信息服务等。霍尔果斯侠之谷公司于2017年11月15日成立，类型为非自然人投资或控股的法人独资的有限责任公司，深圳侠之谷公司是其唯一股东，经营范围为软件开发、互联网信息服务等。

柏际公司于2016年8月8日成立，经营范围为工程和技术研究和试验发展、软件开发、软件技术推广服务等。

二、有关涉案权利游戏《昆仑墟》的事实

（一）《昆仑墟》游戏著作权权属及运营情况

国家版权局于2016年9月19日颁发的《计算机软件著作权登记证书》载明：昆仑墟手机游戏软件V1.0的著作权人为菲狐公司，开发完成日期为2016年5月15日，首次发表日期为“未发表”，权利取得方式为原始取得，权利范围为全部权利。2017年2月22日，原国家新闻出版广电总局作出批复，同意上海同济大学电子音像出版社有限公司出版、上海日游网络科技有限公司运营国产移动网络游戏《昆仑墟》。上海日游网络科技有限公司向菲狐公司出具授权书，将《昆仑墟》的运营权授予菲狐公司，并约定在授权期限、授权区域内上海日游网络科技有限公司不得自行运营《昆仑墟》，亦不得再授权任何第三方运营《昆仑墟》，授权期限为50年，2017年2月22日起至2067年2月21日止。《昆仑墟》于2017年7月13日经原文化部国产网络游戏备案，载明出品单位为菲狐公司，并列明十家运营单位以及对应的许可证号、授权起止时间。其中，运营最早的广东趣炫网络股份有限公司、深圳市腾讯计算机系统有限公司、上海邑世网络科技有限公司的授权开始时间为2017年6月1日。2017年9月，菲狐公司与上海邑世网络科技有限公司对2017年6月1日至7月31日期间《昆仑墟－斗破风云》游戏按照双方合同约定比例的分成收益进行盖章确认。2017年11月23日，菲狐公司向上海邑世网络科技有限公司开具增值税专用发票。

（二）有关《昆仑墟》游戏内容及画面

涉案公证书载明，2018年4月27日，菲狐公司的委托代理人在公证人员见证下对《昆仑墟》游戏的下载、安装、运行过程进行公证，访问“quxuan.com”进入“趣炫游戏”的页面，下载并安装《昆仑墟》游戏，分别选择名为“富察凡菱”的“游侠”角色、“福鹏翼”的“天刺”角色、“巨宜民”的“剑客”角色进入游戏页面，并对游戏过程进行实时截屏录像。公证书所附的录像视频显示，游戏从第1级运行至第88级，均为“挂机中”的状态，玩家只需偶尔点击选择的任务，无须进行其他操作。从分别创建的主角“天刺”“游侠”和“剑客”进入游戏，所运行的游戏画面仅在角色形象以及与角色相关的技能、道具、配饰、服装等方面产生变化，游戏从第1级到第88级的发展不因角色的变化而变化。因菲狐公司只主张经公证的《昆仑墟》游戏前 81 级画面构成以类似摄制电影的方法创作的作品，故一审法院只审查前 81 级游戏画面，并将分别进入游戏的三个角色“天刺”“游侠”和“剑客”统称为主角。

《昆仑墟》游戏前 81 级分为主线任务、日环任务、除魔任务和经验副本挑战，其中穿插于主线任务之中的日环任务、除魔任务和经验副本挑战目的是快速提升人物的等级，而主线任务所设定故事背景是在北宋年间，金兵南下，主角的身世不明，想要寻找自己的身世。后主角在指引下找到武松以寻求帮助，同时武松也需要找高俅报仇，因此主角与武松共同展开冒险的旅程，推动故事的发展。公证保全的截图包括《昆仑墟》游戏中的角色及技能图 24 幅、场景图 4 幅、UI 界面图 47 幅和道具图 7 幅，共 82 幅美术作品。

（三）有关《昆仑墟》游戏的知名度

菲狐公司与紫云游戏官网主办单位海南趣乐公司及其关联公司合作在“紫云官网”上推广《昆仑墟》游戏。“腾讯应用宝排行榜”的排行榜网页截图显示《昆仑墟（紫云游戏）》或《昆仑墟（紫云游戏 / 广东趣炫）》在 2017 年 8 月至 2018 年 5 月的月总下载、月总收入、日均下载、日均收入基本排名在腾讯应用宝每月统计的前十名。2018 年 4 月 2 日，在由新华网主办的“‘共筑责任护航网游’中国游戏盛典”中，《昆仑墟》游戏获得 2017 年度十大最受欢迎网络游戏、2017 年度十大最火热手机游戏的称号。

三、被诉游戏的权属及运营事实

据《计算机软件著作权登记证书》、《醉美人》游戏计算机软件著作权公告查询页面、《醉美人》游戏版号查询页面记载，《醉美人》游戏软件的著作权人为深圳侠之谷公司，开发完成日期是 2017 年 5 月 5 日，首次发表日期是 2017 年 5 月 10 日，权利取得方式为原始取得，权利范围为全部权利。《醉美人》游戏于 2018 年 1 月 15 日经原文化部国产网络游戏备案，载明出品单位为深圳侠之谷公司，并列明十家运营单位以及对应的许可证号、授权起止时间。其中，最早运营的北京世界星辉科技有限责任公司、广州爱九游信息技术有限公司、深圳市金立通信设备有限公司、深圳市腾讯计算机系统有限公司、珠海市魅网科技有限公司、华为软件技术有限公司的授权开始时间均为 2018 年 1 月 1 日。

2018 年 1 月 29 日，霍尔果斯侠之谷公司与柏际公司签订《联合运营合作协议》，就《醉美人》游戏开展联合运营合作以及运营收益分成的事宜达成一致，霍尔果斯侠之谷公司授权柏际公司拥有标的物《醉美人》游戏在授权地区 iOS、Android 版的代理运营权；霍尔果斯侠之谷公司负责标的物游戏的研发、改进、升级和维护、版本更新、不同版本的移植开发等，还约定了游戏的收益分配及收款账户为霍尔果斯侠之谷公司的银行账户。对于《醉美人》游戏，霍尔果斯侠之谷公司须保证：1. 必要资质、出版许可（游戏版号）、游戏的文化部备案、证书或政府批文，包括游戏的《软件著作权登记证书》等；2. 相关软件、文档和许可符合中国的法律、法规，不传输包含病毒、木马或其他有害程序和代码的文件，不侵犯任何第三方的任何版权、中国专利或商标或其他权利（包括但不限于知识产权），柏际公司使用《醉美人》游戏时不会构成对第三方任何权利的侵犯，也无须在本协议之外向任何第三方支付任何与标的物版权之相关费用等；3. 自主完成标的物的开发工作，绝不实施任何抄袭、盗版他人作品、商标、形象或者其他任何违法行为，若违反上述保证和承诺，致使游戏里人物、场景、道具等内容涉嫌在形象和美术设计上侵权的，霍尔果斯侠之谷公司有义务按照柏际公司的要求对上述涉嫌侵权的内容进行修改与调整等。

2018 年 8 月 30 日，霍尔果斯侠之谷公司与柏际公司共同出具的说明载明，双方根据《联合运营合作协议》的约定进行《醉美人》游戏的联合运营，允许柏际公司对《醉美人》游戏进行商业化改名，并确定因不同渠道推广的需要将《醉美人》改名为《永恒仙尊－经典梦幻修仙游戏》《灵剑苍穹－热血仙侠动作手游》《青云飞仙诀－梦幻情缘仙侠手游》《青云飞仙诀－全民仙侠动作手游》《青云灵剑诀》。上述被诉侵权五款游戏与《醉美人》实质为同一款游戏。柏际公司提交了被诉五款游戏上架、下架时间的系统截图，截图显示《灵剑苍穹－热血仙侠动作手游》的上线运营时间为 2018 年 2 月 10 日至 2018 年 8 月 9 日，《青云飞仙诀－梦幻情缘仙侠手游》的上线运营时间为 2018 年 4 月 18 日至 2018 年 10 月 15 日，《青云飞仙诀－全民仙侠动作手游》的上线运营时间为 2018 年 3 月 20 日至 2018 年 9 月 4 日，《青云灵剑诀》的上线运营时间为 2018 年 4 月 12 日至 2018 年 10 月 15 日，《永恒仙尊－经典梦幻修仙游戏》的上线运营时间为 2018 年 3 月 1 日至 2018 年 8 月 9 日。

四、菲狐公司的《昆仑墟》游戏与被诉五款游戏的比对情况

菲狐公司为主张被诉五款游戏的前 81 级游戏画面、相关角色及技能、UI 界面、场景、道具与《昆仑墟》游戏前 81 级的游戏画面构成实质性相似，提交了六份公证书及游戏整体画面的比对表。霍尔果斯侠之谷公司、深圳侠之谷公司认为双方游戏中的故事情节等均不相同，菲狐公司没有将故事情节、人物关系等进行比对，仅是针对任务奖励以及人物站在什么地方接任务，比对的内容不属于著作权法的保护范围。柏际公司同意霍尔果斯侠之谷公司、深圳侠之谷公司的质证意见，并补充认为菲狐公司所比对的内容体现的仅是与 NPC（非玩家角色）的对话以及打怪升级，为思想范畴，属于公有领域和有限表达。

一审法院经比对认定，1. 关于《昆仑墟》游戏与被诉五款游戏前 81 级整体画面比对，相似之处在于：菲狐公司的《昆仑墟》游戏与霍尔果斯侠之谷公司、深圳侠之谷公司、柏际公司前 81 级游戏的任务框架及所对应的级别、主线任务每一级别的推进过程、人物关系基本一致；主线任务中场景的数量、场景转换所对应的级别相同；游戏中人物所对应技能的解锁级别相同；数值系统基本一致；主角获得装备、坐骑以及羽翼的相应级别基本一致；挑战经验副本的画面相似。不同之处在于：《昆仑墟》游戏与被诉五款游戏的前 81 级在角色名称及形象、技能名称及效果、NPC 人物名称、场景名称及设计、故事背景与对话内容等方面存在较大差异。2. 关于游戏画面截图比对。被诉五款游戏中的角色“翎羽”“剑侠”“枪圣”各两个形象与《昆仑墟》游戏中的角色“游侠”“剑客”“天刺”的各两个形象的人身比例、服装、发饰、姿势等方面均有较大差异；被诉五款游戏中的“万箭齐发、凤翔九天、穿云追月、绽放”技能图标与《昆仑墟》游戏中的“凤舞霓裳、百鸟朝凤、百步穿杨、暴雨梨花”技能图标的图案，均有较大差异；被诉五款游戏中的“绽放、烈焰风暴、地动山摇、通天龙卷、水龙吟、雷落五方”与《昆仑墟》游戏中的“暴雨梨花、席卷八荒、十殿阎罗、乱风逐云、沧海游龙、落雷惊鸿”的色彩、图案、形状均相似；其余的 8 个技能效果在图案、形状方面有较大的差异。比对《昆仑墟》的场景听风谷与被诉五款游戏的场景连云镇，菲狐公司仅提交了该场景中的两个小场景画面，其中悬崖边的莲花池状圆台，两者在花纹、形状、周边景物方面均有较大差异；有水晶柱的圆形平地，两者在色彩、形状、圆台中的花纹、圆台边的水晶柱方面相似。比对《昆仑墟》的场景福泽镇与被诉五款游戏的场景灵阙空，菲狐公司仅提交了该场景中的屋门前、木船的局部画面。屋门前的装饰、台阶、空地上花纹均有较大的差异；木船所在水中呈现的角度相似，但木船上的布局、装饰、花纹均有较大的差异。比对《昆仑墟》的场景时节岭与被诉五款游戏中的场景落霞岭，菲狐公司仅提交了该场景中的水中小木船及周边场景、悬崖下的熔岩圆台、摆设了灯笼的木平台画面。水中小木船所呈现的角度相似、船边的蟾蜍石像基本一致、蟾蜍后的祥云花纹等岸边石块的摆设相似；悬崖下的熔岩圆台坐落的位置、熔岩效果、圆台中央的花纹相似；木平台上均摆设了基本一致的灯笼，木平台前方水中的石块、隔水相望的木平台的布局均一致。比对《昆仑墟》的场景戏雪山庄与被诉五款游戏中的场景冰封雪域，两者在色调、层次、景物等方面均相似。3. 关于 UI 界面比对。被诉五款游戏中 43 个 UI 界面与《昆仑墟》游戏中设计布局均相似，其余的 5 个 UI 界面设计布局均有较大差异。4. 关于道具比对。被诉五款游戏中共 6 个道具与《昆仑墟》游戏中道具的颜色、线条和造型等有较大差异，但两者的“灯笼”道具的造型、颜色和线条等基本一致。

五、关于霍尔果斯侠之谷公司、深圳侠之谷公司、柏际公司抗辩在先游戏情况及与菲狐公司《昆仑墟》游戏的关系

生效的（2018）粤 0192 民初 1 号民事判决书已作出认定，霍尔果斯侠之谷公司、深圳侠之谷公司在进行取证操作前提交的游戏的计算机软件著作权登记信息、原文化部的审查内容等证据，可以证实《魔法王座》《少年群侠传》《少年四大名捕》《剑雨江湖》游戏为在先游戏。霍尔果斯侠之谷公司、深圳侠之谷公司、柏际公司所提交的比对证据均为网页公开内容和经时间戳认证的视频，一审法院予以确认，但菲狐公司仅主张前 81 级游戏的整体画面，而霍尔果斯侠之谷公司、深圳侠之谷公司也未举证证明其所比对的该第 116 级的内容在前 81 级存在，因此对该玩法系统的比对意见，一审法院不予认定。《昆仑墟》游戏中的角色“游侠”“剑客”“天刺”的两个形象与所比对的《魔法王座》游戏中的角色形象在人身比例、服装、发饰、姿势等方面均有较大差异；游戏中的“凤舞霓裳、百鸟朝凤、百步穿杨、暴雨梨花”技能图标与所比对的《魔法王座》游戏中的技能图标在图案、色彩、风格方面均有较大差异；游戏中的“连弩、凤舞霓裳、百鸟朝凤、百步穿杨、暴雨梨花、巨阙、席卷八荒、十殿阎罗、龙胆、乱风逐云、千军定、沧海游龙、落雷惊鸿”技能效果均与在先游戏的相应画面有较大差异；而技能中的“控鹤擒龙”技能效果画面与在先游戏的相应画面相似。场景戏雪山庄，与在先游戏《少年四大名捕》中的场景在颜色、构图和布局方面高度相似。27 个 UI 界面与在先游戏的画面相似，而 19 个 UI 界面与在先游戏画面在颜色、布局和构图方面有较大差异。《昆仑墟》游戏中的道具与在先游戏的相应道具存在较大差异；道具“武者玄翼、灯笼”分别与在先游戏《魔法王座》《少年群侠传》中的相应道具在颜色、形状、线条和构图等方面基本一致。《昆仑墟》与《魔法王座》游戏的故事背景不同，游戏画面风格、配色等均有区别；日环任务、除魔任务和经验副本所对应的级别有差异，经验副本的玩法有较大的差异；两游戏中的人物关系、出场顺序以及由此形成的人物推动故事的发展脉络存在较大差异；解锁的“坐骑”“羽翼”“觉醒”“圣物”等玩法内容，部分解锁的级别与《昆仑墟》游戏一致，但两游戏中关于“羽翼”“觉醒”“圣物”等的解锁级别均不一致；两游戏前 81 级运行过程的数值系统不一致，例如升级过程中所获得经验值、铜钱或金币均不一致。

六、菲狐公司主张的损失情况及霍尔果斯侠之谷公司、深圳侠之谷公司、柏际公司提供的获利情况

菲狐公司为证明《昆仑墟》游戏的研发、推广等投入了巨大的成本以及为本案诉讼所支出的合理费用，提交以下证据：

1.《广东趣炫网络股份有限公司信息系统专项核查报告》（以下简称《核查报告》）及统计表、广东正中珠江会计师事务所营业执照、执业证书。《核查报告》是由广东正中珠江会计师事务所作出，载明自 2017 年 6 月至 2017 年 12 月，《昆仑墟》（T4）的推广费用总额为 187950120.2 元，充值流水总额为 555214354.99 元；2018 年 1 月至 2018 年 6 月，推广费用总额为 2683852.8 元，充值流水总额为 588217185.9 元。2017 年 12 月的月注册账号数为 9464054，2018 年 6 月的月注册账号数为 13632184。统计表为菲狐公司根据《核查报告》载明的 2017 年 6 月至 2017 年 12 月的数据进行汇总的数据，其所统计的月注册账号数将 2017 年 6 月至 2017 年 12 月期间每月的数据相加。

2. 律师费发票、公证费发票、民事委托代理合同。公证费发票显示菲狐公司向广州市南方公证处支付公证费 13600 元；律师费发票以及代理合同显示菲狐公司为诉讼聘请律师并支付律师费 50000 元。

霍尔果斯侠之谷公司、深圳侠之谷公司、柏际公司对《核查报告》的真实性、合法性、关联性均不予认可，对律师费发票、公证费发票以及委托代理合同的真实性、合法性予以认可，但对其关联性以及证明目的不认可，认为《核查报告》载明数据的真实性存疑，载明的主体并非菲狐公司，载明的游戏名称为“《昆仑墟》（T4）”，与涉案游戏名称不一致；公证费发票、律师费发票以及合同无法与本案的诉讼形成关联，且律师费是否实际支付无法核实。霍尔果斯侠之谷公司、深圳侠之谷公司为反驳菲狐公司关于《昆仑墟》游戏充值流水等数据，提交《广东趣炫网络股份有限公司首次公开发行股票并上市招股说明书（申报表）》（以下简称《招股说明书》），以证明《招股说明书》载明的数据与《核查报告》的数据不一，菲狐公司提供的充值流水材料虚假。该《招股说明书》在第六节第 122 页中载明“截至 2017 年 12 月 31 日，《昆仑墟》的累计注册用户数为 946.41 万人，报告期内累计收入达 20512.48 万元”；第 124 页中载明 2017 年度《昆仑墟》游戏的充值金额为 55521.44 万元，推广费用为

18800.00万元。菲狐公司对《招股说明书》的真实性、合法性予以认可，但对关联性不予认可，其认为霍尔果斯侠之谷公司、深圳侠之谷公司在根据该《招股说明书》计算游戏运营收入等数据时的计算方式错误，不能以此否定《核查报告》的真实性。

霍尔果斯侠之谷公司、深圳侠之谷公司、柏际公司在（2018）粤0192民初1号案的审理过程中，根据菲狐公司提交证据披露的申请，曾提交了以下证据：1.被诉五款游戏的充值金额、注册用户数等系统数据表。数据表显示，《灵剑苍穹－热血仙侠动作手游》于2018年2月11日、24日、25日、26日的注册用户数为2个，付费用户数为2个，付费金额为12元;《青云飞仙诀－梦幻情缘仙侠手游》于2018年4月13日、14日、16日、2018年4月18日至2018年10月15日的注册用户数为2052个，付费用户数为1575个，付费金额为310180元;《青云飞仙诀－全民仙侠动作手游》从2018年3月16日至2018年10月15日的注册用户数为3095个，付费用户数为1312个，付费金额为222104元;《青云灵剑诀》于2018年4月4日、2018年4月8日至2018年10月15日的注册用户数为6290个，付费用户数为2102个，付费金额为324456元;《永恒仙尊－经典梦幻修仙游戏》于2018年2月11日、24日、2018年2月27日至2018年6月15日，2018年6月22日、24日、27日、28日，7月5日、13日、22日，8月11日、12日、13日，9月5日、6日、8日、9日、12日、20日、21日，10月2日、7日、10日的注册用户数为1019个，付费用户数为276个，付费金额为17950元。综上，被诉五款游戏的注册用户数为12458个，总付费用户数为5267个，总付费金额为874702元。柏际公司主张该金额还需扣除渠道费等费用后才能得出获利的金额，获利金额为157945.6元。2.霍尔果斯侠之谷公司与柏际公司的分成结算确认函。《醉美人》手游2018年2月分成结算确认函显示该月《灵剑苍穹》与《永恒仙尊》的结算金额均为12元，分成结算总额为4.8元；2018年3月显示《永恒仙尊》的结算金额为11930元,《青云飞仙诀－全民仙侠动作手游》的结算金额为56384元，分成结算总额为13662.8元；2018年4月显示《青云灵剑诀》《青云飞仙诀－梦幻情缘仙侠手游》《永恒仙尊》《青云飞仙诀－全民仙侠动作手游》的结算金额分别为150746元、42118元、5274元、64684元，分成结算总额为52564.4元；2018年5月显示《青云灵剑诀》《青云飞仙诀－梦幻情缘仙侠手游》《永恒仙尊》《青云飞仙诀－全民仙侠动作手游》的结算金额分别为99556元、33704元、638元、11178元，分成结算总额为29015.2元；2018年6月显示《青云灵剑诀》《青云飞仙诀－梦幻情缘仙侠手游》《永恒仙尊》《青云飞仙诀－全民仙侠动作手游》的结算金额分别为57134元、104058元、96元、12310元，分成结算总额为34719.6元；2018年7月显示《青云灵剑诀》《青云飞仙诀－梦幻情缘仙侠手游》《青云飞仙诀－全民仙侠动作手游》的结算金额分别为8606元、72176元、59112元，分成结算总额为27978.8元。综上，从2018年2月至2018年7月，《灵剑苍穹》的充值金额为12元，《永恒仙尊》的充值金额为17950元，《青云飞仙诀－全民仙侠动作手游》的充值金额为203668元，《青云灵剑诀》的充值金额为316042元，《青云飞仙诀－梦幻情缘仙侠手游》的充值金额为252056元。

菲狐公司对于上述证据均不予认可，认为个别游戏在部分月数仅获得1个或2个等个位数的注册用户数，明显违反日常生活经验法则，且在对游戏收益分成后，柏际公司应向霍尔果斯侠之谷公司开具增值税专用发票，但霍尔果斯侠之谷公司、深圳侠之谷公司、柏际公司均未能提供，因此充值金额、分成结算确认函不足以证明被诉五款游戏的获利情况。

诉讼中，菲狐公司主张赔偿数额应当按照侵权人的获利情况确定，再次向一审法院提交证据披露的申请，要求霍尔果斯侠之谷公司、深圳侠之谷公司披露与赔偿数额相关的数据。一审法院责令霍尔果斯侠之谷公司、深圳侠之谷公司补充提交部分材料，霍尔果斯侠之谷公司、深圳侠之谷公司在庭审中口头表示同意后又反悔。由于霍尔果斯侠之谷公司、深圳侠之谷公司、柏际公司的经营充值情况可能影响本案的判赔标准，一审法院之后再次要求霍尔果斯侠之谷公司、深圳侠之谷公司、柏际公司提交相关材料，霍尔果斯侠之谷公司、深圳侠之谷公司于2019年12月16日书面回复不同意提交一审法院要求的举证材料。菲狐公司在2019年12月21日提交书面申请，要求霍尔果斯侠之谷公司、深圳侠之谷公司、柏际公司承担举证妨碍责任。

七、菲狐公司在（2018）粤0192民初1号案中的主张及判决结果

在（2018）粤0192民初1号案中，菲狐公司向一审法院提出诉讼请求：1.霍尔果斯侠之谷公司、深圳侠之谷公司、柏际公司立即停止侵害菲狐公司著作权的行为；2.霍尔果斯侠之谷公司、深圳侠之谷公司、柏际公司连带赔偿菲狐公司经济损失5000000元；3.霍尔果斯侠之谷公司、深圳侠之谷公司、柏际公司连带赔偿菲狐公司为制止侵权行为而支出的律师费50000元，公证费用13600元，共计63600元；4.霍尔果斯侠之谷公司、深圳侠之谷公司、柏际公司联合在《人民日报》《中国知识产权报》及霍尔果斯侠之谷公司、深圳侠之谷公司、柏际公司的官网首页显著位置发表书面声明，向菲狐公司赔礼道歉，消除影响；5. 霍尔果斯侠之谷公司、深圳侠之谷公司、柏际公司连带承担本案诉讼费用。诉讼中，菲狐公司明确其请求保护的作品为：一是由《昆仑墟》游戏的前 81 级整体画面构成的作品属于类电作品或受著作权法保护的其他作品；二是 82 幅美术作品，分别为 24 幅角色及技能美术作品、4 幅场景美术作品、47 幅 UI 界面（用户界面）美术作品以及 7 幅道具美术作品。菲狐公司明确霍尔果斯侠之谷公司、深圳侠之谷公司、柏际公司侵犯其作品的权利为复制权和信息网络传播权。2019 年 3 月 27 日，一审法院作出（2018）粤 0192 民初 1 号民事判决，认定：菲狐公司主张的《昆仑墟》游戏的前 81 级整体画面是采取挂机方式，由游戏引擎系统自动调用资源库的素材在终端设备上呈现出的带有伴音的连续画面，该画面构成类电作品，著作权归菲狐公司所享有。霍尔果斯侠之谷公司、深圳侠之谷公司、柏际公司在开发《醉美人》游戏的过程中存在接触《昆仑墟》游戏的可能性，而且与《昆仑墟》游戏构成整体观感上的实质性相似。但由于菲狐公司在本案中针对霍尔果斯侠之谷公司、深圳侠之谷公司、柏际公司主张的民事责任均是基于侵犯了其作品的复制权和信息网络传播权，而霍尔果斯侠之谷公司、深圳侠之谷公司、柏际公司并没有侵犯菲狐公司的该两项权利，故菲狐公司要求霍尔果斯侠之谷公司、深圳侠之谷公司、柏际公司承担民事责任的诉讼请求无法律依据，一审法院不予支持，并判决驳回菲狐公司的全部诉讼请求。

一审判理和结果

一审法院认为，霍尔果斯侠之谷公司、深圳侠之谷公司侵害菲狐公司作品改编权、署名权，柏际公司的合法来源抗辩成立，无须承担赔偿责任，遂判令霍尔果斯侠之谷公司、深圳侠之谷公司停止侵权，赔礼道歉，消除影响并连带赔偿菲狐公司经济损失 1500000 元及合理开支 63600 元。

上诉与答辩

一审宣判后，菲狐公司、霍尔果斯侠之谷公司、深圳侠之谷公司均提起上诉。

菲狐公司上诉请求：1. 撤销一审判决，依法予以发回重审或予以改判；2. 本案一、二审诉讼费用由霍尔果斯侠之谷公司、深圳侠之谷公司、柏际公司承担。主要事实和理由：1. 柏际公司运营五款被诉侵权网络游戏不符合合法来源的构成要件，依法应当承担赔偿损失和赔礼道歉的法律责任。2. 柏际公司即使符合合法来源构成要件也应承担赔偿合理开支和赔礼道歉等法律责任。柏际公司的合法来源抗辩不成立。退一步说，即使柏际公司的合法来源抗辩成立，根据裁判规则，也不改变柏际公司运营侵权网络游戏这一行为的侵权性质。因此，柏际公司仍应承担菲狐公司为制止侵权行为所支付的合理开支。同时，由于柏际公司没有在被诉五款游戏中标明菲狐公司的身份，这种行为是侵犯菲狐公司署名权的侵权行为，而合法来源抗辩成立不改变柏际公司运营被诉网络游戏这一行为的侵权性质，因此柏际公司还需就其侵害署名权的行为承担相应的法律责任，具体来说就是赔礼道歉、消除影响的法律责任。一审法院在错误认定柏际公司的合法来源抗辩成立之后，进一步地错误判令柏际公司不承担任何法律责任，明显属于适用法律错误，理应予以纠正。3. 一审法院关于侵权损害赔偿的事实认定和法律适用错误。（1）一审法院关于侵权获利的事实认定错误。（2）一审法院关于损害赔偿的法律适用错误。一审法院应当适用举证妨碍规则，认定菲狐公司要求霍尔果斯侠之谷公司、深圳侠之谷公司赔偿损失 500 万元的主张成立，一审法院没有适用举证妨碍规则确定侵权损害赔偿金额，属于适用法律错误，理应予以纠正。

霍尔果斯侠之谷公司、深圳侠之谷公司针对菲狐公司的上诉共同答辩称，1. 柏际公司在本案中仅仅是相关游戏的运营者，菲狐公司在本案中主张的权利是作品改编权和署名权，对柏际公司而言，其无法判断改编及署名是否存在侵权可能，主观无过错。柏际公司行为上没有参与改编、署名过程，客观上也没有实施本案诉称的与侵权行为有关的行为。至于菲狐公司主张共同运营或联合运营，与本案诉称的改编权、署名权侵权没有任何关联，不能成立。柏际公司不承担相应赔偿责任，一审法院判决正确。2. 菲狐公司主张一审法院认定侵权获利错误，霍尔果斯侠之谷公司、深圳侠之谷公司对此予以认可。但一审确定的赔偿金额并非过低而是过高，菲狐公司主张适用举证妨碍规则加重举证责任，但其依据的事实不成立。

柏际公司针对菲狐公司的上诉答辩称，柏际公司认可霍尔果斯侠之谷公司、深圳侠之谷公司的答辩意见。1. 一审判决已经正确认定菲狐公司未提供证据证明柏际公司参与实施了被诉侵权游戏的创作、生产、改编行为，柏际公司已尽到合理的审查注意义务，且及时将涉案游戏下架。柏际公司无侵害菲狐公司的作品改编权、署名权的行为，也不存在过错。2.《著作权法》《专利法》的制度体系不同，权利架构也不同，本案是侵害著作权纠纷，应适用著作权法的相关规定，而非适用专利案件相关规定及裁判规则。《著作权法》（2010 年修正）第五十三条规定，在不能证明合法授权、合法来源的情况下，才应当承担法律责任。该规定不同于《专利法》(2008年修正)第七十条规定的赔偿责任，换言之，按照《著作权法》的规定，能证明合法授权或合法来源的无须承担法律责任。所谓法律责任，当然包括赔偿及其他法律责任。更何况赔偿合理开支的前提是该开支是权利人为制止侵权行为而支付，柏际公司并未侵害菲狐公司作品改编权、署名权，不存在需赔偿其合理开支的前提。3. 被诉游戏前81级挂机过程只有约50分钟，且下载、进入游戏、挂机的整个过程都不需要支付任何费用，不同于一般作品付费才可进行完整使用，被诉游戏前81级挂机全过程无须付费即可使用，而游戏用户充值主要用于购买新装备、新服装，换言之，即便本案存在被诉侵权行为，不代表侵权人因侵权行为而获利，即便存在侵权获利，也将远低于运营单位的实际获利。4. 柏际公司是否拥有网络游戏运营资质，是否对游戏进行更名运营等，均属于行政管理范畴，与柏际公司是否存在侵权行为、是否存在侵权过错没有因果关系。更何况柏际公司具备网络游戏运营资质，相关运营资质在网上公开可查，且菲狐公司本身也存在更名运营的问题。5. 菲狐公司提供的案件情况与本案不一致，其主张的改编行为只包括创作行为，柏际公司主观和客观上都没有条件知道存在侵权，柏际公司只是运营商，对游戏已经标注也已审核，已经达到了要求的注意义务。

霍尔果斯侠之谷公司、深圳侠之谷公司共同提出上诉请求：1. 撤销本案一审判决；2. 依法予以发回重审或予以改判驳回菲狐公司的全部诉讼请求；3. 本案一、二审诉讼费用由菲狐公司承担。主要事实和理由：一审判决认定《昆仑墟》游戏前81级构成类电作品，同时认定《昆仑墟》游戏与被诉五款游戏前81级整体画面比对，相似之处在于：菲狐公司与霍尔果斯侠之谷公司、深圳侠之谷公司前81级游戏的任务框架及所对应的级别、主线任务每一级别的推进过程、人物关系基本一致；主线任务中场景的数量、场景转换所对应的级别相同；游戏中任务对应技能的解锁级别相同；数值系统基本一致；主角获得装备、坐骑以及羽翼的相应级别一致；挑战经验副本的画面相似。一审判决以此认定被诉五款游戏构成对《昆仑墟》游戏前81级构成类电作品改编权和署名权的侵害。一审判决在已查明霍尔果斯侠之谷公司、深圳侠之谷公司五款游戏收入为15万元的情况下，将被诉五款游戏之外的《醉美人》游戏纳入被诉游戏范围认定侵权，并以霍尔果斯侠之谷公司、深圳侠之谷公司拒绝提供该《醉美人》游戏运营数据为由判决霍尔果斯侠之谷公司、深圳侠之谷公司停止运营发放和传播《醉美人》游戏并承担赔偿经济损失150万元的责任。《昆仑墟》游戏前81级不构成类电作品，即使构成类电作品，被诉五款游戏前81级也不构成对《昆仑墟》前81级的改编权侵权。同时，并无证据证明被诉五款游戏之外的《醉美人》游戏在实际运营中且其内容对《昆仑墟》前81级游戏画面构成改编权侵权，所确定的赔偿金额也没有事实和法律依据。一审判决事实认定错误，法律适用不当，程序违法，应予以撤销改判或发回重审。

菲狐公司答辩称，1.《昆仑墟》游戏的前81级属于类电作品，该事实已为生效法律文书确认，该判决书在一审中作为证据提交；2.深圳侠之谷公司、霍尔果斯侠之谷公司、柏际公司均侵害菲狐公司对《昆仑墟》游戏的改编权；3.一审法院没有正确适用举证妨碍规则，确定的赔偿金额偏低，应当判令深圳侠之谷公司、霍尔果斯侠之谷公司、柏际公司承担连带赔偿责任；4.被诉游戏的前81级持续50分钟左右，具有连续的不同的画面。

柏际公司答辩称，认可深圳侠之谷公司、霍尔果斯侠之谷公司的上诉意见。

二审审理查明

一审法院查明的事实有相应的证据佐证，二审法院依法予以确认。

二审法院另查明菲狐公司主张权利的前81级游戏整体画面与被诉侵权的五款游戏的整体画面的比对情况，霍尔果斯侠之谷公司、深圳侠之谷公司与柏际公司联合运营的相关事实，菲狐公司主张赔偿经济损失的相关事实，本案证据披露的相关事实以及霍尔果斯侠之谷公司、深圳侠之谷公司举证《醉美人》游戏于十家平台运营的相关事实。

二审判理和结果

二审法院认为，被诉五款游戏对《昆仑墟》游戏实施了“换皮”抄袭行为，构成对《昆仑墟》游戏改编权以及《昆仑墟》游戏前81级整体画面的署名权的侵害。柏际公司与霍尔果斯侠之谷公司、深圳侠之谷公司通过分工合作的方式共同实施侵权行为，且在联合运营被诉五款游戏过程中并非存在善意，其合法来源抗辩不能成立。考虑到霍尔果斯侠之谷公司、深圳侠之谷公司作为网络游戏市场主体，持有相关证据却不披露构成举证妨碍，其与相关平台合作期限较长、相关平台规模较大、平台数量较多，二审法院依据举证妨碍规则推定菲狐公司主张的赔偿金额500万元成立。遂判决维持一审法院关于霍尔果斯侠之谷公司、深圳侠之谷公司停止侵权，赔礼道歉，消除影响的判定，改判霍尔果斯侠之谷公司、深圳侠之谷公司连带赔偿菲狐公司经济损失500万元及合理费用113600元，柏际公司对其中的157954.6元及3600元承担连带责任。

【法官评述】

本案属于侵害游戏作品改编权的典型案例。被诉侵权人对游戏作品独创性表达的整体画面进行抄袭剽窃。法院明确，虽然被诉侵权作品与游戏作品存在不同的美术、音乐、文字等元素，但在具体的玩法规则、数值属性等方面与游戏作品不存在实质性区别，构成对游戏作品改编权的侵犯。法院同时明确游戏作品改编权不仅控制改编行为，而且控制其财产性后续使用行为，被诉侵权人未经许可，对改编作品的后续使用行为包括复制、发行和信息网络传播等均被改编权吸收。法院基于被诉侵权人拒绝披露证据构成举证妨碍，推定权利人关于被诉侵权人非法获利的主张成立，全额支持500万元的赔偿请求。本案坚持知识产权赔偿的全部市场规则，切实加强对权利人的侵权救济，彰显司法严格保护的基本立场，对文化创意产业具有激励作用。

在新发展格局背景下，只有全面严格加强著作权保护，才能激励作品创新从而为消费者提供丰富的知识产品或者服务，实现著作权法的立法目的。加强对网络游戏的司法保护，就是要在遵循著作权保护的基本法理的条件下，实施更加严格的知识产权保护政策，提升著作权的司法保护水平，对于网络游戏特别是ARPG（动作角色扮演游戏）类游戏的保护，要立足于著作权法保护具有独创性作品的基本要义，加强对著作权的全面保护，防止侵权者利用游戏“换皮”侵权方式盗用著作权人具有独创性的智力成果，通过对游戏表层美术形象或者音乐效果的替换来达到规避侵权的目的，从而直接跳过消耗最多成本的游戏开发阶段，轻而易举不当挪用他人的智力创造成果，违背著作权法保护独创性作品的根本宗旨，弱化社会对作品创作的投入和创作能力，最终损害社会福利。

编写人：广州知识产权法院　蒋华胜　杨博

（编辑：谢保明）

26

腾讯公司与敬游公司等著作权侵权及不正当竞争纠纷案

阅读提示：游戏地图缩略图的司法认定以及侵权判定标准。

【裁判要旨】

游戏地图缩略图是对游戏整体空间布局结构以俯视视角简略描述的平面图形，MOBA 类游戏的地图缩略图具有相似之处，权利人主张权利的 MOBA 类游戏地图缩略图是否具有独创性，能否构成著作权法意义上的作品以及属于何种作品类型，是侵权判定的基础和关键。

【案号】

一审：广东省广州市天河区人民法院（2017）粤 0106 民初 14587 号

二审：广州知识产权法院（2019）粤 73 民终 8110 号

【案情与裁判】

上诉人（一审被告）：上海敬游软件科技有限公司（简称敬游公司）

上诉人（一审被告）：青岛魔伴科技有限公司（简称魔伴公司）

上诉人（一审被告）：广州爱九游信息技术有限公司（简称爱九游公司）

被上诉人（一审原告）：深圳市腾讯计算机系统有限公司（简称腾讯公司）

起诉与答辩

腾讯公司起诉称，其对《王者荣耀》游戏享有在全球范围内的代理运营权，有权单独以自己的名义进行维权。2016 年 6 月，其发现爱九游公司网站提供《英雄血战》的网络游戏供玩家下载，经比对，《英雄血战》所使用的地图与《王者荣耀》的游戏地图极为相似，完全抄袭了《王者荣耀》游戏场景的结构与布局。敬游公司参与了《英雄血战》的开发，魔伴公司作为经营者对该游戏进行相关宣传推广，爱九游公司在网站上提供下载等服务。爱九游公司、敬游公司、魔伴公司共同分工合作，侵害了其就《王者荣耀》享有的复制权和信息网络传播权，敬游公司作为《英雄血战》的开发者，另侵犯了其享有的改编权。此外，《英雄血战》通过“换皮复制”的抄袭手段，以及抄袭其具有极高市场知名度的游戏界面，构成不正当竞争。腾讯公司遂向广州市天河区人民法院起诉请求判令：1. 敬游公司等即停止侵害其对《王者荣耀》享有的著作权的行为，包括停止复制、改编《王者荣耀》，停止通过信息网络向公众传播《英雄血战》的行为；2. 敬游公司等立即停止不正当竞争行为，下架在线运营的《英雄血战》；3. 敬游公司等向其连带赔偿经济损失 1000 万元；4. 爱九游公司、魔伴公司就其侵权行为分别在其官网首页发表道歉声明，保留时间不得少于 10 天，敬游公司在全国性的知识产权类报刊、杂志发表道歉声明；5. 本案诉讼费及维权支出由敬游公司等负担。

爱九游公司辩称，1.《王者荣耀》作为游戏不具有独创性，不是著作权法意义上的作品，其不构成著作权侵权。2. 腾讯公司并非主张《王者荣耀》复制权、信息网络传播权和改编权的适格主体，对该游戏著作权本身并不享有实体权利。3. 爱九游公司的行为不构成不正当竞争。4. 腾讯公司要求爱九游公司赔偿其经济损失 1000 万元无事实和法律依据。5. 爱九游公司无须对腾讯公司赔礼道歉。6. 腾讯公司公证保全的《英雄血战》并非海外版，而是中国版，《英雄血战》可以在多个平台下载，特别是可以在苹果应用商店下载，且游戏中内置了魔伴公司的微信公众号。7. 敬游公司撤销被诉游戏的著作权登记，并不能以此否认其是《英雄血战》的著作权人。

魔伴公司辩称，1.《王者荣耀》地图缩略图、场景地图不构成图形作品、美术作品。2.《王者荣耀》与《英雄联盟》场景地图一致，其地图缩略图、场景地图不具有独创性。3.《英雄血战》《王者荣耀》同属 MOBA 类游戏，遵循了相同的游戏模式，《英雄血战》不存在抄袭《王者荣耀》地图缩略图、场景地图美术设计的情况。4. 即使腾讯公司享有《王者荣耀》地图缩略图、场景地图的著作权，魔伴公司也不构成侵权。5.《英雄血战》不存在不正当竞争情形。6. 腾讯公司关于不正当竞争的主张，实际上是企图增强《王者荣耀》在游戏市场的竞争地位，反映其不正当诉讼目的。7. 腾讯公司要求魔伴公司承担侵权责任没有事实和法律依据。

敬游公司辩称，1. 腾讯公司和敬游公司诉讼主体均不适格。2. 本案系腾讯公司为《王者荣耀》海外版在境外大力推广而提起的恶意诉讼。3. 腾讯公司混淆了游戏地图和游戏画面这两个概念。4. 功能性是 UI 界面的第一属性，UI 界面不等于游戏画面。5. 腾讯公司获得授权使用已有地图，不会产生独创性，仍是复制行为，腾讯公司混淆了作品的创作行为和授权使用行为。6.《王者荣耀》地图既不构成图形作品，也不构成美术作品。7. 敬游公司未侵犯腾讯公司的复制权、改编权和信息网络传播权。8. 敬游公司不构成不正当竞争。9.《Heroes Arena》游戏未在中国大陆发行运营，且《王者荣耀》收入一直处于爆发式增长状态，腾讯公司未遭受任何损失，敬游公司无须赔偿，更无须赔礼道歉。

一审审理查明

知名网络游戏《王者荣耀》系腾讯成都公司基于合法授权对《英雄联盟》游戏进行的改编，腾讯公司享有在全球范围内的代理运营权、代理运营权转授权、游戏整体及其游戏元素所含著作权在全球范围内的著作权许可使用权，并有权对第三方侵害该游戏的行为以自己名义进行维权。

被诉侵权游戏《英雄血战》又名《Heroes Arena》，是一款以 5V5 模式为主的 MOBA 类手机游戏，中国版权保护中心网站计算机软件著作权登记公告栏显示该游戏著作权人为敬游公司，爱九游公司在其主办的网站 http://a.9game.cn 提供被控游戏的下载等服务，魔伴公司在其注册的微信公众号对该游戏进行宣传。

腾讯公司主张敬游公司、魔伴公司、爱九游公司的行为侵犯了其对《王者荣耀》地图缩略图和场景地图享有的著作权，并且构成不正当竞争。

一审查明的其他事实略。

一审判理和结果

一审法院认为，游戏地图缩略图类似于“鸟瞰图”，呈现的是游戏地图的整体结构和布局，该种形态的网络游戏地图通常表现为平面 2D 画面，一般由点、线条、各种几何图形、不同色彩搭配及背景色彩组合而成，不同地图制作者对线条、图形、色彩及背景的选择不同。《英雄联盟》游戏地图缩略图与在先 DOTA、MOBA 类游戏差异明显，反映了缩略图制作者一系列有个性化的智力选择和判断，已具有独创性，应认定为图形作品。游戏场景地图是玩家玩游戏时展现在其面前的游戏地图中的某一具体场景图，表现为 3D 动态画面，是游戏地图制作者为实现个性化的游戏战斗环境而创作的虚拟三维场景空间，在整体造型及内部构成元素的色彩、形状、布局上具有审美意义。《英雄联盟》36 幅游戏场景地图在元素的运用及外形、位置的设计、色彩搭配、整体构图上均具有独创性，应认定其为著作权法意义上的美术作品。《王者荣耀》游戏地图缩略图、场景地图是在《英雄联盟》游戏地图缩略图、场景地图基础上进行的创作，为改编作品。

《王者荣耀》与《英雄血战》的游戏地图缩略图均位于游戏运行画面的左上方，排除属于公有领域“三条线路、中路与河道十字交叉”的设计后，经比对，两幅缩略图背景颜色均偏向深蓝色，以扇形表示的蓝方高地和红方高地、野区、障碍物以及防御塔等的色彩搭配选择基本相同，除个别不规则几何图形代表的障碍物形状、大小龙的外形、防御塔的造型存在一定差异外，障碍物的开口方向、形状、数量、相对位置，防御塔的数量和位置，以及大小龙的位置基本相同，上述比对相同部分已包含《王者荣耀》独创性部分，应认定二者构成实质性相似。《英雄血战》进行过多次版本升级，其中0.1.64、0.0.49.50、0.1.73（0.1.74）版本的场景地图基本一致，1.7.2版本的场景地图与上述版本则存在一定差异，经对比，一审法院认定《英雄血战》0.1.64、0.0.49.50、0.1.73（0.1.74）版相应场景地图与《王者荣耀》涉案36幅场景地图不构成实质性相似，《英雄血战》1.7.2版本场景地图与《王者荣耀》18幅场景地图构成实质性相似。

敬游公司、魔伴公司系分工合作关系，共同侵害了腾讯公司就涉案图形作品、美术作品所享有的复制权、信息网络传播权，依法应承担停止侵权、连带赔偿经济损失的民事责任。爱九游公司侵害了腾讯公司就涉案图形作品、美术作品所享有的信息网络传播权，亦应承担停止侵权、赔偿经济损失的民事责任。魔伴公司、敬游公司、爱九游公司涉案侵权行为并未改变作品或创作出具有独创性的新作品，未侵害腾讯公司主张的改编权。

至于腾讯公司主张的不正当竞争，一审法院认为，对于已构成美术作品、图形作品的游戏地图缩略图、场景地图，不应再适用反不正当竞争法进行调整；腾讯公司对涉案UI界面不享有独占的权利，魔伴公司、敬游公司、爱九游公司使用的UI界面并未违反诚实信用原则和公认的商业道德，其行为不具有不正当性或可责备性，对腾讯公司主张的不正当竞争部分不予支持。

一审法院判决：1. 魔伴公司、敬游公司停止侵害腾讯公司就涉案作品享有的复制权、信息网络传播权的行为；2. 爱九游公司停止侵害腾讯公司就涉案作品享有的信息网络传播权的行为；3. 魔伴公司、敬游公司连带赔偿腾讯公司经济损失包括为制止侵权所支付的合理开支共计2000000元，爱九游公司就其中500000元承担连带责任；4. 驳回腾讯公司的其他诉讼请求。

上诉与答辩

一审判决后，爱九游公司、敬游公司、魔伴公司不服，均向二审法院提起上诉。

爱九游公司上诉请求：1. 撤销一审判决，改判驳回腾讯公司全部诉讼请求；2. 诉讼费用由腾讯公司负担。事实和理由：1. 一审判决认定《王者荣耀》游戏地图缩略图、场景画面具有独创性错误。2.《王者荣耀》缩略图在整体上保留了《英雄联盟》缩略图的整体轮廓、三条线路、中路与河道十字交叉、河道特定曲线程度、双方高地、防御塔的数量及位置、大小龙的位置、大部分障碍物相对位置这些基本表达后，在手机显示屏上的创作空间并不大。在早前 MOBA 类游戏缩略图和《英雄联盟》缩略图等公有领域或已有作品的基础上，MOBA 类游戏缩略图的创作空间已经较小，在进行实质性判断时应使用相对严格的判断标准。3.《王者荣耀》游戏场景画面同样不具有独创性。4. 一审判决认定《英雄血战》与《王者荣耀》游戏地图缩略图、场景画面构成实质性相似错误。5. 爱九游公司仅存在未经《英雄血战》游戏权利人许可，在信息网络中提供该款游戏的主观过错，但不存在明知或应知《英雄血战》侵犯了《王者荣耀》地图缩略图和部分场景画面的情况下，仍提供信息网络服务的帮助侵权行为的过错。爱九游公司已对《英雄血战》做了下架处理，判决爱九游公司停止侵权没有实际意义。6. 仅凭传播《英雄血战》游戏缩略图就判决爱九游公司连带承担 50 万元赔偿责任显然过重。

腾讯公司答辩称不同意爱九游公司的上诉请求。理由为：1. 一审判决对《王者荣耀》游戏地图缩略图和场景地图的作品类型及独创性的认定正确。2. 一审判决认定《王者荣耀》与《英雄血战》游戏地图缩略图、场景地图构成实质性相似正确。3. 一审判决认定爱九游公司存在主观过错及侵犯腾讯公司涉案作品信息网络传播权正确。4. 爱九游公司与开发者共同运营游戏，向游戏玩家提供下载服务，为该游戏运营提供技术服务，并在网站上进行相关广告宣传，必然从该游戏的经营中获利，营利的主要方式是在合作平台上运营并参与收入分成，只是由于客观原因，该获利数额无法为腾讯公司所知晓。

魔伴公司答辩称，1.《王者荣耀》和《英雄血战》游戏均不是来源于《英雄联盟》，三款游戏均来源于更早的 MOBA 游戏的相关设计以及公有领域的相关元素，这是三款游戏的游戏地图、场景地图基本一致的原因所在。2. 一审判决关于作品游戏缩略图的作品类型以及作品内容认定矛盾。3. 一审判决在认定《王者荣耀》以及《英雄血战》构成实质性相似，属于复制侵权的情况下，又同时认定《王者荣耀》与《英雄联盟》构成改编，针对的都是细微的差异，采用了不同的判决标准。4. 一审判决在法定赔偿之上酌定赔偿数额事实依据不足。

敬游公司答辩称同意爱九游公司的上诉请求。

魔伴公司上诉请求：撤销一审判决第 1、2、3 项，改判驳回腾讯公司全部诉讼请求。事实和理由：1. 一审判决认定《王者荣耀》游戏缩略图和 36 幅场景地图构成作品错误。2. 一审判决认定《Heroes Arena》与《王者荣耀》的游戏缩略图与 18 幅场景地图构成实质性相似错误。3. 一审判决认定魔伴公司构成侵权并承担侵权责任错误。

腾讯公司答辩称，与对爱九游公司的答辩意见一致。补充答辩意见为：1. 虽然本案涉案游戏均为 MOBA 类游戏，但本案应考虑网络游戏所针对的受众能否判断权利人享有著作权的游戏作品中使用的地图、场景等元素与其他作品的区别，以及被诉游戏作品是否和权利人享有著作权的游戏作品构成实质性相似。2. 作品自由创作空间大小决定的是选择相对严格或宽松的标准判断其创作性，而不是创作性有无的决定因素。3. 魔伴公司于成立 7 天后就完成了以推广涉案游戏为唯一功能的微信公众号的认证手续，其从成立之初就与涉案游戏开发商敬游公司进行运营合作，其是侵权行为主体。

爱九游公司答辩称，尽管爱九游公司是从网络上抓取了游戏包并上传到平台上，但并不表明游戏本身非法，且该游戏包内置了魔伴公司微信公众号，从苹果公司 App 上下载的被诉游戏中也有魔伴公司的微信公众号，所以该微信公众号与游戏破解与否没有关系。

敬游公司答辩称，被诉侵权游戏运行界面显示进入游戏之初会有一个单独页面，显示出“UCOOL”，这就显示游戏的开发和运营商是 UCOOL，至少运营商是 UCOOL，该举证责任在腾讯公司。腾讯公司只是单纯通过一个公众号来主张魔伴公司为运营商依据不足。

敬游公司上诉请求：1. 撤销一审判决第 1、3 项，改判驳回腾讯公司的全部诉讼请求；2. 一、二审诉讼费用由腾讯公司负担。事实和理由：1. 一审法院举证责任分配错误，导致对《英雄血战》与《Heroes Arena》是否系同一款游戏这一基本事实认定错误，敬游公司并非适格被告，一审判决法律适用错误。2. 一审判决将《王者荣耀》游戏缩略图认定为作品系法律性质错误，构成法律适用错误。3. 一审判决将《王者荣耀》游戏场景地图认定为美术作品，存在事实认定和法律适用错误。4. 一审判决的比对方法错误，《Heroes Arena》1.7.2 版本与《王者荣耀》场景地图不存在实质性相似。5. 一审判决对游戏缩略图的功能界定错误。6. 对一般观察者的人群范围界定错误。7. 损失数额计算方法错误，未区分知名度来源。

腾讯公司答辩称，与对爱九游公司的答辩意见一致。补充答辩意见为：敬游公司是《英雄血战》的开发者和著作权人，是本案的适格主体。

爱九游公司答辩称，《英雄血战》和《Heroes Arena》是同款游戏，无论从爱九游公司的网络平台还是手机平台，以关键词“英雄血战”进行搜索，出来的游戏版本英文名称都会有《Heroes Arena》。从其他下载途径进行搜索也有同样情形。

魔伴公司答辩称，同意敬游公司的上诉意见，并认为游戏缩略图和场景地图是一一对应的。

二审判理和结果

一、关于涉案游戏缩略图、游戏场景图是否具有独创性，是否构成著作权法意义上的作品及其作品类型问题

1. 游戏地图缩略图是否构成作品及其作品类型。一般而言，权利人并非单纯基于美感来设计缩略地图，而本案中《王者荣耀》的游戏缩略地图是对游戏场景图的说明，同样是为了实现上述实用性功能，符合图形作品中的示意图的构成要件。虽然《王者荣耀》游戏缩略地图中展示的“三条线路、中路与河道十字交叉”等设计属于公有领域的范畴，但该游戏缩略地图整体的色彩搭配，对线路、河道的线条、形状设计，野区内障碍物的形状、布局，水晶门牙塔、防御塔的形状等，仍然体现了作者有个性化的选择和判断，具有一定的独创性，故一审判决认定涉案游戏地图缩略图构成示意图作品并无不当。

2. 场景地图是否构成作品及其作品类型。游戏场景图是以三维模型构建的场景空间，具有地形、地物等要素，作为游戏战斗环境，虽然也能够起到提示作用，但为了给玩家带来沉浸式体验，其更加强调装饰和美化，通过运用色彩、特效等艺术处理手法，使得场景图能够具备一定的审美意义。本案中，将腾讯公司主张权利的 36 幅场景地图进行逐一审查可知，上述作品通过艺术加工的道路走向、不同区域、野怪、草丛、河流、障碍物等具体的色彩、造型及数量、位置、布局等细节安排，在整体构图、色彩搭配、线条设计等方面的结合上呈现出一定的视觉美感，具有独创性，可以作为美术作品予以保护，但其保护范围应主要限定于游戏场景图中的美术表皮。一审法院认为涉案游戏场景地图在整体造型及内部构成的色彩、形状、布局上具有审美意义，构成美术作品亦无不当。

二、被诉侵权图片与涉案游戏地图缩略图、场景地图是否构成实质性相似问题

将《王者荣耀》和《英雄血战》游戏相比较，二者的游戏缩略图在排除掉属于公有领域的“三条兵线、中路与河道十字交叉”的基本布局之后，二者除在野区、障碍物和防御塔采用基本相同的背景颜色之外，野区的整体布局，障碍物开口方向、形状、数量、相对位置，防御塔的数量和位置，大小龙的位置，河流与野区、障碍物主要要素的结构和布局均基本相同，二者构成实质性相似。

三、关于魔伴公司、敬游公司、爱九游公司是否实施了侵害腾讯公司涉案作品著作权行为问题

根据在案证据以及当事人的陈述可知，敬游公司于一审期间自认其参与了被诉侵权游戏《英雄血战》软件源代码的开发；魔伴公司为《英雄血战》游戏的运营方，与游戏开发者分工合作共同实施侵权行为；爱九游公司作为从事游戏运营业务的公司，未经权利人授权，通过信息网络方式向公众提供被诉侵权作品，其主观上存在过错，其行为侵害了涉案作品的信息网络传播权。但是，通常情况下，在游戏软件的开发实践中，特别是在进行大型游戏的开发时，源代码的开发者与美术元素的制作者往往并非同一，游戏软件的开发者虽然通过编写代码的方式调用美术元素，但其并不必然系美术元素的制作者。敬游公司虽然曾就《英雄血战》游戏进行过著作权登记，但其提交的证据显示《Heroes Arena》游戏在美国版权局登记的著作权人为 HUWA 公司，运营商名称为 uCool 公司；且其在对《英雄血战》游戏进行著作权登记后收到 HUWA 公司的警告函，该函件述及由敬游公司协助开发中文名为《英雄血战》的手游，该游戏的知识产权归属于 HUWA 公司，且该游戏已经上架苹果和谷歌公司两大渠道，并要求敬游公司撤回著作权登记。敬游公司确实申请撤销了上述登记，而腾讯公司提交的证据亦显示，在 App Store 中搜索“英雄血战”，搜索结果为《Heroes Arena》游戏，开发商为 uCool 公司。由此可见，敬游公司上诉所称被诉侵权游戏的著作权人为 HUWA 公司、运营商为 uCool 公司与在案证据能够相互印证。腾讯公司在一审期间提交的相关证据显示，从当乐网、苹果应用商店、九游 App 等途径下载被诉侵权游戏时，或在下载页面标注开发商为 uCool 公司，或在游戏页面显示有“ucool”字样，上述证据足以证实被诉侵权游戏由案外公司开发的可能性。故腾讯公司提交的证据并未达到高度盖然性的标准，尚不足以证实敬游公司系被诉侵权游戏的著作权人。一审法院认定敬游公司实施了侵害涉案作品复制权、信息网络传播权的行为事实依据不足。

四、关于一审判决确定的赔偿数额是否恰当问题

腾讯公司并未举证证实魔伴公司、爱九游公司实施的侵权行为所造成的损失数额，一审法院系在充分考虑《王者荣耀》游戏的知名度、市场影响力、运营收益，被诉侵权行为的规模、情节，涉案游戏缩略图、场景地图在游戏中的作用等情节的基础上，酌情确定魔伴公司赔偿经济损失包含合理费用200万元，爱九游公司在50万元范围内承担连带责任并无不当。

据此判决如下：1. 维持广东省广州市天河区人民法院（2017）粤0106民初14587号民事判决第2项；2. 撤销广东省广州市天河区人民法院（2017）粤0106民初14587号民事判决第4项；3. 变更广东省广州市天河区人民法院（2017）粤0106民初14587号民事判决第1项为：魔伴公司于判决发生法律效力之日立即停止侵害腾讯公司就涉案作品享有的复制权、信息网络传播权的行为；4. 变更广东省广州市天河区人民法院（2017）粤0106民初14587号民事判决第3项为：魔伴公司于判决发生法律效力之日起十日内赔偿腾讯公司经济损失包括为制止侵权所支付的合理开支2000000元，爱九游公司就其中500000元承担连带责任；5. 驳回腾讯公司的其他诉讼请求。

【法官评述】

文化艺术随着社会发展在不断更新和进步，游戏作品亦如此，从当初的小型单机游戏到如今的大型网络游戏，在充实了人们的精神生活之余，也日益成为著作权侵权纠纷的高发领域。虽然游戏作品的发展进步难免借鉴已有游戏的创意、美术元素、规则玩法等，但仍应以不侵害在先游戏作品中相关元素的著作权为限。本案中涉及的MOBA游戏是指多人在线战术竞技游戏（Multiplayer Online Battle Arena），其玩家通常被分为两队，两队在分散的游戏地图中相互竞争，因此，游戏缩略图作为能够即时判断自身及队友、玩家对手位置的作品，在该类游戏中不可或缺。而游戏缩略图能否得到著作权法的保护，首先取决于其是否具备独创性，能否构成著作权法意义上的作品，然后根据其作品类型得到相应程度的保护。

一、游戏地图缩略图的作品类型认定

涉案权利游戏《王者荣耀》属于MOBA类游戏，腾讯公司主张权利的涉案游戏地图缩略图，实际是指对游戏整体空间布局结构以俯视视角简略描述的平面图形。首先，游戏缩略地图通常以点、线、面和各种几何图形、符号、色彩等搭配绘制而成，主要目的是以简明的方式反映游戏场景地图的整体轮廓及内部构成元素的基本布局结构特征，主要反映的是游戏地图的整体结构和布局，实现指示位置关系的实用性功能，其各种元素的具体位置能与游戏场景图中的相应元素一一对应，从而起到标示该场所的主要通道、地貌、障碍物等作用，提示玩家所处位置，使玩家能够从缩略图中实时获取其本人、队友或敌方玩家相对于防御塔、野区障碍物、河道等场景元素的准确位置。故此，其所称"地图"并不等同于日常生活经验或地理学概念上的"地图"，亦不能直接归类为著作权法规定的地图作品。其次，游戏地图缩略图一般由点、线条、各种几何图形、不同色彩搭配及背景色彩组合而成，而上述线条、色彩、图形、符号等具体元素的取舍和安排上存在一定的创作空间，如其具有独创性，则可以构成示意图作品。

二、改编作品的独创性如何把握

《王者荣耀》属于手机端游戏，且系从知名的电脑端游戏《英雄联盟》改编而来，而《英雄联盟》游戏地图缩略图已在生效判决中被认定构成作品，故需将《王者荣耀》与《英雄联盟》进行比较，进而对《王者荣耀》游戏缩略地图是否具有独创性作出认定。经比较，《王者荣耀》和《英雄联盟》虽均采用三条兵线、中路与河道十字交叉的整体轮廓，且河道的曲线程度、大小龙的位置、双方高地、部分障碍物位置布局的表达上基本一致，但二者的背景颜色、色彩搭配、水晶门牙塔的造型、防御塔的造型、障碍物的数量和开口方向等方面均有明显差异，二者上述差异固然有手机和电脑的硬件配置原因，但也能反映出作者在进行创作时富有个性的选择，体现出一定限度的独创性，而该独创性使其能够区别于《英雄联盟》游戏地图缩略图，构成新的作品。

三、对游戏地图缩略图的侵权判定如何判断

游戏作品的侵权判定亦以"接触＋实质性相似"作为判定标准，而判断两个作品是否构成实质性相似，应综合判断作者在作品中不同元素的取舍、选择、安排、设计等独创性表达是否相似，但任何已经处于公有领域的元素及无独创性的内容不应获得著作权法的保护，故在进行实质性相似比对时应当排除MOBA类游戏地图缩略图的通用设计或者在先设计，基于"必要场景"或者"有限表达"的设计也应予以排除。此外，游戏地图缩略图并非用于工程施工或者产品制造，无需精确到具体的数字坐标，图中不同元素之间的距离设定也不应纳入侵权比对的范围，而只需重点关注二者之间在整体构图轮廓及内部构成要素结构、布局方面的异同即可。

本案涉及的地图缩略图作品类型的认定以及侵权判断标准，对该类案件的处理具有指导意义，亦能够规范游戏开发者在开发游戏时的审慎注意和积极规避义务。另外，本案充分考虑《王者荣耀》游戏的知名度、市场影响力、运营收益，被诉侵权行为的规模、情节，涉案游戏缩略图、场景地图在游戏中的作用等因素，酌情确定赔偿数额，彰显了对知名游戏著作权的保护力度。

编写人：广州知识产权法院　张姝　王俭君

（编辑：梁希灵）

27

字节跳动公司与加盐公司等侵害作品信息网络传播权纠纷案

阅读提示：基于技术模式的网络服务提供者侵权归责原则厘定。

【裁判要旨】

内容运营平台的网络服务提供者采用内容源接入同步技术和文本分类算法来实现用户内容的快速接入和版块分发，通过用户协议免费获取平台内容的信息网络传播权、汇编权等，并与用户就约定获利分成，激励用户生成及接入内容，实现平台获利最大化。该类网络服务提供者并非仅提供信息存储空间，还是平台内容的管理者。因此，基于数字信息技术的迭代及平台获利模式的更替，将网络服务提供者的侵权归责原则由“通知－删除”调整为“必要预防措施＋删除”，在网络服务提供者未采取预防侵权的必要技术措施时，由其对网络平台分发的侵权内容承担相应的帮助侵权责任，有助于鼓励著作权人创作优质作品，促成平台经济的有序发展，优化社会公众获取合法资讯的渠道。

【案号】

一审：广州互联网法院（2020）粤0192民初38574号

二审：广州知识产权法院（2021）粤73民终5651号

【案情与裁判】

上诉人（一审被告）：北京字节跳动科技有限公司（简称字节跳动公司）

被上诉人（一审原告）：广州加盐文化传播有限公司（简称加盐公司）

一审被告：悠久传媒（北京）有限责任公司（简称悠久公司）

起诉与答辩

加盐公司诉称，悠久公司未经权利人许可，于2020年1月31日在“头条网”发布文章《17年前阿里全员隔离 马云是怎么熬过非典的？》，该文章的著作权属加盐公司。字节跳动公司是“头条网”的运营商，字节跳动公司作为被诉平台的网络服务提供者，在收悉律师函后没有立即删除被诉侵权文章，侵害了加盐公司的信息网络传播权。故诉请法院判令悠久公司、字节跳动公司在“头条网”首页、“今日头条”客户端首屏显著位置和《法制日报》连续30天刊登道歉声明、消除影响并赔偿加盐公司经济损失150000元。

悠久公司辩称，悠久公司仅在自己公司网站发布被诉侵权文章，悠久公司和今日头条平台约定使用文章同步功能，被诉侵权文章是通过同步技术发布在今日头条网站，被诉侵权文章在悠久公司网站转载时已标注文章权利来源，但今日头条平台同步文章时未标注来源。悠久公司不清楚该文章权利人的联系方式，故未获取权利人授权。

字节跳动公司辩称，字节跳动公司仅是信息存储空间服务提供者，被诉侵权文章是悠久公司上传发布在今日头条平台。字节跳动公司在《头条号用户协议》中明确提示用户不得发布侵害他人知识产权的内容，并公示畅通的举报渠道，已尽合理注意义务。字节跳动公司收到律师函后，已于当天对被诉侵权文章进行下架处理，已履行“通知–删除”义务，无需承担赔偿责任。

一审审理查明

加盐公司是微信公众号“何加盐”的账号主体；涉案权利文章《17年前阿里全员隔离 马云是怎么熬过非典的？》于2020年1月30日在微信公众号“何加盐”发表，标题下方标注“原创 何加盐”字样，文末显示“阅读10万+”。

今日头条平台的“首页/科技”版块于2020年1月31日发布文章《17年前阿里全员隔离 马云是怎么熬过非典的？！》，文章标题下方载有“科技生活快报”字样。被诉侵权文章主文内容与涉案权利文章构成实质性相似。字节跳动公司是网站www.toutiao.com（头条）的主办单位。今日头条平台的后台信息显示，自媒体号“科技生活快报”的运营者为悠久公司。

一审判理和结果

一审法院审理认为，悠久公司未经著作权人许可，通过与字节跳动公司的合作关系，在其头条号“科技生活快报”发表被诉侵权文章，使相关公众可以在其个人选定的时间和地点通过该头条号获得涉案权利文章，悠久公司的行为侵害了加盐公司的信息网络传播权，依法应当承担相应的侵权责任。虽然字节跳动公司运营的“头条号”内容由悠久公司提供，但是被诉侵权内容由字节跳动公司分发到今日头条首页的科技板块，该行为足以说明字节跳动公司并非一个纯消极性的信息存储空间。被诉侵权内容经字节跳动公司分发，已与字节跳动公司作为内容提供者提供的其他版块内容相混合，且字节跳动公司未举证证明其会将所有头条号内容分发到各版块，因此，字节跳动公司存在筛选分发的可能性较大，应当对分发内容是否侵权承担更高的注意义务。字节跳动公司将头条号内容分发到其他版块后可获得由此产生的相关收益，字节跳动公司在享有利益的同时亦应当对此承担责任。

一审法院于2021年7月9日作出判决：1. 字节跳动公司、悠久公司在判决生效之日起十日内共同赔偿加盐公司2000元；2. 驳回加盐公司的其他诉讼请求。

上诉与答辩

一审判决后，字节跳动公司不服，向二审法院提起上诉称，涉案文章由网络用户发布，字节跳动公司已举证证实其为信息存储空间网络服务提供者。字节跳动公司已提交的“科技生活快报”账号主体注册信息、文章的发布及删除时间等证据，能够与加盐公司取证的前台信息相互印证。一审判决认定字节跳动公司对被诉内容进行筛选和二次发布，并认定字节跳动公司平台的其他版块是由字节跳动公司作为内容提供者直接发布，已超出本案审理范围。字节跳动公司未对涉案文章进行筛选、编辑、推荐，接到投诉通知后在合理期限内删除涉案文章，已尽到合理注意义务，不存在过错，不应承担侵权责任。请求撤销一审判决，依法改判驳回加盐公司的全部诉讼请求。

加盐公司辩称，字节跳动公司否认对文章筛选、编辑和推荐的行为，但未能证明其是否主动实施对涉案侵权作品进行选择、分发和推荐的行为。字节跳动公司在其运营的“今日头条”平台上主动对内容进行分发、选择和推荐，并非只是形成消极性的信息存储空间。虽然涉案文章显示是由头条号用户“科技生活快报”上传，但涉案文章已由字节跳动公司分发到今日头条首页的科技板块，说明字节跳动公司存在对网络用户上传的内容进行分发的积极行为。字节跳动公司没有尽到相应的审核核实义务，今日头条网站作为互联网信息传播平台，主要盈利模式包括通过作品内容传播获得流量，实现流量变现。字节跳动公司和悠久公司通过侵犯他人著作权获得相应收益，并进行内部分配，应承担相应的法律责任。

二审审理查明

悠久公司提交的今日头条平台的后台页面截图显示，被诉侵权文章标题下方有“RSS 同步”“展现 264.5 万阅读 12.4 万”字样。悠久公司在其科普网发布的被诉侵权文章标题下方标明“2020–1–31 来源：何加盐　编辑：风云”。

字节跳动公司提交的《文本分类算法综述》载明：传统的机器学习分类方法将整个文本分类问题拆解成特征工程和分类器两部分。特征工程分成文本预处理、特征提取、文本表示三个部分。最终目的是将文本转换成计算机可理解的格式，并封装足以用于分类的信息，即很强的特征表达能力……词库量都是百万级别的。

字节跳动公司的“关于头条”链接内容载明：“今日头条目前拥有引擎推荐、搜索推荐、关注订阅和内容运营等多种分发方式，囊括图文、视频、问答、微头条、专栏、小说、直播、音频和小程序等多种内容体裁……头条号是今日头条旗下开放的内容创作与分发平台。”字节跳动公司的《头条号用户协议》载明：“您知悉、理解并同意通过头条号平台发布、传播的内容，授权字节跳动公司及其关联公司、控制公司可在全球范围内免费、非独家、可转授权地使用，使用范围包括但不限于在当前或其他网站、应用程序、产品终端设备等，并授权字节跳动公司及其关联公司对相应内容可进行修改、复制、改编、翻译、汇编或制作衍生作品。”字节跳动公司的《内容源接入》文件载明：“内容源接入，指网站内容接入。在内容源接入后，头条号平台会定期同步内容源种子中的内容，自动发表在相关头条号。通过以上两种方式同步的内容，也可在今日头条 App 进行分发，与手动分发的内容享受同等曝光和分成……可指定同步的文章，并提供文章的标题、摘要等所有信息。”

二审判理和结果

二审法院审理认为，字节跳动公司依据其与网络用户的协议，对今日头条网站平台发布、传播的内容，免费享有使用、修改、复制、改编、翻译、汇编及制作衍生作品等多项著作权中的财产权利，其并非仅是为服务对象提供信息存储空间的网络服务提供者，故其以已履行“通知–删除”义务为由要求免责，依据不足。

今日头条平台使用 RSS 内容源接入同步技术来接入被诉侵权文章，并使用文本分类算法将用户文章在平台的“热点”“科技”“娱乐”“游戏”等不同版块进行分类分发，亦即，字节跳动公司是文本分类算法的使用者和平台管理技术的运用者。文章分发的过程实质为文本分类算法根据关键词信息将文章区分类别并推荐至不同版块的过程，虽该类推荐模式在形式上并非个性化推荐，但分设不同的类型版块迎合不同类别的浏览人群需求，属对作品进行类型化推荐的行为。字节跳动公司对于平台内容存在类型化推荐行为，且具备预防侵权的技术条件和信息管理能力。

被诉侵权文章的展现率及阅读量高，平台运营商对该类内容的注意义务亦宜与此相适应。被诉侵权文章标题《17 年前阿里全员隔离 马云是怎么熬过非典的？》使用有“阿里”“马云”等较易引发公众关注的关键词。而且，后台数据显示被诉侵权文章“展现 264.5 万 阅读 12.4 万”，可见该文章的公众关注度高，平台运营商应负有相对较高注意义务。此外，被诉侵权文章在今日头条平台所标注的权利来源与该文章在接入前所标注的权利人并不一致，字节跳动公司作为平台的 RSS 同步技术使用者，应对此承担相应的法律责任。

字节跳动公司对于平台内容享有部分著作权，运用网络技术对平台内容进行类型化推荐，具备预防侵权的技术措施和信息管理能力。因此，对于平台上展现率高、阅读量大的文章，平台运营商负有积极采取预防侵权必要措施的义务，避免平台的文章所标注的权利来源与其接入平台前标注的权利来源不一致而导致侵权结果发生的情况。网络服务提供者在平台内容分发主体的选择、预防侵权的技术模式选定及侵权风险的应对方式等问题上均具备相应的选择优势。如网络服务提供者未采取预防侵权的必要技术措施，则应根据其所提供网络服务的性质、方式、管理信息能力、获利分配模式等因素，确定其相应的帮助侵权责任。

二审法院于 2022 年 4 月 7 日作出判决，驳回上诉，维持原判。

【法官评述】

随着网络信息技术的发展和平台运营模式的变化，网络内容平台包括用户原创生成内容平台（User Generated Content, UGC）、专业生产内容平台（Professional Generated Content, PGC）、职业生产内容平台（Occupationally Generated Content, OGC）三类。用户生成内容平台所发布的内容多是由平台的签约用户提供，此类平台采用 RSS（内容源接入同步）技术和文本分类算法等数字技术来增大平台资讯内容的供应量、优化平台内容的展现效果和浏览体验。然而，随着用户原创生成内容平台的文章、图片及视频等内容的数量日益增加，侵害信息网络传播权的行为频发。由此，平台运营商是否仅是提供信息储存空间的网络服务提供者、如何合理界定平台运营商过滤侵权内容的技术义务，以确定平台运营商的责任边界及侵权归责原则等问题，成为当前网络侵权纠纷中的热点和难点问题。

一、关于适用“避风港”原则的主体要件

《最高人民法院关于审理侵害信息网络传播权民事纠纷案件适用法律若干问题的规定》第六条规定，原告有初步证据证明网络服务提供者提供了相关作品、表演、录音录像制品，但网络服务提供者能够证明其仅提供网络服务，且无过错的，人民法院不应认定为构成侵权。《信息网络传播权保护条例》第二十二条规定：“网络服务提供者为服务对象提供信息存储空间，供服务对象通过信息网络向公众提供作品、表演、录音录像制品，并具备下列条件的，不承担赔偿责任：（一）明确标示该信息存储空间是为服务对象所提供，并公开网络服务提供者的名称、联系人、网络地址；（二）未改变服务对象所提供的作品、表演、录音录像制品；（三）不知道也没有合理的理由应当知道服务对象提供的作品、表演、录音录像制品侵权；（四）未从服务对象提供作品、表演、录音录像制品中直接获得经济利益；（五）在接到权利人的通知书后，根据本条例规定删除权利人认为侵权的作品、表演、录音录像制品。”上述规定通常被认为是适用“通知－删除”原则（亦即“避风港”原则）的法律基础。据此，对于适用“避风港”原则的主体要件，应结合考虑以下因素：一是网络服务提供者是否仅为服务对象提供信息存储空间，并未改变服务对象向公众所提供的作品及作品标注的权利来源；二是网络服务提供者对于信息存储空间的内容是否进行主动推荐；三是网络服务提供者对信息存储空间的内容是否享有权利，如网络服务提供者向公众提供的是其享有著作权的内容，则其并非网络服务提供者而是网络内容提供者；四是网络服务提供者是否从服务对象的作品中直接获利。

1. 网络服务提供者仅为服务对象提供信息存储空间，并未改变服务对象向公众所提供的作品及作品标注的权利来源。本案中，字节跳动公司自称“头条号”是内容创作和内容分发的平台，现有证据不足以证实该平台仅提供信息存储空间以供服务对象通过网络向公众提供作品。而且，该平台通过内容源同步技术接入的文章所标注的权利来源与内容源种子网站原标注的权利来源并不一致，该类现象极易引发著作权纠纷。因此，字节跳动公司作为该平台的运营商，并不符合适用“避风港”原则的主体要件。

2. 网络服务提供者未对其信息存储空间的内容进行分类推荐或个性化推荐等主动管理。今日头条平台采用文本分类算法，提取用户文章的关键词信息，通过分类算法技术将接入至平台的文章分发至今日头条平台前台的不同板块之

下。亦即，用户文章被推送至平台的何类版块并非取决于提供文章的用户，而是由字节跳动公司通过文本分类算法决定并实施。文本分类算法是字节跳动公司实现对其涉案平台进行分类版块管理的技术，文章分发的过程实质为将文章区分类别并推荐至不同版块的过程，属于对作品进行类型化推荐的行为。而且，如前所述，“关于头条”链接说明述及“今日头条平台有引擎推荐、搜索推荐、关注订阅和内容运营等多种分发方式”，亦即，字节跳动公司使用多种方式进行内容推荐分发，故其不符合适用“避风港”原则的主体要件。

3. 网络服务提供者对于信息存储空间的作品不享有著作权。本案中，字节跳动公司通过《头条号用户协议》与提供内容的用户约定，字节跳动公司对于今日头条平台发布、传播的内容，免费、非独家、可转授权地享有在其网站、应用程序、产品终端设备使用、修改、复制、改编、翻译、汇编及制作衍生作品等的权利，上述协议中的“网站、应用程序、产品终端设备使用”属于行使信息网络传播权的行为，而且，上述约定中关于修改、复制、改编、翻译、汇编及制作衍生作品等授权均属于著作权的权能。由此可见，字节跳动公司与平台内容提供者共享平台的部分著作权。在此情况下，字节跳动公司并不符合适用“避风港”原则的主体要件。

4. 网络服务提供者未从服务对象的作品中直接获利。本案中，字节跳动公司的《内容源接入》文档载明：“在内容源接入后，头条号平台会定期同步内容源种子中的内容，自动发表在相关头条号。通过以上两种方式同步的内容，也可在今日头条 App 进行分发，与手动分发的内容享受同等曝光和分成。”可见，用户内容经同步技术接入并在平台分发后，与手动分发的内容享有同等的分成待遇。亦即，无论用户提供的作品通过技术还是通过手动分发，字节跳动公司均与用户就作品形成获利分成的关系，据此，其亦不符合适用“避风港”原则的主体要件。

综合上述因素可见，字节跳动公司作为今日头条平台的运营商，并非仅提供信息存储空间，不符合适用“避风港”原则的主体要件。

二、关于适用“避风港”原则的主观要件

《最高人民法院关于审理侵害信息网络传播权民事纠纷案件适用法律若干问题的规定》第四条规定：“有证据证明网络服务提供者与他人以分工合作等方式共同提供作品、表演、录音录像制品，构成共同侵权行为的，人民法院应当判令其承担连带责任。”第八条规定：“人民法院应当根据网络服务提供者的过错，确定其是否承担教唆、帮助侵权责任。网络服务提供者的过错包括对于网

络用户侵害信息网络传播权行为的明知或者应知。”因此，网络服务提供者是否需要承担共同侵权责任取决于其是否与签约用户以分工合作等方式共同提供侵权内容，而平台运营商是否需要承担帮助侵权责任，则取决于其是否存在包括明知及应知在内的侵权主观过错。如平台运营商存在共同侵权合意或侵权主观过错的情况，则不符合适用“避风港”原则的主观要件。

关于网络服务提供者对于侵权行为的主观过错状态判定问题，网络服务提供者对于网络用户侵害信息网络传播权行为是否处于明知的状态较易举证及判定，但网络服务提供者对于服务对象侵害信息网络传播权的行为是否“应知”，涉及网络服务提供者对平台内容的审核义务边界问题，其判定标准众说纷纭。依据《最高人民法院关于审理侵害信息网络传播权民事纠纷案件适用法律若干问题的规定》第七条、第九条和《信息网络传播权保护条例》第二十二条的规定，对上述问题的判定，应结合网络服务提供者预防侵权的技术过滤义务范围，来确定基于数字技术管理的“应知”标准：

1.“应知”认定标准应与网络服务提供者的信息管理技术优势相符。本案中，字节跳动公司的业务范围并非仅提供信息空间的存储服务，还对用户接入平台的内容实施分类分发，其对于文本分类算法的运用存在技术管控优势，字节跳动公司针对涉案平台接入及分发的文章引发侵权纠纷的可能性，应具备相应的预判和信息管理能力。基于内容源同步接入技术，在用户文章接入前，今日头条平台可获得所接入文章的“标题、摘要”等信息，并据此进行分类分发。因此，客观上，网络服务提供者在分发文章前，基于所接收的文章标题、摘要、权利来源标注等关键词信息，进行同步识别预防侵权内容，在技术上具备可行性，故在其预防侵权的必要技术措施范围之内的侵权信息属其“应知”的范围。

2.“应知”认定标准应与网络服务提供者主动介入平台内容管理和技术支持的范围相符。网络服务提供者如主动对作品进行选择、编辑、修改、推荐，则其应对所主动管理的内容负有相应的审慎注意义务。字节跳动公司通过文本分类算法将涉案文章分类推荐至其平台“科技”版块内。而且，该平台运用引擎推荐、搜索推荐、关注订阅和内容运营等多类分发方式。网络服务提供者的分类推荐、引擎推荐、搜索推荐、关注订阅等推荐方式，均属于平台内容主动推荐行为。网络用户无法自行决定其接入平台的文章所属类别和所在版块，也不能决定其内容的展现率，其提供的内容是由网络服务提供者决定所属类别并进行相应的分发和推荐。因此，网络服务提供者向公众进行算法推荐的内容负有相应的注意义务。

3.“应知”认定标准应与侵权内容的可过滤性相符。对网络平台的所有内容进行过滤，既不可能，也无必要，但网络服务提供者对平台内容存在管控优势，对于可通过数字技术感知的潜在侵权内容，属于应采取合理预防技术措施的范围，故亦属于“应知”的范围。具备技术可过滤性的内容至少应包括以下几类：一是高展现量及阅读量的平台内容。平台内容的展现量越高，文章的阅读量越高，公众关注度越高，其实际吸引的流量越多，该内容被数据技术感知的可能性越大。本案中，被诉侵权文章的展现量达 264.5 万、阅读量达 12.4 万，该文章的展现量大、阅读量大，具备数据技术过滤的基础。二是著作权信息标注不清的平台内容。本案中，内容源种子网站的著作权信息标注为“何加盐”，而涉案平台的著作权信息标注为“科技生活快报”。网络服务提供者使用 RSS 内容源同步接入技术时，仅同步内容源种子网站的文章内容，并未同步该文章的著作权来源标注，导致二者的著作权信息标注不一，该类情况易于被数据过滤技术所识别，亦宜列入网络服务提供者的“应知”范围。

三、基于“三元利益”衡平的网络服务提供者侵权归责原则厘定

关于网络服务提供者的帮助侵权归责原则确定，既涉及网络服务提供者的审慎注意义务范围及侵权责任边界的划分，也涉及著作权人、网络服务提供者和社会公众的利益平衡。《最高人民法院关于审理侵害信息网络传播权民事纠纷案件适用法律若干问题的规定》第一条规定，人民法院审理侵害信息网络传播权民事纠纷案件，在依法行使裁量权时，应当兼顾权利人、网络服务提供者和社会公众的利益。因此，在网络新技术背景下，判定网络服务提供者的侵权责任归责原则应否由“通知－删除”调整为“必要预防措施＋删除”，应兼顾鼓励优质创作、促进平台有序运营和保障公众资讯获取便利等因素。

1. 对于著作权人而言，对网络服务提供者适用“必要预防措施＋删除”原则，有利于著作权人提升维权效率和降低维权成本。用户内容的接入与分发行为并非同时实施，但两行为的共同结果是导致被诉侵权文章的传播，如仅由提供内容的用户承担直接侵权责任，而作为分发文章并据此增加获利的主体，网络服务提供者无需承担帮助侵权责任，容易导致侵权责任的承担与侵权行为实施之间的因果关系割裂，也不利于对权利人合法权益的保护。如著作权人仅可向接入侵权内容的用户主张权利，则权利人往往还需请求网络服务提供者披露侵权用户的实际经营者信息，导致维权环节和难度的增加，也不利于及时制止侵权行为。

2. 对于网络服务提供者而言，适用“必要预防措施＋删除”原则，在其未采取必要技术措施预防侵权的情况下，对平台上侵权内容的分发行为承担帮助侵权责任，并未导致其责任不当加重。（1）适用“必要预防措施＋删除”原则，与网络服务提供者所获取的利益相对等。部分网络服务提供者通过用户协议获取用户创作内容的部分著作权，运用同步技术接入用户内容，使用文本分类算法分发内容，提高社会公众的关注度及点击率，并与用户就接入内容的获利存在“分成”关系，对其适用“必要预防措施＋删除”标准，符合法律主体的权利义务对等原则。（2）用户内容的版块类别确定和分发由网络服务提供者决定，也应由其对自行分发的内容采取必要的预防侵权措施。网络服务提供者既可设定由用户在提供内容时选定其所归属的具体版块，也可设定通过算法将用户内容推荐至具体版块，还可设定根据点击率高低，对平台内容辅以二次识别及分发流程。因此，平台所使用的分类算法及分发模式，仅是平台向网络用户及社会公众提供信息服务的工具，不应成为免责抗辩的事由。（3）由网络服务提供者采取预防侵权的技术措施义务，与其信息技术管理能力相符。在网络用户的文章接入及分发前，今日头条平台可获取到所接入文章的“标题、摘要”等信息，故其对接入文章具备采取预防式信息管理技术措施的可行性，网络服务提供者对易引发公众关注的文章也应负有相对较高的注意义务。

3. 对于社会公众利益而言，在网络服务提供者未采取必要技术措施的情况下，由其对平台上侵权内容的分发行为承担帮助侵权责任，既有助于提升平台内容的质量，亦不影响社会公众获取资讯的便利。当网络服务提供者已采取预防侵权必要技术措施时，仅需承担“通知－删除”的责任；如网络服务提供者未采取预防侵权必要技术措施，则其不符合适用“通知－删除”原则进行免责的条件，由其承担帮助侵权责任，既可促使网络服务提供者在其平台提供经合法授权的内容，也有利于提升相关社会公众对该平台的信赖度和使用黏性，更符合网络平台通过创新技术来共享资讯、吸引流量的目标和尊重知识的价值取向。

网络服务提供者在平台内容分发主体的选择、预防侵权的技术模式选定及侵权风险的应对方式等问题上均具备相应的选择优势。技术中立并不为技术暴利提供必然的正当性基础，“避风港”原则不应成为网络平台规避法律责任的依据。随着网络平台运营模式的更替和文本分类算法的发展，用户内容分享平台的网络服务提供者已远非信息存储空间的“善意看门人”，其通过文本分类算法实现对平台的版块化管理，并与网络用户就其接入平台的内容进行获利分成，激励用户生成内容，据此实现平台获利最大化。因此，对该类网络服务提供者的法律责任认定，也不宜再限于提供信息存储空间的网络服务提供者的逻辑基础，用户内容平台责任认定原则宜由“通知－删除”原则转变为“必要预防措施＋删除”原则，在网络服务提供者未能采取合理且必要的预防侵权技术措施情况下，由其对平台分发的侵权内容承担相应的帮助侵权责任，以平衡著作权人与网络服务提供者的利益，鼓励著作权人创作优质作品，促成平台经济的有序发展，优化社会公众获取合法资讯的渠道。

编写人：广州知识产权法院　黄彩丽

（编辑：耿照阳）

28

奇虎公司与李某欣侵害作品信息网络传播权纠纷案

阅读提示：网络搜索服务提供者对作品“缩略图”的使用行为是否构成著作权合理使用的考量。

【裁判要旨】

判断网络搜索服务提供者对作品“缩略图”的使用是否构成著作权法意义上的合理使用，需要分析网络服务提供者的使用目的和方式、是否影响作品的正常使用、是否及时采取相应措施以及是否不合理损害著作权人的合法权益等。网络搜索服务提供者向公众提供作品“缩略图”的行为不影响相关作品的正常使用，且未不合理损害权利人对该作品的合法权益，网络服务提供者主张其未侵害作品信息网络传播权的，人民法院应予支持。

【案号】

一审：广州互联网法院（2021）粤0192民初20242、20243号

二审：广州知识产权法院（2021）粤73民终7310、7311号

【案情与裁判】

上诉人（一审被告）：北京奇虎科技有限公司（简称奇虎公司）

被上诉人（一审原告）：李某欣

起诉与答辩

李某欣起诉请求判令：1. 奇虎公司在全国发行的报刊上对李某欣进行书面道歉，消除影响；2. 奇虎公司赔偿李某欣合理支出律师费每案1000元；3. 奇

虎公司赔偿李某欣经济损失每案2000元。事实和理由：奇虎公司未经许可，在其经营的“so.com”网站直接使用李某欣作品，并利用李某欣作品的知名度将涉案作品作为广告入口直接导流至第三方网站用于商业广告目的，使用过程既未对李某欣作品进行署名，亦未向李某欣支付报酬，侵害了李某欣对作品的署名权、信息网络传播权等权利。

奇虎公司辩称，奇虎公司作为网络服务提供者以提供“缩略图”的形式使用网络上公开传播的图片，涉案图片来源于网络，其上并未有任何署名，从图片本身都无法使公众知晓其与作者之间的关联，而奇虎公司提供的仅是缩略图，故奇虎公司未侵犯作者的署名权。奇虎公司使用“缩略图”的行为并未影响权利人对图片的正常使用，亦未不合理地损害权利人对于图片的合法权益，并未从中直接获取经济利益，所实施的提供缩略图的行为适用“避风港”原则，且已构成合理使用，故其无须承担任何法律责任。奇虎公司在涉案图片上加载广告链接的行为不属于著作权法调整的范畴。李某欣未能提供任何证据证明其损失或奇虎公司的获利情况，其所提出的赔偿金额畸高。

一审审理查明

李某欣在2020年4月30日通过搜狐账号“大wing同学”发表了标题为《欧洲九大文化城市之一，充满北欧优雅，到处都是特色建筑》《塞班岛最有趣的沙滩，沙子像星星，游客禁止带走却可以花钱购买》的文章，并主张文章中的两张配图构成摄影作品，其为涉案摄影作品的作者和著作权人。

在奇虎公司360搜索网站首页地址www.so.com的搜索框内输入“欧洲九大文化城市之一，充满北欧优雅，到处都是特色建筑”，检索结果出现的网页包括涉案被诉侵权图片在内的多张图片，且该图片下方标有广告字样，点击图片中部偏上的位置，页面跳转到带有“丝路教育”字样和标识的网站；在搜索框内输入“塞班岛最有趣的沙滩，沙子像星星”，检索结果出现的网页包括涉案被诉侵权图片在内的多张图片，且该图片下方标有广告字样，点击图片中部偏上的位置，页面跳转到带有丽江旅游攻略旅游最佳路线推荐的网页。

经对比，奇虎公司确认，该被诉侵权图片与李某欣主张权利的摄影作品基本相同，而涉案被诉侵权图片系奇虎公司提供，提供方式是通过该公司的算法匹配，在公众进行图片搜索时，算法将相应图片匹配到其广告用户，并添加广告标识，由用户选择是否查看，且可以通过点击奇虎公司提供的原图链接跳转至原网页。

一审法院使用奇虎公司的涉案搜索网站，按双方确定的搜索方式，选定不同的关键词，在图片搜索时，排在前面位置的为带有广告字样的图片，点击该图片下“广告”字样所在的文字链接，会进入广告投放者的网站，点击“锁链”样式的图标，则会进入与广告投放者不相同的网站。该不相同的网站中，有的网页中包括该图片，有的则没有该图片。同时，对于无“广告”字样的图片，点击会直接进入载有该图片的网页，且无“广告”字样的图片，鼠标放置在该图片上会有查版权、看来源、找相似的选项。奇虎公司确认该“锁链”链接是李某欣的委托诉讼代理人代理的其他类似案件判决发生效力之后，于2021年增加的。同时，奇虎公司向广告用户提供的图片，有部分为其自行购买。

一审判理和结果

一审法院认为，奇虎公司负有在公众的用图需求与图片所在网页的供图方之间进行快捷、清晰、准确地链接的义务。本两案中奇虎公司的行为破坏了这种链接，将本属于包括李某欣在内的图片提供者的网页浏览量进行了分流，势必会减少相应网页的浏览量，影响了作品的正常使用。奇虎公司的该种行为，难以认定其未影响作品的正常使用和不合理损害李某欣的合法利益。奇虎公司作为涉案作品所在广告链接的广告投放者，其也确认对于广告图片的选择和提供，是其通过算法等技术手段进行的，再结合带有广告的缩略图与未带广告的缩略图的呈现方式并不一样，且发布特定的广告而不向广告投放人收取广告费亦不合常理。至于选取缩略图，并在上面加载广告向公众提供的行为，属于在信息网络上提供作品的行为。因此，奇虎公司的行为侵犯了李某欣对涉案作品享有的信息网络传播权。一审法院判决如下：1. 奇虎公司在判决生效之日起十五日内向李某欣赔偿每案600元，两案共1200元；2. 驳回李某欣的其他诉讼请求。

上诉与答辩

一审判决后，奇虎公司不服，向二审法院提起上诉请求：1. 撤销一审判决，依法改判驳回李某欣的全部诉讼请求或发回重审；2. 一审、二审诉讼费用由李某欣承担。事实和理由：1. 奇虎公司在本两案中对于缩略图的使用构成合理使用，不构成侵权。首先，奇虎公司在搜索结果中“展示”的所有图片均属于缩略图，奇虎公司以提供缩略图的形式使用网络上公开传播的图片，并未影响权利人对图片的正常使用，且在明确标注广告的前提下对用户予以提示该图片位置为广告位，还以“链接”的标识提供了原图链接。通过点击该链接可以跳转至原网页，赋予消费者选择权，同时单就一般用户的搜索习惯，除类似李某欣此种出于维权之特殊目的，基本不会以文章标题作为整体搜索词汇进行搜索进而展示相关图片缩略图。其次，涉案广告链接与缩略图的展现是两个独立的、分别的行为，二者在客观上并没有形成一个整体，不构成侵权。涉案缩略图并不构成实质性替代。涉案图片仅仅是博客文章中的一个组成部分，而李某欣认为其受到影响的其实是博客的访问量，而并不是博客内图片的访问量。2. 奇虎公司在其搜索网站上公布有投诉渠道和投诉方式，使得权利人能够通过“通知 + 删除”等方式最大限度缩小损害，而本两案中李某欣从未向奇虎公司发送任何形式的侵权通知，李某欣以实际行动表明可以忍受奇虎公司使用涉案图片缩略图的行为，再次证明未对李某欣造成不合理的损害。奇虎公司即使提供此类系统缓存服务，具体为奇虎公司在提供搜索服务时以“缩略图”形式在其服务器上生成涉案图片的复制件，未改变涉案图片也未影响涉案图片的正常使用，不会不合理损害涉案图片的正常使用，更不会不合理损害权利人对涉案作品享有的合法权益，可以适用“避风港”原则，不应承担法律责任。

李某欣辩称，奇虎公司的涉案模式并非正常图片搜索链接模式，对缩略图不构成合理使用，涉案图片构成实质性替代。涉案行为并不能链接到原网页，客观上妨碍了用户点击图片浏览原网页并回溯图片来源，同时该模式也影响了权利人的图片正常使用及应有的功能。

二审审理查明

使用百度等其他搜索引擎中的图片搜索功能时，点击搜索结果中的缩略图后，跳转至新窗口中的图片浏览器并展示该缩略图的大图，而非直接跳转至该图片的原始网页链接。

二审判理和结果

二审法院认为，本两案二审争议焦点为：奇虎公司主张其作为网络服务提供者不应当承担侵权责任是否成立。

二审法院认为，奇虎公司向网络用户提供图片搜索服务，应认定其为网络服务提供者。主流的网络图片搜索服务均未提供点击缩略图直接跳转至原始网页的功能，而是需要用户另行点击相应的链接或者标识跳转至图片原始网页，故奇虎公司在缩略图上设置“锁链”标识的行为并未超出用户通常的操作习惯，亦不会不合理地增加用户通过图片搜索服务查找涉案摄影作品的难度。奇虎公司设置的“锁链”标识或者其在缩略图上附加的广告给用户造成了使用不便，容易诱导用户点击其广告，降低了用户对奇虎公司图片搜索服务的使用体验和评价，但由于奇虎公司 360 搜索并非具有市场支配地位的网络搜索服务提供商，用户如不认可奇虎公司该广告商业模式，可以自行更换使用其他可替代的网络搜索服务，故奇虎公司该商业模式实质上可能降低其自身的竞争优势，而并不会导致网络用户无法通过奇虎公司提供的图片搜索服务查找李某欣涉案摄影作品的原始网页，进而影响其作品的正常使用。对于李某欣及其作品而言，从扩大作品传播范围、使其发表的文章获得更多浏览量及增加粉丝数量的角度出发，毫无疑问缩略图出现在搜索结果的前列更为有利。奇虎公司作为网络搜索服务提供者，其上述广告行为并未改变自然搜索的结果，也不会导致网络用户无法通过搜索结果查找原始网页，实质上既不影响李某欣涉案摄影作品的正常使用，亦未不合理损害李某欣对该作品的合法权益，客观上还能够增加该作品的曝光量。从维护社会公众利益的角度出发，在不打破权利人、网络服务提供者和社会公众之间利益平衡的情况下，可以认定奇虎公司对涉案摄影作品缩略图的使用并未超出合理使用的范畴。李某欣作为涉案摄影作品的著作权人，如果对奇虎公司 360 图片搜索服务中缩略图的呈现方式持有异议，可以适用“通知－删除”规则，通过奇虎公司网站上公布的投诉渠道和投诉方式，要求其不得在涉案摄影作品相关搜索结果上附加广告，以维护自身合法权益。一审法院在李某欣并未举证证明涉案摄影作品的正常使用受到影响或者其合法权益受到不合理损害的情况下，直接推定奇虎公司“将本属于包括李某欣在内的图片提供者的网页浏览量进行了分流，势必会减少相应网页的浏览量，影响了作品的正常使用”显属不当，应予纠正。

综上，奇虎公司 360 图片搜索提供的涉案摄影作品缩略图均为其根据网络用户输入的搜索关键词自动生成的搜索结果，即使其在排列结果靠前的搜索结果上附加了广告链接，亦未影响网络用户实现其搜索图片及原始网页的目的，不影响相关作品的正常使用，且未不合理损害权利人对该作品的合法权益，故根据《最高人民法院关于审理侵害信息网络传播权民事纠纷案件适用法律若干问题的规定》第五条之规定，奇虎公司关于其作为网络搜索服务提供者未侵害李某欣涉案摄影作品信息网络传播权的主张能够成立，二审法院予以支持。二审法院判决如下：1. 撤销广州互联网法院（2021）粤 0192 民初 20242、20243 号民事判决；2. 驳回李某欣的全部诉讼请求。

【法官评述】

提供图片搜索服务的网络服务提供者为了使网络用户对于被搜索到的图片具有更加直观的认识，通常会对被搜索到的图片进行一定比例的压缩并预先存储在其服务器上，以缩略图的形式向网络用户进行展示，用户点击该缩略图可以看到相应的图片原图或者跳转至被链接网站查看图片原图。通常而言，网络搜索服务提供者向网络用户展示缩略图的目的并不是提供缩略图本身，而是在于向网络用户提供更加直观的搜索结果，更好地发挥搜索引擎的功能，其本身的排列顺序亦是对自然搜索结果的客观呈现。《最高人民法院关于审理侵害信息网络传播权民事纠纷案件适用法律若干问题的规定》（2020 年修正）第五条规定，网络服务提供者以提供网页快照、缩略图等方式实质替代其他网络服务提供者向公众提供相关作品的，人民法院应当认定其构成提供行为。前款规定的提供行为不影响相关作品的正常使用，且未不合理损害权利人对该作品的合法权益，网络服务提供者主张其未侵害信息网络传播权的，人民法院应予支持。由此可见，网络服务提供者提供缩略图的行为不构成侵权应当具备以下条件：1. 不影响相关作品的正常使用；2. 未不合理损害权利人对该作品的合法权益。

最高人民法院在《关于充分发挥知识产权审判职能作用推动社会主义文化大发展大繁荣和促进经济自主协调发展若干问题的意见》中曾指出："要准确把握法律、行政法规和司法解释有关网络环境下著作权保护的精神实质，特别要准确把握权利人、网络服务提供者和社会公众之间的利益平衡，既要加强网络环境下著作权保护，又要注意促进信息网络技术创新和商业模式发展，确保社会公众利益……在促进技术创新和商业发展确有必要的特殊情形下，考虑作品使用行为的性质和目的、被使用作品的性质、被使用部分的数量和质量、使用对作品潜在市场或价值的影响等因素，如果该使用行为既不与作品的正常使用相冲突，也不至于不合理地损害作者的正当利益，可以认定为合理使用。"众所周知，网络搜索是伴随互联网的产生和发展、为不断满足网络用户的需求而出现的一项技术，网络搜索服务始终保持着网络上被使用最多的服务项目的地位，由此可见社会公众对网络搜索服务的强烈需求。随着网络上信息的爆炸式增长和内容呈现形式的不断翻新，网络搜索服务提供者也必须不断通过技术创新来满足网络用户的各种信息需求，而上述网络搜索服务通常是免费提供给网络用户的，网络搜索服务提供者需要通过广告等适当的商业模式来获取收益，以满足其持续运营及技术创新的能力。本两案中，奇虎公司作为网络搜索服务提供者向不特定公众提供免费的图片搜索服务，其虽在搜索结果中排名靠前的缩略图上嵌入广告链接，但该行为并未改变自然搜索的结果，也不会导致网络用户无法通过搜索结果查找原始网页，实质上既不影响李某欣涉案摄影作品的正常使用，亦未不合理损害李某欣对该作品的合法权益，客观上还能够增加该作品的曝光量。从维护社会公众利益的角度出发，在不打破权利人、网络服务提供者和社会公众之间利益平衡的情况下，可以认定奇虎公司对涉案摄影作品缩略图的使用并未超出合理使用的范畴。

同时，本两案判决维护了“避风港”原则的基本价值，明确指出追究网络服务提供者的侵权赔偿责任应当以首先适用“通知 – 删除”规则为前提，在适用“通知 – 删除”规则已经足以保护作者合法权益的情况下，不应直接判决网络服务提供者承担侵权损害赔偿责任。

编写人：广州知识产权法院　裘晶文　梁希灵

（编辑：梁希灵）

29

斯平公司与伊伯臣公司等著作权侵权纠纷案

阅读提示：同一客体享有多种知识产权民事权利时，权利人是否有权择一权利主张保护？

【裁判要旨】

1. 法律并不禁止权利人在同一客体上享有多种民事权利，因此某一作品在受到著作权法保护的同时，由于其在工商业领域的使用而同时获得专利法、商标法、反不正当竞争法的保护。2. 如果在同一客体上存在多种民事权利，每一种民事权利及其相应的义务应当由相应的法律分别进行规制和调整。若原告同时享有权利作品的外观设计专利权和美术作品著作权两种权利，由于两者保护的客体不同，外观设计专利权侧重保护产品外观的美感和创新，美术作品著作权侧重保护艺术美感的表达，两者保护的法益不同，不能因为权利作品享有外观设计专利权即否定其作为美术作品的权利基础，当同一行为侵犯不同法益造成权利人请求权竞合时，权利人有权择一主张。如果因为该作品已被授予外观设计专利权而对其著作权不予保护，则意味着这两种民事权利相互排斥、不能并存，这既无法律依据，也必然阻碍作品这种智力成果的使用及传播，与著作权法的根本宗旨相悖，也不符合社会公众的根本利益。3. 专利权失效后，其权利客体进入公有领域，这一规则不能简单适用于在作品基础上获得的外观设计专利。对于在美术作品基础上获得的外观设计专利，外观设计专利权保护期届满后，权利人丧失的仅仅是专利法保护的相关权利，而其享有的著作权依然存在，受到著作权法的保护。

【案号】

一审：广东省广州市天河区人民法院（2019）粤 0106 民初 37934 号

二审：广州知识产权法院（2020）粤 73 民终 5429 号

【案情与裁判】

上诉人（一审原告）：斯平玛斯特有限公司（SPIN MASTER LTD.）（简称斯平公司）

被上诉人（一审被告）：广州伊伯臣贸易有限公司（简称伊伯臣公司）

被上诉人（一审被告）：小兔母婴（深圳）有限公司（简称小兔公司）

被上诉人（一审被告）：汕头市澄海区迪美工艺玩具有限公司（简称迪美公司）

起诉与答辩

斯平公司起诉称，斯平公司是全球最大的玩具生产商之一，自 2005 年以来，斯平公司获得多种奖项并取得较高知名度。2012 年 10 月 1 日，斯平公司创作完成了名为"Robotic Dalmatian Dog and Robotic Pink Dalmatian Dog"，亦称"Zoomer 机器狗"的美术作品。Zoomer 机器狗在全球玩具市场享有极高的知名度，斯平公司于 2014 年 6 月 18 日在国家版权局完成该作品的版权登记，该作品的著作权在有效存续期内。伊伯臣公司在其经营的天猫店铺上大量销售名为"智能机器狗"的玩具产品。该产品与涉案"Zoomer 机器狗"美术作品构成实质性相似，侵犯了斯平公司的著作权。因该产品系小兔公司委托迪美公司进行定牌加工，该产品底部标有小兔公司及迪美公司的公司名称，并标注由小兔公司注册的商标，故小兔公司、迪美公司系该产品的共同生产商。伊伯臣公司等共同实施了侵权行为。斯平公司请求法院判令：1. 伊伯臣公司等立即停止对斯平公司美术作品著作权的侵害，立即停止生产、销售涉嫌侵犯斯平公司著作权的产品，销毁所有库存产品及半成品、包装物和模具；2. 伊伯臣公司等共同赔偿斯平公司经济损失及合理费用共计 50 万元；3. 伊伯臣公司等在《中外玩具制造》刊登公告消除影响。

伊伯臣公司辩称，1. 斯平公司主张的设计不具有独创性，不构成著作权法意义上的作品。2. 斯平公司的《作品登记证书》上显示的作品名称为"Robotic Dalmatian Dog and Robotic Pink Dalmatian Dog"，不足以证明斯平公司是"Zoomer 机器狗"的著作权人。3. 伊伯臣公司在天猫平台所售玩具机器狗具有合法来源，伊伯臣公司就被诉侵权行为没有主观过错，不应承担赔偿责任。4. 斯平公司主张的赔偿数额过高。

小兔公司辩称，1. 斯平公司主张的设计不具有独创性，不构成著作权法意义上的作品。2. 斯平公司的《作品登记证书》上显示的作品名称为“Robotic Dalmatian Dog and Robotic Pink Dalmatian Dog”，不足以证明斯平公司是“Zoomer机器狗”的著作权人。3. 小兔公司是涉案智能机器狗的销售商，不是生产商，为市场推广的需要在产品外包装上使用了小兔公司的商标，小兔公司对生产厂家供货涉嫌侵权的事实并不知情。4. 小兔公司所售的玩具机器狗具有合法来源，小兔公司就被诉侵权行为没有主观过错，不应承担赔偿责任。5. 斯平公司主张的赔偿数额过高。

迪美公司辩称，1. 涉案玩具机器狗是一种玩具工业产品，不是工艺美术品或实用艺术品，应当通过专利法规定的外观设计专利制度来保护。其产品的新颖性不足以构成美术作品或实用艺术品。2. 迪美公司与案外人陈某波签订《专利实施许可合同》，有权实施名为“智能机器狗玩具”的外观专利，迪美公司生产、销售玩具机器狗已获得专利权人的合法授权，无主观过错，且已经停止生产该款产品。3. 斯平公司主张的赔偿数额过高。另补充：斯平公司就本案主张的作品拥有外观设计专利权，与在本案中主张著作权相互矛盾。

一审审理查明

国作登字 -2014-F-00123849《作品登记证书》载明，作品名称“Robotic Dalmatian Dog and Robotic Pink Dalmatian Dog”（简称涉案作品），作品类别为美术作品，作者及著作权人均为斯平公司。

斯平公司提交的（2018）沪长证经字第 6587 号、第 6588 号公证书及附件显示，2018 年 11 月 2 日，天猫网（www.tmall.com）的“伊伯臣旗舰店”店铺销售名为“伊伯臣儿童玩具男孩电动智能机器狗说话会走1-3-6周岁互动跳舞”的玩具机器狗，该商品的详情页面显示累计评价 4729，该店铺的工商认证信息载明企业名称为伊伯臣公司。该商品的整体造型及颜色、斑点位置和形状与涉案作品基本相同，仅四肢内侧、尾巴末端及胸前的颜色及斑点与涉案作品存在区别。商品外包装盒显示“YBC”及“TUMAMA”图标，并注明经销商为小兔公司，生产厂商为迪美公司。

斯平公司提交的（2019）沪黄证经字第 2460 号公证书及附件显示，2019 年 7 月 10 日，阿里巴巴网（www.1688.com）的“小兔母婴（深圳）有限公司”店铺销售名为“兔妈妈儿童智能机器狗遥控狗早教遥控玩具狗电动益智电子宠物狗”的玩具机器狗。该店铺的工商认证信息载明公司名称为小兔公司。该商品为红底黑色装饰的玩具机器狗，整体造型各部位位置和大小与涉案作品内容一致，玩具狗身无斑点，四肢外侧花纹与涉案作品内容不一致。商品外包装盒显示“YBC”及“TUMAMA”图标，并注明品牌为兔妈妈，经销商为小兔公司，制造商为迪美公司。商品包装盒内有售后服务卡，显示“伊伯臣育儿交流群”及二维码，并显示“伊伯臣旗舰店”等内容。经查，第 30803591 号“TUMAMA”注册商标及第 34662313 号“YBC”注册商标申请人均为小兔公司。

斯平公司另提交公证费发票、设计制作费发票、律师费情况说明，主张斯平公司为制止侵权行为支出的律师费、公证费等共 58129.85 元。

迪美公司提交外观设计专利证书、外观设计专利公告、专利实施许可合同，显示案外人陈某波享有专利号为 ZL 201730312206.2、名称为“智能机器狗玩具（9007A）”的外观设计专利权。专利权期限自申请日（2017 年 7 月 15 日）起算十年。上述公告显示产品视图与涉案作品基本一致，仅尾巴末端颜色不一致。2018 年 3 月 1 日，迪美公司与陈某波签订专利实施许可合同，约定陈某波独占许可迪美公司在玩具生产销售范围内使用上述专利，专利许可期限自合同签署之日起 3 年。

迪美公司另提交外观设计专利公告及外观设计专利申请信息，载明申请号为 201330646518.9、名称为“玩具智能狗”的外观设计专利，专利权人为广东实丰玩具实业有限公司，申请日为 2013 年 12 月 25 日。该专利现在处于专利权维持状态。该公告显示产品视图与涉案作品一致。2014 年 11 月 19 日，该专利权人变更为实丰文化发展股份有限公司，2016 年 1 月 21 日，该专利权人变更为斯平玛斯特（东莞）玩具有限公司（简称斯平东莞公司）。

一审判理和结果

一审法院审理认为，涉案作品是玩具机器狗的外形多角度视图，在斑点狗的体型及颜色基础上进行修改，属于著作权法规定的作品范畴。斯平公司提交的著作权证书以及作者声明内容相符且相互印证，足以证明斯平公司就涉案作品享有著作权。因斯平东莞公司系斯平公司的全资子公司，斯平公司亦当庭确认其通过斯平东莞公司受让该专利权的事实，故斯平公司应当明知并认可斯平东莞公司享有第 201330646518.9 号外观设计专利权的事实。本案中第 201330646518.9 号外观设计视图与涉案作品内容相同，因此斯平公司认可斯平东莞公司享有外观设计专利权，即为向斯平东莞公司让渡其使用涉案作品作为玩具机器狗产品外观的权利，故斯平东莞公司垄断性获得使用涉案作品作为玩具机器狗外观的权利，而斯平公司不再享有相关权利，亦无权以该部分权利向他人主张侵权损害赔偿责任。

一审法院判决：驳回斯平公司的诉讼请求。

上诉与答辩

一审判决后，斯平公司不服，向二审法院提起上诉称，1. 一审判决在认定涉案作品属于著作权法保护的作品并且应当予以保护的情况下，认定斯平公司的著作权因案外人专利权的形成而丧失，不依据斯平公司主张的著作权法进行裁判，却适用专利法作出判决，属于法律适用错误，应当依法改判。首先，著作权是一种法定权利，根据著作权权利法定原理，著作权权利的形成和消灭均有法律明确规定。然而，在享有著作权的作品上又形成专利权并非著作权消灭的理由，即斯平公司依然享有著作权的相关权利，亦可行使该种权利。其次，一个作品如果其满足不同知识产权权利构成要件，可以在该作品上形成不同的知识产权权利，而这些权利是可以并行不悖的。权利人可以选择基于何种权利主张其权利，此种选择之权利不应由法院代为行使。本案中，斯平公司在明确主张著作权的情况下，一审法院径行适用专利法作出裁判，有失妥当。最后，本案的著作权与专利权归属不同主体，斯平公司仅为著作权权利人，专利权权利人虽然为斯平公司关联公司，但毕竟为两个不同主体，斯平公司因不享有专利权而基于自身享有著作权提起诉讼，也不存在权利冲突。况且涉案专利也并非斯平公司及其关联公司主动申请而获得之权利，仅是被动代持（该专利系案外人以不正当手段抢注获得），既无行使权利的条件也无获取和行使该专利权的主观意图。2. 伊伯臣公司、小兔公司和迪美公司侵权情节严重，生产、销售被诉产品获利巨大，斯平公司的赔偿请求应当支持。斯平公司据此请求撤销一审判决，依法支持其全部诉讼请求。

伊伯臣公司辩称，一审判决认定事实清楚，适用法律正确，请求驳回上诉、维持原判。主要理由：1. 伊伯臣公司销售的玩具机器狗有合法来源，不应承担赔偿责任。2. 玩具机器狗的颜色、斑点（花纹）的数量与分布是其作品独创性所在，而被诉侵权产品的颜色、斑点（花纹）数量和排布与斯平公司作品有显著区别，所以两者不构成实质性相似。3. 斯平公司主张的玩具机器狗的设计不具有独创性，不构成著作权法意义上的作品。4. 斯平公司主张被诉侵权产品的销量 12506 件不准确，实际上存在大量退货和刷单的情况，该款产品的实际销量极少。

小兔公司辩称，一审判决认定事实清楚，适用法律正确，请求驳回上诉、维持原判。主要理由：1. 小兔公司是被诉侵权产品的销售者，而不是制造者。2. 小兔公司销售的玩具机器狗有合法来源，不应承担赔偿责任。3. 即便小兔公司构成侵权，斯平公司主张的赔偿金额过高。

迪美公司辩称，一审判决认定事实清楚，适用法律正确，请求驳回上诉、维持原判。主要理由：1. 斯平公司不应对涉案玩具机器狗的设计获得专利权和著作权的双重保护。虽然斯平东莞公司与斯平公司是两个不同主体，但是前者是受后者控制和支配的全资子公司。斯平公司在本案中主张版权保护，实际上是希望获得“版权 + 专利权”的双重保护，我国的知识产权保护体系对专利、商标、版权采取分类保护的立法制度，不支持这种双重保护。双重保护没有法律依据，将导致不合理地扩张权利人的权利保护边界，同时减损了社会公共利益。2. 斯平公司的玩具机器狗的外观设计在其本国加拿大也仅能通过专利获得10年或15年的保护。如果其在中国适用著作权法获得50年的保护，既不符合国际惯例，也与我国的知识产权保护程度不相适应。3. 迪美公司的行为已获得专利权人的合法授权，而且无主观过错，不应承担赔偿责任。4. 即便迪美公司构成侵权，斯平公司主张的赔偿金额过高。5. 本案侵权行为主要涉嫌对斯平公司著作权中财产权的侵害，斯平公司未提供任何证据证明其人身权受到实际损害，要求迪美公司刊登公告消除影响没有依据。

二审审理查明

二审查明事实与一审查明事实一致。

根据二审中当事人确认的证据，补充查明事实如下：

斯平东莞公司于2021年6月23日出具声明称，其系斯平公司的关联公司，确认涉案作品系由斯平公司创作并对该作品享有著作权，斯平东莞公司并非该作品的作者或著作权人。

北京路盛（上海）律师事务所律师向公证机构申请证据保全。委托代理人使用微信扫描（2019）沪黄证字第2460号公证书附件第十张照片中的微信二维码，打开“兔妈妈 Tumama”公众号，点击公众号上的“Tumama 微商城”，商城首页有一款与本案被诉侵权产品相同的“智能遥控机器狗”，点击打开产品销售页面，显示“该商品已下架，非常抱歉！”，评价为2.5万+，产品宣传图片显示“京东配送，火速到家”。上述过程记载于（2020）沪黄证经字第1299号公证书中。

另查明，斯平公司提交的（2018）沪长证经字第6587号公证书显示伊伯臣公司在天猫店铺上销售的被诉侵权产品的单价为158元，库存为32431件。

斯平公司提交的（2019）沪黄证经字第2460号公证书显示小兔公司在阿里巴巴店铺上销售的被诉侵权产品有9997套可售，产品页面显示“源头工厂，源头货源”及多张工厂生产现场图片。

网易网（163.com）的手机专栏于2013年2月17日发布了题为“［组图］20个最酷的高科技玩具”的文章，里面对Zoomer机器狗进行了图文介绍。

斯平公司在二审中明确其主张著作权的是黑白图案，不主张红白图案，另不再主张伊伯臣公司、小兔公司和迪美公司销毁包装物，主张伊伯臣公司销售被诉侵权产品，侵犯涉案作品的发行权，小兔公司、迪美公司制造、销售了被诉侵权产品实物，侵犯涉案作品的发行权、复制权，伊伯臣公司、小兔公司和迪美公司构成共同侵权，并要求伊伯臣公司、小兔公司和迪美公司销毁所有库存产品及半成品，小兔公司和迪美公司销毁模具。

二审判理和结果

二审法院经审理认为，涉案Zoomer机器狗虽取材于自然之物，但通过线条勾勒和色彩搭配，已对自然元素进行了富有个性化的艺术加工，呈现出审美意义上的艺术形象。这种对线条、色彩进行的取舍、安排、设计具有创造性，该个性化的表达由斯平公司独立完成，具备独创性。因此涉案Zoomer机器狗属著作权法中的美术作品。对于在美术作品基础上获得的外观设计专利，权利人同时拥有专利权和著作权，两种权利并行不悖，外观设计专利权保护期届满后，权利人丧失的仅仅是专利法保护的相关权利，而其享有的著作权依然存在，受到著作权法的保护。被诉侵权玩具狗与Zoomer机器狗构成实质相似。伊伯臣公司与小兔公司、迪美公司具有紧密的意思联络，在涉案作品具有较高知名度的情况下，伊伯臣公司主观上有共同侵权的故意，伊伯臣公司与小兔公司、迪美公司构成共同侵权，应当与小兔公司、迪美公司承担连带责任。

综上，二审撤销一审判决，改判伊伯臣公司、小兔公司和迪美公司立即停止侵权并销毁库存侵权产品，赔偿斯平公司经济损失及合理开支共计30万元。

【法官评述】

知识产权制度是建立在利益平衡的基础上，通过专利法、商标法、著作权法、反不正当竞争法等不同的专门法划分了不同的保护范围，从不同的保护客体的角度出发，平衡了权利人对社会的贡献以及社会公众的利益。在现实中，对于同一客体同时具有多项知识产权的情形并不少见，而不同权利在保护范围、所保护的权益、保护条件等方面并不相同，例如著作权、外观设计专利权、商品包装装潢在保护期限、范围、力度等方面均存在一定的交叉和模糊。因此，无论理论界还是司法实务界，均对同一客体的重叠保护问题存在较大争议。本案厘清了在同一客体享有多种知识产权民事权利时，权利人是否有权择一权利主张保护的问题。此外，本案原告是加拿大企业，二审判决还体现了中国法院严格落实对中外市场主体的知识产权同等保护原则。

本案中，斯平公司有权在本案中主张涉案作品的著作权。理由是：其一，法律并不禁止权利人在同一客体上享有多种民事权利。作品形成之后，作者对其就享有著作权。鼓励创作和作品的传播、促进精神文明和物质文明的发展，是著作权法的根本宗旨，也符合社会公众的根本利益。随着工商业的高度发展，经营者在注重提高产品（服务）质量的同时，也非常关注满足消费者越来越高的审美要求。在这一背景下，作品特别是美术作品被大量应用到工商业领域，如产品的外观设计、商业标识、产品的包装装潢、广告宣传等。因此某一作品在受到著作权法保护的同时，由于其在工商业领域的使用而同时获得专利法、商标法、反不正当竞争法的保护，既符合民法的宗旨和基本原则，也早已被社会公众所认同。其二，如果在同一客体上存在多种民事权利，每一种民事权利及其相应的义务应当由相应的法律分别进行规制和调整。以涉案作品为例，斯平公司同时享有外观设计专利权和美术作品著作权，但两者保护的客体不同，外观设计专利权侧重保护产品外观的美感和创新，美术作品著作权侧重保护艺术美感的表达，两者保护的法益不同，不能因为Zoomer机器狗享有外观设计专利权即否定其作为美术作品的权利基础，当同一行为侵犯不同法益造成权利人请求权竞合时，权利人有权择一主张。如果因为该作品已被授予外观设计专利权而对其著作权不予保护，则意味着这两种民事权利相互排斥、不能并存，这既无法律依据，也必然阻碍作品这种智力成果的使用及传播，与著作权法的根本宗旨相悖，也不符合社会公众的根本利益。就本案而言，斯平公司基于涉案作品取得的著作权和外观设计专利权分别受到我国著作权法和专利法的保护，其他人如果实施了侵权行为，斯平公司有权依照著作权法或者专利法追究其民事责任。其三，专利权失效后，其权利客体进入公有领域，这一规则不能简单适用于在作品基础上获得的外观设计专利。专利权终止的主要情形是过了保护期、未及时缴纳年费和专利权人书面声明放弃专利权，其法律后果均是不再受到专利法的保护。专利权终止后，权利客体进入公有领域，公众可以自由使用，这一规则应该主要适用于我国专利法规定的发明专利和实用新型专利，因为这两种专利权的客体都是供工业应用的技术方案，一般不属于文学、艺术或科学作品，不会获得专利权之外的其他民事权利，故在其专利权终止后，成为公众可以自由使用的公共资源。而对于在美术作品基础上获得的外观设计专利，权利人同时拥有专利权和著作权，两种权利并行不悖，外观设计专利权保护期届满后，权利人丧失的仅仅是专利法保护的相关权利，而其享有的著作权依然存在，受到著作权法的保护。

编写人：广州知识产权法院　谭海华　林奕濠

（编辑：林奕濠）

30

阿丹公司与网百公司 侵害计算机软件著作权纠纷案

阅读提示：计算机软件侵权中“双循环、多轮次”闭环鉴定的运用。

【裁判要旨】

本案是涉港澳台的知识产权技术类典型案例。台商在大陆提起计算机软件著作权侵权诉讼，由于软件作品的创造、传播和使用具有在大陆和台湾地区两地交替发生的特点，再叠加软件登记不需要提交完整的源代码、计算机软件附载于硬件商品之中等特殊性，进一步增加了确认著作权权属的难度。在阿丹公司穷尽举证能力的情况下，一审法院根据阿丹公司已申请的软件比对鉴定，创造性地组织双方当事人采取“双循环、多轮次”的闭环鉴定方式，将权属认定放在鉴定中去多轮验证，据此一并审查阿丹公司是否享有涉案软件的著作权以及被诉侵权软件是否侵权这两个关键问题。

【案号】

一审：广州知识产权法院（2019）粤73知民初689号

二审：最高人民法院（2021）最高法知民终2218号

【案情与裁判】

原告：阿丹电子企业股份有限公司（简称阿丹公司）

被告：广州网百办公设备有限公司（简称网百公司）

起诉与答辩

阿丹公司向一审法院提出诉讼请求：1. 网百公司立即停止对阿丹公司小型条码阅读器软件 V7.03.01.1.32（以下简称涉案小型扫码软件）和《快速设定本》著作权的侵害，立即停止未经许可复制、发行阿丹公司享有著作权的上述软件和《快速设定本》的行为，并删除或销毁持有的全部侵权复制件和含有侵权复制件的载体；2. 网百公司赔偿阿丹公司经济损失 80 万元；3. 网百公司赔偿阿丹公司为制止侵权行为所支付的律师费 4.5 万元；4. 网百公司承担本案诉讼费用。事实和理由：1. 阿丹公司享有涉案小型扫码软件和《快速设定本》的著作权。内置涉案小型扫码软件的模块和条形码扫描器产品最早于 2009 年上市销售，至今已具有一定的市场占有率。（1）阿丹公司享有涉案小型扫码软件的著作权。阿丹公司是一家生产和销售条形码扫描器的企业，经大量投入研究开发出内置涉案小型扫码软件的光电转换型条形码扫描器，包括 SG300（MCR14）、SG600（MCR14）、FS300（MCR14）等，其中 MCR14 是扫描器内置的条形码扫描模块。2015 年，涉案小型扫码软件被登记在阿丹公司全资控股的紘准有限公司全资控股的阿丹贸易（上海）有限公司名下，再许可阿丹公司使用。（2）阿丹公司享有《快速设定本》的著作权。条形码扫描器需要通过扫描设定参数条形码，对机器的功能与用途进行设定，系行业对扫描器进行设定的通行做法。在条形码扫描器业界，各厂商会设计各自专属使用的设定参数与条形码，只有自己开发的软件，读取此参数条形码才能进行设定变更，各厂商的设置流程操作程序也会不同。阿丹公司的《快速设定本》是参考软件内部的设定参数表，将客户常使用的设定筛选出来，编列而成，具有独创性，应受著作权法保护。2. 网百公司擅自复制、发行了涉案小型扫码软件和《快速设定本》，侵害了阿丹公司享有的著作权。2016 年，阿丹公司发现网百公司在淘宝、天猫网站中销售型号 WB-520 的影像式 CCD 红光扫描器，其中配套的《快速设定本》和阿丹公司享有著作权的《快速设定本》内容基本相同，因快速设定本与涉案小型扫码软件关系紧密，二者需配合使用，故 WB-520 扫描器中的软件也应与涉案小型扫码软件一致。阿丹公司于 2016 年 1 月通过淘宝天猫平台购买了 WB-520 的影像式 CCD 红光扫描器。经比对，发现二者扫描模块、参数设定软件工具、功能缺陷等均高度近似。3. 网百公司擅自复制、发行阿丹公司涉案小型扫码软件和《快速设定本》构成持续性侵权，给阿丹公司造成重大的经济损失，应予赔偿。同时，阿丹公司因侵权行为支出的律师费用亦应得到赔偿。为维护合法权益，阿丹公司特提起诉讼。

网百公司辩称，1. 阿丹公司的诉讼主体不适格，取证不合法。2. 阿丹公司做网页公证的时间为2016年7月5日，至本案立案起诉时已超两年的诉讼时效。3. 涉案《快速设定本》不具有独创性，并且没有向国家版权局申请登记，不属于著作权法意义上的作品。4. 网百公司不具有接触涉案著作权的可能性，被诉侵权产品不构成对涉案小型扫码软件的侵权。5. 被诉侵权产品具有合法来源。6. 退一步讲，即使网百公司需要承担赔偿责任，阿丹公司要求的赔偿数额也不合理。综上，请求驳回阿丹公司的全部诉讼请求。

一审审理查明

阿丹公司为证明其享有涉案小型扫码软件和《快速设定本》的著作权，提交了涉案小型扫码软件的完整源代码（鉴定报告中的A1）、该软件在国家版权局登记的内容（鉴定报告中的A2）、包含涉案小型扫码软件的阿丹公司扫描枪产品两支（鉴定报告中的A3、A4）、涉案小型扫码软件的目标代码以及记载如何将涉案小型扫码软件源代码编译成目标代码的方法（鉴定报告中的A5）。为证明网百公司侵权的事实，提交了（2016）粤广海珠第17119号公证书保全的网百公司销售的扫描枪一支（扫描枪上显示“影像式CCD红光扫描器160470718WB-520”并标注有“WANGBAI”标识）（鉴定报告中的B1）以及（2016）粤广海珠第17119号公证书保全的网百公司销售被诉产品所附的影像式条码阅读器设置说明书一份（鉴定报告中的B2）。合议庭在阿丹公司申请鉴定的基础上，设定了周密完备的鉴定要求，通过鉴定查明阿丹公司享有涉案软件的著作权以及网百公司侵害其计算机软件著作权的事实。

鉴定机构经过与上述检材的比对，综合得出以下比对结果（详见列表）：

<table>
<tr><th>序号</th><th>对比项</th><th>说明</th><th>对比结果</th></tr>
<tr><td>1</td><td>A1与A2对比</td><td>A1源代码与A2源代码对比</td><td>实质相似</td></tr>
<tr><td>2</td><td>A1与A3对比</td><td>A1目标代码与A3目标代码对比</td><td>A1中参与编译的33个源代码文件所得目标代码与A3实质相似</td></tr>
<tr><td>3</td><td>A1与A4对比</td><td>A1目标代码与A4目标代码对比</td><td>A1中参与编译的33个源代码文件所得目标代码与A4实质相似</td></tr>
<tr><td>4</td><td>A1与A5对比</td><td>A1加密目标代码与A5目标代码（加密版）对比</td><td>无法判断</td></tr>
<tr><td>5</td><td>A2与A3对比</td><td rowspan="3">局部源代码与整体目标代码不可对比</td><td></td></tr>
<tr><td>6</td><td>A2与A4对比</td><td>不可对比</td></tr>
<tr><td>7</td><td>A2与A5对比</td><td></td></tr>
<tr><td>8</td><td>A3与A4对比</td><td>A3目标代码与A4目标代码对比</td><td>相同</td></tr>
</table>

续表

序号	对比项	说明	对比结果
9	A3 与 A5 对比	A3 加密目标代码与 A5 目标代码（加密版）对比	实质相似
10	A4 与 A5 对比	A4 加密目标代码与 A5 目标代码（加密版）对比	实质相似
11	A1 与 B1 对比	A1 目标代码与 B1 目标代码对比	A1 中参与编译的 33 个源代码文件所得目标代码与 B1 实质相似
12	A2 与 B1 对比	A2 源代码片段与 B1 目标代码不可对比	不可对比
13	A3 与 B1 对比	A3 目标代码与 B1 目标代码对比	实质相似
14	A4 与 B1 对比	A4 目标代码与 B1 目标代码对比	实质相似
15	A5 与 B1 对比	A5 目标代码（加密版）与 B1 加密目标码对比	实质相似
16	A6 与 B2 对比	B2 的全部信息与 A6 相应部分内容相同，A6 比 B2 多出部分为阿丹公司“保证条款”及公司联系方式	B2 与 A6 相应部分相同

阿丹公司对鉴定机构出具的鉴定结论无异议。网百公司认为，A1 与 A5 对比结果既然无法判断，就无法得出 A1 与 B1 实质性相似的结果，也无法得出 A5 和 B1 实质性相似的结论，对其余的鉴定结果无异议。鉴定人员出庭陈述认为，虽然根据现有鉴定材料，无法判断 A1 加密目标代码与 A5 目标代码（加密版）是否相同或实质相似，但 A1 和 B1、A5 和 B1 在同等条件下可以分别进行比对，得出综合判断的结论。因此 A1 与 A5 比对结果不影响 A1 与 B1、A5 与 B1 的比对结果。

一审判理和结果

本案属于侵害计算机软件著作权纠纷，根据案件事实及双方当事人的诉辩意见，本案主要审查的问题为：1. 阿丹公司是否享有涉案小型扫码软件和《快速设定本》的著作权；2. 网百公司是否构成侵害著作权的行为；3. 网百公司应承担的民事责任。

一、阿丹公司是否享有涉案小型扫码软件和《快速设定本》的著作权

关于涉案小型扫码软件，阿丹公司提交了涉案小型扫码软件的完整源代码（即鉴定报告中的 A1）、该软件在国家版权局登记的内容（即鉴定报告中的 A2）、包含涉案小型扫码软件的阿丹公司扫描枪产品两支（即鉴定报告中的 A3、A4）、涉案小型扫码软件的目标代码以及记载如何将涉案小型扫码软件源代码编译成目标代码的方法（即鉴定报告中的A5）。经鉴定，鉴定结论为A1源代码与A2源代码实质相似、A1目标代码与A3目标代码实质相似、A1目标代码与A4目标代码实质相似、A3目标代码与A4目标代码相同、A3目标代码与A5目标代码实质相似、A4目标代码与A5目标代码实质相似；换言之，根据以上的两两对应关系，阿丹公司提交的涉案小型扫码软件在国家版权局登记的内容（A2）与阿丹公司提交的涉案小型扫码软件完整源代码（A1）构成实质相似，而阿丹公司提交的涉案小型扫码软件完整源代码（A1）又与阿丹公司提交的自己产品的扫描枪实物（A3、A4）中的软件实质相似，足以证明至少在国家版权局2015年10月23日登记前，阿丹贸易（上海）有限公司已经创作完成涉案小型扫码软件并进行了著作权登记。关于《快速设定本》，《快速设定本》由串口模式参数、出厂默认值、保证条款、设置流程说明等部分组成，与阿丹公司扫描枪产品的软件配套对应发挥功能；且阿丹公司主张复制了《快速设定本》内容的被诉说明书亦与被诉扫描枪产品配套销售，故《快速设定本》应作为涉案小型扫码软件的文档一并获得计算机软件著作权的保护。其后阿丹贸易（上海）有限公司将上述涉案软件以独占许可方式将包括复制权、发行权等著作权授予阿丹公司，并于2016年4月6日进行了登记备案，因此阿丹公司依法享有涉案小型扫码软件以及《快速设定本》的著作权，阿丹公司也生产了包含上述软件的扫描枪产品。

至于网百公司提交的自称向案外人购买的扫描枪两支及相应的功能缺陷对比意见等，由于网百公司未以公证方式保全购买过程，网百公司也没有其他证据证明该两支扫描枪的生产、销售时间早于涉案软件创作完成时间，且网百公司也确认不能提交被诉软件的源代码，对于网百公司主张涉案小型扫码软件的著作权属于案外人的意见，因依据不足，一审法院不予采纳。

二、网百公司是否构成侵害著作权的行为

根据涉案公证书的内容及网百公司的自认，足以证明网百公司在涉案软件公开登记、阿丹公司获得著作权授权许可后于2016年7月5日销售了被诉侵权产品。经拆封公证实物，被诉侵权产品外包装贴有产品合格证，合格证上有网百公司的企业名称、产品名称“影像式CCD红光扫描器”及型号“WB-520”、产品ID号等内容，产品上有网百公司商标“WANGBAI”标识，并有“影像式条码阅读器设置说明书”一份，网百公司亦称不能提交关于被诉侵权产品来源的证据，因此在无相反证据的情况下，一审法院认定网百公司是被诉侵权产品的生产者。基于鉴定结论，网百公司生产销售的被诉侵权产品中的软件与阿丹公司的涉案小型扫码软件构成实质相似，被诉侵权产品所附的影像式条码阅读器设置说明书与阿丹公司的《快速设定本》相应部分也构成相同，因此网百公司侵害了阿丹公司就涉案小型扫码软件以及《快速设定本》享有的复制权和发行权。

三、网百公司应承担的民事责任

网百公司构成侵害阿丹公司涉案小型扫码软件以及《快速设定本》复制权和发行权的行为，依法应承担停止侵害著作权以及赔偿损失的民事责任；但阿丹公司未举证证明网百公司库存的侵权复制件，因此阿丹公司请求“删除或销毁持有的全部侵权复制件和含有侵权复制件的载体”，一审法院不再另行支持。关于网百公司提起的诉讼时效抗辩，由于阿丹公司主张网百公司构成持续性侵权，且网百公司没有证据证明其已停止生产、销售被诉侵权产品，停止侵害阿丹公司复制权和发行权的行为，因此一审法院认定网百公司属于持续性侵权，网百公司诉讼时效抗辩不成立，一审法院不予采纳。

关于赔偿损失的问题。根据《著作权法》第五十四条的规定，侵犯著作权或者与著作权有关的权利的，侵权人应当按照权利人因此受到的实际损失或者侵权人的违法所得给予赔偿；权利人的实际损失或者侵权人的违法所得难以计算的，可以参照该权利使用费给予赔偿。对故意侵犯著作权或者与著作权有关的权利，情节严重的，可以在按照上述方法确定数额的一倍以上五倍以下给予赔偿。本案中，双方当事人均未举证证明阿丹公司因被侵权所受到的实际损失，网百公司因侵权所获得的利益，亦无可供参考的许可使用费等，故一审法院综合考虑涉案作品类型，网百公司的侵权行为、侵权情节以及阿丹公司为维权支付的必要合理费用等因素，酌定网百公司赔偿阿丹公司经济损失及合理开支合计 350000 元。阿丹公司所主张赔偿金额超出上述金额的部分，本院不予支持。

综上所述，依据《著作权法》第十条第一款第（五）项、第（六）项、第五十三条第（一）项、第五十四条，《最高人民法院关于审理著作权民事纠纷案件适用法律若干问题的解释》第七条，《最高人民法院关于适用〈中华人民共和国民事诉讼法〉的解释》第九十条规定，一审法院判决如下：1. 网百公司于本判决发生法律效力之日起停止侵害阿丹公司涉案计算机软件著作权的行为；2. 网百公司于本判决发生法律效力之日起十日内赔偿阿丹公司经济损失及合理开支 350000 元；3. 驳回阿丹公司的其他诉讼请求。

网百公司不服一审判决提起上诉，二审判决驳回上诉，维持原判。

【法官评述】

本案是台商在大陆提起的计算机软件著作权侵权诉讼，属于典型涉港澳台技术类案件。涉案计算机软件附载于硬件产品之中，在认定阿丹公司是否是涉案计算机软件的著作权人，以及通过侵权比对认定侵权是否成立方面均有其特殊性，本案完整呈现了此类计算机软件侵权纠纷的关键问题并予以解决。

《计算机软件保护条例》第二条规定，本条例所称计算机软件，是指计算机程序及其有关文档。第三条第（一）项规定，计算机程序，是指为了得到某种结果而可以由计算机等具有信息处理能力的装置执行的代码化指令序列，或者可以被自动转换成代码化指令序列的符号化指令序列或者符号化语句序列。同一计算机程序的源程序和目标程序为同一作品。第三条第（二）项规定，文档，是指用来描述程序的内容、组成、设计、功能规格、开发情况、测试结果及使用方法的文字资料和图表等，如程序设计说明书、流程图、用户手册等。

阿丹公司作为台商，在著作权侵权案件中往往因作品的创造、传播和使用在两地交替发生，在举证上可能会产生障碍，而此种两地的特殊性也进一步加剧了著作权的权属难以证明的特点。本案中，为了证明其享有涉案软件的著作权，阿丹公司提供了计算机软件著作权登记证书、独占许可合同、涉案软件的源代码、阿丹公司声称含有涉案软件的扫描枪两支（硬件）。但是，由于著作权是作品完成时产生，登记备案仅是权属证据之一而非充分证据；2015 年 10 月计算机软件登记时提交的又仅是部分源代码而非完整源代码，同时本案软件登记时载明为“未发表”进一步增加了阿丹公司证明网百公司能接触软件的难度。因此，仅凭计算机软件著作权登记证书，阿丹公司不仅不足以证明其是涉案软件的权利人，而且不能证明网百公司存在接触“未发表”的涉案软件的可能性，不符合“接触可能性”加“相似”的著作权侵权认定原则。

另结合独占许可合同、阿丹公司提供的源代码和扫描枪产品，由于独占许可合同是阿丹公司关联公司内部的许可，阿丹公司提供的源代码和扫描枪产品也没有证据证明是在网百公司的被诉侵权产品 2016 年 7 月销售之前已经存在的，因此这几份证据也不能证明阿丹公司享有涉案软件的著作权。至此，阿丹公司关于著作权的权属证明走入了困境。但是，经合议庭询问，网百公司不能提交涉案软件的源代码，因此阿丹公司属于权利人的可能性仍然是比较大的。在这种情况下，合议庭综合审查了全案证据，在阿丹公司已申请进行软件侵权比对鉴定的前提下，创造性地组织双方当事人采取“双循环、多轮次”的闭环鉴定方式，将权属认定放在鉴定中去多轮验证，一并审查阿丹公司是否享有涉案软件的著作权以及被诉侵权软件是否对阿丹公司主张权利的软件构成侵权这两项问题。

具体而言，“双循环”的第一次循环是关于阿丹公司权属证据的同一性鉴定，即将阿丹公司提交的完整源代码（A1）、向版权局提取登记的部分源代码（A2）、阿丹公司自己生产的两支扫描枪实物中的软件（A3、A4）、阿丹公司提交的软件目标代码（A5）进行“多轮次”的两两比对，如结果均是两两对应的，就足以证明在版权局的登记时间2015年10月，阿丹公司对其提交的完整源代码以及阿丹公司自己生产的两支扫描枪实物中的软件均享有著作权，从而解决登记的部分代码不足以证明权属以及完整源代码欠缺产生时间证明这两大核心问题，形成关于权属证明的闭环。“双循环”的第二次循环，是将阿丹公司上述五份权属证据中的软件（A1~A5）分别与被诉侵权产品（B1）中的软件进行“多轮次”的比对，从而形成侵权比对的证明。通过这种方式得出的鉴定结论，并经过技术调查官的辅助审查，合议庭最终认定阿丹公司享有涉案软件的著作权，网百公司构成侵权成立。

本案平等保护了台湾地区当事人的合法权益，通过创新的方法保护创新，有力、有理、有据地回应了司法实践的难题，经最高人民法院二审，判决予以维持。

编写人：广州知识产权法院　朱文彬

（编辑：郝文灿）

31

镜玩公司与约见公司、颜某等侵害计算机软件著作权纠纷案

阅读提示：刑民交叉类侵害计算机软件著作权纠纷中共同侵权行为构成要件及必要共同诉讼的判定标准。

【裁判要旨】

侵害知识产权行为持续过程中，部分侵权人中途退出共同侵权以及部分侵权人中途加入共同侵权，形成“多因一果”的复合型知识产权侵权纠纷，该类纠纷易同时引发刑事诉讼及民事诉讼，存在责任主体多元性和责任类型多样性的特点。基于同一自然事实的刑事责任与民事责任认定之间，既有关联性，也有独立性，应兼顾刑事案件中共犯的认定标准与民事案件中共同侵权及必要共同诉讼认定标准的区别与联系，结合共同侵权构成的四要件等进行综合判定，才能正确处理其中所涉的共同侵权构成问题。

【案号】

一审：广州知识产权法院（2021）粤73知民初645号

【案情与裁判】

原告：深圳市镜玩科技有限公司（简称镜玩公司）

被告：珠海约见网络科技有限公司（简称约见公司）

被告：颜某

被告：姚某

被告：中山市咪聊网络科技有限公司（简称咪聊公司）

被告：梁某长

被告：杨某钱

被告：梁某喜

被告：饶某星

被告：陈某波

起诉与答辩

镜玩公司起诉称，颜某、姚某自离职镜玩公司后，利用窃取的镜玩公司“兔聊 rabbit live”软件编码，经简单修改开发“咪聊”软件。姚某、颜某、杨某钱、梁某长等人发起成立咪聊公司，由姚某负责咪聊公司的日常运作，以约见公司技术团队和资金为支撑，姚某向陈某波提供“兔聊”软件的源代码，由其负责进行“咪聊”软件的开发和升级，以咪聊公司名义上线经营牟利。其后，杨某钱开始独立经营“咪聊”软件，招募约见公司的饶某星带领团队对“咪聊”软件进行后续更新和开发，并继续通过互联网平台运营。上述行为严重侵害镜玩公司享有的“兔聊 rabbit live”计算机软件著作权，造成镜玩公司的巨大经济损失。故诉请判令：1. 九被告连带赔偿镜玩公司经济损失 180 万元；2. 九被告连带赔偿镜玩公司支出的鉴定费 5.3 万元及律师费 24 万元。

约见公司、颜某共同答辩称，颜某只是咪聊公司的股东而非技术人员，不参与咪聊公司的经营和管理，约见公司、颜某没有侵权行为，没有参与“咪聊”软件的开发。即使约见公司、颜某没有尽到监管责任，也只应对 2017 年 7—12 月期间的行为在 86971.66 元的范围内和其他被告共同承担责任。

饶某星答辩称，饶某星与杨某钱的合作是商业行为，饶某星与“咪聊”软件无关，未从“咪聊”软件获利。

陈某波答辩称，陈某波的被告主体并不适格，陈某波是约见公司和姚某所雇请的员工，在职期间的职务行为，应当由企业承担相应的法律责任。镜玩公司对陈某波提起的诉讼已过诉讼时效。

一审审理查明

镜玩公司提起本案诉讼时，仅将颜某、姚某、约见公司列为案件被告，并于其后申请将咪聊公司、杨某钱、梁某长、梁某喜、陈某波、饶某星追加为案件被告。

广东鑫证司法鉴定所出具的［2018］司鉴字第 233 号鉴定意见书载明：“兔聊”软件后台核心代码的功能模块在“咪聊”软件后台代码中都对应存在相似性达到实质同一性或以上的代码文件；二者代码多处出现相同代码注释，说明其中一方对另一方的代码进行过复制。

对于涉案被诉行为，广东省深圳市南山区人民法院（2019）粤0305刑初254号刑事判决书查明，2017年6月，姚某、颜某、杨某钱和约见公司员工梁某长等人发起成立了咪聊公司，姚某、杨某钱、颜某占99%的股份，李某斌占1%的股份，由梁某长担任法定代表人，并代持姚某、杨某钱、颜某的股份，由姚某负责咪聊公司的日常运作，以约见公司技术团队和资金为支撑，利用姚某从镜玩公司私自带出来的“兔聊”软件源代码为基础，开发名为“咪聊”的同类型软件，以咪聊公司名义上线经营牟利。姚某指派约见公司员工陈某波组建技术团队并向技术团队人员提供“兔聊”软件源代码进行“咪聊”软件相关开发和升级工作；梁某长和梁某喜作为咪聊公司的管理人员负责“咪聊”软件日常的运营管理。“咪聊”软件于2017年8月正式上线运营，主要通过下载安装客户端的用户在网络直播平台中充值打赏获利，咪聊公司注册有微信和支付宝账户各一个，用于接收客户充值款项。2017年8月至12月，咪聊公司“咪聊”软件充值金额为86971.66元，其中给主播分成39000元；2018年1月至4月，“咪聊”软件充值金额为1147860.21元，主播分成为867988.35元。公安机关提取的《咪聊科技收入一览表》载有2017年7月至12月咪聊公司收支情况，经颜某、梁某喜、证人余某桦确认，其中显示财付通客户备付金即是客户充值资金。该判决认定，姚某、梁某长、梁某喜、陈某波、杨某钱、饶某星以营利为目的，未经著作权人许可，复制发行其计算机软件，杨某钱非法经营数额为1234831.87元，饶某星非法经营数额为1147860.21元，姚某、梁某长、梁某喜、陈某波非法经营数额为86971.66元，姚某、梁某长、梁某喜、陈某波、杨某钱、饶某星的行为均已构成侵犯著作权罪。

广东省深圳市中级人民法院（2019）粤03刑终1546号刑事裁定书裁定，驳回上诉，维持原判。其中认定，杨某钱、姚某在各自的共同犯罪中起主要作用，系主犯；饶某星、梁某长、梁某喜、陈某波在各自的共同犯罪中起辅助作用，系从犯，应当从轻、减轻处罚或者免除处罚。

广东省深圳市南山区人民检察院的深南检刑不诉〔2019〕37号《不起诉决定书》认定，姚某、颜某、杨某钱和约见公司的员工梁某长等人发起成立咪聊公司，由姚某负责日常运作，以约见公司技术团队和资金为支撑，利用姚某从镜玩公司私自带出的“兔聊”软件源代码为基础，开发名为“咪聊”的同类型软件，以咪聊公司名义上线经营牟利。颜某实施了《刑法》第二百一十七条规定的行为，但犯罪情节轻微，认罪态度较好，有悔罪表现，不需要判处刑罚，故决定不起诉。

一审判理和结果

一审法院审理认为，关于诉讼时效的法律适用问题。由于陈某波的被诉行为延续至《民法总则》施行之后的2018年5月，故其涉案被诉行为的诉讼时效应适用《民法总则》第一百八十八条关于“向人民法院请求保护民事权利的诉讼时效期间为三年”的规定。镜玩公司在（2018）粤73民初2314号案件中申请将陈某波列为被告的行为，实为向陈某波主张涉案计算机软件著作权的意思表示，构成诉讼时效的中断，自2018年5月起算至镜玩公司在（2018）粤73民初2314号案件中申请将陈某波列为案件被告的时间2019年3月13日，相距时间未满三年。陈某波的诉讼时效抗辩不能成立。

计算机软件著作权保护的是计算机源程序和目标程序，在认定计算机软件的侵权时，应适用“接触+实质性相似”的原则对软件的源程序或目标程序进行比对。涉案鉴定报告结论为被诉侵权“咪聊”软件与镜玩公司“兔聊”软件构成实质性相似，而且，生效刑事判决已认定，颜某、杨某钱、梁某长等人发起成立咪聊公司，姚某复制“兔聊”软件交由陈某波组织技术人员改写和开发“咪聊”软件，梁某喜入股并经营咪聊公司，约见公司发行“咪聊”软件，而咪聊公司运营“咪聊”软件。

关于众被告是否构成共同侵权行为的问题。2017年6月，姚某、颜某、杨某钱和约见公司员工梁某长等人发起成立咪聊公司，姚某复制“兔聊”软件，约见公司发行“咪聊”软件，咪聊公司运营“咪聊”软件，颜某明知姚某从镜玩公司复制“兔聊”软件源代码并在此基础上开发“咪聊”软件，仍作为发起人成立专为运营侵权软件的咪聊公司，颜某确有参与“咪聊”软件运营的事实；梁某喜入股咪聊公司，并于2017年年底前和梁某长负责咪聊公司运营；陈某波让技术员下载“兔聊”的软件参照相关内容来改写和开发“咪聊”软件，被刑事判决认定为复制发行“兔聊”软件。颜某、姚某、约见公司、咪聊公司、杨某钱、梁某长、梁某喜、陈某波等于2017年7—12月期间的被诉行为相结合，共同造成侵害镜玩公司的“兔聊”软件著作权的结果。咪聊公司于2017年12月后由杨某钱独自运营，饶某星于2018年1—5月期间为咪聊公司组建人员和技术团队，在“兔聊”软件的基础上，继续更新“咪聊”软件，饶某星与杨某钱、咪聊公司于2018年1—5月期间的被诉侵权行为共同造成侵害镜玩公司的“兔聊”软件著作权的结果。上述被诉侵权行为持续并相结合，共同造成侵害镜玩公司的“兔聊”软件著作权的结果，因此，约见公司、姚某、颜某、咪聊公司、梁某长、杨某钱、梁某喜、陈某波于2017年7—12月期间的被诉行为构成共同侵权；咪聊公司、杨某钱、饶某星于2018年1—5月期间实施的被诉行为构成共同侵权。

咪聊公司后台充值数据显示，2017年7—12月期间“咪聊”App软件客户充值金额为86971.66元；2018年1—5月期间“咪聊”App软件客户充值金额为1147860.21元。而咪聊公司在2017年8—12月给主播分成39000元，2018年1—4月给主播分成867988.35元。因此，约见公司、颜某、姚某、梁某长、梁某喜、陈某波均应在47971.66元的范围内承担赔偿责任；咪聊公司、杨某钱应对2017年7月至2018年5月期间的被诉行为向镜玩公司承担赔偿责任，赔偿金额共计327843.52元（47971.66元+279871.86元）；饶某星应对2018年1—5月期间的侵权获利在279871.86元范围内与咪聊公司、杨某钱共同承担连带赔偿责任。镜玩公司并未因被诉行为而丧失其对“兔聊”软件享有的著作权，故其依据研发费用来主张损失依据不足。

一审法院依据《著作权法》（2010年修正）第十一条第四款、第四十八条第（一）项、第四十九条，《侵权责任法》第八条，《公司法》第二十条第一款、第三款，《计算机软件保护条例》第三条第（一）项、第八条、第二十四条第一款第（一）项和第（二）项、第二十五条，《最高人民法院关于审理著作权民事纠纷案件适用法律若干问题的解释》第七条、第二十五条第一款、第二十六条，《民事诉讼法》第一百四十六条之规定判决：1. 咪聊公司、杨某钱于本判决发生法律效力之日起十日内，赔偿镜玩公司经济损失327843.52元；2. 约见公司、颜某、姚某、梁某长、梁某喜、陈某波对上述第1项赔偿责任在47971.66元的范围内承担连带清偿责任；3. 饶某星对上述第1项赔偿责任在279871.86元的范围内承担连带清偿责任；4. 约见公司、颜某、姚某、咪聊公司、梁某长、杨某钱、梁某喜、饶某星、陈某波于判决发生法律效力之日起十日内赔偿镜玩公司维权合理费用293000元；5. 驳回镜玩公司的其他诉讼请求。

案件宣判后，双方当事人均未上诉。案件现已生效。

【法官评述】

知识产权侵权诉讼中，根据不同的分类标准，共同侵权行为既可分为主观共同侵权型、客观共同侵权型，也可分为自然人与法人的人格混同型、自然人与法人共同实施侵权行为型。尤其是在刑民交叉类知识产权共同侵权纠纷案件中，基于同一自然事实的刑事责任与民事责任认定之间，既有关联性，也有独立性。因此，知识产权共同侵权认定标准存在一定的复杂性，亟待在司法实践中进一步厘清。

一、“多因一果”复合式知识产权共同侵权行为的构成要件

《侵权责任法》第八条规定，二人以上共同实施侵权行为，造成他人损害的，应当承担连带责任。第十三条规定，法律规定承担连带责任的，被侵权人有权请求部分或者全部连带责任人承担责任。根据上述规定，认定共同侵权的要件包括：一是侵权主体的多元性，实施侵权行为主体为两个或两个以上；二是共同实施侵权行为，两个以上的主体基于共同故意或过失，或数个行为相结合，造成他人损害，即受害人受到的损害结果由行为人共同造成；三是侵权行为与损害后果之间具有因果关系，各侵权行为所造成的损害后果可能有所区别，但均与损害后果存在法律上的因果关系；四是受害人遭受到的同一损害后果是不可分割的，即多因一果，如侵权人所实施的行为造成相互独立的后果，则未构成共同侵权，也缺乏必要共同诉讼的前提。

本案中，虽然“咪聊”软件由咪聊公司实际运营，但姚某、颜某、杨某钱和梁某长等人发起成立的咪聊公司所经营的唯一项目是“咪聊”软件，颜某明知姚某从镜玩公司复制“兔聊”软件源代码并在此基础上开发“咪聊”软件，仍作为发起人成立专为运营侵权软件的咪聊公司，梁某喜入股参与经营咪聊公司，陈某波组织人员参照“兔聊”软件来改写和开发“咪聊”软件，约见公司为“咪聊”软件“发布者”，上述主体所实施的行为相结合实现“咪聊”软件的发行及运营，导致侵害镜玩公司对涉案“兔聊”软件享有的复制权及信息网络传播权。而且，饶某星于 2018 年 1—5 月期间为咪聊公司组建人员和技术团队，在“兔聊”软件的基础上，继续更新“咪聊”软件，咪聊公司据此得以继续运营“咪聊”软件侵害镜玩公司涉案软件著作权。因此，关于被诉行为是否构成共同侵权的问题，第一，侵害镜玩公司涉案软件著作权的行为主体为两个以上。第二，侵权行为的实施分为两个阶段，颜某、姚某、约见公司、咪聊公司、杨某钱、梁某长、梁某喜、陈某波等于 2017 年 7—12 月期间的被诉侵权行为相结合，共同造成侵害镜玩公司的“兔聊”软件著作权的结果；饶某星与杨某钱、咪聊公司于 2018 年 1—5 月期间的被诉侵权行为共同造成侵害镜玩公司的“兔聊”软件著作权的结果，亦即，众被告前后实施的被诉侵权行为使得“咪聊”软件发布及运营，被诉侵权行为持续并相结合共同造成侵害镜玩公司的“兔聊”软件著作权的结果。第三，涉案被诉侵权行为通过“咪聊”软件获取不正当利益，导致镜玩公司受到损害。众被告的行为均与损害后果存在法律

上的因果关系。第四，镜玩公司的涉案计算机软件著作权受到持续损害，损害结果不可分割。因此，虽部分当事人参与实施侵权行为的时间不一致，但众被告的行为相结合，构成共同侵权，是其承担连带责任的事实基础。

二、知识产权刑事案件的共犯认定与民事侵权纠纷的必要共同诉讼认定标准的区别与联系

侵害知识产权行为持续过程中，存在部分侵权人中途退出共同侵权以及部分侵权人中途加入共同侵权的情况，由此形成“多因一果”的复合型知识产权侵权纠纷。当“多因一果”类共同侵权行为同时引发刑事诉讼及民事诉讼，则需兼顾刑事案件中共犯的认定标准与民事案件中共同侵权及必要共同诉讼认定标准的区别与联系，结合共同侵权构成的四要件在民事案件中对侵权责任进行综合判定。

在刑事案件中对其中部分侵权人分别作出主犯、从犯或不起诉认定的情况下，相关民事诉讼中的必要共同诉讼的判定标准及共同侵权责任的区分依据应如何确定，极易引发司法实践中的争议。

涉案刑事生效判决认定杨某钱、姚某在各自的共同犯罪中起主要作用，系主犯；饶某星、梁某长、梁某喜、陈某波在各自的共同犯罪中起辅助作用，系从犯。亦即，在刑事案件中并未对约见公司、咪聊公司的行为是否构成侵权进行认定。而且，检察院鉴于颜某犯罪情节轻微、认罪态度较好、有悔罪表现而作出《不起诉决定书》，故在涉案刑事判决中亦未对颜某的行为作出具体认定。因此，关联的民事侵权纠纷案件中，仍需根据各主体的涉案被诉行为是否构成共同侵权及是否构成必要共同诉讼的问题作出认定。

关于民事案件的必要共同诉讼认定标准问题。《民事诉讼法》（2017 年修正）第五十二条第一款规定，当事人一方或者双方为二人以上，其诉讼标的是共同的，或者诉讼标的是同一种类、人民法院认为可以合并审理并经当事人同意的，为共同诉讼。因此，多个行为人共同实施侵权行为可基于同一诉讼标的而构成必要共同诉讼。镜玩公司提起本案诉讼时，先将颜某、姚某、约见公司列为案件被告，并于其后申请将咪聊公司、杨某钱、梁某长、梁某喜、陈某波、饶某星追加为案件被告。咪聊公司、杨某钱、梁某长、梁某喜、陈某波、饶某星等是否应列为案件的被告，取决于众被告的行为是否构成共同侵权，是否形成必要共同诉讼关系。本案中，众被告所实施的被诉侵权行为均侵害镜玩公司的涉案计算机软件著作权，基于同一诉讼标的，故认定其行为构成必要共同诉讼。

刑民交叉类知识产权案件中，基于同一自然事实的刑事责任与民事责任认定之间，既有关联性，也有独立性，案件存在责任主体多元性和责任类型多样性的特点，对于相关民事诉讼中的必要共同诉讼的判定标准及共同侵权责任的区分依据问题，须兼顾刑事案件中共犯的认定标准与民事案件中必要共同诉讼认定标准的区别。

三、自然人与法人之间的共同侵权的类型及认定标准

自然人与法人之间是否构成共同侵权的情形存在两类情况：一是公司股东滥用法人独立地位和股东有限责任构成共同侵权；二是公司股东作为自然人与公司共同实施侵权行为构成共同侵权。

关于公司股东滥用法人独立地位和股东有限责任类型的共同侵权。《公司法》第二十条规定，公司股东应当遵守法律、行政法规和公司章程，依法行使股东权利，不得滥用股东权利损害公司或者其他股东的利益；不得滥用公司法人独立地位和股东有限责任损害公司债权人的利益。公司股东滥用公司法人独立地位和股东有限责任，逃避债务，严重损害公司债权人利益的，应当对公司债务承担连带责任。因此，公司股东滥用公司法人独立地位和股东有限责任致股东与公司人格混同，其所实施的行为侵害他人权利时，二者需对外承担连带赔偿责任的认定，应考虑以下因素：一是公司股东滥用公司法人独立地位和股东有限责任，导致股东与公司的人格混同；二是股东通过公司所实施的行为侵害他人合法权益；三是公司所实施的行为与债权人的损害之间存在因果关系。本案中，镜玩公司并非基于颜某、姚某等滥用公司法人独立地位而要求其承担连带责任，而是基于颜某、姚某从镜玩公司离职后，成立专为经营侵权软件的公司。

关于公司股东作为自然人与法人共同实施侵权行为类型的共同侵权。《侵权责任法》第八条规定，二人以上共同实施侵权行为，造成他人损害的，应当承担连带责任。自然人与法人共同实施侵权行为导致损害他人合法权益的后果，则二者构成共同侵权，承担连带责任。本案中，颜某抗辩称未实施侵权行为，即使约见公司行为构成侵权，其也仅有监管过失。然而，颜某与姚某一同从镜玩公司离职，其明知姚某从镜玩公司复制“兔聊”软件源代码并在此基础上开发“咪聊”软件的情况下，仍作为发起人成立专为运营侵权软件的咪聊公司，而且，颜某是约见公司的股东兼总经理，“咪聊”软件是约见公司在当时唯一在进行的项目，故其确有参与“咪聊”软件运营的事实，其行为属于个人参与实施侵权行为。姚某、颜某、杨某钱、梁某长、梁某喜等人作为公司股东，其行为与约见公司、咪聊公司的行为相结合共同实施侵害镜玩公司计算机软件著作权的行为，构成共同侵权，实施侵权行为的自然人及法人均应承担连带责任。

编写人：广州知识产权法院　黄彩丽

（编辑：耿照阳）

32

快意公司与敏实集团公司等侵害计算机软件著作权纠纷案

阅读提示：超过合同约定的许可范围使用计算机软件，该行为是否构成侵权？

【裁判要旨】

被许可人应当按照软件许可协议约定的授权许可模式，诚信、合法、合理、善意地使用授权软件，不得利用技术手段扩大授权软件的使用范围。被许可人超过协议约定的用户数使用授权软件，视为超过许可范围使用软件，应当承担相应民事责任。

【案号】

一审：广州知识产权法院（2019）粤73知民初1519号

【案情与裁判】

原告：广州快意信息科技有限公司（简称快意公司）

被告：敏实集团有限公司（简称敏实集团公司）

被告：宁波信泰机械有限公司（简称宁波信泰公司）

被告：广州敏惠汽车零部件有限公司

被告：重庆敏特汽车零部件有限公司

被告：嘉兴敏实机械有限公司

被告：武汉和盛汽车零部件有限公司

被告：北京敏实汽车零部件有限公司

被告：武汉敏惠汽车零部件有限公司
被告：广州东海敏孚汽车部件有限公司
被告：重庆长泰汽车零部件有限公司
被告：淮安和泰汽车零部件有限公司
被告：江苏和兴汽车科技有限公司
被告：广州敏瑞汽车零部件有限公司
被告：广州敏实汽车零部件有限公司
被告：清远敏惠汽车零部件有限公司
被告：嘉兴敏惠汽车零部件有限公司
被告：嘉兴敏胜汽车零部件有限公司
被告：嘉兴敏德汽车零部件有限公司
被告：淮安和通汽车零部件有限公司
被告：福州信泰汽车零部件有限公司
被告：天津信泰汽车零部件有限公司
被告：长春敏实汽车零部件有限公司
被告：天津敏信机械有限公司
被告：烟台和瑞汽车零部件有限公司

起诉与答辩

快意公司诉称，其为 QAD MFG/PRO 2011SE APAC Bundle Enhanced 软件（简称涉案软件）在中国地区的经销商，负责知识产权维权事宜，美国 QAD 公司授权快意公司以自己的名义，对侵犯美国 QAD 公司知识产权的侵权行为直接采取一切必要和必须的法律行动，包括但不限于提起民事诉讼。敏实集团公司等二十四个被告在 2013 年至 2018 年期间，向快意公司共计购买了 478 个涉案软件的许可用户。快意公司对敏实集团公司提交的涉案软件的 2017 年、2018 年 log files 文件（用户日志文件）进行审计，发现敏实集团公司等二十四个被告实际使用涉案软件的用户数量已达 1380 个。快意公司认为，敏实集团公司等二十四个被告实际使用软件的用户数超过已支付许可使用费的用户数，侵害了快意公司对涉案软件享有的复制权，故诉请敏实集团公司等二十四个被告立即停止侵权并共同连带赔偿快意公司经济损失 22830522 元及为制止侵权行为所支付的鉴定费 19000 元、文印费 928 元、公证费 1250 元等合理费用。

敏实集团公司等二十四个被告共同答辩称，敏实集团公司等被告未超出著作权人许可的“用户数”使用涉案软件，软件许可协议中的“用户数”应指软件注册用户数，而不是登录软件设备数。本案合同中约定的许可方式为通过账户密码登录涉案软件即可，不对实际涉及的设备数量乃至并发设备总数进行限制。涉案软件占用系统内存的容量极大，无法安装于普通的个人电脑中，故只能在公司的服务器上进行部署和调用，员工通过本地设备，远程连接登录的首先是公司服务器上安装的 Linux 操作系统，在 Linux 操作系统中再行打开涉案软件。即便退一步说，敏实集团公司等被告的确超“用户数”使用涉案软件，也未超过许可范围实施受软件著作权控制的行为，不构成软件著作权侵权。涉案软件经著作权人许可，存储在公司的服务器中，敏实集团公司从著作权人处合法获得软件并安装在系统中的行为符合双方的协议约定及条例的规定。著作权人应以合同违约而非软件著作权侵权为案由提起诉讼。宁波信泰公司等二十三个被告的员工通过 Linux 系统连接至服务器，据此使用涉案软件，故涉案软件仅在公司服务器，而非各被告的本地系统中形成永久复制件，每次使用仅在上海的服务器中完成经著作权人许可的复制。故敏实集团公司等被告未超出许可范围实施受著作权法控制的行为，请求法院依法驳回快意公司的起诉。

一审审理查明

2013 年至 2018 年，快意公司授意快意科技顾问有限公司（乙方）与敏实集团公司指定的司诺（香港）有限公司（甲方）、睿途（香港）有限公司（甲方）等公司分别签订了多份《ERP 系统软件销售合同》，约定：甲方购买涉案软件的许可证数（Named User）共计 478 个；购买的 MFG/PRO 软件产品许可证书授权（LICENSE）、数据库及开发工具（PROGRESS），授权于敏实集团公司中国区域内的公司或工厂单一数据库内使用；软件产品著作权属于知识产品法律保护范畴，甲方同意并遵守标准许可证授权使用规范；甲方需在购买的许可证授权范围内（授权工厂及用户数）应用本软件，未经许可的厂别或者超过用户数需要根据实际使用量购买许可证授权；敏实集团公司积极配合快意公司统一的年度审计工作。

快意公司提交的《司法鉴定意见书》记载，鉴定机构对敏实集团公司提交的 2017 年、2018 年 log files 进行分析，统计敏实集团公司使用涉案软件时产生的log in及log out记录，确定敏实集团的使用用户数量、最高同时在线用户数量，并分析出共享用户数量。鉴定结论为 2017 年的总用户数量为 1380 个，2018 年的总用户数量为 927 个；2017 年最高同时在线用户数为 632 个，2018 年最高同时在线用户数为 589 个；用户名最大共享次数为 38 次。

快意公司、敏实集团公司等二十四个被告均确认，log files 文件是 QAD

ERP 软件自动生成的，记录了各被告 OS 用户或者 Linux 用户使用该软件的登入登出情况。

敏实集团公司提交的《技术鉴定报告》记载，鉴定机构对敏实集团提交的 2017 年、2018 年涉案软件的 usr_mstr 文件进行分析，统计上述文件中的账户数量。鉴定结论为 QAD 软件的 usr_mstr 文件记录的 QAD 软件账户数：2017 年为 435 个，2018 年为 336 个。

一审判理和结果

一审法院认为，敏实集团公司等二十四个被告对涉案软件的使用方式是否符合涉案合同约定为本案的审查重点。围绕双方争议焦点，对相关问题分析如下。

一、"许可证数"及"用户数"

涉案软件为企业生产制造、分销和财务管理综合 ERP（Enterprise Resource Planning，ERP）软件，主要用于不同业务模块之间的信息技术共享和应用。涉案七份合同约定敏实集团公司购买涉案软件数量的计算单位均为"许可证数（Named User）"，结合涉案合同的具体内容及涉案软件登录页面处"User ID""Password"的设置，由此可以确定著作权人与被许可人就涉案软件的授权许可方式约定为许可证授权，也即命名用户许可授权。命名用户许可，是指分配给命名软件用户的独家权限许可。在此种许可方式下，软件用户仅需输入命名账号及相应密码即可登录软件。但，涉案合同并没有明确约定"许可证"是单个命名用户许可证还是并发命名用户许可证。一审法院认为，在合同约定不明的情况下，应当运用文义解释、目的解释等方法，考虑权利人、消费者的认知及合同签订时的技术发展水平等因素，以维护诚实信用并尊重客观事实为原则，公正合理地对涉案合同约定的内容进行解释。在没有明确约定许可证为"并发命名用户许可证"的情况下，应当从保护软件著作权人权益的角度出发，对涉案合同所述"许可证"作限缩解释。根据当时的技术发展情况、软件类型及用途、合同签订的背景及目的，涉案合同约定的"许可证"应当系"单个命名用户许可证"，也即一个许可证仅能由一个命名用户使用。

涉案合同约定"乙方按甲方购买用户数发放 MFG/PRO 软件产品许可证授权（LICENSE）""甲方需在购买的许可证授权范围内（授权工厂及用户数）应用本软件，未经许可的厂别或者超过用户数需要根据实际使用量购买许可证授权"，但合同并没有明确约定"用户数"的定义。快意公司与敏实集团公司对"用户数"的理解和计算方式分别持有不同意见，快意公司认为"用户数"应当是登录涉案软件的操作系统的账户数量，敏实集团公司认为“用户数”应当是登录涉案软件的许可证账户数量。对此，一审法院认为，在合同没有明确约定的情况下，应当根据合同的上下文来理解“用户数”，根据上述约定，“用户数”与“许可证数”应该是相互对应的，使用方式亦为一致，即一个许可证对应一个用户。那么，涉案七份合同约定敏实集团公司获得授权使用的许可证数共计 478 个，那么相应的用户数也应当为 478 个。

敏实集团公司等二十四个被告抗辩认为，敏实集团公司将涉案软件安装在服务器上供下属公司使用，并发的使用行为不会对著作权人的利益造成影响，可充分发挥软件系统的作用，从而认为应当以“许可证账户数量”作为“用户数”计算。对此，一审法院认为，虽然被诉侵权行为发生时的技术手段可以实现被告所述的软件的使用方式，即实际用户数超出了许可证数，但对涉案软件的使用仍然应当根据合同的约定进行理解。快意公司基于对涉案软件著作权保护的需求，要求敏实集团公司每年提交 log files 文件及 usr_mstr 文件以供审计，以此来查验敏实集团公司的实际使用用户数是否与授权许可证数保持一致，也即是为了防止敏实集团公司对涉案软件使用的实际用户数超过许可证的授权账户数，因此，敏实集团公司等二十四个被告的上述抗辩理由不能成立，一审法院不予采信。

二、被告所述其使用涉案软件的方式

敏实集团公司主张其购买了涉案软件后，将软件复制安装到服务器上，提供购买的许可证账号及密码给其下属公司，各公司通过远程登录虚拟机的方式登录服务器使用涉案软件。涉案合同明确约定了软件产品许可证书使用范围以及使用规范。一审法院认为，根据快意公司提交的鉴定报告显示，敏实集团公司提交的 2017 年 log files 文件中有 1380 个用户名，也即使用涉案软件的用户有 1380 个，超过了合法授权许可用户数 478 个。软件许可证，是软件著作权人与用户之间的协议合同，用于规定和限制软件用户使用软件。软件被授权方应当按照合同约定的授权许可模式，诚信、合法、合理、善意地使用授权软件。涉案合同中明确约定了“甲方同意并遵守标准许可证授权使用规范”，虽然敏实集团公司购买了多个涉案软件许可证，但仍然应当依据合同约定，遵守软件著作权人的许可要求及按照授权范围使用涉案软件。故，一审法院认为，敏实集团公司对涉案软件的使用方式超出了涉案合同约定的许可范围。

三、被告是否实施了侵害快意公司涉案软件复制权的行为

在认定敏实集团公司等二十四个被告超过许可范围使用涉案软件的前提

下，对快意公司指控敏实集团公司等二十四个被告实施了侵害涉案软件复制权的行为作进一步的判断。一审法院认为，敏实集团公司在庭审中自认其购买涉案软件后将该软件安装在服务器上，该行为属于复制行为，虽然敏实集团公司通过签订软件销售合同的方式合法取得涉案软件的复制权，但其超过许可范围商业使用涉案软件，根据《最高人民法院关于审理著作权民事纠纷案件适用法律若干问题的解释》第二十一条的规定，依法应认定构成侵害涉案软件著作权的行为，故一审法院认定敏实集团公司的行为侵害了快意公司享有的涉案软件复制权。但是，快意公司确认将涉案软件复制安装到服务器上的主体是敏实集团公司，并未提交证据证明宁波信泰公司等二十三个被告有将涉案软件复制成一份或者多份的行为，虽然涉案软件由宁波信泰公司等二十三个被告实际使用，但其使用行为是基于敏实集团公司的授权，在主观上并不存在侵权的恶意，快意公司亦未提交其他证据证明上述被告与敏实集团公司在侵害涉案软件复制权方面存在共同侵权的意思联络，故快意公司主张宁波信泰公司等二十三个被告与敏实集团公司构成共同侵权的诉请依据不足，一审法院不予支持。

综上所述，一审法院判决敏实集团公司立即停止侵害快意公司享有的涉案软件复制权的行为并赔偿快意公司经济损失及合理支出共计 4000000 元。

本案判决作出后，各方当事人均未上诉，一审民事判决已发生法律效力。

【法官评述】

在计算机软件许可领域内，软件著作人通过签订协议的方式许可他人商业使用授权软件，通过在软件内嵌入技术模块或者要求被许可人提供相关资料等方式来监测和规范被许可人的使用行为。随着互联网技术的极速发展，在广域网或者局域网内将硬件、软件、网络等系列资源统一起来，实现数据的计算、存储、处理和共享的云技术被广泛应用，各行各业均通过云技术手段来实现节约成本、高效协同的目的。但是，应用现代科技手段应当遵循当事人的合意，遵守法律法规规定及行业惯例，不能为了满足自身利益而利用技术手段打“擦边球”，规避合同约定或法律法规规定及行业惯例。

本案的主要争议在于原、被告双方对涉案合同约定的“用户数”的定义及计算方式持不同意见。快意公司认为“用户数”应当是登录涉案软件的操作系统的账户数量，统计 log files 文件中的用户名数量；敏实集团公司认为“用户数”应当是登录涉案软件的许可证账户数量，统计 usr_mstr 文件中的用户名数量。

首先，关于“许可证”“用户数”的定义及理解。承办法官认为，涉案合同约定敏实集团公司购买涉案软件数量的计算单位均为“许可证数（Named User）”，结合涉案合同的具体内容及涉案软件登录页面处“User ID”“Password”的设置，由此可以确定著作权人与被许可人就涉案软件的授权许可方式约定为许可证授权，也即命名用户许可授权。命名用户许可，是指分配给命名软件用户的独家权限许可。在此种许可方式下，软件用户仅需输入命名账号及相应密码即可登录软件。而命名用户许可又分为单个命名用户许可和并发命名用户许可。单个命名用户许可，即一个许可证仅能由一个命名用户使用；并发命名用户许可，即一个许可证可供一定数量的命名用户使用，一般指多个用户同时在线使用同一许可证。在合同没有明确约定“许可证”“用户数”的定义及计算方式的情况下，法院应当充分考虑合同的约定、权利人与消费者的认知及合同签订时的技术发展水平等因素，以维护诚实信用并尊重客观事实为原则，运用各种法律解释方法公正、合理地对涉案合同约定的内容进行解释。

其次，关于被告对计算机软件许可证的使用是否超出了许可范围的审查。承办法官认为，软件许可证，是软件著作权人与用户之间的协议合同，用于规定和限制软件用户使用软件。软件被授权方应当按照合同约定的授权许可模式，诚信、合法、合理、善意地使用授权软件。虽然被告购买的涉案软件许可证是终身使用，但是被告不能无限制地使用，仍然需要遵守软件著作权人的许可要求及按照授权范围使用涉案软件。本案中，被告将其购买的涉案软件安装在公司本地服务器，采用云技术的方式将涉案软件共享给其集团公司使用，即使被告没有将软件复制成多份或超过软件许可证数使用软件，但被告的使用方式不当地扩大了使用软件的主体范围，违反了涉案合同关于“用户数”的约定，属于超过许可范围商业使用涉案软件，侵害了原告对涉案软件享有的复制权。

最后，本案纠纷产生的原因分析。原、被告双方合作多年，被告每年根据业务需求向原告增加购买涉案软件许可证，理应知道原告设定的软件许可规范，应当遵守许可协议约定，不得超过约定的“用户数”使用涉案软件。但是，随着技术的发展，原先只能在本地设备使用软件的技术限制被打破，通过云技术方式将软件安装在云服务器上，各地设备通过连接广域网或者局域网访问云服务器，在云服务器上直接使用软件。在原告的格式合同中，并未对涉案软件的云技术应用进行明确约定或者限制，多年的格式合同并未随着时代的发展有所变更或者补充，原告也未在涉案软件中进行技术限制。本案在保护原告的合法权益的基础上，也对原告起到了一定的警示作用，著作权人在授权他人使用软件时，应当及时关注科学技术的发展，及时调整授权的范围、方式以及加强对自身权利的保护。被告作为大型汽车制造企业，应当定期对日常生产经营活动进行合规性审查，诚信经营，不能利用合同漏洞及技术手段侵害他人合法权益。

本案的典型意义在于，在计算机软件及互联网技术发展变化较快的社会环境中，如何准确、恰当、合理地对合同内容进行解释是处理这类案件的关键之处，本案的处理方法可为此类案件提供有益的借鉴。同时，通过本案的审理，可以向社会传达正确的信息，引导计算机软件著作权许可使用往规范化的方向发展，往更深层次说，在计算机技术日新月异的科技环境下，应当顺应技术的发展，充分运用新技术的同时，既要保护权利人的合法权益，又要指引被授权人善意地使用新技术，避免侵权行为的发生。

编写人：广州知识产权法院　谭卫东　汤家丽

（编辑：汤家丽）

垄断或不正当竞争案件

33

震雄公司与高思公司
横向垄断协议纠纷案

阅读提示：纵向垄断协议与横向垄断协议的区分标准。

【裁判要旨】

本案是不竞争条款引发的横向垄断协议纠纷，为广州知识产权法院成立以来针对横向垄断协议民事纠纷作出实体民事判决的首案，涉及垄断协议横向与纵向关系标准区分的认定问题。在反垄断审查中，应当根据协议主体是否位于商业活动链条的同一经济层面或商业环节来区分诉争的协议属于横向协议还是纵向协议。如果协议主体位于同一经济层面或同一商业环节，则认为协议主体之间具有横向关系；如果协议主体位于商业活动链条的不同层面或环节，则认为协议主体之间具有纵向关系。

【案号】

一审：广州知识产权法院（2020）粤 73 知民初 2378 号

【案情与裁判】

原告：广州震雄装饰工程有限公司（简称震雄公司）

被告：广州高思贸易有限公司（简称高思公司）

起诉与答辩

震雄公司向一审法院提出诉讼请求：1. 请求依法确认震雄公司、高思公司之间 2017 年签订的《制造和供应协议》第 3.3 条、第 20 条、第 21 条，2016 年签订的《保密协议》第 13 条以及 2018 年签订的《保密协议》第 13 条均为无效；2. 请求依法撤销震雄公司、高思公司之间 2017 年签订的《制造和供应协议》第 3.3 条、第 20 条、第 21 条，2016 年签订的《保密协议》第 13 条以及 2018 年签订的《保密协议》第 13 条；3. 请求判令高思公司向震雄公司支付震雄公司为制止涉案垄断行为所支付的合理开支（律师费）130000 元；4. 请求判令高思公司承担本案全部诉讼费用。事实和理由：震雄公司、高思公司之间签订的涉案条款是 2016 年和 2018 年两份涉案《保密协议》第 13 条约定的“本人（即震雄公司）不会（无论是直接或间接）自行或代表其他人士或实体：（b）从高思（即高思公司）的任何顾客或客户招揽或试图招揽业务（与高思公司日常提供的货物及服务种类无关的业务除外）”以及 2017 年签订的《制造和供应协议》约定的第 3.3 条“供应商（震雄公司）可向其他客户提供类似服务，前提是此类服务的提供不得与向买方（高思公司）提供的产品或服务构成竞争或冲突”、第 20 条“不竞争条款”、第 21 条“于本协议有效期内至此后十（10）年期间，任一方均不得直接或间接招揽、拉拢或带走或试图招揽、拉拢或带走对方的业务、客户或商户”。以上涉案条款属于《反垄断法》第十三条第一款第（三）项规定的“分割销售市场”类禁止性横向垄断协议，违反了涉及市场秩序的效力性强制性规定，应当被认定为无效。同时，涉案条款也属于排除震雄公司主要权利的格式条款而无效。退一步讲，即使涉案条款不具备无效事由，基于涉案条款系震雄公司在受高思公司胁迫情况下所订立，涉案条款也应根据《民法总则》第一百五十条、《合同法》第五十四条第二款而被撤销。1. 涉案条款因构成《反垄断法》第十三条第一款第（三）项规定的“分割销售市场”的横向垄断协议而无效，本案应适用本身违法原则，不需要界定相关市场。（1）震雄公司、高思公司经营同种业务，面对高度重合的客户群体，二者之间具有直接竞争关系，属于横向竞争者。（2）具有竞争关系的震雄公司、高思公司之间达成并实施了分割销售市场的横向垄断协议，高思公司要求震雄公司签署涉案条款是为了确保震雄公司不与其竞争特定客户，并通过设置违约责任等条款不当提高震雄公司的竞争成本，最终达到独享某一客户群体的不法目的；并且，高思公司通过要求震雄公司签署涉案条款，人为地将部分下游客户切割开来，使其成为自己的独有客户，涉案条款实际上已达到分割上下游销售市场的效果。（3）涉案条款的分割销售市场属性已严重排除、限制了相关市场的竞争，损害下游客户的利益。（4）涉案条款因违反《反垄断法》第十三条第一款第（三）项的效力性强制性规定而无效。2. 根据《合同法》第三十九条的规定，涉案条款因高思公司没有向震雄公司说明及协商，也未进行突出显示，属于排除震雄公司主要权利的格式条款而无效。3. 根据《民法总则》第一百五十条以及《合同法》第五十四条的规定，在涉案条款签署前，高思公司以拒绝与震雄公司进行交易为由，要求震雄公司签署包括但不限于涉案条款在内的多份协议，震雄公司迫于高思公司压力，在极度不情愿的情况下签署了协议，涉案条款因胁迫而应被撤销。4. 涉案条款已对震雄公司造成了巨大损失，因涉案条款存在，震雄公司直接失去了与麦当劳公司价值过亿的交易机会。综上所述，震雄公司特提起本案诉讼。在庭审中，震雄公司补充陈述理由称 2017 年的《制造和供应协议》仅加盖了震雄公司使用的海关报关章，未加盖震雄公司的合同专用章或公司印章，也没有震雄公司法定代表人签名，故应当是无效的。

高思公司辩称，1. 横向垄断协议是由两方或多方主体达成的排除、限制竞争的合谋；涉案条款不属于横向垄断协议，而是委托加工领域常见的条款，委托方为防止受托方不当利用从自身获取的信息，不当接触自己的客户，通常会规定与涉案条款类似的不竞争条款；涉案条款的目的在于防止震雄公司进行不诚信的行为，不存在任何分割销售市场的垄断合谋，这是因为涉案条款仅由震雄公司单方承诺未经许可不得向高思公司的客户提供产品，但高思公司没有作出任何不进入相关市场、不向特定客户提供产品的承诺，因此不存在各方共同或相互承诺不接触客户或不进入市场的情形。2. 由于涉案条款不属于横向垄断协议，因此无需进行举证责任转移的步骤；并且涉案条款事实上不具有也不会产生排除限制竞争效果。3. 如果涉案条款被认定为分割销售市场的垄断协议，则对于行业生态、行业惯例以及商业逻辑都会造成重大颠覆与挑战，会导致震雄公司这样的不诚信行为被鼓励，高思公司通过委托加工的方式扩大生产的激励被降低，不利于行业发展、市场竞争的有序展开以及诚信市场氛围的营造。4. 涉案条款不属于排除震雄公司主要权利的格式条款。格式合同条款主要是经营者与消费者之间订立的合同，而涉案条款属于很常见的商业条款，震雄公司是成熟的具有多年经验的商事主体，不存在信息不对称或不对等的问题，双方是在平等、自愿、协商的情况下签订的合同。5. 涉案条款也不属于因胁迫而应被撤销的条款，震雄公司没有提交任何证明高思公司存在胁迫的证据，因此震雄公司主张撤销涉案条款不应支持。

一审审理查明

震雄公司于 2007 年 5 月 30 日成立，注册资本是 5680 万元，经营范围包括室内装饰、装修；室内装饰设计服务；饰物装饰设计服务；广告业；灯用电器附件及其他照明器具制造；标识、标志牌设计、安装服务；标识、标志牌制造；销售标识牌、指示牌等。

高思公司于2009年12月23日成立，注册资本是17万美元，经营范围包括销售标识牌、指示牌；灯具零售；金属装饰材料零售等。高思公司的网站中存在为麦当劳提供标识、标志牌服务的介绍，例如包括“数字标牌行业的颠覆性突破”的介绍。2011年至今，高思公司与麦当劳、肯德基、汉堡王、艾德熊、吉野家等商户之间进行询价、签订相关的协议以及产生相应订单。

震雄公司与高思公司是合作多年的商业伙伴，震雄公司受高思公司的委托，代加工制作广告灯箱设备。双方于2016年和2018年签订了两份涉案《保密协议》以及2017年签订了《制造和供应协议》，其中，在2016年和2018年两份涉案《保密协议》中第13条约定了“本人（即震雄公司）不会（无论是直接或间接）自行或代表其他人士或实体：……（b）从高思（即高思公司）的任何顾客或客户招揽或试图招揽业务（与高思日常提供的货物及服务种类无关的业务除外）”以及2017年签订的《制造和供应协议》约定了第20条“不竞争条款”、第21条“于本协议有效期内至此后十（10）年期间，任一方均不得直接或间接招揽、拉拢或带走或试图招揽、拉拢或带走对方的业务、客户或商户”等内容。2020年，震雄公司以上述两份协议中约定的不竞争条款构成分割销售市场的横向垄断协议、格式合同等请求认定协议无效为由诉至一审法院。

一审判理和结果

本案属于横向垄断协议纠纷及合同纠纷，根据当事人的诉辩意见，双方争议的涉案条款是2016年和2018年两份涉案《保密协议》第13条约定的“本人（即震雄公司）不会（无论是直接或间接）自行或代表其他人士或实体：……（b）从高思（即高思公司）的任何顾客或客户招揽或试图招揽业务（与高思日常提供的货物及服务种类无关的业务除外）”以及2017年签订的《制造和供应协议》约定的第3.3条“供应商（震雄公司）可向其他客户提供类似服务，前提是此类服务的提供不得与向买方（高思公司）提供的产品或服务构成竞争或冲突”、第20条“不竞争条款”、第21条“于本协议有效期内至此后十（10）年期间，任一方均不得直接或间接招揽、拉拢或带走或试图招揽、拉拢或带走对方的业务、客户或商户”。本案主要审查以下问题：1. 涉案条款是否属于震雄公司所主张的分割销售市场的横向垄断协议而应当无效；2. 涉案条款是否属于排除震雄公司主要权利的格式合同条款而应当无效；3. 震雄公司关于撤销涉案合同条款的主张是否成立。

一、涉案条款是否属于震雄公司所主张的分割销售市场的横向垄断协议而应当无效

本案震雄公司与高思公司自2016年至2018年在餐饮行业灯箱广告、标识标牌等产品上存在事实履行的买家（高思公司）与供应商（震雄公司）之间的关系，完成了包括麦当劳在内等商家的产品；再结合震雄公司与高思公司2016年、2018年所签订的《保密协议》以及2017年签订的《制造与供应协议》的内容，震雄公司与高思公司在上述协议中所存在的是供应商与买家之间上下游的纵向关系而非横向关系，因此震雄公司主张依据《反垄断法》第十三条第一款第（三）项认定涉案条款属于横向垄断协议，与事实不符，一审法院不予采纳。由于涉案协议双方主体明显不存在横向关系、涉案条款明显不属于横向垄断协议，因此本案不适用《最高人民法院关于审理因垄断行为引发的民事纠纷案件应用法律若干问题的规定》（2020年修正）第七条"被诉垄断行为属于反垄断法第十三条第一款第一项至第五项规定的垄断协议的，被告应对该协议不具有排除、限制竞争的效果承担举证责任"之规定，不应由高思公司对该协议不具有排除、限制竞争的效果承担举证责任。综上，震雄公司关于涉案条款属于分割销售市场的横向垄断协议而应当无效的诉讼请求不能成立，一审法院不予支持。

二、涉案条款是否属于排除震雄公司主要权利的格式合同条款而应当无效

根据《最高人民法院关于适用〈中华人民共和国民法典〉时间效力的若干规定》第一条的规定，民法典施行后的法律事实引起的民事纠纷案件，适用民法典的规定。民法典施行前的法律事实引起的民事纠纷案件，适用当时的法律、司法解释的规定，但是法律、司法解释另有规定的除外。本案属于《民法典》施行前的法律事实引起的民事纠纷案件，应适用当时的法律、司法解释的规定。《合同法》第三十九条规定，采用格式条款订立合同的，提供格式条款的一方应当遵循公平原则确定当事人之间的权利和义务，并采取合理的方式提请对方注意免除或者限制其责任的条款，按照对方的要求，对该条款予以说明。格式条款是当事人为了重复使用而预先拟定，并在订立合同时未与对方协商的条款。本案中，从涉案条款的签订过程以及签订内容看，双方进行了多次协商，且在协议签订前后双方已有实际履行的情形，因此涉案条款不存在未经协商的情形；并且，《保密协议》一开始就约定高思公司拟向震雄公司披露用于"获准用途"的若干"保密信息"，作为高思公司向震雄公司披露保密信息的对价，震雄公司应承诺按照承诺书进行处理;《制造与供应协议》第 20 条“不竞争条款”也约定了除外条款，即如果某客户在高思公司提供该客户之前既已接触震雄公司，则本协议对震雄公司与该客户的业务往来不构成限制和约束，因此双方的协议实质上是针对震雄公司从高思公司处新获得的客户在约定期限内限制震雄公司与高思公司产生竞争，以此作为震雄公司从高思公司处获得相关保密信息及新客户订单的对价，该约定属于双方权利义务的规定而不属于单方免责条款，且不存在明显不公平的情形。因此，涉案条款不构成格式条款，震雄公司主张涉案条款属于排除震雄公司主要权利的格式合同条款而应当无效的主张不能成立，一审法院对此不予支持。

三、震雄公司关于撤销涉案合同条款的主张是否成立

原《民法总则》第一百五十条规定，一方或者第三人以胁迫手段，使对方在违背真实意思的情况下实施的民事法律行为，受胁迫方有权请求人民法院或者仲裁机构予以撤销。原《合同法》第五十四条规定，一方以欺诈、胁迫的手段或者乘人之危，使对方在违背真实意思的情况下订立的合同，受损害方有权请求人民法院或者仲裁机构变更或者撤销。庭审中震雄公司明确称关于涉案条款因胁迫而签署的事实，震雄公司无法提供相应证据证明；且高思公司提交了电子邮件通讯记录证明双方存在协商沟通的过程，因此震雄公司的该项主张没有事实依据，一审法院不予支持。

此外，针对震雄公司称 2017 年签订的《制造与供应协议》所盖公章是震雄公司海关报关章的问题，由于《制造与供应协议》上既有震雄公司企业名称的公章，也有震雄公司工作人员的签名，而且双方事实履行关系中的部分订单震雄公司也曾使用过该公章，因此即使《制造与供应协议》所盖公章是震雄公司海关报关章，也应当视为该合同对于双方已成立生效。

综上所述，震雄公司主张双方之间签订的涉案条款属于《反垄断法》第十三条第一款第（三）项规定的“分割销售市场”类禁止性横向垄断协议、属于排除震雄公司主要权利的格式条款、是震雄公司在受高思公司胁迫情况下所订立的这三项理由均不能成立，一审法院均不予支持，震雄公司的诉讼请求应予全部驳回。

依照原《民法总则》第一百五十条，《反垄断法》第十三条第一款第（三）项、第二款，原《合同法》第三十九条、第五十四条，《民事诉讼法》第六十七条，《最高人民法院关于适用〈中华人民共和国民法典〉时间效力的若干规定》第一条的规定，判决如下：驳回震雄公司的全部诉讼请求。

一审判决后双方均服判息诉。

【法官评述】

本案是不竞争条款引发的横向垄断协议纠纷，为广州知识产权法院针对横向垄断协议民事纠纷作出实体民事判决的首案，涉及垄断协议横向与纵向关系标准区分的认定问题。

垄断案件专业性强，民事诉讼的原告和行政诉讼的行政相对人胜诉率相对较低。在一审法院2022年之前已审结的29件垄断案件中，14件行政案件一审判决均认定构成垄断协议，行政机关的行政处罚决定正确，驳回原告的诉讼请求；但是，15件民事案件的一审裁判，除了部分准许原告撤回起诉以及（2015）粤知法商民初字第24号案认定被告构成不正当竞争之外，其他案件均未支持原告主张的垄断诉讼请求，作出驳回起诉或驳回诉讼请求的裁判。究其原因，不仅是反垄断纠纷的专业性强导致民事诉讼的原告举证较为困难，原告的证据不足以证明垄断行为构成的事实；也存在不少民事诉讼的原告和行政诉讼中的行政相对人对于反垄断法的认识和理解过于粗疏，原告提起诉讼存在一定的随意性，导致垄断诉讼的案件中存在明显法律关系理解不当的情形。

本案中，震雄公司明确仅主张以《反垄断法》第十三条第一款第（三）项作为依据认定涉案条款属于分割销售市场的垄断协议。根据《反垄断法》第十三条第一款第（三）项及第二款的规定，禁止具有竞争关系的经营者达成分割销售市场或者原材料采购市场的垄断协议，垄断协议是指排除、限制竞争的协议、决定或者其他协同行为。同时，《禁止垄断协议暂行规定》第九条第一款第（一）项规定，禁止具有竞争关系的经营者就分割销售市场或者原材料采购市场达成下列垄断协议：划分商品销售地域、市场份额、销售对象、销售收入、销售利润或者销售商品的种类、数量、时间。上述规定是关于横向垄断协议的规定，在反垄断审查中，应当根据协议主体是否位于商业活动链条的同一经济层面或商业环节来区分诉争的协议属于横向协议还是纵向协议。如果协议主体位于同一经济层面或同一商业环节，则认为协议主体之间具有横向关系；如果协议主体位于商业活动链条的不同层面或环节，则认为协议主体之间具有纵向关系。但是应当注意的是，同一市场主体位于哪一经济层面或商业环节是存在相对性的，其在此协议中有可能是向下游经销商销售产品的生产者，从而与下游经销商形成纵向关系；也可能在彼协议中作为直接向最终消费者销售产品的销售者，与其他销售商形成横向关系。因此具体协议属于纵向协议还是横向协议，决定因素并非协议主体是否曾在某个经济层面或商业环节从事过商业活动，具体到本案而言即不能由于震雄公司在涉案协议签订前曾经与星巴克相关公司等签订过灯箱广告设备采购协议就径行认定震雄公司与高思公司之间的竞争关系属于横向关系；而是应当具体到涉案交易中，审查涉案协议中主体之间是纵向关系还是横向关系。

此外，本案还涉及格式合同条款的认定问题，以及是否存在震雄公司在受高思公司胁迫情况下订立合同的问题的探讨。本案一审判决后双方均服判息诉，对于日后类似案件的处理有示范意义，《中国知识产权报》于 2022 年 2 月进行了宣传报道。

编写人：广州知识产权法院　朱文彬

（编辑：郝文灿）

34

腾讯科技公司等与巧布施公司等不正当竞争纠纷案

阅读提示：反不正当竞争法互联网专条中“其他妨碍、破坏网络产品、服务正常运行”行为应如何理解适用？

【裁判要旨】

随着技术更新呈多样性、隐秘性发展，《反不正当竞争法》第十二条第二款列举的前三项在实践中难以全面涵盖涉互联网不正当竞争行为的具体实施方式。在适用第四项“兜底条款”进行规制时，应立足于一般不正当竞争行为的构成要件及互联网专条的特殊要件，并综合考虑被诉行为对公共利益、经营者利益和消费者利益的影响。

【案号】

一审：广东自由贸易区南沙片区人民法院（2020）粤0191民初1030号

二审：广州知识产权法院（2022）粤73民终3641号

【案情与裁判】

上诉人（一审被告）：广州巧布施智能科技有限公司（简称巧布施公司）

上诉人（一审被告）：广州快观注网络技术有限公司（简称快观注公司）

被上诉人（一审原告）：腾讯科技（深圳）有限公司（简称腾讯科技公司）

被上诉人（一审原告）：深圳市腾讯计算机系统有限公司（简称腾讯计算机公司）

被上诉人（一审被告）：刘某宝

起诉与答辩

腾讯科技公司、腾讯计算机公司起诉称，微信软件系其独立创作、研发和运营的软件，该软件具有亿级海量用户和极高的知名度，以其卓越的用户体验成为中国使用人数最多、口碑最好的移动互联网智能应用之一，其持续投入大量人员、资金和技术等资源进行微信平台环境的治理和维护，共同制定发布了《腾讯微信软件许可及服务协议》等一系列规范，致力于打造绿色、安全、健康的网络环境。

巧布施公司、快观注公司与腾讯科技公司、腾讯计算机公司均从事计算机技术开发、软件开发经营活动，属于同一经营领域，存在直接竞争关系。巧布施公司、快观注公司专门针对微信产品和服务研究开发出“友个总管”“N+”等被诉软件，安装在华为等安卓系统手机上，并对外销售被诉营销手机。使用被诉手机可实现自动控制多个微信账号并模拟真人用手机操作微信，实现虚拟定位站街、定点加粉、自动点赞评论、自动发朋友圈、群发清粉等“外挂”营销功能，并具有伪造微信聊天记录、微信红包、转账记录、虚拟定位等有助于营销用户实现虚假宣传效果的不当功能。巧布施公司等在明知微信功能的设计初衷、运行逻辑和用户行为规范的情况下，向公众提供包含“友个总管”等微信外挂软件或程序的巧布施“友个”营销手机，干扰微信客户端的正常运行，引导并鼓励其用户利用微信平台进行恶意营销，严重妨碍与破坏微信的正常运行，其伪造聊天记录、交易记录等功能为其他经营者实施虚假或引人误解的商业宣传提供了直接帮助，严重影响正常微信用户的使用体验，损害了两原告的正当商业利益及竞争优势，严重损害腾讯科技公司、腾讯计算机公司通过长期经营、竭力维护的微信软件商誉。由此可见，巧布施公司、快观注公司、刘某宝的行为构成对腾讯科技公司、腾讯计算机公司的不正当竞争。遂请求一审法院判令：1. 巧布施公司、快观注公司、刘某宝立即停止销售、运营巧布施“友个”营销手机等微信外挂软件、硬件的不正当竞争行为；2. 巧布施公司、快观注公司、刘某宝连续30日在其运营的巧布施网（www.kgz168.com）及巧布施智能科技网（www.qbsznkj.com）首页显著位置刊登声明，连续30日在其运营的“广州巧布施”微信公众号、“巧布施快观注”微信公众号显著位置刊登声明，连续30日在新浪网（www.sina.com）、36氪网（www.36kr.com）首页显著位置刊登声明，公开承认巧布施公司、快观注公司、刘某宝实施的不正当竞争行为，并公开宣布立即停止不正当竞争行为，从而消除影响；3. 巧布施公司、快观注公司、刘某宝连带赔偿因其不正当竞争行为给腾讯科技公司、腾讯计算机公司带来的经济损失以及为制止侵权所产生的律师费、公证费和差旅费等共计3000万元；4. 巧布施公司、快观注公司、刘某宝共同承担本案的全部诉讼费用。

巧布施公司、快观注公司共同答辩认为，1. 其与腾讯科技公司、腾讯计算机公司之间不存在竞争关系，未实施侵权行为。本案中的各方主体在互联网市场中并不存在竞争关系，其一，微信作为通讯工具，其主要作用为提供即时通信服务，而巧布施公司、快观注公司推广的“友个”营销手机与营销软件并不具备最基础的通讯功能，仅仅只是在不破坏微信原有的通讯功能基础上，为微信的使用者提供更高效、更便捷的服务，双方在功能与服务上不存在任何竞争可能，反而是被诉手机与软件的功能需要依靠微信的运行来实现。其二，被诉手机与软件是建立在微信规则之上的，采取的是模拟人工技术，并不是插件，不会对微信应用程序进行任何的篡改与添加，也不会阻碍或影响其原有功能的实现，无论用户是否使用被诉手机与软件，其微信原有功能的实现都不会因为被诉手机与软件的运作而受到任何影响。其三，微信的用户规则均有提及微信将对从事虚假交易活动、进行虚假信息宣传的行为作出相应处罚，用户在注册微信时已经对规则进行阅读并同意，微信可以通过警告、封号等罚则规避微信用户的不正当行为。被诉手机与软件也设置了相应的使用规则，提醒用户需要在遵守微信规则的前提下使用软件，否则将被微信采取警告、封号等处罚措施。巧布施公司、快观注公司已经尽到了提醒义务并对用户使用相关功能进行了合理引导。因此，双方并非竞争关系，而是互惠共赢关系。2. 巧布施公司、快观注公司推广被诉手机与软件不属于不正当竞争行为。（1）巧布施公司、快观注公司推广的被诉手机及软件的功能为代替人工对信息进行高效处理，不能被认定为“通过组织虚假交易等方式”进行不正当竞争。（2）被诉手机及软件未影响微信软件用户体验、危害平台安全或损害其他用户权益，不构成不正当竞争。被诉手机内置软件与被诉软件并未利用技术手段，主动、强行在微信系统中以插入链接、强制跳转等形式强迫用户进入软件页面，影响用户选择；反之，其仅仅是向用户提供了手动打开选择界面进行操作的选项，用户是否打开界面、是否使用相应功能，还需要另外进行自主授权，被诉手机及软件未利用技术手段，通过影响用户选择或者其他方式进行不正当竞争。此外，“点赞”“评论”“转发”“群发”“加好友”等功能本身就是微信自带的功能，也是消费者喜爱的功能。被诉手机及软件上一键点赞评论转发的功能可以增进用户之间的友谊和感情，而“加好友”功能在同一时间向多人申请添加好友并不会对每一个添加对象造成滋扰。因此，使用被诉手机及软件不会使消费者权益受到损害。3. 腾讯科技公司、腾讯计算机公司主张巧布施公司、快观注公司赔偿经济损失及合理开支 3000 万元没有依据。被诉手机与软件并未正式推广，腾讯科技公司、腾讯计算机公司不存在经济损失。即使认为巧布施公司、快观注公司存在不正当竞争行为，赔偿数额也需要按照因不正当竞争行为受到损害的经营者因被侵权所受到的实际损失或侵权人因侵权所获得的利益确定。巧布施公司、快观注公司相关公众号所发布的文章、朋友圈或聊天记录等内容均带有营销推广的目的，且只是销售人员个人宣传行为，其销售数额并未经公司证实，不能作为认定巧布施公司、快观注公司销售金额的依据。4. 腾讯科技公司、腾讯计算机公司恶意提起本案诉讼，要求巧布施公司、快观注公司赔偿巨额款项的行为系滥用市场垄断地位的表现。

刘某宝答辩认为，刘某宝并非市场经营者，亦未实施违反《反不正当竞争法》第二条、第八条第二款、第十二条所禁止的不正当竞争行为。即使认定侵权，腾讯科技公司、腾讯计算机公司主张的 3000 万元损失亦没有事实和法律依据，且刘某宝作为公司员工正常履职不应承担任何责任。

一审审理查明

一、关于腾讯科技公司、腾讯计算机公司主张权利的基础事实

腾讯微信软件系即时通信服务软件，可为网络用户提供一对一或多人参与的文字、语音短信、表情和视频通话服务，并在此基础上为用户提供开放平台、与其他软件或硬件信息互通等功能或内容的软件许可及服务。腾讯科技公司、腾讯计算机公司系腾讯微信软件（for Android）V5.0、腾讯微信软件（for iOS）V5.0 的著作权人，腾讯科技公司系第 9085979 号微信商标的注册人。腾讯科技公司、腾讯计算机公司制定多项微信平台环境管理规定，包括《微信软件许可及服务协议》《微信个人账号使用规范》《微信公众平台服务协议》《微信外部链接内容管理规范》《微信小程序平台运营规范》等，并在微信公众号“微信安全中心”发布《关于打击“微信营销”外挂的公告》《2019 上半年打击使用外挂行为处理公示》等文章，在微信公众号“微信 110”发布《“海贼王”被抓，全国最大制售微信外挂软件案破获》《法院说了，微信群控、外挂都不 OK》的文章。

二、关于被诉侵权行为的事实

巧布施公司为登记号 2017SR616355“巧布施微信群控 App 软件”的著作权人，备案有 www.kgz168.com（巧布施小程序）、www.qbsznkj.com（巧布施官网）两个网站。快观注公司为登记号 2018SR025122“友个总管软件”的著作权人。

巧布施官网首页标注有标识，及“抓潜集群一体机 一键触达”“20 万 + 目标客户”“管理五大平台（微信、陌陌、QQ、钉钉、探探）帮助企业快速引流、高效推广”的字样。其中，“友个营销手机”产品页面有“5 万客户一机搞定 官方微信同步更新，您的 24 小时营销管家自动批量加人、自动化互动”的字样，以及“巧布施宣传片”“大数据采集”“（手机）营销推广功能”“（手机）加粉功能”“（手机）养号常用功能”“附近人加好友”“自动点赞”“自动接收摇一摇好友”“自动拉群”等视频，上述视频展示操作了“友个”手机中各项对应的功能。

2019 年 11 月，腾讯科技公司、腾讯计算机公司代理人与巧布施公司人员通过微信洽谈被诉手机购买事宜，其后向巧布施公司账户支付货款 3900 元购买并收取被诉手机。巧布施公司人员在介绍时称被诉手机为华为品牌机，安装有其营销系统，每年销量约 1000 台，并表示接受加盟经销，其朋友圈还发布有被诉手机推广内容及客户成交记录。运行被诉手机后，手机中安装有“友个总管”“N+”软件，使用手册中记载有包括定位站街、自动点赞等 42 项功能的详细介绍。“友个总管”软件中包含有“定位站街”“自动点赞”“自动拉群”“微信群聊”“微信红包”等功能，“N+”软件中显示有“模拟定位”“智能回复”等功能。经演示，上述软件功能可以操作运行。

巧布施公司微信公众号“广州巧布施”发布《友个智能营销手机》《我有一个神器，你感兴趣吗？》《如何批量养成百上千个 WEI XIN 号？这些养号规则赶紧收好》等文章对被诉手机及软件进行宣传介绍；快观注公司微信公众号“巧布施快观注”发布有《做微商更好挣钱？且看 UER 手机如何玩转江湖Ⅱ》《“是金子总会发光！”友个锁客手机一礼拜销售 70 台》等文章对被诉手机及软件进行宣传介绍。

三、其他事实

被诉手机型号为“华为 HUAWEI 畅享 MAX”，京东网站对应型号不同内存售价分别为 999 元、1199 元。腾讯科技公司、腾讯计算机公司主张合理费用 173943.38 元：1. 律师费及差旅费 146045.38 元，提交金额为 10 万元、46045.38 元的律师费发票两张予以证实；2. 公证费 20098 元，提交公证费发票四张，金额分别为 8620 元、4980 元、1103 元、5395 元；3. 购买巧布施“友个”锁客手机两台，每台 3900 元。

一审判理和结果

一审法院认为，腾讯科技公司、腾讯计算机公司是腾讯微信软件的著作权人，腾讯科技公司是第 9085979 号“微信”注册商标的权利人，腾讯计算机公司是腾讯网（www.qq.com）的运营管理者，双方共同制定了《微信软件许可及服务协议》《微信个人账号使用规范》等文件，对微信平台进行运营管理，其有权作为共同原告提起本案诉讼。

巧布施公司在其运营管理的巧布施官网、微信公众号对被诉手机进行宣传推广，快观注公司作为“友个总管”软件的著作权人，在其运营管理的微信公众号“巧布施快观注”对被诉手机亦进行了大量的宣传推广。结合巧布施公司、快观注公司自认双方存在一定的关联关系，被诉手机销售人员刘某宝自认其任职于快观注公司，而其社保由巧布施公司缴纳，巧布施公司实际收取被诉手机货款并开具发票，足以认定巧布施公司、快观注公司共同实施了运营、销售安装有“友个总管”“N+”软件的被诉手机的行为。虽然刘某宝参与实施了销售被诉手机的行为，提供个人账户收取款项，但鉴于刘某宝作为巧布施公司、快观注公司的员工，巧布施公司对被诉手机的款项均出具发票并加盖公司公章予以确认，因此，刘某宝的行为可视为代表公司的行为。

巧布施公司、快观注公司运营、销售被诉手机及软件的行为构成不正当竞争。首先，腾讯科技公司、腾讯计算机公司研发微信应用软件，经营管理微信平台，而巧布施公司、快观注公司的经营范围均包括网络技术的研究、开发，软件开发，计算机技术开发、技术服务，通信终端设备制造等，双方符合反不正当竞争法中关于经营者的规定，应认定双方之间存在竞争关系。其次，巧布施公司、快观注公司虽然不直接组织虚假交易等行为，但被诉侵权软件中存在伪造编辑聊天记录、转账记录、虚拟定位等功能，上述功能为部分经营性用户虚假制造交易信息从而提升交易机会提供了帮助，是利用不正当手段抢占行业内相关的市场份额，损害公平竞争的市场秩序，属于帮助他人虚假宣传的不正当竞争行为。再次，被诉软件突破了微信平台的相应规范，一方面利用诸多自动化、批量化操作微信发布信息的功能，对绝大部分用户造成非必要的干扰，降低微信用户体验，与微信平台各项功能的设计初衷背道而驰。另一方面，被诉软件中伪造编辑聊天记录、转账记录、虚拟定位等功能，也削弱了微信平台真实感的用户体验，增加了使用风险，构成对微信正常运行的妨碍与破坏。最后，巧布施公司、快观注公司应当明知微信应用软件系腾讯科技公司、腾讯计算机公司开发运营，其从事与微信相关的业务，却未经腾讯科技公司、腾讯计算机公司的许可，未遵守相应的微信平台管理规则，违反了诚实信用原则，损害了腾讯科技公司、腾讯计算机公司的合法权益，扰乱了互联网行业市场竞争秩序。

巧布施公司、快观注公司实施的被诉侵权行为构成不正当竞争，应依法承担停止侵权、消除影响、赔偿损失的民事责任。因权利人的实际损失或者侵权人的违法所得难以确定，根据腾讯科技公司、腾讯计算机公司的申请，一审法院综合考虑微信软件知名度及影响力、不正当竞争情节及规模、被诉手机销售价格、交易数量及获利情况、侵权持续时间、损害后果及主观过错等因素，酌情确定巧布施公司、快观注公司赔偿数额。据此判决巧布施公司、快观注公司立即停止不正当竞争行为；刊登声明以消除影响；赔偿腾讯科技公司、腾讯计算机公司经济损失及合理开支共计 300 万元。

二审审理查明

一审查明事实清楚，二审予以确认。

二审法院另查明，巧布施公司对“友个营销手机”有如下宣传：“5 万客户一机搞定 官方微信同步更新，您的 24 小时营销管家 自动批量加人 自动化互动 真实 IP 智能机器 60+ 全功能集于一身”“微信朋友圈广告植入平台”“他的朋友圈，你的广告位”等。巧布施公司客服“杨杨 | 巧布施有流量才能业绩暴涨”的微信朋友圈宣传“微信就是一款免费流量平台，虽然是免费但你也要有流量，一键全自动化操作功能，养号加粉营销推广应有尽有！”，“巧布施快观注”微信公众号称“友个手机不仅是一部加好友手机更是一部专业的养号手机。教您如何养号，帮您解决冻结或封号的潜在问题”“冻结、封号不再成为威胁”“如何批量养成百上千个 WEI XIN 号？这些养号规则赶紧收好！”。巧布施公司的客服“杨杨”在其朋友圈发布防封号完整视频，并在和用户聊天时提供了《巧布施运营中心养号流程》，指导潜在用户如何规避腾讯科技公司、腾讯计算机公司对营销微信账号的冻结、封号措施。

“友个”营销手机安装的“友个总管”软件可提供腾讯科技公司、腾讯计算机公司官方微信软件服务不具有的“定位站街”等 29 项特殊功能。“友个”营销手机安装的“N+”软件可在微信操作界面实现腾讯科技公司、腾讯计算机公司官方微信软件不具有的“群发消息和转发语音”等 21 项特殊功能。

二审判理和结果

二审争议焦点可归纳为：1. 巧布施公司、快观注公司与腾讯科技公司、腾讯计算机公司之间是否存在竞争关系；2. 巧布施公司、快观注公司推广被诉手机及软件的行为是否构成对腾讯科技公司、腾讯计算机公司的不正当竞争；3. 一审判决酌定巧布施公司、快观注公司赔偿腾讯科技公司、腾讯计算机公司经济损失及合理开支共计 300 万元是否适当。

一、关于巧布施公司、快观注公司与腾讯科技公司、腾讯计算机公司之间是否存在竞争关系的问题

第一，从核准登记的经营范围上看，巧布施公司、快观注公司和腾讯科技公司、腾讯计算机公司均属于市场经营者，巧布施公司、快观注公司的经营范围包括网络技术的研究、开发，软件开发，计算机技术开发、技术服务，通信终端设备制造等；腾讯科技公司、腾讯计算机公司的主要经营范围为计算机软、硬件的设计、技术开发、销售，计算机技术服务及信息服务等。二者的经营范围均包含“计算机软件技术开发、服务”等业务，存在相同的经营项目。第二，从实际经营项目上看，巧布施公司、快观注公司与腾讯科技公司、腾讯计算机公司均实际从事计算机软件技术开发、服务等经营业务，属于同一经营领域和行业。第三，从客户群体的重合度上看，巧布施公司、快观注公司研发推广的“友个”被诉手机和被诉软件系直接针对腾讯科技公司、腾讯计算机公司微信软件指向性研发的被诉软件，其功能的实现有赖于腾讯微信软件相关功能的正常运行。此种运营模式实际上是利用腾讯微信软件已经发展成熟的功能设置及数据积累，来实现其软件的运行、营销等功能，从而获取经济利益和交易机会，二者客户群体存在高度重合。综上，应当认定巧布施公司、快观注公司与腾讯科技公司、腾讯计算机公司之间存在竞争关系。

二、关于巧布施公司、快观注公司推广被诉手机及软件是否构成对腾讯科技公司、腾讯计算机公司的不正当竞争

一审诉讼中，腾讯科技公司、腾讯计算机公司明确其据以提起本案之诉的请求权基础为《反不正当竞争法》第十二条第二款第（四）项“其他妨碍、破坏其他经营者合法提供的网络产品或者服务正常运行的行为”，第八条第二款“经营者不得通过组织虚假交易等方式，帮助其他经营者进行虚假或者引人误解的商业宣传”，第二条第一款“经营者在生产经营活动中，应当遵循自愿、平等、公平、诚信的原则，遵守法律和商业道德”。

（一）巧布施公司、快观注公司构成利用技术手段妨碍、破坏腾讯科技公司、腾讯计算机公司微信产品和服务正常运行的不正当竞争行为

首先，腾讯科技公司、腾讯计算机公司对微信产品和服务享有合法的权益，应受法律保护。微信应用软件自发布运营至今已具有亿级海量用户和极高的市场知名度和影响力，其作为以社交为基础的产品及服务，致力于为用户提供文明健康、规范有序的网络环境，追求客观真实、规范有序、安全稳定的社交信息交互。腾讯科技公司、腾讯计算机公司共同制定发布的《腾讯微信软件

许可及服务协议》《微信个人账号使用规范》等一系列规范明确禁止对微信产品进行干扰，不得实施影响用户体验、危及平台安全及损害他人合法权益的行为。尤其严格禁止采用技术手段自动向用户批量推送营销信息等干扰行为。

其次，巧布施公司、快观注公司具有实施不正当竞争行为的主观故意并实际实施了妨碍、破坏微信产品及服务的行为。巧布施公司、快观注公司作为同业经营者，明知腾讯科技公司、腾讯计算机公司制定发布了一系列微信管理规范，禁止采用技术手段自动向用户批量推送营销信息等干扰行为，却故意针对微信产品和服务研究开发出“友个总管”“N+”等被诉软件，安装在华为等安卓系统的手机上，并对外销售巧布施“友个”营销手机。“友个总管”软件有29项违反微信平台规定的功能，“N+”软件有21项违反微信平台规定的功能。该两被诉软件使被诉手机可以实现同时自动控制多个微信账号，模拟真人用手机操作微信，实现多种营销功能。该两被诉软件属于典型的微信“外挂”软件，可对微信客户端执行自动化、大批量、高频率的操作，为使用该被诉手机的用户不正当地获取海量微信好友，进行大量、集中、爆发式的群发、推广、营销和宣传。上述功能的实际执行是对微信正常功能的破坏、干扰和恶意使用，并对广大微信用户造成频繁骚扰。而“友个总管”软件在EdXposed软件中有对应模块，通过EdXposed可获取手机权限，在运行微信相关功能函数时注入并调取对应的函数，干扰、修改微信软件的相关运行进程，从而改变微信正常的运行逻辑，制作出一系列用于在微信平台通过模拟点击、模拟用户操作等方法进行规模化批量营销的功能，突破了微信的功能设置，破坏了微信产品避免非必要打扰的社交生态环境和功能设置初衷。被诉手机还修改了微信操作界面，可选择对微信软件执行多项特殊功能，突破微信平台管理规范，妨碍、破坏微信软件的正常运行。巧布施公司、快观注公司为推广销售被诉手机等产品，公然在宣传语中将微信用户的私人社交环境作为营销途径，并公开指导用户如何规避腾讯科技公司、腾讯计算机公司对营销微信账号的冻结、封号措施，其主观恶意明显。

最后，“友个总管”“N+”等软件的营销作用，异化了微信产品作为社交平台的基本功能，严重影响微信用户的产品体验，破坏了微信平台的正常运行秩序。此外，涉案被诉软件自动化、批量化的操作与发布信息的运作方式会增加微信运行的数据量，增加微信产品的运行负担，减损微信产品运行的稳定性和运行效率，进而妨碍微信平台的正常运行。上述行为违反了《反不正当竞争法》第十二条第二款第（四）项的规定，对腾讯科技公司、腾讯计算机公司构成不正当竞争。

（二）巧布施公司、快观注公司构成帮助他人虚假宣传的不正当竞争行为

被诉手机中安装的“友个总管”“N+”等软件除了营销功能以外，还为用户提供伪造微信聊天记录、伪造微信红包、伪造微信转账记录等功能，可以制作虚假经营业绩、用户评价等，帮助其他经营者进行虚假或者引人误解的商业宣传。上述被诉软件还具有虚拟定位功能，能够使用户篡改手机的真实定位，并自动批量向定位附近的微信用户发送加好友请求，并在后续聊天或发微信朋友圈时显示这一虚假定位。一方面，伪造的交易记录和聊天记录，配合虚拟定位等功能，能够使诸如微商等营销用户轻易实现虚假宣传效果，虚构盈利假象或“伪炫富”，误导其他消费者，在牟取不正当利益的同时，使消费者遭受财产、人身权益损害的风险。另一方面，上述行为导致虚假的微信对话、微信红包、微信支付、微信朋友圈等内容得以制作并传播，直接冲击了微信以真实社交为依托的运营基础，严重降低了广大用户对微信交互信息的信任。长此以往，极有可能影响微信用户使用体验，降低微信的社会评价，损害腾讯科技公司、腾讯计算机公司的竞争利益。此外，巧布施公司、快观注公司并未说明被诉软件可以制造虚假微信聊天记录、虚假微信红包、虚假微信转账记录等功能对社会的发展带来何种福祉，反而会导致部分用户利用上述功能造假、作弊以获得不当利益，二者虽未直接实施造假行为，但为弄虚作假、行骗欺瞒提供了方便和条件，使得相关不法行为的实施门槛大为降低，长此以往不仅会造成相关公众对微信的信任度降低，亦会严重损害相关消费者的利益，破坏公平有序的健康竞争秩序，应认定其构成帮助他人虚假宣传的不正当竞争行为。

（三）巧布施公司、快观注公司违反诚实信用原则和基本的商业道德，扰乱市场竞争秩序

被诉手机和被诉软件具有自动化、批量化向不特定微信用户高频发送营销信息的特点，且微信用户无法自动屏蔽或拒绝，破坏了微信平台相应规范及微信软件功能设置初衷，影响了微信用户使用体验，损害了腾讯科技公司、腾讯计算机公司及消费者的合法权益。腾讯科技公司、腾讯计算机公司作为微信的实际经营者，已通过《微信软件许可及服务协议》《微信个人账号使用规范》等明确禁止采用技术手段自动向用户批量推送营销信息及自动加群、加好友、点赞等行为，巧布施公司、快观注公司作为同一经营领域的经营者，明知上述规范却在未获得许可时，针对微信软件开发出近 50 项批量营销特殊功能，利用技术手段强行更改微信功能，对广大微信用户造成干扰。被诉手机及软件针

对腾讯科技公司、腾讯计算机公司已经积累的既有微信用户数量、市场份额、知名度等，通过技术手段“搭便车”，窃夺腾讯科技公司、腾讯计算机公司的商业机会和竞争优势。除此之外，被诉手机及软件还为用户提供伪造微信聊天记录、伪造微信红包、伪造微信转账记录等功能，帮助他人虚假宣传。可见，巧布施公司、快观注公司不具有善意，既没有尊重他人合法权益，也没有尊重消费者利益和社会公共利益，违背诚实信用原则和基本的商业道德，扰乱了市场竞争秩序。

三、一审判决酌定巧布施公司、快观注公司赔偿腾讯科技公司、腾讯计算机公司经济损失及合理开支共计 300 万元是否适当

本案中，“巧布施快观注”微信公众号发布的文章宣称，巧布施公司、快观注公司从 2015 年起就开始第一代被诉手机的生产计划，至今已经数年，更新三代。被诉手机一周销售 70 台，相关微信外挂软硬件产品已经销售给至少 3000 家企业、机构或个人。巧布施公司、快观注公司客服在朋友圈发布的出货实拍图片和视频有“单日可发 10 台手机”“有很多代理”“代理一个月都出几百台”“在今年销售较少的情况下，可销售上千台手机”等描述。涉案被诉手机销售价格为 3680 元 / 台，其所搭载的华为手机市场价为 600~1200 元 / 台。巧布施公司、快观注公司实施不正当竞争行为至少 3 年，据此可知巧布施公司、快观注公司实施不正当竞争行为获得较大利益。巧布施公司、快观注公司明知微信产品的市场知名度、经营模式、各项功能及服务模式，仍故意为将微信用户私人社交环境用作营销途径提供工具，并指导对抗腾讯科技公司、腾讯计算机公司采取的封号措施，主观恶意明显。

因权利人的实际损失或者侵权人的违法所得难以确定，一审法院综合考虑本案因素酌定巧布施公司、快观注公司赔偿腾讯科技公司、腾讯计算机公司经济损失及合理开支共计 300 万元，并无不当。巧布施公司、快观注公司在本案二审中提交的对公往来户明细表，并不能真实反映巧布施公司、快观注公司的侵权获利情况，亦不能反映腾讯科技公司、腾讯计算机公司遭受损失的情况，二审法院不予采纳。

综上，二审法院认为一审判决认定事实清楚，适用法律正确，处理恰当，判决驳回上诉，维持原判。

【法官评述】

本案系新类型的涉互联网不正当竞争纠纷案件，具体体现在：其一，竞争关系类型新。巧布施公司、快观注公司营销的被诉手机及软件不是即时通信类产品，而需依托微信的运行实现其拓展的营销推广功能，表面上二者并不具有传统意义上的直接竞争关系。其二，侵权手段及方式新。巧布施公司、快观注公司专门针对微信产品和服务研究开发出"友个总管""N+"等被诉软件，安装在华为等安卓系统手机上，并对外销售被诉手机。使用被诉手机可实现自动控制多个微信账号并模拟真人用手机操作微信，实现虚拟定位站街、定点加粉、自动点赞评论、自动发朋友圈、群发清粉等"外挂"营销功能。其三，行为定性难度大。涉案侵权行为具有隐蔽性较强、表现形式非类型化、影响范围大、损害扩大迅速等特点，销售安装有"外挂"软件的被诉手机是否构成不正当竞争行为，属于何种不正当竞争行为以及开发伪造信息功能是否应予规制等，均存在认定难度。

从二审争议焦点出发，第一，关于竞争关系的认定，应从法理精神和立法本质出发，结合行业特点进行判断。随着新技术、新业态以及新商业模式的发展，市场竞争已经从传统的二维竞争向多维竞争发展，特别是随着互联网产业的兴起，竞争模式已从最初的同业竞争发展为平台竞争、生态竞争，市场竞争边界和竞争关系趋于模糊。对于竞争关系的判定，不应局限于相同行业、相同领域或相同业态模式等固化的要素范围，而应从经营主体具体实施的经营行为出发加以考量，反不正当竞争法所调整的竞争关系不限于同业者之间的竞争关系，还包括争取交易机会或破坏他人竞争优势所产生的竞争关系，竞争的本质是对客户即交易对象的争夺。因此，在互联网领域，不论是否是同行业经营者，只要是对交易对象的争夺就可以认定存在竞争关系。巧布施公司、快观注公司与腾讯公司、腾讯计算机公司均属市场经营者，二者存在相同的经营项目，从事同一经营领域和行业，客户群体存在高度重合，存在竞争关系。

第二，《反不正当竞争法》第十二条第二款第（四）项"兜底条款"的理解适用。《反不正当竞争法》第十二条第二款在前三项列举具体实施方式之外增设第四项以增加该条的覆盖范围。但要明确的是，"兜底条款"的规制范围应当是满足不正当竞争行为构成要件并与前三项列举行为具有同等"危害性"的行为，即仅在具体实施方式上对该条适用增加弹性空间，而保护程度不应有所区别。在考量具体行为是否具有同等"危害性"而应受第十二条规制时，应立足于具体行为的实施对其他经营者利益、公共利益及消费者利益三个维度的影响进行综合判断。本案中，微信软件具有较高的知名度和广泛的市场影响力，巧布施公司、快观注公司作为同业经营者，擅自针对微信产品开发多项违反微信平台规定的营销功能，自动化、批量化地向不特定微信用户高频发送营销信息，且微信用户无法自动屏蔽或拒绝，上述功能的实际执行干扰、修改了微信软件的相关运行进程，突破了微信功能设置，对广大微信用户造成频繁骚扰，破坏了微信平台的正常运行秩序，其对两原告利益、市场秩序及消费者利益的损害明显已经达到了与第十二条第二款前三项列举的行为相当的程度，应认定为“其他妨碍、破坏其他经营者合法提供的网络产品或者服务正常运行的行为”。

第三，帮助他人虚假宣传行为的认定应从行为人主观状态出发，并判断其是否导致、促进或可能导致、促进虚假宣传行为的实施。被诉软件为用户提供伪造微信聊天记录、微信红包、微信转账记录等功能，并未为社会发展或公众利益带来福祉或促进，反而为虚假欺瞒行为提供了便利条件，降低相关不法行为的实施门槛。巧布施公司、快观注公司明知被诉软件可以用于制造虚假微信聊天记录、伪造微信红包、伪造微信转账记录等且具有以假乱真的效果，仍然向消费者提供该功能，表明其主观上系放任或者积极追求上述损害后果的发生，主观恶意明显。此举严重降低了用户对微信交互信息的信任，使得腾讯科技公司、腾讯计算机公司及消费者利益暴露在高度被侵权风险之中，扰乱了市场秩序。如果允许被诉侵权行为存在且不加以制止，则不可避免地会对行业健康发展造成不良影响，亦有损于公平、有序的市场竞争秩序。故巧布施公司、快观注公司虽未直接实施造假行为，但为弄虚作假、行骗欺瞒提供了方便和条件，应认定构成帮助他人虚假宣传的不正当竞争行为。

鼓励和保障创新，是新时代建设知识产权强国乃至全面建成社会主义现代化强国的应有之义和核心动力，知识产权司法保护肩负着维护社会主义核心价值观的重要职责。反不正当竞争法保护的法益是公共利益（市场秩序）、经营者利益和消费者利益的“三元叠加”，本案紧扣加大知识产权保护力度、严厉打击恶意侵权行为、弘扬诚信公平竞争风貌的审理思路，对双方当事人的竞争关系、被诉行为采取的技术手段类型、实施方式以及实现结果进行了详细甄别、分析论述，对有违诚信恶意窃取他人商业机会和竞争优势的“搭便车”行为从严规制，合理确定与侵权损害结果相适应的判赔数额300万元，既起到制裁恶意侵权行为之效果，亦表明鼓励诚信经营、坚决打击侵权的态度，是人民法院着力提升知识产权司法保护水平，优化粤港澳大湾区营商环境的具体体现。

编写人：广州知识产权法院　韦晓云　林新宇
（编辑：谢保明）

35

可口可乐公司与维他奶公司不正当竞争纠纷案

阅读提示：商标权侵权及不正当竞争之间的竞合问题如何处理？

【裁判要旨】

本案厘清了何种情况下不属于侵害商标权及不正当竞争之间的竞合问题，认定维他奶公司起诉的内容是商品包装装潢，该装潢内容与另案商标侵权案中的商标并不一致，可口可乐公司实施的是两项独立的侵权行为，若仅判令停止侵害商标权显然不足以全面保护维他奶公司的合法权益，若不判令可口可乐公司停止使用涉案装潢，相关公众混淆、误认仍会继续存在，维他奶公司的合法权益将无法得到足够救济。

【案号】

一审：广州市天河区人民法院（2019）粤 0106 民初 16805 号

二审：广州知识产权法院（2021）粤 73 民终 833 号

【案情与裁判】

上诉人（一审被告）：可口可乐装瓶商管理服务（上海）有限公司（简称可口可乐上海公司）

上诉人（一审被告）：可口可乐装瓶商生产（东莞）有限公司（简称可口可乐东莞公司）

上诉人（一审被告）：广东太古可口可乐有限公司（简称太古可口可乐公司）

被上诉人（一审原告）：维他奶（上海）有限公司（简称维他奶公司）

一审被告：棠汇（广东）实业投资有限公司（简称棠汇公司）

起诉与答辩

维他奶公司诉称，可口可乐上海公司等未经许可，擅自在其推出的“阳光柠檬茶（PET包装）”上使用整体设计、构图要素、排列布局、颜色选择、图案类型等与维他奶公司有一定影响的维他柠檬茶装潢高度近似的装潢，构成不正当竞争，遂请求法院判令：1. 可口可乐上海公司等停止著作权侵权及不正当竞争行为，即立即停止在阳光柠檬茶（PET）产品（简称被诉侵权产品）瓶贴上使用与《500mLPET维他柠檬茶标签》作品实质性相似的图案；立即停止在被诉侵权产品上使用与维他柠檬茶有一定影响的装潢近似的装潢；立即停止生产、销售、推广宣传被诉侵权产品；立即销毁被诉侵权产品库存的成品、半成品及产品宣传材料、商业手册等；立即删除在互联网、微信公众号等渠道发布的有关被诉侵权产品的推广宣传信息；2. 可口可乐上海公司等在其官方网站（www.coca-cola.com.cn）、微信公众号（gdcoke）以及《广州日报》《南方都市报》等媒体上刊登声明，以消除影响；3. 可口可乐上海公司等连带赔偿维他奶公司经济损失500万元以及为制止侵权行为而支出的合理费用50万元，共计550万元；4. 可口可乐上海公司等共同承担本案全部诉讼费用。

可口可乐上海公司等共同辩称，1. 阳光柠檬茶与维他柠檬茶的包装不构成近似，不构成侵权；2. 维他奶公司同时提起了商标权纠纷，本案不应再予以支持；3. 维他奶公司诉请的金额过高，请求驳回维他奶公司的全部诉讼请求。

一审审理查明

维他奶公司主张维他柠檬茶为其品牌主打产品之一，历史悠久，涉案作品及装潢经长期使用有较高知名度。可口可乐上海公司等生产、销售的阳光柠檬茶的包装涉嫌侵权，遂引发本案诉讼。

一审判理和结果

一审法院认为，维他奶公司提交的证据能够证明涉案500毫升PET瓶装维他柠檬茶产品在全国范围内具有一定的市场知名度和影响力，为相关公众所知悉。从涉案装潢的使用及宣传情况来看，维他奶公司分别在全国性报刊、广东省内报刊以及地方电视台、公共运输平台、各大视频网站等多个渠道对涉案装潢进行了广泛、持续的宣传。从维他柠檬茶获得的相关荣誉来看，维他柠檬茶品牌具有较高的知名度。维他奶公司提交的销售数据报告显示，维他柠檬茶销量较大。综上，经过长时间使用和大量宣传，足以使相关公众将上述装潢的整体形象与维他奶公司的维他柠檬茶饮料联系起来，使用前述具有显著特征的装潢的涉案产品在相关公众中已经具有一定的知名度，可以认定前述装潢属于《反不正当竞争法》第六条所规定的具有一定影响的商品装潢。将被诉侵权产品的装潢与涉案产品装潢进行比对，二者主色调均为黄色，均包含褐色弧形色带，中部均有绿色色块加白色字体，下方均有柠檬片及绿色，柠檬片均由黄色及褐色组成，柠檬片内肌理线条均为白色和黄色，涉及的主要色块、图案颜色和形状、字体颜色、图案与色块所处位置及排列顺序均一一对应。就整体而言，被诉侵权产品的装潢已包含涉案产品装潢构成要素中的显著特征。维他奶公司与可口可乐上海公司、可口可乐东莞公司均从事柠檬茶饮料生产，竞争关系密切。被诉侵权产品与涉案产品虽各自使用商标，但涉案产品使用的装潢的整体形象具有区别商品来源的显著特征，且通过广泛、持续的宣传及使用，已在相关公众心目中建立起与维他柠檬茶饮料的稳定认知，可口可乐上海公司、可口可乐东莞公司明知维他奶公司具有一定影响的装潢已在涉案产品上使用多年，在设计同类产品的装潢时本应善意、合理地避让，且其在先柠檬茶饮料产品装潢与被诉侵权产品装潢存在显著不同，却在2019年推出被诉侵权产品时使用了与涉案产品相近似的装潢。即使双方商品存在厂商名称、商标不同等因素，也足以使相关公众产生混淆，对商品的来源产生误认，其行为已构成《反不正当竞争法》第六条第（一）项所规定的不正当竞争，依法应承担相应的民事责任。

据此，一审法院依照《反不正当竞争法》第二条、第六条第（一）项、第十七条，《侵权责任法》第十五条，《民事诉讼法》第六十四条第一款之规定，判决：1. 可口可乐上海公司、可口可乐东莞公司、太古可口可乐公司于判决发生法律效力之日起立即停止不正当竞争行为；2. 可口可乐上海公司、可口可乐东莞公司于判决发生法律效力之日起十日内连带赔偿维他奶公司经济损失及为制止侵权行为所支付的合理费用共计150万元，太古可口可乐公司对其中50万元承担连带责任；3. 可口可乐上海公司、可口可乐东莞公司、太古可口可乐公司于判决发生法律效力之日起十五日内在微信公众号“gdcoke”以及《南方都市报》中缝之外的版面刊登声明，以消除不正当竞争行为所导致的不良影响（内容需经一审法院审核，逾期不履行，一审法院将在相关媒体公布判决书主要内容，费用由可口可乐上海公司、可口可乐东莞公司、太古可口可乐公司承担）；4. 驳回维他奶公司的其他诉讼请求。

上诉与答辩

一审判决后，可口可乐上海公司等不服，提起上诉，请求：1. 维持一审法院“对维他奶公司关于著作权侵权的主张不予支持”的认定，除此之外，撤销一审判决中的其他判项或依法改判。2. 判令维他奶公司承担本案一、二审的全部诉讼费用。事实和理由：1. 可口可乐上海公司、可口可乐东莞公司、太古可口可乐公司在阳光柠檬茶商品上使用的装潢不构成针对维他奶公司的不正当竞争。2. 从利益平衡角度出发，不应支持维他奶公司关于侵权认定的主张。维他奶公司就被诉侵权产品既提起了商标侵权诉讼，又提起了本案的不正当竞争诉讼，根据《最高人民法院关于适用〈中华人民共和国反不正当竞争法〉若干问题的解释》第二十四条的规定，不宜针对同一行为，同时认定商标侵权及不正当竞争民事责任。3. 一审判决认定的赔偿金额及合理费用共计 150 万元，明显过高，缺乏事实和法律依据，应当予以纠正。4. 维他奶公司主张的刊登声明以消除影响的请求明显不合理，缺乏事实和法律依据。

维他奶公司辩称，商标和装潢是不同的保护体系，独立发挥识别作用，不存在重复主张，而且在商标案件中，商标的权利是基于商标在商品上使用，也是基于对商标的单独使用，而本案的装潢是一个整体的概念，除了另案的商标以外，还包括其他大量的设计元素，因此装潢是独立于商标以外的识别体系，应该单独获得保护，故请求维持原判。

二审审理查明

可口可乐上海公司等在二审中提交了涉案包装贴膜生产商佛山市晟美包装制品有限公司出具的声明书，拟证明涉案商品包装贴膜自 2019 年 1 月至 4 月仅仅生产了 4 个月左右的时间，生产总量仅约 400 万张。维他奶公司对该证据不予认可。

维他奶公司在二审中提交了下列证据：1.“可口可乐爽动广东”微信公众号文章《阳光巴士上街，真的“边度都有”》可信时间戳认证证书及附件，拟证明 2021 年 8 月可口可乐上海公司等的公众号上仍发布有侵权文章，侵权行为仍在持续；2.“可口可乐爽动广东”微信公众号文章《边度都有阳光，阳光柠檬茶广东上市》可信时间戳认证证书及附件，拟证明 2021 年 8 月可口可乐上海公司等的公众号上仍发布有侵权文章，侵权行为仍在持续；3. 京东商城“京营食品饮料专营店”可信时间戳认证证书及附件，拟证明直至 2021 年 8 月，被诉侵权产品仍通过天猫、京东等网络平台在全国范围内广泛销售，侵权行为仍在持续，侵权获利巨大；4. 律师费发票及银行回单，拟证明维他奶公司支付了合理维权费用。可口可乐上海公司等仅认可上述证据的真实性，关联性和证明目的则不予认可。

另查明，2022 年 6 月 10 日，二审法院作出（2021）粤 73 民终 834 号民事判决，对关联商标侵权案件的一审判决予以维持。

二审判理和结果

二审法院经审理认为，本案的争议焦点在于：1. 维他奶公司主张的涉案“维他柠檬茶”商品装潢能否认定为“有一定影响的商品装潢”；2. 可口可乐上海公司等在被诉侵权产品上使用的装潢与维他奶公司涉案“维他柠檬茶”商品装潢是否近似；3. 可口可乐上海公司等是否需刊登声明以消除不良影响；4. 一审判决认定的赔偿金额是否合理；5. 本案是否因同一商品被认定商标侵权并承担民事责任，而不再承担因不正当竞争所造成的民事责任。

一、关于维他奶公司主张的涉案“维他柠檬茶”商品装潢能否认定为“有一定影响的商品装潢”的问题

本案中，维他奶公司涉案“维他柠檬茶”商品装潢所使用的颜色搭配及比例、文字及图案的形状、各部分的布局所形成的整体形象具有显著特征，能够区分商品来源。维他奶公司一审中提交的销售合同、获奖证明、宣传推广协议等证据均能够直接指向涉案“维他柠檬茶”，证明维他奶公司对“维他柠檬茶”商品进行了持续的宣传、销售，该商品已为相关公众所知悉，前述“维他柠檬茶”商品使用了维他奶公司在本案中主张权利的商品装潢，因此，一审法院认定涉案“维他柠檬茶”商品装潢属于“有一定影响的装潢”并无不当，应予维持。

二、关于可口可乐上海公司等在被诉侵权产品上使用的装潢与维他奶公司涉案“维他柠檬茶”商品装潢是否近似的问题

认定被诉侵权产品装潢与涉案有一定影响的“维他柠檬茶”商品装潢是否近似，可以参照商标近似的判断原则和方法，即以相关公众的一般注意力为标准，既要进行整体比对，又要进行主要部分的比对，同时考虑诉请保护的商品装潢的显著性和知名度。本案中，将维他奶公司主张的“维他柠檬茶”商品装潢与被诉侵权产品装潢进行比对，二者主色调均为黄色，商品上均有红色字体，下方均有褐色弧形色带，并有柠檬及绿叶图案，二者的主要部分基本一致，虽然柠檬图案和中间的部分字块位置有所不同，但二者在颜色搭配和比例、文字和图案的布局等整体形象上构成近似，因此，一审法院认定被诉侵权产品上使用的装潢与维他奶公司涉案“维他柠檬茶”商品装潢近似并无不当，应予维持。

至于可口可乐上海公司等以被诉侵权产品上的“阳光”商标与涉案“维他柠檬茶”使用的“维他 VITa”商标明显不同为由，主张二者不会导致混淆的问题，首先，因“维他 VITa”商标已起到独立识别商品来源的作用，故一审法院未将该商标作为涉案商品装潢的构成元素，而仅考量该商标的颜色、大小、位置等因素，并无不当，基于此，即使被诉侵权产品相应位置的设计不同，亦不影响二者装潢构成近似。其次，涉案“维他柠檬茶”商品装潢经过长期宣传使用，已经与维他奶公司的商品产生稳定联系，被诉侵权产品使用与之近似的商品装潢，足以使相关公众产生混淆，误认为被诉侵权产品是维他奶公司的商品，故即便被诉侵权产品上标注的商标不同，亦无法推翻前述认定。

三、关于可口可乐上海公司等是否需刊登声明以消除不良影响的问题

一审法院认为被诉侵权行为极易使相关公众对商品的来源产生误认，故判决可口可乐上海公司等公开消除影响，同时根据侵权行为性质、情节、主观恶意因素，酌情判令可口可乐上海公司等在微信公众号“gdcoke”及《南方都市报》中缝之外版面刊登声明，并无不当，应予维持。

四、关于一审判决认定的赔偿金额是否合理的问题

结合《反不正当竞争法》第十七条第三款的规定，根据双方的举证情况，维他奶公司因被诉侵权行为所受到的实际损失以及可口可乐上海公司等因侵权所获得的利益均无法确定。二审中，可口可乐上海公司等虽补充提交了案外人提供的声明书，但该证据仅能说明案外人于 2019 年 1 月至 4 月为可口可乐品牌方提供贴膜的数量情况，不能直接证明被诉侵权产品的销量及可口可乐上海公司等的获利，故一审法院在维他奶公司因被诉侵权行为所受到的实际损失或可口可乐上海公司等因侵权行为所获得的利益均无法确定的情况下适用法定赔偿，并无不当。关于一审判决金额是否合理，二审法院认为，综合考虑涉案维他柠檬茶所具有的市场知名度，以及本案为不正当竞争纠纷，可口可乐上海公司等的侵权形式，主观恶意程度，饮料行业利润率，自认的被诉侵权产品销量数据以及本案与另案均指向同一被诉侵权产品，相关合理开支应视其合理程度酌情支持等因素，一审判决酌定可口可乐上海公司、可口可乐东莞公司的经济赔偿数额及合理费用共计 150 万元，太古可口可乐公司对其中 50 万元承担连带赔偿责任并无不当，二审法院予以维持。

五、关于本案是否因同一商品被认定商标侵权并承担民事责任而不再承担因不正当竞争所造成的民事责任问题

可口可乐上海公司等认为，本案与另案商标权案件属一次侵权，不应分别判令承担不同的责任。二审法院认为，本案中，维他奶公司起诉的内容是商品包装装潢，该装潢内容与另案商标侵权案中的商标并不一致，该柠檬片商标仅是该装潢的物理构成部分，与其他图案、色彩共同构成整个装潢，共同发挥装潢的识别来源作用。因此，有必要两案分别判令停止侵权，以保障权利人的合法利益。

综上所述，二审法院依照《民事诉讼法》第一百七十七条第一款第（一）项的规定，判决驳回上诉，维持原判。

【法官评述】

本案本质上是商标权侵权及不正当竞争之间的竞合问题如何处理。

《最高人民法院关于适用〈中华人民共和国反不正当竞争法〉若干问题的解释》第二十四条规定，对于同一侵权人针对同一主体在同一时间和地域范围实施的侵权行为，人民法院已经认定侵害著作权、专利权或者注册商标专用权等并判令承担民事责任，当事人又以该行为构成不正当竞争为由请求同一侵权人承担民事责任的，人民法院不予支持。第二十九条规定，本解释自2022年3月20日起施行。本解释施行以后尚未终审的案件，适用本解释；施行以前已经终审的案件，不适用本解释再审。可口可乐上海公司等据此认为本案应适用上述规定进行判决。笔者认为，本案的情况与上述规定的情形不一致，理由如下：首先，上述规定是适用于对同一侵权行为的二次诉讼情形，而本案的被诉侵权产品既侵犯了商标权，又构成擅自使用有一定影响的商品装潢的不正当竞争，二者并非同一侵权行为。其次，上述规定的是商标权、著作权及专利权侵权行为与不正当竞争行为竞合的情形，但本案与另案所涉的侵权行为存在实质不同。本案中，维他奶公司起诉的内容是商品包装装潢，该装潢内容与另案商标侵权案中的商标并不一致，该柠檬片商标仅是该装潢的物理构成部分，与其他图案、色彩共同构成整个装潢，共同发挥装潢的识别来源作用。最后，如前所述，可口可乐上海公司等实施的是两项独立的侵权行为，若仅判令停止商标侵权显然不足以全面保护维他奶公司的合法权益，无法解决被诉侵权产品装潢所造成的混淆误认问题，即，因装潢引起的市场混淆和侵权获利问题将继续存在，并不会因行为人停止柠檬片商标侵权行为而消失。因此，若不判令可口可乐上海公司等停止使用涉案装潢，相关公众混淆、误认仍会继续存在，维他奶公司的合法权益将无法得到足够救济，显然不符合上述司法解释的精神和本意。

当今时代，品牌及其附属的知识产权是企业竞争力的重要体现，也是赢得市场的重要资源。作为擅自使用“有一定影响的商品装潢”的不正当竞争纠纷，本案的审结维护了国内企业的合法权益，打击了攀附知名商品装潢的恶意行为，既加强了对饮料行业包装装潢及商标的保护，又促进了行业的健康发展。

编写人：广州知识产权法院　邓永军　陈建辉

（编辑：邓志愿）

36

佰福荟公司与明均公司、拉扎斯公司等不正当竞争纠纷案

阅读提示：电商平台经营者针对网络餐饮企业应如何进一步履行资质审核义务？

【裁判要旨】

互联网为经济活动提供了巨大便利，通过网络平台订外卖已经融入公众的日常生活，餐饮企业纷纷进驻各类网络平台以分得一杯羹，随之而来也出现攀附他人商誉等不正当竞争的乱象。企业名称一旦通过经营活动树立了良好的商业信誉，便会对公众产生极大的吸引力。经营者通过互联网开展经营活动必须遵守诚实信用原则和商业道德，不得擅自使用他人有一定影响的企业名称引人误认为是他人商品或者与他人存在特定联系以谋取不正当利益。同时电商平台经营者应严格履行资质审核及合理注意义务。

【案号】

一审：广东省广州市白云区人民法院（2021）粤0111民初4219号

二审：广州知识产权法院（2021）粤73民终6239号

【案情与裁判】

上诉人（一审被告）：广州市明均餐饮有限公司（简称明均公司）

被上诉人（一审原告）：广州市佰福荟餐饮有限公司（简称佰福荟公司）

一审被告：上海拉扎斯信息科技有限公司（简称拉扎斯公司）

一审被告：何某武

一审被告：张某贞

起诉与答辩

佰福荟公司诉称，佰福荟公司是一家经营超过二十年，在业内有一定影响力的餐饮企业。2020年11月佰福荟公司被相关机构告知，有食客食用在拉扎斯公司经营的“饿了么”平台下单订购的佰福荟公司的外卖后有食物中毒的现象。经核实，“饿了么”平台提供该外卖服务的网店实际经营者为明均公司，但该网店页面显示的是佰福荟公司的注册地址及营业执照、食品经营许可证。佰福荟公司认为明均公司的行为构成不正当竞争，要求明均公司及其股东何某武、张某贞、拉扎斯公司连带赔偿损失，明均公司与拉扎斯公司公开赔礼道歉。

明均公司、何某武、张某贞共同辩称，其不构成不正当竞争。

拉扎斯公司辩称，“饿了么”平台已严格审核了涉案店铺的资质资格，已尽到审查义务。

一审审理查明

佰福荟公司成立于1999年1月18日，注册资本为50万元，经营餐饮业，曾获“舌尖上的广府最具地方特色小食金奖姜撞奶”“广州市白云区饮食行业商会理事单位”等荣誉称号。2018年，佰福荟公司曾在拉扎斯公司经营的“饿了么”平台开店，后取消合作。

2020年10月14日，案外人钟某向广州市市场监管投诉举报平台投诉佰福荟公司，理由为：其在“饿了么”平台消费28元点了“轻ying轻食健身餐·轻食沙拉”店的海陆双拼热食沙拉外卖一份，吃到一半发现鸡蛋与紫薯有大片青色霉菌，味苦，当场呕吐，于下午有腹泻等不适状况，要求平台严惩不良商家。佰福荟公司获悉上述投诉内容后，进入“饿了么”平台的“轻ying轻食健身餐·轻食沙拉”店铺，查看其营业资质，平台显示该店铺使用了佰福荟公司的营业执照及食品经营许可证，于是佰福荟公司报警。

明均公司成立于2018年6月25日，注册资本为10万元，经营餐饮业。2021年1月27日，公司股东由张某贞、何某武变更为何某武，企业性质变更为自然人独资有限责任公司。2020年11月30日，明均公司法定代表人何某武向警方陈述其于2020年4月在“饿了么”平台注册食品网店，通过他人代为办理相关手续。何某武将“轻食时光”店铺照片、明均公司营业执照及法定代表人身份证照片发送给代办人，代办人告知需要其提供手持身份证和一张白纸的照片，何某武遂发送相应照片。按拉扎斯公司提交的证据载明，涉案店铺申请上线时，店主何某武提供的审核照片显示为何某武手持佰福荟公司营业执照照片及佰福荟公司的食品经营许可证照片。发生上述被投诉事件后，“饿了么”平台对涉案店铺进行下线处理。

一审判理和结果

一审法院认为，佰福荟公司与明均公司均经营餐饮业，且在广州市白云区均有经营场所，存在市场竞争关系。佰福荟公司使用“广州市佰福荟餐饮有限公司”企业名称较早，经营期间亦获得较多荣誉，经过长期持续的使用及推广，其企业名称在经营场所周边范围内应具有一定影响。根据佰福荟公司提交的证据及各方当事人的陈述，确认明均公司使用了佰福荟公司的营业执照、食品经营许可证及经营注册地址等入驻“饿了么”平台。明均公司抗辩是拉扎斯公司的员工为开拓客户而将佰福荟公司的营业执照和何某武的照片合成伪造，但未能提交上述人员的真实身份信息，亦未能证实该两人为拉扎斯公司的员工。明均公司在明知其店铺无法同时入驻“美团外卖”平台及“饿了么”平台的情况下，仍向代办人提供手持身份证、白纸的照片及相关费用，任由代办人办理入驻“饿了么”平台相关事宜，并进行经营活动。其陈述在长达八个月的经营期内未对涉案店铺的资质信息进行查看，不符合常理。明均公司主观上具有放任涉案店铺擅自使用佰福荟公司企业信息的故意，客观上导致相关公众认为涉案店铺的经营者为佰福荟公司，也导致相关公众误认不合格产品来源于佰福荟公司或与佰福荟公司有关联，侵害了佰福荟公司的合法权益。明均公司的行为构成不正当竞争。

拉扎斯公司是网络服务提供者，对“饿了么”平台上大量的商家信息和交易情况，应履行与其管理能力和技术能力相适应的监督和管理职责，尽到合理的注意义务。根据拉扎斯公司提交的涉案店铺初始资料及操作日志，拉扎斯公司对涉案店铺的入驻资料进行了初步审查，在得知涉案店铺冒用佰福荟公司企业信息的情况下，第一时间对涉案店铺进行下线处理并督促整改。佰福荟公司未证实其通过合理的维权渠道告知拉扎斯公司涉案店铺存在直接侵权行为后，拉扎斯公司仍然为侵权行为的继续发生提供帮助和便利。因此，佰福荟公司主张拉扎斯公司与明均公司构成共同侵权的主张不成立。

佰福荟公司没有充分证据证明何某武、张某贞在担任明均公司股东期间滥用公司法人独立地位和股东有限责任逃避债务，严重损害公司债权人利益，故对佰福荟公司要求何某武、张某贞对佰福荟公司该期间的损失承担连带责任的诉请不予支持。

一审法院综合考虑佰福荟公司企业名称的知名度、明均公司的主观过错及纠错态度、侵权形式、侵权后果、明均公司的行为对餐饮行业规则和监管秩序有一定影响、佰福荟公司因遭受不正当竞争所造成的竞争优势降低，以及权利人为调查不正当竞争行为所支付的合理费用等因素，酌情确定明均公司就使用佰福荟公司企业信息经营餐饮外卖业务的不正当竞争行为向佰福荟公司赔偿经济损失及合理维权费用 100000 元。佰福荟公司因被明均公司盗用企业信息而遭受一名消费者投诉，但未能举证证实该次投诉的结果及明均公司的侵权行为导致其商誉受到其他实质性影响，故佰福荟公司主张明均公司与拉扎斯公司向其公开赔礼道歉的诉请理据不足，不予支持。

一审法院判决：1. 明均公司于判决生效之日起十日内赔偿佰福荟公司经济损失 100000 元（含合理费用）；2. 驳回佰福荟公司的其他诉讼请求。

上诉与答辩

明均公司不服一审判决提出上诉。明均公司上诉请求：1. 撤销一审民事判决第 1 项；2. 改判驳回佰福荟公司的所有诉讼请求。主要事实与理由：明均公司没有企图利用佰福荟公司所谓“影响力”的主观故意。明均公司注册网店时按照“饿了么”平台员工要求提供手持白纸的照片，对照片进行编辑变造的是“饿了么”平台的员工而非明均公司。明均公司网店的工商登记信息没有在公共位置展示，不容易被一般消费者看到。明均公司店名是“轻 Ying 轻食健身餐·轻食沙拉”，佰福荟公司的店名是“佰福荟”，且明均公司经营西餐，佰福荟公司只做中餐，客观上不会让人误认为是他人商品或者与他人存在特定联系。

佰福荟公司辩称，明均公司注册网店时其法定代表人手持白纸拍照，使用他人信息经营误导消费者，且网店上长时间放置佰福荟公司的营业执照与食品经营许可证信息，明均公司存在不正当竞争的主观故意。

拉扎斯公司辩称，明均公司提供的相关代办人员并非“饿了么”平台员工。

二审审理查明

二审法院确认一审查明事实。

二审判理和结果

明均公司上诉认为没有不正当竞争的主观意图，并且被诉行为客观上不会造成混淆。二审法院对此认为，1. 明均公司承认其清楚不能同时在两家外卖平台注册网店，注册本案网店是付费办理，而在办理过程中被告知“地址不能一样”，即不能使用与另一外卖平台网店相同的地址，该事实足以表明明均公司有规避不能同时在不同平台注册外卖网店的意图；2. 明均公司作为市场主体且已在另一平台有注册外卖网店，应当清楚注册网店应当提供经营者信息，但明均公司向相关人员提供一份持有一张空白纸张的照片，对空白纸张的用途并没有进一步探究，显然亦有规避程序审核的意图；3. 明均公司称是“饿了么”平台使用佰福荟公司的营业信息变造信息注册网店，没有对此直接举证，即使营业信息确是他人变造，但明均公司提供持有空白纸张的照片，实为提供了变造条件，应认定是存在共同意思联络；4. 明均公司注册并实际经营涉案网店数月，作为经营者不可能不清楚网店公示的企业信息。因此，明均公司对使用佰福荟公司的企业信息进行经营，有着主观意图。网店使用的营业者信息能够提供给相关公众查核，相关公众在查核信息时，直接感知的就是涉案网店由佰福荟公司经营，客观上足以构成混淆误认。至于相关公众是否会留意餐饮类别是中餐或是西餐，不影响已造成混淆的结论。最终认定明均公司的上诉请求不能成立，判决驳回明均公司上诉，维持一审判决。

【法官评述】

本案主要涉及不正当竞争纠纷中“擅自使用他人有一定影响的企业名称行为”，所涉争议折射了当前餐饮企业通过网上平台进行竞争的常见行为，以及电商平台对进驻商家资格审查可能存在严重漏洞的情形，导致损害消费者合法权益以及其他经营者合法权益的问题。

随着互联网外卖平台上的消费活动日益频繁，所产生的纠纷也日益增多，法律对民事行为的调整同样适用于发生在互联网上的经营活动。餐饮企业通过网络平台提供外卖服务需诚信经营，不得冒用他人已取得一定影响力的企业名称等标识，为攀附他人商誉而实施此类“搭便车”的混淆行为不可取。同时电商平台经营者亦需切实承担起监督管理职责，履行谨慎审查等合理注意义务，尤其注意防范餐饮企业通过不法行为逃避法律监管。

编写人：广州知识产权法院　刘培英

（编辑：游彦）

37

朱某欢与杨某辉、中芙公司等不正当竞争纠纷案

阅读提示： 商标权人及其授权许可人发起维权投诉应在法律允许的框架下进行，编造虚假信息投诉构成不正当竞争。

【裁判要旨】

商标权人具备独立法律主体资格并参与市场竞争，对市场秩序产生影响的，属于《反不正当竞争法》规定的经营者。商标权人及其授权许可人编造虚假信息向淘宝平台投诉涉嫌商标侵权的商家，尽管被投诉的商家行为本有不当，但商标权人及其授权许可人编造虚假信息进行投诉的行为扰乱了市场竞争秩序，损害了其他经营者或消费者的合法权益，仍构成不正当竞争，其承责范围和赔偿数额可考量对方的过错程度适当减少。

【案号】

一审：广州互联网法院（2020）粤0192民初45126号

二审：广州知识产权法院（2021）粤73民终6188号

【案情与裁判】

上诉人（一审被告）：杨某辉

上诉人（一审被告）：广州中芙生物科技有限公司（简称中芙公司）

被上诉人（一审原告）：朱某欢

第三人：浙江淘宝网络有限公司（简称淘宝公司）

起诉与答辩

朱某欢起诉称，其是淘宝网店“汇丰得”的实际经营者，销售杨某辉授权广州市大植元商贸有限公司生产的护肤产品。2019年9月3日起，杨某辉3次出具虚假鉴定报告，向淘宝平台投诉朱某欢销售的商品侵害其“安植 ANGEL TREE”商标权。淘宝公司基于上述投诉对朱某欢作出扣分、限制上新及封店等处置，没收朱某欢保证金2500元。中芙公司为天猫网店“安植官方旗舰店”的经营者、涉案产品的被委托生产方，也代表杨某辉多次投诉朱某欢“汇丰得”店铺，并作出多份虚假的鉴定报告。朱某欢在淘宝网上销售的安植品牌商品均是通过合法授权的经销商采购，不存在侵害商标权行为。杨某辉、中芙公司为利益共同体，为了控制线上产品的销售价格，共同对朱某欢“汇丰得”店铺实施恶意投诉，构成侵权。请求判令杨某辉、中芙公司：1. 连续十日在淘宝网（www.taobao.com）、中芙公司淘宝店铺显著位置发布致歉声明赔礼道歉，消除影响；2. 赔偿朱某欢损失和合理维权费用共计20万元。

杨某辉和中芙公司共同辩称，1. 杨某辉是涉案“安植 ANGEL TREE”商标注册人，中芙公司是杨某辉淘宝唯一授权销售商，对其他店家在淘宝平台上销售假冒安植化妆品的行为有权发出通知且具有通知依据。2. 朱某欢的现有证据无法证明其商品合法来源，杨某辉、中芙公司的通知行为不属于“错误通知”。3. 朱某欢无法证明商品合法来源，此后受到淘宝处罚属于自甘风险的行为，杨某辉、中芙公司无须承担其损失。4. 朱某欢在2018年及往前的投诉中提供伪造授权，躲避杨某辉、中芙公司的合法维权。综上，朱某欢实施了侵害杨某辉商标专用权的行为，且消极应对投诉，放任事态恶化而最终导致被封店，其损失不应由杨某辉、中芙公司承担。杨某辉、中芙公司也不构成对朱某欢的不正当竞争，本案应对照《反不正当竞争法》第十一条处理。首先，杨某辉作为商标权人并非经营者，主体不适格。中芙公司作为杨某辉授权的天猫平台唯一的销售店家，可以控制商品的流向，实际上朱某欢和中芙公司之间也不存在竞争关系；其次，杨某辉、中芙公司主观上没有恶意。杨某辉授权中芙公司独家在网上销售安植化妆品，安植化妆品有严格的防窜货条款，杨某辉、中芙公司仅是正常打假；再次，杨某辉、中芙公司客观上没有诋毁行为。（1）朱某欢在2018年面对正常投诉时提供虚假营销合同及伪造杨某辉的身份签章，这个行为本身才是编造、传播虚假信息的行为；（2）安植品牌产品建立了防伪码系统，如朱某欢系通过正规途径取货，应知道防伪码和防窜货条款的存在；（3）杨某辉、中芙公司委托第三方打假投诉，即使工作上出现一些失误，也不影响朱某欢实施侵权行为的认定，特别是对伪造杨某辉签章的认定。最后，投诉后果的产生是因为朱某欢售假，并放任自身处于危险之中，涉案投诉行为与朱某欢店铺社会评价降低之间没有因果关系。

淘宝公司述称，淘宝公司因杨某辉3次投诉对涉案店铺进行过违规处理，但因朱某欢后来通过线下方式进行申诉，对相关违规处理已经撤销。

一审审理查明

杨某辉是“安植 ANGEL TREE”商标权人，中芙公司是该商标被授权许可人及该品牌化妆品天猫旗舰店的经营者。朱某欢是淘宝网“汇丰得”网店经营者，销售美容护肤品等。

自2018年12月至2019年7月，中芙公司向淘宝公司投诉朱某欢经营的“汇丰得”店铺出售杨某辉享有商标权的安植品牌的假货，一共30次投诉，其中25次投诉审核不通过，5次投诉审核通过，朱某欢进行了申诉，淘宝公司判断为申诉成立。上述投诉中中芙公司9次出具了虚假鉴定报告。

2019年8月21日、9月22日和11月3日，杨某辉3次向淘宝公司投诉朱某欢经营的“汇丰得”店铺出售其享有商标权的安植品牌的假货，朱某欢进行了申诉，淘宝公司认定申诉不成立。该3次投诉中，杨某辉均以安植品牌持有人身份出具鉴定报告，但上述鉴定报告显示的产品并非朱某欢涉案店铺所销售，属于虚假鉴定报告。淘宝公司据杨某辉的投诉对“汇丰得”店铺作出了封店等惩处措施。2020年10月28日，淘宝公司因朱某欢向一审法院起诉，撤销了对“汇丰得”店铺的处罚。

朱某欢在一审中陈述，1. 朱某欢在四川省泸州市开了美容院，但没有进行工商登记。自2018年11月开始经营淘宝店铺，销售美容院院线护肤品。对于安植品牌，在向经销商进货时，知悉相关货物可能会受到的限制，了解窜货条款，但是由于产品期限以及压货存货等问题，就将相关货物放到网上去卖。2. 2019年4月至11月，朱某欢系从成都鼎桓商贸有限公司进货，但是对于2019年4月前的经销商，朱某欢以不愿让经销商承担不必要的风险为由而拒绝说明具体情况。3. 由于成都鼎桓商贸有限公司不只供货给朱某欢，朱某欢也不只向该公司进货一次，所以转账金额与发票金额不一致符合正常的商业习惯。

朱某欢在被投诉过程中，曾盗取杨某辉的身份信息并伪造其印章和签名，虚构授权事实。

淘宝公司出具销售数据，朱某欢涉案店铺月均销售额约为6万元。扣除经营成本，朱某欢主张经营损失及合理费用合计20万元。

一审判理和结果

一审法院审理认为，首先，杨某辉作为“安植 ANGEL TREE”商标的权利人，实际使用了涉案商标，并对朱某欢经营的“汇丰得”店铺侵害其商标权进行投诉，应当认定为《反不正当竞争法》中所指的经营者，中芙公司从杨某辉处获得授权，在天猫平台上经营“angeltree 安植旗舰店”，朱某欢销售包含安植产品在内的美容院院线护肤品，故朱某欢与杨某辉、中芙公司之间具有同业竞争关系；其次，杨某辉、中芙公司所做的虚假鉴定报告属于编造虚假信息，朱某欢的过错行为并非可以作为杨某辉、中芙公司编造虚假信息的理由；最后，杨某辉、中芙公司编造虚假信息并向淘宝公司投诉的行为，对朱某欢的商业信誉会造成损害。杨某辉、中芙公司提供虚假鉴定报告投诉朱某欢的行为，符合《反不正当竞争法》第十一条的规定，构成对朱某欢的不正当竞争。杨某辉、中芙公司共同实施侵权行为，需承担连带责任。考虑朱某欢的行为对于损害的发生存在严重过错，应当减轻杨某辉、中芙公司的赔偿责任，并不予支持朱某欢要求赔礼道歉的诉讼请求。

一审法院依照《民法典》第一百七十九条、第一千一百七十三条，《反不正当竞争法》第二条、第十一条、第十七条，《电子商务法》第四十二条，《民事诉讼法》第六十四条第一款，《最高人民法院关于民事诉讼证据的若干规定》第二条之规定，判决：1. 杨某辉和中芙公司于判决生效之日起十日内赔偿朱某欢经济损失（含维权合理开支）合计 60000 元；2. 驳回朱某欢的其他诉讼请求。

上诉与答辩

一审判决后，杨某辉和中芙公司不服，向二审法院提起上诉称，1. 杨某辉不属于《反不正当竞争法》规定的自然人经营者，本案主体不适格。2. 杨某辉、中芙公司的投诉行为合法合理。朱某欢事实上存在商标侵权行为，杨某辉、中芙公司的投诉行为不存在主观恶意。3. 杨某辉、中芙公司提供的鉴定报告并不属于编造虚假信息情形，本案理应由朱某欢承担举证不能的后果。4. 杨某辉、中芙公司的投诉行为并不会对朱某欢的商业信誉造成损害。对方若有商业信誉损失，也是其自身违反《商标法》所致。故请求撤销一审判决，改判驳回朱某欢一审全部诉讼请求。

朱某欢答辩称，1. 杨某辉属于《反不正当竞争法》规定的自然人经营者。2. 杨某辉、中芙公司提供虚假的鉴定报告属于编造虚假信息的恶意行为，其是主动实施的，并不是因朱某欢未提供合法来源证明而发起。3. 杨某辉、中芙公司编造虚假信息并向淘宝公司投诉，对朱某欢的商业信誉会造成损害。

淘宝公司答辩同意一审判决。

二审审理查明

二审查明事实与一审查明事实一致。

二审判理和结果

二审法院审理认为，二审争议焦点为：1. 杨某辉是否是本案适格主体；2. 杨某辉、中芙公司涉案行为是否构成不正当竞争。

关于争议焦点 1。《反不正当竞争法》第二条第三款规定，本法所称的经营者，是指从事商品生产、经营或者提供服务的自然人、法人和非法人组织。本案中，第一，杨某辉注册并享有“安植 ANGEL TREE”商标权并将该商标授权给中芙公司使用，实际行使了商标权益。第二，杨某辉多次以上述商标权利人的身份，而非普通消费者的身份，对朱某欢涉案网店的经营行为进行投诉。第三，杨某辉曾以安植品牌持有人身份出具鉴定报告供淘宝公司作为评判朱某欢经营行为的依据。杨某辉上述行为均属从事经营活动的行为，一审法院据此认定杨某辉属于《反不正当竞争法》所指的经营者事实和法律依据充分，二审法院予以支持。

关于争议焦点 2。第一，在法律关系上，中芙公司获得杨某辉商标授权，在网络上开设“angeltree 安植旗舰店”开展经营活动，上述商标核定使用范围及网店经营范围与朱某欢涉案网店经营范围同属美容化妆品行业，一审法院认定杨某辉、中芙公司与朱某欢为同业竞争者正确。第二，客观上，杨某辉多次实施了出具虚假鉴定报告的行为，中芙公司作为利益关联方，多次实施了出具虚假比对意见的行为。第三，主观上，杨某辉、中芙公司明知淘宝公司将其出具的鉴定报告、侵权比对意见用于评判朱某欢经营行为的合法性和正当性，知道作为权利人出具的报告和意见在淘宝公司所有审核材料中具有优势证明力，更清楚若被定性为违法违规经营，朱某欢涉案网店的商业信誉、商品声誉必然会贬损，仍有意再三为之，具有恶意。第四，在后果上，负面影响波及多方面。《反不正当竞争法》第二条第一、二款规定，经营者在生产经营活动中，应当遵循自愿、平等、公平、诚信的原则，遵守法律和商业道德。本法所称的不正当竞争行为，是指经营者在生产经营活动中，违反本法规定，扰乱市场竞争秩序，损害其他经营者或者消费者的合法权益的行为。本案中，杨某辉、中芙公司上述行为表面上仅针对朱某欢，影响的只是朱某欢个人的商业信誉和商品声誉，事实上却耗费了淘宝公司本无须发生的运营成本，不利于后者对平台的经营活动开展高效有序管理和监督，也不利于网络经济环境的净化和公众公信力的建立。杨某辉、中芙公司涉案行为的出发点虽是制止朱某欢商标侵权，维护符合自身利益的所谓公义，却罔顾其他经营者的合法权益和市场经济秩序，本欲打击朱某欢不诚信的商业行为，自身实施的手段却有失诚信，有违法律和商业道德。综上，一审法院认定杨某辉、中芙公司实施了法律所禁止的不正当竞争行为合法有据，杨某辉、中芙公司上诉认为其行为不构成不正当竞争不能成立，二审法院不予采纳。

综上，二审法院依照《民事诉讼法》第一百七十七条第一款第（一）项规定，判决驳回上诉，维持原判。

【法官评述】

本案争议焦点包括经营者身份和商业诋毁行为的认定。

关于经营者身份的认定。《反不正当竞争法》第二条规定，本法所称的经营者，是指从事商品生产、经营或者提供服务（以下所称商品包括服务）的自然人、法人和非法人组织。根据该规定，界定经营者有两个基本要素，一是行为特征，即从事商品生产、经营或提供服务；二是主体类型，包括自然人、法人、非法人组织。由此，《反不正当竞争法》规定的经营者不要求经过公示登记，也不区分营利性或非营利性，只要具备独立法律主体资格且将自身置于市场竞争中，即属于反不正当竞争法意义上的经营者。首先，本案中，杨某辉虽辩称其并非自然人经营者，但其注册享有"安植 ANGEL TREE"商标权并将该商标授权给中芙公司使用，实际行使了商标权益。其次，杨某辉多次以上述商标权利人的身份，而非普通消费者的身份，对朱某欢涉案网店的经营行为进行投诉。最后，杨某辉曾以安植品牌持有人身份出具鉴定报告供淘宝公司作为评判朱某欢经营行为的依据。杨某辉上述行为实际上使其进入市场参与竞争并对市场秩序产生影响，应认定属于《反不正当竞争法》所指的经营者。

关于商业诋毁行为的认定。司法实践中，评判是否构成商业诋毁，一般需要考虑：行为主体是否为具有竞争关系的经营者，是否实施了编造、传播虚假信息或误导性信息的行为，以及该行为是否对竞争对手的商誉造成了负面影响。本案中，杨某辉作为涉案商标权人，中芙公司作为商标被授权人和相关产品的销售商，二者多次联合共同向淘宝公司提供虚假的商品鉴定报告，对朱某欢的网店进行投诉，致使朱某欢的网店遭受扣分、限制上新及封店等处罚，网店商业信誉、商品声誉不可避免受到贬损。从客观上看，杨某辉和中芙公司的行为符合商业诋毁的客观要件。本案特殊之处在于杨某辉和中芙公司在一、二审中均述称朱某欢事实上存在商标侵权，杨某辉和中芙公司为维权进行投诉合理合法，主观上不存在过错。故本案还需进一步结合行为人的主观状态对商标权人为维权而实施的不当投诉行为进行评判。朱某欢明知厂家要求安植品牌产品不能窜货、不能在网上销售，且其销售的大部分产品不能说明来源，对于本案纠纷的产生是存在过错的。中芙公司对此进行了30次投诉，其中9次提交了虚假鉴定报告，杨某辉进行了3次投诉，3次均提交了虚假鉴定报告，投诉次数之多大有不达目的不罢休之意，杨某辉和中芙公司的主观恶意较为明显。对此，我们认为，制止违法应在法律允许的框架下进行，为“打假”而“造假”并反复恶意投诉，违反了诚信原则，实不可取。若着眼于自身利益，用不诚信的手段制止其他经营者不诚信的商业行为；为维护所谓的公义，却枉顾其他经营者的合法权益和市场竞争秩序，实则无视法律秩序，与社会主义核心价值观背道而驰。若个人小目的的正确性可以成为市场主体不择手段的说辞，则难言社会公信力，市场竞争秩序无疑将陷入混乱，该类行为应予禁止。

综上，无论是从客观要件进行评判，还是综合考虑行为人的主观状态，杨某辉和中芙公司编造虚假信息进行维权投诉的行为均构成不正当竞争。赔偿数额方面，根据朱某欢的过错程度，一审判决适当减少了杨某辉、中芙公司的赔偿责任，仅判决对朱某欢诉求损失的30%进行赔偿，且对朱某欢要求赔礼道歉的诉求不予支持，二审法院对此予以维持。

编写人：广州知识产权法院　郭小玲　邓文婷

（编辑：邓文婷）

38

迪宝乐公司与电学小子玩具厂不正当竞争纠纷案

阅读提示：如何认定不正当竞争行为中的虚假宣传、商业诋毁？

【裁判要旨】

反不正当竞争法所规制的虚假宣传对象，既包括商品或者服务的信息，也包括商品或者服务的生产者、提供者的信息。经营者不得编造、传播虚假信息或者误导性信息，损害竞争对手的商业信誉、商品声誉。商业诋毁对象的特定化，既可以是明确指明的对象，也可以是根据诋毁内容、经营者具体特征等客观事实识别出的对象。

【案号】

一审：广州市黄埔区人民法院（2021）粤 0112 民初 5197 号

二审：广州知识产权法院（2022）粤 73 民终 1076 号

【案情与裁判】

上诉人（一审原告）：广州迪宝乐电子有限公司（简称迪宝乐公司）

被上诉人（一审被告）：汕头市澄海区电学小子玩具厂（简称电学小子玩具厂）

起诉与答辩

迪宝乐公司诉称，该公司成立于 1998 年 8 月 26 日，是专业研发、生产电子教育产品和益智玩具产品的公司，其中“电子积木益智玩具产品”是其主要经营的产品之一，产品获得了国内、国际多项权威认证，形成了良好的商业信誉和商品声誉，在电子积木玩具产品领域具有较高的知名度。电学小子玩具厂成立于2014年11月7日，经营范围为生产、加工、销售玩具，在其淘宝网店的公司信息一栏显示，其是专门生产儿童电子积木的企业，淘宝网店中销售的产品亦以儿童电子积木类的玩具产品为主，因此电学小子玩具厂与迪宝乐公司存在直接竞争关系。迪宝乐公司发现电学小子玩具厂实施了对迪宝乐公司的不正当竞争行为和商业诋毁行为，给迪宝乐公司造成了极大的损失，依法构成侵权，故请求判令：1. 电学小子玩具厂立即删除涉案淘宝网店中的虚假信息，停止对迪宝乐公司实施的不正当竞争行为，包括虚假宣传其成立时间和编造传播虚假信息损害迪宝乐公司的商业信誉及商品声誉；2. 电学小子玩具厂向迪宝乐公司公开赔礼道歉；3. 电学小子玩具厂赔偿迪宝乐公司经济损失及迪宝乐公司因制止不正当竞争行为而支出的合理费用（包括但不限于律师费、公证费）共计50万元；4. 本案诉讼费用由电学小子玩具厂承担。

电学小子玩具厂辩称，1. 我方不存在虚假宣传的行为。我方在店铺上注明的成立时间是2010年，并非迪宝乐公司声称的1998年。根据日常生活经验和一般消费者的注意力，消费者并不会关注商家是哪一年成立的，也不会因为双方都是1998年成立的就认为二者有什么联系。2. 我方不存在商业诋毁的行为。我方的经营范围、住所均与迪宝乐公司不同，不能确定双方存在直接的竞争关系。我方并未编造、传播虚假信息或者误导性信息，涉案网页信息我方已经进行模糊处理且字体较小，根据日常生活经验和一般消费者的注意能力，无特别提示，消费者根本不会留意。涉案网页信息并非虚假或捏造，内容来源于搜狐网站相关文章，我方只是对公开文章题目直接引用，并对迪宝乐公司的名称作了模糊化处理，其他地方未作任何删改。我方作为商业主体，通过广告宣传提高自身知名度，拓展市场均属于正常的商业行为，广告宣传不可避免地带有一定的艺术夸张成分。3. 我方主观上没有贬低迪宝乐公司商誉的故意。在得知可能侵权后，我方主动删除了相关内容。涉案网页并未让迪宝乐公司的商誉有实际的损害，迪宝乐公司也未能举证证明其商誉受到了何种损害。我方淘宝店作为一家不知名店铺，仅有个位评论数的商品展示页面，被浏览的次数极其有限，商品价格也不高，不可能对迪宝乐公司造成实质的损失和影响。4. 即便侵权成立，迪宝乐公司要求50万元经济赔偿也无依据。迪宝乐公司没有提供任何证明其经济损失和合理费用的证据，50万元金额也明显高于涉嫌侵权行为可能造成的危害。

一审审理查明

经国家工商行政管理局商标局核准，迪宝乐公司注册取得了以下商标：1. 第 1573115 号“dbolo 迪宝乐”商标，核定使用商品为第 28 类游戏机、积木、玩具等，有效期至 2031 年 5 月 20 日。2. 第 1395948 号“迪宝乐 Dbolo”商标，核定使用商品为第 28 类积木，游戏机、智能玩具等，有效期至 2030 年 5 月 13 日。3. 第 8668222 号“迪宝乐”商标，核定使用商品为第 28 类大积木、玩具等，有效期至 2031 年 9 月 27 日。4. 第 8668233 号“dbolo”商标，核定使用商品为第 28 类大积木、玩具等，有效期至 2031 年 9 月 27 日。5. 第 5975259 号“dbolo 迪宝乐”商标，核定使用商品为第 28 类游戏机、大积木、玩具等，有效期至 2030 年 2 月 27 日。迪宝乐公司提交了广东省著名商标证书、广东名牌证书等证明其对“迪宝乐”商标和品牌的建设作出较大投入，在行业内具有较高的知名度和影响力。

涉案公证书载明，迪宝乐公司代理人在公证人员见证下登录淘宝网，搜索并进入“电学小子厂家企业店”查看店铺相关信息及店内产品，进入“电子积木物理电路拼装益智力 stem 教育儿童启蒙玩具 3-6-14 周岁”等多款产品页面并浏览。公证书截屏图片显示，该店铺的公司基本信息显示经营类型为生产厂家，简介有“自 1998 年建厂以来，我厂一直秉承奉行”字样。在多款产品的销售页面，都有“电学小子 PK 山寨产品”的对比宣传，有“山寨产品无质量可言，山寨厂家，用二手材料，质量不可靠，影响孩子健康”“山寨产品无安全可言，电子元件裸露容易发生划伤和其他伤害性出现，不安全”“山寨产品无技术可言，山寨厂家，没有研发，模仿起价，安全无保障”“山寨产品无细节可言，山寨厂家，简单配图，一个图放几百个实例，无法吸引孩子的兴趣、需专业人士指导才可以完成拼搭”等字样，并有“”的配图，图片对标题中的前三个字作了模糊处理，来源以及时间的字样较小且模糊。

迪宝乐公司还提交了一篇齐鲁网的报道，标题为《淄博：家长担忧儿童玩具“裸露”焊接点致铅中毒》，来源《鲁中晨报》，时间为 2015 年 2 月 4 日。迪宝乐公司主张电学小子玩具厂是根据上述齐鲁网的文章自行编辑整个信息，编造传播虚假信息，且上述淘宝销售页面的信息同时出现在五款产品中，未经科学检测，以不确定、没有核实的信息将迪宝乐公司的产品称为山寨产品，并与电学小子玩具厂自身的产品进行比对，容易误导消费者，对迪宝乐公司的商业信誉和商品声誉造成损害。

电学小子玩具厂确认上述淘宝销售页面是其公司的宣传页面，但称配图内容来源于搜狐网页，并提交了搜狐网站中的一篇报道，标题为《迪宝乐益智拼插玩具做工粗糙 家长担心铅中毒》，时间为2015年2月4日。电学小子玩具厂认为其只是对公开文章题目的引用，前三个字作了模糊化处理，其他地方没有任何修改，且对比部分文字并不直接指向迪宝乐公司，仅是对行业内存在的事实进行一般性商业评价，没有贬低迪宝乐公司产品的主观恶意，不会损害迪宝乐公司的商业信誉和商品声誉。在得知可能侵权后其已主动删除相关内容。

迪宝乐公司主张维权合理开支包括公证费3200元和律师费5000元，并提交了公证费发票、委托代理合同及律师费发票予以证实。

另查明，迪宝乐公司成立于1998年8月26日，类型为有限责任公司（自然人投资或控股），注册资本捌佰万元（人民币），经营范围包含玩具制造、玩具销售等。电学小子玩具厂为个体工商户，成立于2014年11月7日，经营范围为生产、加工、销售玩具。

一审判理和结果

一审法院认为，本案的争议焦点在于：1. 电学小子玩具厂是否为本案适格被告；2. 电学小子玩具厂的被诉侵权行为是否构成虚假宣传及商业诋毁；3. 电学小子玩具厂应当承担的民事责任。

第一，电学小子玩具厂是否为本案适格被告。迪宝乐公司与电学小子玩具厂的经营范围部分重合，属于同行业竞争者。虽然二者住所地不同，但电学小子玩具厂开设有淘宝店铺，其产品销售面向全国，故一审法院对其称与迪宝乐公司不存在竞争关系的抗辩意见不予采信。

第二，电学小子玩具厂的行为是否构成虚假宣传及商业诋毁。一审法院认为，1.《反不正当竞争法》所调整的虚假宣传行为是指向经营者经营的相关商品，而迪宝乐公司主张电学小子玩具厂构成虚假宣传的行为是在公司简介中宣称成立时间为1998年，该宣传并非针对相关商品，不会误导消费者，与迪宝乐公司主张的商业诋毁行为不存在关联关系，故电学小子玩具厂的上述行为不构成虚假宣传。2. 被诉行为系电学小子玩具厂在其淘宝店铺的产品销售页面将其生产销售的电子积木玩具与山寨厂家的山寨产品进行对比。迪宝乐公司认为电学小子玩具厂将自身产品与包括迪宝乐公司产品在内的同类产品进行优劣对比并使用配图，具有明确指向性，且上述内容为虚假信息，损害了迪宝乐公司的商业信誉及商品声誉。一审法院认为，首先，电学小子玩具厂在其淘宝销售页面仅使用“山寨厂家、山寨产品”等字样，未出现关于“迪宝乐”的任何信息；其次，对比宣传中的配图使用的文字引自网站的网页报道，并对前三字作了模糊处理，无法与迪宝乐公司直接对应，该行为也不属于编造虚假信息的行为；最后，积木玩具并非专业性行业，虽然“迪宝乐”积木玩具具有一定的知名度，但全国生产、销售积木的企业并非只有迪宝乐公司一家，不能简单地以相关公众可能产生误导性后果而替代迪宝乐公司的证明责任。因此，迪宝乐公司并未举证证明电学小子玩具厂的上述对比宣传的“山寨厂家”直接指向迪宝乐公司或可以辨别出是迪宝乐公司，也未举证证实上述对比宣传使迪宝乐公司的商品声誉及商业信誉受到直接损害，电学小子玩具厂在淘宝网店产品销售页面的宣传行为不构成对迪宝乐公司的商业诋毁。鉴于电学小子玩具厂的涉案行为不构成侵权，故其不需承担民事赔偿责任。

综上，对于迪宝乐公司关于电学小子玩具厂构成虚假宣传及商业诋毁的主张，一审法院均不予支持，遂判决驳回迪宝乐公司的全部诉讼请求。

上诉与答辩

一审判决后，迪宝乐公司不服，提起上诉，请求：1. 撤销一审判决；2. 改判支持迪宝乐公司的全部诉讼请求；3. 本案一、二审诉讼费用由电学小子玩具厂承担。理由：1. 电学小子玩具厂虽作了模糊处理，但仍能使相关公众辨别指向的主体，一审法院认定事实有误。一方面，电学小子玩具厂的证据显示，其声称引用的原网页报道标题即为《迪宝乐益智拼插玩具做工粗糙 家长担心铅中毒》，电学小子玩具厂对涉案网页报道的选择、修改，可以看出电学小子玩具厂使用该网页报道是具有明显针对迪宝乐公司的指向性，在主观上存在误导相关公众、传播虚假信息的意图。另一方面，通过电脑、手机途径直接观察电学小子玩具厂宣传中使用的配图，可以看出电学小子玩具厂只是进行了轻微的模糊处理，仍可辨别出相关文字为迪宝乐公司的品牌、企业名称“迪宝乐”，加之迪宝乐公司在电子积木玩具行业具有较高的知名度，因此具有较高的辨识度，客观上亦可直接与迪宝乐对应。除此之外，根据日常生活经验，会购买“电子积木”类玩具产品的消费者，往往是儿童的家长，以该类消费者为主的“相关公众”，通常会对不同的电子积木玩具品牌进行了解和比对，且必定会对产品质量问题有着较高的关注度，加之一审法院亦认可“迪宝乐”积木玩具具有一定的知名度，故电学小子玩具厂的行为至少能使相关公众辨别出迪宝乐公司的身份。因此，电学小子玩具厂使用的配图是特定指向迪宝乐公司，或者至少能使相关公众辨别出具体的竞争对手是指向迪宝乐公司的，一审法院存在认定事实错误。2. 电学小子玩具厂恶意篡改引用网页报道信息，捏造、散布虚假信息，一审法院对该行为未予评价，导致事实认定有误。首先，本案中，电学小子玩具厂具有明显恶意，通过篡改网页报道发布主体的方式，诋毁迪宝乐公司的商业信誉、商品声誉。根据电学小子玩具厂一审提交的证据可以看出，其主张涉案信息来源于搜狐网站中账号名为“亲贝网”发布的信息，发布时间为2015年2月4日20点22分，但是根据迪宝乐公司提交的（2021）粤广中南第552号公证书显示，电学小子玩具厂实际使用的图片中显示的发布主体、来源为《鲁中晨报》，发布时间为2015年2月4日18点19分，与电学小子玩具厂声称的“只是对公开文章题目的引用，前三个字作了模糊化处理，其他地方没有任何修改”严重不符；且根据迪宝乐公司提交的来源为《鲁中晨报》同日发布的实际报道显示，文章标题为《淄博：家长担忧儿童玩具“裸露”焊接点致铅中毒》，文章标题并未体现出“迪宝乐”的主体名称，且该文章发布时间为2015年2月4日11点53分。其次，根据迪宝乐公司声称引用的网页报道内容显示，文章内针对迪宝乐公司产品“含铅”的信息均为所谓的“家长担心”“家长猜测”“专家介绍”，文章内亦有“此玩具是不是含铅还需要到专业部门进行检测，只凭感觉是看不出来的”描述，故文章描述的信息均是未经科学检验、证实的信息，而电学小子玩具厂基于此信息就在宣传中作出了“山寨厂家，用二手材料，质量不可靠，影响孩子健康”的武断性结论，毫无事实依据，事实上迪宝乐公司的产品是通过国家强制性质量检验的合格产品，电学小子玩具厂引用配图、作出结论的行为是对真实情况的恶意歪曲，不公正、不准确、不全面地陈述客观事实，依法属于编造虚假信息或者误导性信息的行为，且必然对迪宝乐公司的商业信誉和商品声誉造成损害。因此，上述事实显示电学小子玩具厂具有主观恶意，编造虚假信息或者误导性信息，但一审法院对上述事实未予评价，导致认定事实有误。3. 电学小子玩具厂使用虚假的成立时间，足以造成相关公众误解，应当认定为虚假宣传的不正当竞争行为，一审法院法律适用有误。根据《最高人民法院关于审理不正当竞争民事案件应用法律若干问题的解释》第八条第（三）项的规定，经营者以歧义性语言或者其他引人误解的方式进行商品宣传，足以造成相关公众误解的，可以认定为《反不正当竞争法》规定的引人误解的虚假宣传行为。本案中，电学小子玩具厂在其公司简介处，明确显示的“1998年建厂”与其庭审中主张的2010年成立以及工商登记显示的2014年成立均不相符，故电学小子玩具厂的公司简介实际存在虚假信息；成立时间虽然并非直接针对商品进行的宣传，但根据日常生活经验，成立时间越早，存续时间越长，也侧面证明了一个主体的发展历史，是间接对其商品的发展历史的宣传，因此属于《最高人民法院关于审理不正当竞争民事案件应用法律若干问题的解释》规定的“以其他引人误解的方式进行商品宣传”，应当认定为虚假宣传的不正当竞争行为。

电学小子玩具厂辩称，1. 涉案网页并未指向特定主体。首先，在涉案淘宝销售页面仅仅使用山寨厂家、山寨产品等字样，未出现关于迪宝乐的任何信息。其次，对比宣传中配图使用的文字引自网站的网页报道，并对前三个字作了模糊处理，无法与迪宝乐公司直接对应，该行为也不属于编造虚假信息的行为。最后，积木玩具并非专业性行业，虽然迪宝乐积木玩具具有一定的知名度，但全国生产销售积木的企业并非迪宝乐公司一家，迪宝乐公司未能进一步举证证明相关公众如何在没有指名道姓的情况下，也能辨别其具体的身份。2. 迪宝乐公司主张涉案网页来源于《鲁中晨报》没有依据，涉案网页并非来源于《鲁中晨报》。根据迪宝乐公司的证据，其提供的网页的题目为《淄博家长担忧儿童玩具裸露焊接点致铅中毒》，无相关插图。而涉案网页的题目为《某某某益智拼插玩具做工粗糙，家长担心铅中毒》，且有一幅插图，二者明显不同。根据调查核实，涉案网页的内容来源于搜狐网站的一篇发布于 2015 年 2 月 4 日的题目为《迪宝乐益智拼插玩具做工粗糙 家长担心铅中毒》的文章，该文章标题、图片、文字与涉案网页完全一致。可见电学小子玩具厂只是对公开文章题目直接引用，并对迪宝乐公司的名称作了模糊化处理，其他地方未作任何删改。3. 成立时间不能构成虚假宣传。一是，《反不正当竞争法》所调整的虚假宣传行为是指向经营者经营的相关产品，而迪宝乐公司主张电学小子玩具厂构成虚假宣传的行为是在公司简介中宣称成立时间为 1998 年。该宣传并非针对相关产品，不会误导消费者。二是，1998 年建厂只是中性描述，不必然带来正面评价。有时成立时间长的公司，反而会给人以老旧保守的印象。三是，企业的成立时间不等于工商登记时间。一审法院事实认定清楚，适用法律正确，恳请驳回迪宝乐公司的全部诉讼请求。

二审审理查明

电学小子玩具厂所引用的搜狐网页显示，涉案《迪宝乐益智拼插玩具做工粗糙 家长担心铅中毒》文章发布主体为“亲贝网”，时间为“2015-02-04 20:22”，文章底部记载有“声明：该文观点仅代表作者本人，搜狐号系信息发布平台，搜狐仅提供信息存储空间服务”。迪宝乐公司提交的齐鲁网报道显示，标题为《淄博：家长担忧儿童玩具“裸露”焊接点致铅中毒》的文章标识有“来源：鲁中晨报 作者：徐鹏 关祥敏 2015-02-04 11：53：02”。上述两篇文章内容一致，文章主要内容记载：“张店的杜女士从网上花 300 多元给孩子网购了一套迪宝乐益智拼插玩具，购买时卖家一直坚称是厂家直销的正品，然而，货到后开箱一看，多数零部件都有裸露在上的锡焊接点和焊接线……杜女士表示，焊接点处若含铅，直接接触皮肤，担心久而久之会引起孩子铅中毒……记者走访市场上的部分文具店和玩具店发现，目前市面上部分玩具店和文具店都在销售迪宝乐益智拼插玩具，打开外包装查看，确实存在杜女士说的这种情况。记者询问商家，商家均表示，这是正常现象，不属于质量问题……记者采访了山东理工大学化学工程学院毕玉遂教授。据介绍，因为铅是重金属，如果含铅量超标，那么一定会对人体产生危害。不过，此玩具是不是含铅还需要到专业部门进行检测，只凭感觉是看不出来的，所以家长也不必过于多虑。”

电学小子玩具厂在其网店上展示“电学小子 PK 山寨产品”比较广告时，在“山寨产品无质量可言，山寨厂家，用二手材料，质量不可靠，影响孩子健康”与“山寨产品无安全可言，电子元件裸露容易发生划伤和其他伤害性出现，不安全”的介绍文字中间，插入了《迪宝乐益智拼插玩具做工粗糙家长担心铅中毒》的题目和配图，并标识有“2015-02-04 18：19 来源：鲁中晨报”，其中虽然“迪宝乐”三字作了模糊处理，但仍能看出“宝乐”两字。

二审判理和结果

二审法院认为，本案争议焦点为：1. 电学小子玩具厂所作的其于 1998 年成立的宣传是否构成虚假宣传；2. 电学小子玩具厂在比较广告中使用的内容是否构成对迪宝乐公司的商业诋毁。

第一，关于电学小子玩具厂所作的其于 1998 年成立的宣传是否构成虚假宣传的问题。《反不正当竞争法》所规制的虚假宣传对象，既包括商品或者服务的信息，也包括商品或者服务的生产者、提供者的信息。一审判决将虚假宣传的对象限定为商品，进而认为对公司成立时间的宣传不构成虚假宣传，属于适用法律不当，二审法院予以纠正。一般而言，经营者成立时间越早、存续时间越长，表明其经营能力、管理水平、商品服务质量越好，从而为经营者带来一定的竞争优势。本案中，电学小子玩具厂成立于 2014 年 11 月 7 日，却在公司简介中宣传“自 1998 年建厂以来，我厂一直秉承……”，该宣传内容会使相关公众认为电学小子玩具厂已于 1998 年成立，并一直经营至今，从而为其带来竞争优势。在电学小子玩具厂未能举证证明其已于 1998 年开始经营的情况下，上述宣传内容构成虚假宣传。

第二，关于电学小子玩具厂在比较广告中使用的内容是否构成对迪宝乐公司的商业诋毁的问题。双方当事人对于电学小子玩具厂在比较广告中是否编造、传播虚假信息或者误导性信息，以及迪宝乐公司是否为被诉商业诋毁行为的特定损害对象产生争议。对此，二审法院认为，电学小子玩具厂虽主张其引用的内容来自搜狐网，但是，首先，从引用的来源来看，搜狐网上记载该文章的发布者为“亲贝网”，并未标识来源于《鲁中晨报》，而且电学小子玩具厂在引用该文章题目时，刻意标识文章来源于《鲁中晨报》，而《鲁中晨报》的文章题目并未标明迪宝乐品牌，文章中专家也指出“此玩具是不是含铅还需要到专业部门进行检测，只凭感觉是看不出来的”，即该文章并未作出迪宝乐玩具含铅量超标，影响儿童身体健康的结论。但电学小子玩具厂使用“迪宝乐益智拼插玩具做工粗糙　家长担心铅中毒”的题目，对上述事实进行了片面的、模糊的描述，会使相关公众误认为迪宝乐益智拼插玩具存在质量问题。其次，从使用的情形来看，电学小子玩具厂在宣传“山寨产品无质量可言，山寨厂家，用二手材料，质量不可靠，影响孩子健康”后，就引用该文章题目和配图，文章题目使用的“做工粗糙”“铅中毒”字眼与上文的“质量不可靠”“影响孩子健康”信息相对应，会使相关公众将该文章题目指向的产品与上述山寨产品联系起来，认为该文章指向的迪宝乐产品存在质量问题，会影响儿童身体健康。最后，从使用的主观意图来看，一般而言，传统新闻媒体发布的时事新闻更具有权威性和客观性，更易取得相关公众的信任。电学小子玩具厂使用搜狐网上具有歧义的文章题目，并刻意篡改文章的发布主体，其主观意图在于使相关公众信任文章题目传播的信息的真实性和权威性。从电学小子玩具厂对“迪宝乐”三字作模糊处理的事实，也可印证其知晓该文章题目传达的信息与《鲁中晨报》报道的信息不一致，否则无须刻意模糊“迪宝乐”三字。由此可见，电学小子玩具厂具有编造、传播误导性信息的主观故意。综合上述事实，可以认定电学小子玩具厂在比较广告中编造、传播了误导性信息。

至于迪宝乐公司是否为被诉商业诋毁行为的特定损害对象，二审法院认为，商业诋毁对象的特定化，既可以是明确指明的对象，也可以是根据诋毁内容、经营者具体特征等客观事实识别出的对象。本案中，电学小子玩具厂主张其已经对“迪宝乐”三字进行了模糊处理，而且字体较小，消费者根本不会留意。但从涉案文章题目的使用情形来看，经过电学小子玩具厂模糊处理的“迪宝乐”三字中，“宝乐”两个字仍然能够看清，结合一、二审法院查明的事实以及迪宝乐公司在儿童积木产品上的知名度可知，相关公众仍然能识别出上述模糊处理的字就是“迪宝乐”，从而与迪宝乐公司联系起来。另外，涉案电子积木的使用主体为儿童，其安全性是购买该类产品的相关公众首要考虑的因素，当相关公众看到涉案文章题目所传达出的儿童拼插玩具做工粗糙，会造成儿童铅中毒的信息，并且该报道来源于具有权威性的新闻媒体时，相关公众会更关注该文章题目中被模糊处理文字，认真辨别该文字所指向的品牌。甚至部分相关公众会从互联网搜索关键字，以确定被模糊处理的品牌。从迪宝乐公司二审提交的对“益智拼插玩具做工粗糙 家长担心铅中毒”等关键字的检索结果来看，上述关键字检索能够得出与上述文章题目完全一致的内容，并且未对“迪宝乐”三字进行模糊处理，从而明确指向迪宝乐公司。由此可见，迪宝乐公司为被诉商业诋毁行为的特定损害对象。综上，电学小子玩具厂通过编造、传播迪宝乐公司益智拼插玩具做工粗糙，会造成儿童铅中毒的误导性信息，使相关公众对迪宝乐公司及其产品产生否定性评价，损害了迪宝乐公司的商业信誉和商品声誉，构成对迪宝乐公司的商业诋毁。

第三，关于电学小子玩具厂应承担的民事责任。迪宝乐公司要求电学小子玩具厂停止其虚假宣传公司成立时间的诉请于法有据，二审法院予以支持。但由于电学小子玩具厂已于诉讼中删除涉案商业诋毁的相关内容，故二审法院对迪宝乐公司要求电学小子玩具厂停止商业诋毁的诉请不再判处。关于赔礼道歉的问题，赔礼道歉主要适用于侵害人身权的场合，商业诋毁侵害的是商誉权，造成的损失系财产利益损失，故商业诋毁行为不应当适用赔礼道歉的法律责任，二审法院对迪宝乐公司该项诉请不予支持。关于赔偿损失的问题，迪宝乐公司未举证证明其因电学小子玩具厂的虚假宣传行为而遭受损失，故二审法院对迪宝乐公司要求电学小子玩具厂就其虚假宣传行为承担赔偿责任的诉请，不予支持。鉴于迪宝乐公司未举证证明因商业诋毁行为所受损失或者电学小子玩具厂因此所获利益的具体数额，二审法院综合考虑迪宝乐公司的知名度、电学小子玩具厂的经营规模、商业诋毁行为的性质、情节、影响范围、主观过错程度、迪宝乐公司为维权所支出的必要合理费用等因素，酌情确定电学小子玩具厂赔偿迪宝乐公司经济损失（含维权合理开支）100000 元。

据此，二审法院判决：1. 撤销一审判决；2. 电学小子玩具厂停止在其经营的淘宝网店“电学小子厂家企业店”中作出的汕头市澄海区电学小子玩具厂于1998 年建厂的宣传；3. 电学小子玩具厂赔偿迪宝乐公司经济损失（含维权合理开支）100000 元；4. 驳回迪宝乐公司的其他诉讼请求。

【法官评述】

本案主要涉及如何对不正当竞争行为中的虚假宣传、商业诋毁进行准确认定的问题。

关于虚假宣传的认定。根据《反不正当竞争法》第八条、《最高人民法院关于适用〈反不正当竞争法〉若干问题的解释》第十七条的规定可知,《反不正当竞争法》所规制的虚假宣传对象,既包括商品或者服务的信息,也包括商品或者服务的生产者、提供者的信息。具体到本案,不能将虚假宣传的对象仅限定为商品,进而认为对公司成立时间的宣传不符合虚假宣传的构成要件。一般而言,经营者成立时间越早、存续时间越长,表明其经营能力、管理水平、商品服务质量越好,从而为经营者带来一定的竞争优势。因此,在当事人实际登记成立日期为2014年,且未能举证证明其确已于1998年开始经营的情况下,其关于“自1998年建厂以来……”的宣传内容应当认定构成虚假宣传。

关于商业诋毁的认定。首先需要考虑行为人是否编造、传播了虚假信息或者误导性信息,其次考察该行为是否产生误导的后果,损害竞争对手的商业信誉、商品声誉;考察是否对竞争对手造成商业信誉、商品声誉损害时,不应仅考虑是否造成实际损害,亦应当考虑造成损害的可能性。如果行为与损害结果之间存在因果关系,则应当认定被诉侵权行为构成商业诋毁,行为人应当承担相应的民事责任。本案在审理过程中,综合评估了商业诋毁对象的特定化和商业诋毁行为是否需要造成直接损害的问题,根据本案现有证据、迪宝乐公司的知名度、涉案商品所处行业消费者的注意力,结合行为人的主观状态,认定被诉侵权行为构成商业诋毁,进一步厘清了商业诋毁行为的认定依据,依法保障了当事人的合法权益,为商业诋毁的不正当竞争审判提供了借鉴价值。

编写人:广州知识产权法院　蔡健和　王冠燕

(编辑:邓志愿)

39

宝索公司与德凯隆公司、李某安等侵害技术秘密纠纷案

阅读提示：关联刑事判决认定的经济损害后果对民事侵权诉讼中赔偿数额的影响。

【裁判要旨】

本案是一起典型的刑民交叉技术秘密侵权案件，在确定侵权赔偿数额时，没有简单、机械照搬关联刑事判决所认定的经济损害后果，而是依据刑民不同法律体系对关联事实的不同认定规则，将刑事认定损失作为其中一个考量因素，结合权利人的主张对被诉侵权事实发生前、后涉案技术秘密价值的变化，以及各侵权人的实际侵权情节进行分析论述，从而明晰各侵权人的赔偿责任。

【案号】

一审：广州知识产权法院（2021）粤73知民初866号

【案情与裁判】

原告：佛山市宝索机械制造有限公司（简称宝索公司）

被告：河南省德凯隆纸品机械有限公司（简称德凯隆公司）

被告：李某安

被告：谭某光

被告：杜某旗

被告：杨某朋

起诉与答辩

宝索公司起诉称，宝索公司是研发、生产纸巾机械等设备的大型企业，长期采取保密制度。案发时，谭某光、李某安分别是宝索公司在职技术人员和前员工。杨某朋、杜某旗分别是德凯隆公司投资人和员工。2018 年 6 月至 2019 年 2 月，五被告多次共谋合作，盗取宝索公司的成套纸巾设备机械设计图纸，德凯隆公司使用图纸成功试生产和出售了设备。本案被侵害技术秘密涉及 YH 抽式面巾纸折叠机 3 个型号，YD–PL 有芯 / 无芯复卷生产线 1 个型号，上述型号技术信息许可使用基础入门费合计 230 万元。五被告共同故意侵害宝索公司技术秘密性质恶劣，宝索公司参照许可使用费的倍数要求德凯隆公司、李某安、杜某旗、杨某朋连带赔偿经济损失以及为制止侵权的合理支出。同时，鉴于谭某光在公安侦查期间如实交代悔过，庭审中认罪认罚，故免予要求其进行民事赔偿。请求法院判令：1. 各被告立即停止侵害宝索公司生活用纸加工机械设备技术秘密的不正当竞争行为，删除、销毁非法获取的宝索公司技术图纸等载有技术秘密的文件资料；2. 德凯隆公司、李某安、杜某旗、杨某朋连带赔偿宝索公司经济损失 350 万元、为制止侵权的合理支出 20 万元，合计 370 万元。

德凯隆公司、杨某朋、杜某旗共同辩称，1. 杨某朋系德凯隆公司股东及工作人员，杜某旗是德凯隆公司一般生产工作人员。二人涉案行为是执行德凯隆公司的职务行为，不应对宝索公司承担民事责任。2. 德凯隆公司等三被告不知道也不应当知道宝索公司是所诉技术秘密的权利人，有理由相信李某安、谭某光是所转让技术的合法持有人。德凯隆公司有偿受让取得有关技术资料，没有采取不正当方式。3. 没有充分证据证明德凯隆公司等三被告有共同非法获取宝索公司技术秘密的主观意思联络和客观行为，不应认定德凯隆公司等三被告与谭某光、李某安构成民事共同侵权。4. 宝索公司主张损失 370 万元依据不足，不应认定。（1）宝索公司所诉的技术秘密并非经李某安、谭某光转卖给德凯隆公司一家，还转卖给其他多人。即使造成了损失，也并非因谭某光、李某安转让给德凯隆公司一家所导致的。（2）宝索公司与宝进公司签订的《专有技术许可合同》不具有客观真实性，不应作为证明损失的有效证据。（3）宝索公司许可宝进公司制造的目标产品，与谭某光、李某安发送给德凯隆公司的图纸对应的产品不一致。另根据涉案司法鉴定意见书的内容，宝索公司拥有的技术秘密不仅包括图纸信息和整机，还包括物料清单、零部件生产中的重点工序和工艺等，德凯隆公司接收的资料仅是图纸资料。故宝索公司按照许可费的倍数计算损失不具有客观合理性。（4）由于接收的图纸不完整，技术信息不全面，部分图纸进行了修改，导致德凯隆公司并未生产出预期的合格产品。YH175-1500只试生产和销售了2台（每台售价12万元）产品就已停产；YH175-2000只试生产和出售了1台，被退回后亦未再生产；YDEL200-3000进行了试生产，但未能正式生产出合格产品；YH180-3000未进行试生产。故李某安、谭某光将所获取的部分技术信息有偿转让给德凯隆公司的行为并未对宝索公司的产品市场造成实质影响，也未给宝索公司造成实际损失。即使有损失，也应由谭某光、李某安承担。5. 德凯隆公司已经放弃对该技术的使用，德凯隆公司、杜某旗、杨某朋已经将有关技术资料全部彻底删除、销毁。宝索公司要求德凯隆公司等三被告停止侵权，删除、销毁相关文件资料已经没有必要和意义。

李某安辩称，1. 涉案技术秘密和其之前的工作毫无关系，其在宝索公司任职期间负责电气软件的相关工作，并不接触机械图纸，不知道涉案新型机器型号与相关机械图纸以及起诉状提及的保密制度、保密协议。2. 其没有叫过刘某健去帮德凯隆公司调试机器，也没有教唆谭某光窃取宝索公司技术秘密，全程仅负责电气部分的调试。其没有犯罪，相关刑事案件是冤假错案，已申请再审，在本案中没有侵权，不应赔偿。

谭某光辩称，1. 其并非本案适格主体。2. 因涉嫌侵犯商业秘密罪，其自2019年4月8日被刑事拘留至2021年4月7日刑满释放，其间工作电脑、工作账户均被宝索公司收回，实际上已经停止了侵害技术秘密的行为。

一审审理查明

宝索公司明确本案请求保护的技术秘密是自主研发的YH175-1500抽式面巾纸折叠机、YH175-2000抽式面巾纸折叠机，YH175-3000抽式面巾纸折叠机及YD-PL200C-2900复卷机生活用纸加工机械设备生产技术信息，载体是该四款型号设备的技术图纸。

广东省佛山市南海区人民法院（2020）粤0605刑初170号生效刑事判决查明：

“被害单位宝索公司是一家研发、生产、销售机械设备、电气设备的有限责任公司，独立研发并生产了YH系列抽式面巾纸折叠机、YD-PL（原名YDEL）系列卷纸复卷机等纸巾机械设备，市场前景良好。为确保竞争优势，宝索公司对上述设备的生产图纸等不为公众所知悉的技术资料实施了保密措施，应用PDM图纸管理系统限制图纸使用权限，通过网关检查限制文件对外发送，制定了《图纸申请使用规定》《技术文件发放管理规定》《科研中心保密管理规定》等一系列制度，明确规定‘科研中心技术人员打印图纸，一律需文控管理员登记图号和数量；生产管理部、品管中心可登录服务器查看电子版图纸’，并规定使用纸质版图纸及电子版图纸均需经过相关负责人员同意；‘非工作需要，严禁将技术资料给其他与此工作不相关的人员查看、发放甚至拷贝’；‘技术委员会人员必须逐个检查发出的文件是否符合规定，特别是输出文件有没有超出发送范围；技术委员会人员登记好相关发送人员、发送目标、邮箱等信息；技术委员会人员将文件转至外网，使用公司邮箱进行统一发放’。此外，宝索公司还在劳动合同中明确员工应负保密义务，并专门与涉密的员工签订了保密协议。

被告人谭某光于2011年3月入职宝索公司并与之签订劳动合同及保密协议约定保密义务，职位为科研中心助理工程师（后转为工程师），负责纸巾机械设备如YH系列抽式面巾纸折叠机的研发。被告人李某安于2011年7月入职宝索公司并与之签订劳动合同约定保密义务，职位为研发中心电气工程师。2015年4月，李某安从宝索公司离职。

2018年5月，被告人李某安找到被告人谭某光，提出由谭某光提供宝索公司的纸巾机械设备图纸给德凯隆公司，获得的好处费由两人按比例分配，谭某光表示同意。2018年6月至2019年2月，二人多次将从宝索公司非法获取的纸巾机械设备图纸提供给德凯隆公司并收取利益。具体如下：

1. 2018年6月，被告人谭某光通过宝索公司PDM图纸管理系统下载了YH175-1500和YH175-2000抽式面巾纸折叠机的设计图纸，通过修改文件后缀名将图纸伪装成自动生成的备份文件逃避网关检查的方式，将图纸发送至自己邮箱，并将图纸名称修改为‘CZ-1500’和‘CZ-2000’后再转发给被告人李某安，由李某安转发给德凯隆公司。

2. 2018年10月，被告人谭某光使用宝索公司其他员工的账号登录PDM图纸管理系统下载了YDEL200-3000卷纸复卷机的设计图纸，通过上述同种方式将图纸发送至自己的邮箱，将图纸名称修改为‘FJ200’后再转发给被告人李某安，由李某安转发给德凯隆公司。

3. 2019年2月，被告人谭某光通过宝索公司PDM图纸管理系统下载了YH180-3000抽式面巾纸折叠机的设计图纸，通过上述同种方式将图纸发送至自己邮箱。因该图相关尺寸与德凯隆公司的要求不符，谭某光修改了部分内容后将图纸名称修改为‘CZ175-3000’再转发给被告人李某安，由李某安转发给德凯隆公司。

通过上述行为，被告人李某安共收取德凯隆公司22万元，其中110594.5

元转付给被告人谭某光作为好处费。2019 年 4 月 8 日和同月 17 日，谭某光、李某安先后被抓获归案。

经鉴定，被告人谭某光、李某安盗取的 YH 抽式面巾纸折叠机设计图纸所包含的技术信息属于不为公众所知悉的技术信息。两被告人侵犯商业秘密的行为至少给被害单位宝索公司造成损失 230 万元。”

广东省佛山市南海区人民法院据此认定谭某光、李某安均已构成侵犯商业秘密罪。

宝索公司称其“YH 抽式面巾纸折叠机”系列（以下简称 YH 系列）系用于将原纸进行退卷、横切、折叠后生产出可抽取的纸巾的设备；“YD-PL 有芯 / 无芯集成复卷生产线”系列（以下简称 YD-PL 系列）用于生产有芯卷纸、无芯卷纸等产品。两个系列均可根据客户需要（YH 系列各机型的命名取决于成品展开尺寸和原纸宽度，YD-PL 系列各机型的命名取决于机器设计速度和适用的原纸宽度）生产不同规格的折叠面巾纸产品，定制不同幅宽的机型或卷纸类复卷生产线；同一系列不同型号设备的设计方案、设计原理及技术秘密点均一致。

广东省知识产权保护中心司法鉴定所出具粤知司鉴所〔2019〕鉴字第 31、32 号司法鉴定意见书，鉴定认为宝索公司的纸巾机械（YD-PL 卷纸复卷生产线）/ 纸巾机械（YH 抽式面巾纸折叠机）设计图纸所包含的技术信息属于不为公众所知悉的技术信息。宝索公司提交了 YDPL200C-2900 复卷机图纸相应技术秘密点说明，与其在第 31 号司法鉴定意见书中作为鉴定材料使用的同名图纸及相应技术秘密点说明相同；提交了 YH175-1500 抽式面巾纸折叠机设计图纸相应技术秘密点说明，与其在第 32 号司法鉴定意见书中作为鉴定材料使用的同名图纸及相应技术秘密点说明相同。

（2020）粤 0605 刑初 170 号刑事案件中，谭某光、李某安二人的供述及辨认笔录、杨某朋的证言及辨认笔录、民警提取的电子证据、涉案人员微信聊天记录、宝索公司的报案材料等，证实五被告共谋合作实施了涉案侵权行为，李某安最初与德凯隆公司股东杨某朋接触，之后牵线搭桥谭某光并负责与德凯隆公司的中间联络，明知涉案技术信息是通过不正当方式获取，仍予获取、披露甚至亲赴德凯隆公司协助后者使用，还负责不法利益的收取和分配；杜某旗作为德凯隆公司的工作人员，明知涉案技术信息为通过不正当手段获取，仍获取并披露给德凯隆公司使用；谭某光以不正当手段从宝索公司处获取的技术图纸涉及本案所涉的 YH、YD-PL 系列，及本案未涉及的 YH-FD 系列合共三个系列的六种机型（本案涉及两个系列四种机型）；谭某光、李某安二人意图兜售宝索公司秘密技术信息牟利的客户或潜在客户不止德凯隆公司一家。

宝索公司与案外人宝进公司签订的《专有技术实施许可合同》约定，宝索公司向宝进公司提供 YH 和 YD-PL 系列相关机械生产图纸及零部件制造工序单、技术文档等；许可方式为不可转让的排他许可；许可制造的目标产品为 YH175-1500、YH175-2000、YD-PL200C-2900、YD-PL200C-3000；许可期限为六年（自 2020 年 6 月 18 日起至 2026 年 6 月 17 日止）；许可费用由一次性入门基础费与固定年费构成，合同项下一次性入门基础费为 230 万元（YH 抽式面巾纸折叠机一次性入门费 55 万元 / 型号，YD-PL 有芯 / 无芯复卷生产线一次性入门费 60 万元 / 型号），从第二年度开始固定年费为 60 万元（15 万元 / 型号 / 年）。宝索公司请求参照上述许可费的合理倍数（参考被告的侵权恶意给予惩罚性赔偿）主张本案经济损失 350 万元。维权费用方面，宝索公司称鉴定费为 16 万元（每份 8 万元 ×2 份），律师费为 4 万元，合共 20 万元。

一审判理和结果

一审法院经审理认为，谭某光就职宝索公司期间以不正当手段获取宝索公司技术秘密，为《反不正当竞争法》第九条所指的经营者。宝索公司涉案技术信息具有保密性、秘密性和价值性，德凯隆公司使用的技术信息与宝索公司涉案技术信息实质相似。五被告均知道或应该知道宝索公司涉案技术信息处于保密状态且商业价值高，仍合谋合作实施非法获取、使用行为，共同侵害了宝索公司技术秘密，应承担停止侵权、赔偿损失等侵权责任。关于经济损失数额，关联刑事案件认定谭某光、李某安至少给宝索公司造成 230 万元的经济损失。本案中，宝索公司主张经济损失 350 万元，维权合理费用 20 万元。一审法院考虑谭某光、李某安二人已服刑，德凯隆公司售出产品被退回且已全面停产，未再继续侵权，宝索公司市场实际未被挤占，涉案技术信息处于保密状态且许可费仍维持在高位，未给宝索公司造成严重经济损失，而关联刑事案件证据显示谭某光、李某安二人非法获取的秘密技术信息多于本案，售卖牟利的对象不止德凯隆公司一家，故共同民事侵权行为所造成的宝索公司经济损失应少于生效刑事判决认定的 230 万元。

综上，一审法院参考宝索公司涉案技术信息的排他实施许可收费，酌情支持宝索公司经济损失 120 万元、合理开支 10 万元。结合各被告的侵权受益情况、恶劣程度等，依照《反不正当竞争法》第九条、第十七条，《最高人民法院关于审理不正当竞争民事案件应用法律若干问题的解释》第十七条第一款的规定，判决：1. 德凯隆公司、李某安、谭某光、杨某朋、杜某旗于判决发生法律效力之日起停止侵害宝索公司涉案技术秘密，并删除、销毁记载涉案技术秘密的文件资料；2. 德凯隆公司于判决发生法律效力之日起十日内赔偿宝索公司经济损失 120 万元及合理开支 10 万元，杨某朋对前述赔偿数额承担全部连带责任，李某安、杜某旗对前述赔偿数额分别在 40 万元、10 万元范围内承担连带责任；3. 驳回宝索公司的其他诉讼请求。

本案一审宣判后，因德凯隆公司、杨某明、杜某旗、李某安上诉，目前尚处于二审审理中。

【法官评述】

本案是一起典型的刑民交叉技术秘密侵权案件，权利人先通过刑事诉讼固定侵权证据，再据此提起民事侵权诉讼。

一、关联刑事诉讼对在后民事诉讼的影响

先刑后民的诉讼模式为权利人最常采用的维权方式，一是因为侵权人作为关联刑事案件中的被告人，其侵权性质、分工模式和产品销售规模等事实基本上已经在刑事诉讼中得以查明，民事案件诉讼中的举证难度大幅降低。二是因为刑事判决的既判力，一般而言，由于刑事判决侧重于对社会利益和公正秩序的保护以及其对于证据采纳有更高的标准，民事判决一般不得作出与刑事判决相矛盾的结论。《最高人民法院关于适用〈中华人民共和国民事诉讼法〉的解释》第九十三条规定，已为人民法院发生法律效力的裁判所确认的事实，当事人无需举证证明，当事人有相反证据足以推翻的除外。根据该规定，已经发生效力的关联刑事判决所认定的侵权事实，民事侵权诉讼法院应予以直接认定，除非当事人有相反证据足以推翻。

二、刑民交叉的具体表现

刑民交叉案件是指刑事犯罪与民事不法存在竞合的案件，二者既存在重合的部分，亦存在不同的外延。首先，主体部分交叉，包括犯罪主体和侵权主体、被害人和权利人的交叉。刑事案件中的被告人、被害人并不当然与民事案件中的侵权人、权利人一一对应，比如本案关联刑事被告人仅有窃取和兜售技术秘密的谭某光、李某安二人，民事侵权诉讼的被告还涉及接收侵权技术秘密的德凯隆公司及杨某明、杜某旗。其次，犯罪行为与侵权行为交叉。由于犯罪主体与侵权主体不同，与其相关的行为也不尽然相同，关联刑事案件认定谭某光、李某安二人窃取的机械图纸就多于民事案件的涉案图纸，意图兜售的客户或潜在客户也不止被害单位德凯隆公司一家。最后，导致的经济损害后果交义。由于窃取的图纸更多，兜售范围更广，谭某光、李某安二人一连串犯罪行为所得就多于民事案件中与其他被告共同侵权给宝索公司造成的损失。如果说以上交叉重合部分是刑民案件关联和处理方向的关键，那么不同的外延部分就是在后审理的民事案件综合刑民法律体系、直接适用民事法律规则的空间。

三、刑事案件认定的经济损害后果可作为民事侵权赔偿数额的考量因素

刑事侵犯商业秘密罪与民事侵害商业秘密的构成要件不同，对行为人因此造成的危害后果包括经济损失的认定范围也不同。本案中，若将生效刑事判决认定的谭某光、李某安犯罪行为造成的宝索公司经济损害后果，简单替换为本案五被告共同民事侵权行为所造成的宝索公司经济损失，实有违“责罚相当”的法治理念。既不能精准惩治不法行为，更不能起到正面引导作用。因此，本案判决综合了被诉侵权事实发生前、后涉案技术秘密价值的变化，以及各被告的实际侵权情节，在参考宝索公司涉案技术信息排他实施许可收费的基础上，对经济损失数额作出了与刑事案件经济损害后果不同的认定。

本案判决没有简单机械地直接参照关联刑事案件认定的被害人损害后果，而是依据刑、民不同法律体系对关联事实的不同认定规则进行充分的论证说理，进而在经济损失数额上作出了与刑事案件判决不同的认定，对纠正刑民无差别、民事举证无用的错误认识具有引导和促进作用。

编写人：广州知识产权法院　郭小玲　邓文婷

（编辑：邓文婷）

植物新品种权案件

40

棕科公司与浪升合作社侵害植物新品种权纠纷案

阅读提示：侵害植物新品种权纠纷案中侵权认定依据及惩罚性赔偿适用条件。

【裁判要旨】

植物新品种权审定过程采用田间观察检测法来判定品种的特征、特性，而木本类植物品种众多，木本类植物新品种权的审批机关未设品种保藏中心，缺乏现成的木本类植物授权品种基因指纹图谱，因此，在木本类植物新品种侵权纠纷中，往往因缺乏授权品种的基因指纹图谱，导致难以通过基因指纹图谱检测法，对被诉植物繁殖材料的特征、特性与授权植物新品种是否相同进行判定。可在当事人协商一致的情况下，选取授权品种样本构建其基因指纹图谱，随机选取多份授权品种的活体叶芽样品，并检测多份样品之间的DNA指纹图谱一致性，形成授权品种的基因指纹图谱，以此作为基础判定被诉繁殖植物的特征、特性与授权品种是否相同，从而解决检测植物品种特征的难题，为认定侵权责任奠定基础。侵害植物新品种权纠纷中的惩罚性赔偿适用条件在司法解释中已作出相应指引，故对于权利人提出的惩罚性赔偿主张应依据司法解释中的五类情形进行审查。

【案号】

一审：广州知识产权法院（2020）粤73知民初326号

二审：最高人民法院（2022）最高法知民终1208号

【案情与裁判】

原告：广州棕科园艺开发有限公司（简称棕科公司）

被告：高州市浪升种植专业合作社（简称浪升合作社）

起诉与答辩

棕科公司起诉称，棕榈公司系植物新品种“夏梦衍平”的权利人，该品种属种为山茶属，通过枝芽嫁接或扦插繁殖，属于无性繁殖，整株植物皆为繁殖材料，保护期限为20年。棕榈公司将涉案新品种权独家许可授权给棕科公司进行独家商业开发经营，并授权棕科公司可就植物新品种开发经营活动发生的侵权事件进行维权。2019年，棕科公司发现浪升合作社未经许可，种植、扦插、嫁接“夏梦衍平”植物，属于非法生产授权品种繁殖材料的侵权行为，损害了棕科公司的植物新品种销售市场和品种权人的利益。棕科公司诉请：1. 判令浪升合作社停止生产、繁殖、销售植物新品种“夏梦衍平”（品种权号20130110）的繁殖材料整株植物，对侵权的山茶花作灭活处理；2. 判令浪升合作社赔偿棕科公司经济损失846000元及维权开支共计10400元。

浪升合作社答辩称，1. 被诉山茶是否构成侵权，应由有资质的机构作出专业鉴定；2. 涉案种植花场系与新大洲花木场合作设立，被诉山茶均来源于新大洲花木场，有合法授权；3. 棕科公司主张的赔偿数额过高，维权费用于法无据。

一审审理查明

棕榈公司为20130110号植物新品种“夏梦衍平”的权利人，“夏梦衍平”品种的繁殖方式为“可用嫁接无性繁殖方式进行扩繁”。2016年9月28日，棕榈公司与棕科公司签订《山茶新品种商业经营独家许可协议》约定，棕榈公司所有获得授权的山茶新品种权，按照独家许可的方式授权给棕科公司，由棕科公司作为棕榈公司唯一授权单位，在许可范围内进行独家商业开发经营，并约定0~600万株的许可费为1740万元，单价为2.9元/株；600万株以上部分，单价1.45元/株，按实结算。棕榈公司还出具《关于全权委托广州棕科园艺开发有限公司开展山茶植物新品种维权的授权书》，授权棕科公司可对侵害涉案新品种权的行为以自己名义起诉维权。

2020年5月12日，棕科公司经公证在浪升合作社经营的浪升茶花种植基地购买取得35袋规格的“夏梦衍平”山茶花2棵，每棵200元。棕科公司主张在浪升茶花种植基地购买取得的“夏梦衍平”山茶花侵害其涉案植物新品种权。

经棕科公司与浪升合作社协商达成一致意见，确定由中国林业科学研究院林业研究所的国家林草局植物新品种分子测定实验室采用基因指纹图谱检测法，对被诉植物繁殖材料与涉案授权植物新品种的特征、特性是否相同进行检测。中国林业科学研究院林业研究所出具的《植物品种分子标记检测报告》（以下简称《检测报告》）载明，国家林草局植物新品种分子测定实验室对“山茶属授权品种‘夏梦衍平’（X01）与疑似侵权品种（Y01）之间DNA指纹图谱差异”进行检测，检测依据（标准）为“NY2594-2016植物品种鉴定DNA分子标记法－总则”，技术手段为SSR分子标记法，每个品种随机选取3份样品进行检测，不满足3份样品则全部检测，验证每个品种样品间的一致性。检测结果包括：1. 20个位点在品种X01和Y01中有效扩增；2. X01的3份样品DNA指纹图谱完全一致，Y01的2份样品DNA指纹图谱完全一致；3. X01与Y01在20个SSR位点上差异位点数为0。检测结论为：1. 送检品种“X01”与“Y01”均符合品种一致性要求；2. 在20个位点上，疑似侵权品种（Y01）与“夏梦衍平”（X01）DNA指纹图谱完全一致。

一审判理和结果

一审法院审理认为，棕科公司经“夏梦衍平”植物品种权人棕榈公司授权取得该品种独占实施权，依法享有本案诉讼主体资格。任何单位或者个人未经品种权人许可，不得生产、繁殖和销售该品种繁殖材料。

关于棕科公司在浪升合作社的种植场内购买取得被诉侵权植物的过程，有涉案公证书予以证实，且浪升合作社对该事实亦无异议，可认定浪升合作社实施有生产、繁殖、销售被诉侵权植物的行为。

本案的争议焦点在于：浪升合作社的被诉侵权植物与涉案授权品种的特征、特性是否相同。《民事诉讼法》（2017年修正）第七十六条规定，当事人可以就查明事实的专门性问题向人民法院申请鉴定。当事人申请鉴定的，由双方当事人协商确定具备资格的鉴定人；协商不成的，由人民法院指定。《最高人民法院关于审理侵害植物新品种权纠纷案件具体应用法律问题的若干规定》第三条规定，侵害植物新品种权纠纷案件涉及的专门性问题需要鉴定的，由双方当事人协商确定的有鉴定资格的鉴定机构、鉴定人鉴定；协商不成的，由人民法院指定的有鉴定资格的鉴定机构、鉴定人鉴定。没有前款规定的鉴定机构、鉴定人的，由具有相应品种检测技术水平的专业机构、专业人员鉴定。

本案中，关于被诉侵权植物与涉案授权品种的特征、特性是否相同的问题分析如下。首先，被诉繁殖植株Y01的样品是采样自棕科公司经公证取证后向广州知识产权法院提交的被诉侵权植株繁殖材料，一审法院已组织双方当事人当庭参与检测样品的随机取样过程，检测机构及检测方法均由双方当事人共同选定，上述《检测报告》由检测机构根据相关检测规范及标准作出，现浪升合作社关于被诉侵权植物的样品仅有1株，检测结果可能存在偏差的陈述，与《检测报告》载明被诉侵权植株的样品2份的事实不符，其既未能提交相反证据否定上述《检测报告》的检测结论，也未能举证证实上述《检测报告》的检测结论存疑，故应对涉案《检测报告》的结论予以采纳。其次，中国林业科学研究院林业研究所出具编号为CAFRIFDN AT2021001的《植物品种分子标记检测报告》载明，被诉侵权繁殖材料（Y01）与涉案授权品种“夏梦衍平”（X01）在20个SSR位点上差异位点数为0，检测结论为被诉侵权繁殖材料（Y01）与涉案授权品种“夏梦衍平”（X01）的DNA指纹图谱完全一致。故应认定被诉侵权物的特征、特性与涉案授权品种的特征、特性相同，浪升合作社生产、繁殖、销售的被诉侵权物属于涉案授权品种的繁殖材料。浪升合作社应停止生产、繁殖、销售被诉侵权繁殖材料。

关于赔偿责任的认定，考虑到棕科公司因被侵权所受到的实际损失及浪升合作社因侵权所获得的利益难以确定，且涉案授权品种的许可费用均按照植株数量计算，而被诉侵权植株的具体数据缺乏相关证据，故也缺少可以参照的植物新品种权许可使用费的倍数合理确定，因此考虑涉案植物新品种权的类型、涉案《山茶新品种商业经营独家许可协议》约定600万株以内的许可费为2.9元/株的标准、35袋规格“夏梦衍平”的销售价格为每棵200元、《授权生产合作协议》约定的植株收入分成比例、种植面积、侵权期间及规模、维权合理开支等，酌情确定浪升合作社向棕科公司赔偿经济损失及维权合理开支共计40万元。棕科公司主张的惩罚性赔偿缺乏法律依据，不能成立。

综上，一审法院判决：1.浪升合作社立即停止生产、繁殖、销售侵害品种权号为20130110、名称为“夏梦衍平”植物新品种的繁殖材料；2.浪升合作社自判决生效之日起十日内赔偿棕科公司经济损失及维权合理开支共计40万元；3.驳回棕科公司的其他诉讼请求。

案件宣判后，浪升合作社不服一审判决提起上诉，二审法院审理后作出判决，驳回上诉，维持原判。

【法官评述】

本案属于侵害植物新品种权纠纷，主要涉及问题包括：

一、如何确定植物品种特征、特性的检测方法

侵害植物新品种权纠纷中，确定被诉侵权植物的特征与授权植物新品种是否相同的检测方法主要包括田间观察检测和基因指纹图谱检测两种。如选定田间观察检测法，需时可能达二至三年，不利于对权利人的保护，也不利于案件及时定纷止争。经我院释明，双方当事人协商确定由中国林业科学研究院林业研究所的国家林草局植物新品种分子测定实验室采用基因指纹图谱检测法进行检测。中国林业科学研究院林业研究所出具的《植物品种分子标记检测报告》载明，国家林草局植物新品种分子测定实验室对“山茶属授权品种‘夏梦衍平’（X01）与疑似侵权品种（Y01）之间 DNA 指纹图谱差异”进行检测，检测依据（标准）为“NY2594—2016 植物品种鉴定 DNA 分子标记法 – 总则”，技术手段为 SSR 分子标记法，每个品种随机选取 3 份样品进行检测，不满足 3 份样品则全部检测，验证每个品种样品间的一致性。检测结论包括：1. 送检品种“X01”与“Y01”均符合品种一致性要求。2. 在 20 个位点上，疑似侵权品种（Y01）与“夏梦衍平”（X01）DNA 指纹图谱完全一致。因此，应认定被诉侵权植物的特征、特性与涉案授权品种的特征、特性相同，棕科公司主张浪升合作社生产、繁殖、销售的被诉侵权植物属于涉案授权品种的繁殖材料的意见于法有据。

目前，在侵害植物新品种权纠纷中解决被诉侵权植物的特征、特性是否与授权植物新品种相同的问题，通常运用植物检测方法来实现。检测方法包括田间观察检测方法和基因指纹图谱检测方法，其中，基因指纹图谱检测方法涉及授权品种繁殖材料的特征、特性判定与被诉侵权植物繁殖材料的特征、特性判定问题。在草本类植物品种中，由于授权机构保存着授权品种的种子，故授权品种的基因指纹图谱可通过调取授权机构存放的种子或者该品种权原有的指纹图谱库来判定。但木本类植物品种在申请品种权时无须向授权机构提供用于保存的繁殖材料，因此，无法向授权机构调取植物新品种权的繁殖材料或指纹图谱作为检测基础，而需通过当事人提交的授权品种植物繁殖材料来构建该授权品种的基因指纹图谱。本案属于全国首次在茶花类植物侵权纠纷中使用基因指纹图谱检测方法，来分别确定授权植物新品种与被诉侵权植物繁殖材料的基因指纹图谱，并据此确定被诉侵权植物是否构成侵权。

二、如何合理确定侵权责任，协调促进种业振兴和保护乡村发展

在该类案件中，合理确定侵权责任，需考虑及时有效制止侵权行为，保护品种权利人的合法权益，还需考虑引导当地种植户的品种权法律意识，树立依

法种植的观念，真正促进乡村发展。关于侵权责任承担问题，对棕科公司诉请浪升合作社停止生产、繁殖、销售侵害涉案植物新品种权的繁殖材料的主张，一审法院予以支持。关于赔偿责任的确定，鉴于棕科公司未能举证证明其因被侵权所受到的实际损失及侵权人因侵权所获得的利益以及植物新品种权许可使用费，一审法院综合考虑涉案植物新品种权的类型、授权品种经营权的许可费标准、取证现场的种植规模、种植密度、植物冠幅大小、授权植株的市场价格、种植户的相同植株售价以及维权合理开支等因素，确定浪升合作社向棕科公司赔偿 40 万元。

三、关于侵害植物新品种权纠纷中的惩罚性赔偿适用条件

《种子法》(2015 年修订)第七十三条第三款规定，侵犯植物新品种权的赔偿数额按照权利人因被侵权所受到的实际损失确定；实际损失难以确定的，可以按照侵权人因侵权所获得的利益确定。权利人的损失或者侵权人获得的利益难以确定的，可以参照该植物新品种权许可使用费的倍数合理确定。赔偿数额应当包括权利人为制止侵权行为所支付的合理开支。侵犯植物新品种权，情节严重的，可以在按照上述方法确定数额的一倍以上三倍以下确定赔偿数额。《最高人民法院关于审理侵害植物新品种权纠纷案件具体应用法律问题的若干规定(二)》第十七条规定:“除有关法律和司法解释规定的情形以外，以下情形也可以认定为侵权行为情节严重:(一)因侵权被行政处罚或者法院裁判承担责任后，再次实施相同或者类似侵权行为;(二)以侵害品种权为业;(三)伪造品种权证书;(四)以无标识、标签的包装销售授权品种;(五)违反种子法第七十七条第一款第一项、第二项、第四项的规定;(六)拒不提供被诉侵权物的生产、繁殖、销售和储存地点。存在前款第一项至第五项情形的，在依法适用惩罚性赔偿时可以按照计算基数的二倍以上确定惩罚性赔偿数额。”因此，存在前述司法解释中所列出的五类情形是确定侵害植物新品种案件中的被诉侵权行为是否存在严重情节的依据和适用惩罚性赔偿责任的前提，在本案中，棕科公司请求适用惩罚性赔偿，但其未能举证证实浪升合作社存在符合适用关于惩罚性赔偿的法律规定情形，而且，棕科公司明确表示在本案中提出的诉请金额是按浪升合作社的侵权获利计算，因此，棕科公司要求适用惩罚性赔偿的主张依据不足。

中央全面深化改革委员会第二十次会议审议《种业振兴行动方案》时指出，农业现代化，种子是基础，必须把民族种业搞上去。加强种业知识产权保护，为种业振兴提供法治保障，是增强我国种业竞争力的最大激励。本案属于在诉讼中通过基因指纹图谱检测方法来确定茶花类木本植物品种特征的案件，案件的处理，高效保护了植物新品种权人的合法权益，有助于净化种业市场，激励保护原始创新，彰显依法促进种业振兴的司法理念，是保护本地育种企业的典型案例。

编写人：广州知识产权法院　黄彩丽

（编辑：耿照阳）

其他类型案件

41

区某与江门洗衣机厂
职务发明创造发明人奖励纠纷案

阅读提示：职务发明创造发明人、设计人奖励、报酬纠纷类案件的审理要点及裁判思路。

【裁判要旨】

职务发明创造发明人、设计人奖励、报酬纠纷类案件的审理，应立足于公平原则、鼓励创新原则，围绕职务发明创造存在的基础事实，逐一分析原告是否具有诉权及胜诉权、新旧法规如何衔接适用、双方是否存在事实劳动关系、如何确定奖励报酬支付主体及标准等重点问题，并充分考虑雇佣关系的特殊性，合理分配双方的举证义务。

【案号】

一审：广州知识产权法院（2021）粤 73 知民初 1154 号

【案情与裁判】

原告：区某

被告：江门洗衣机厂

起诉与答辩

区某诉称，其原系江门洗衣机厂及其关联企业员工，从事专利技术工作，退休后于 2007 年至 2019 年间受返聘担任顾问。返聘任职期间，区某作为发明人参与了“一种变频交流调速驱动的洗衣机”等八项发明专利的研发，江门洗衣机厂向国家知识产权局申请涉案八项发明专利并于 2008 年至 2010 年期间获得授权。区某自2010年起长达11年间多次向江门洗衣机厂提出按规定办理发放涉案专利职务发明人奖励的要求，江门洗衣机厂相关负责人几经变更均未能予以解决，遂提起本案诉讼，请求判令江门洗衣机厂向其支付职务发明奖励11850元、律师咨询费等合理开支2000元，并通报主管机关给予江门洗衣机厂行政处分。

江门洗衣机厂辩称，1.区某不是本案适格主体。区某自1994年12月起从江门洗衣机厂调入金羚电器有限公司（以下简称金羚公司），并在该公司工作至退休，其并非江门洗衣机厂职工，其向江门洗衣机厂主张职务发明创造人奖励没有法律依据。2.在2010年2月1日之前，法律没有强制性规定集体所有制企业应向职务发明创造的发明人支付具体奖励金额。根据《专利法实施细则》（2001年修正）第七十四条规定，向职务发明人发给最低不少于2000元奖金的主体仅限于被授予专利权的国有企业事业单位，而江门洗衣机厂属于集体所有制企业。3.区某在本案中的主张已过诉讼时效。根据《专利法》（2000年修正）第六十二条第一款和《专利法》（2008年修正）第六十八条第一款规定，侵犯专利权的诉讼时效为二年，故本案中区某主张权益的诉讼时效应为二年。涉案八项发明专利最晚授权公告日为2010年12月8日，区某直到2021年1月19日才向江门洗衣机厂主张职务发明创造的奖金，已超过诉讼时效近10年，而区某早在2000年8月即从事专利技术工作，对该诉讼时效的相关规定应当清楚。此外，区某起诉所称的张某明为金羚公司职工，并非江门洗衣机厂职工，其不能代表江门洗衣机厂。4.区某诉请奖励金额不当。2001年7月1日实施的《专利法实施细则》（2001年修正）规定职务发明奖金最低不少于2000元；2010年7月1日实施的《专利法实施细则》（2010年修正）则规定职务发明奖金最低不少于3000元，区某主张全部按照3000元标准计算明显不当。并且涉案发明仅有一项为区某单独作为发明人，其他七项专利发明人至少有2人以上，区某计算其应获奖励1.385万元没有依据。5.区某主张对江门洗衣机厂通报江门市国资委或其上级主管机关给予行政处分没有法律依据，行政管理事项不属于法院审理的范围。6.涉案八项发明基本没有使用，且在多年前因未缴年费终止失效。

一审审理查明

一、诉讼主体及劳动关系的相关事实

区某与江门洗衣机厂于1992年6月3日签订《专业技术职务聘任（任命）合同书》，约定聘任职务为工程师，工作任务职责为“能灵活运用专业技术知识解决所在部门的技术问题和厂部的有关科研项目”等，未约定聘任期限。1994年12月至2007年7月，区某在金羚公司工作，于2007年7月退休。2018年9月至2019年4月，江门洗衣机厂按月向区某支付返聘顾问劳务报酬1000元/月。金羚公司于2021年11月1日出具区某的任职证明，主要内容为“区某自1994年12月起从江门洗衣机厂调入我公司，2000年8月起担任我公司专利技术工程师，2001年担任我公司知识产权办公室主任，2007年7月1日起退休离职”。

江门洗衣机厂系成立于1983年7月26日的集体所有制企业，经营范围包括生产、销售家用电器等，2009年6月1日经营范围由金羚牌洗衣机及空调机系列产品变更为生产、销售家用电器等；2020年3月5日法定代表人由潘某变更为罗某。

江门金羚集团有限公司（以下简称金羚集团）系成立于1996年12月25日的有限责任公司（国有独资），经营范围包括投资办实业、生产销售家用电器等，主要人员包括罗某、潘某、梁某等，企业变更记录显示2008年12月26日变更后董事长为潘某；2019年12月25日法定代表人由潘某变更为罗某。

金羚公司系成立于1994年9月30日的有限责任公司（中外合资），经营范围包括生产和销售家用电器等，股东包括江门洗衣机厂，主要人员包括梁某等，潘某于2006年9月28日前为法定代表人，2011年12月28日投资人变更后任副董事长。

江门金羚日用电器有限公司系成立于2005年7月22日的其他有限责任公司，经营范围包括生产、销售家用电器及其相关配件产品等，股东包括江门洗衣机厂（持股比例99%），2006年12月31日法定代表人由麦某变更为潘某；2020年3月4日法定代表人由潘某变更为梁某。

区某主张江门洗衣机厂与金羚公司为“一体多照”集团式混同经营的主体，且其在金羚公司任职期间同时为江门洗衣机厂完成工作任务。经查，金羚集团官网截图中“集团简介”载有“江门金羚集团有限公司旗下成员企业包括江门洗衣机厂、江门金羚日用电器有限公司……金羚电器有限公司等多家企业”等内容；“发展历程”载有“1983年成立江门洗衣机厂”“1984年研发生产中国第一批全自动洗衣机（注册商标：金羚）”“1994年成立金羚集团”“1998年完成国家经贸委和国家技术监督局下达的编制《洗衣机模糊控制技术基本性能检测要求》国家标准的任务”等内容。金羚集团等企业的工商信息显示，金羚集团、江门洗衣机厂法定代表人均为罗某，江门洗衣机厂、金羚集团为江门金羚日用电器有限公司股东（持股比例分别为99%、1%），江门洗衣机厂为金羚公司股东（持股比例4.9961%）。国家技术监督局于1997年12月17日发布的《模糊控制装置和系统第4部分：洗衣机模糊控制基本性能检测要求》记载“本标准起草单位：江门市洗衣机厂……本标准主要起草人：区某、潘某……”。论文《洗衣机模糊控制技术标准化研究及产品标准制订》作者为区某，文中记载“1994年9月，全国模糊控制技术标准化工作组第一次工作会议组件《洗衣机模糊控制技术标准组》：召集人单位：江门洗衣机厂……主要负责起草单位江门市洗衣机厂”等内容。

二、涉案发明专利的相关事实

江门洗衣机厂于2005年至2007年期间向国家知识产权局申请了“一种变频交流调速驱动的洗衣机”等八项发明专利，并分别于2008年至2010年期间获得授权，专利权人均为江门洗衣机厂。根据发明专利授权公告记载，区某系涉案八项发明专利的发明人或发明人之一（见下表）。

序号	申请日期 / 授权日期	申请人 / 专利权人	申请号	发明人	发明名称
1	2005年12月20日 / 2008年12月3日	江门洗衣机厂	200510121051.0	区某等3人	一种变频交流调速驱动的洗衣机
2	2005年9月2日 / 2009年9月23日	江门洗衣机厂	200510037050.8	区某等4人	一种经济型交流电动机脉宽调制变频驱动系统
3	2005年8月31日 / 2009年12月9日	江门洗衣机厂	200510036925.2	区某等4人	洗衣机用三相绕组单相电容运转电动机
4	2005年9月27日 / 2009年12月9日	江门洗衣机厂	200510037573.2	区某等4人	一种经济型调速驱动的家用电动洗衣机
5	2006年3月30日 / 2010年4月7日	江门洗衣机厂	200610034859.X	区某等2人	波轮式或搅拌式洗衣机用过滤器及具有该过滤器的洗衣机
6	2005年9月23日 / 2010年9月1日	江门洗衣机厂	200510037571.3	区某等3人	一种变频驱动具有装入式热保护的家用电动洗衣机
7	2007年6月14日 / 2010年10月6日	江门洗衣机厂	200710028570.1	区某等3人	洗衣机用三相绕组Y接线单相电容运转电动机
8	2007年6月14日 / 2010年12月8日	江门洗衣机厂	200710028571.6	区某	一种Y接线单相电容运转电动机电磁设计方法

三、区某主张权利的相关事实

2010年3月2日，区某向时任金羚集团董事长、江门洗衣机厂法定代表人潘某发送电子邮件，内容为：“潘总：2月1日起实施的2010版专利法实施细则关于奖励和报酬有重要修改，见红色字。建议研究贯彻办法，由其需考虑是否对劳动合同或/和企业规章制度适当修改。此外，以江门市洗衣机厂或江门金羚日用电器有限公司名义申请且已获得授权和政府资助的专利自JLE 2006年10月改制后，均未按专利法实施细则的规定办理奖励和报酬（JLE仍继续办理奖励），建议安排处理。”潘某于次日回复邮件称“该事张某明负责”。

张某明于2021年11月24日出具《证人证言》，内容为“2010年—2018年2月，本人在江门金羚日用电器有限公司任职期间，区某有不定期向我提起发放授权专利奖励事项，我确定没有经手发放过相关款项。我在2018年2月底离职时，已告知区某，后续该事项联系梁某民处理”。张某明于该《证人证言》落款处签字捺手印，并附其身份证复印件及其本人手持身份证照片。

2019年7月1日，区某向时任江门洗衣机厂法定代表人潘某等发送电子邮件，内容为“潘总……我与金羚集团相关的工作关系应是今年5月起结束了……感谢由于你的关爱，让我办退休手续后能继续为金羚服务了12年，联同对其他单位服务……”。潘某于次日回复邮件称“感谢你一直对金羚集团的支持和帮助。如你所言，12年的时间，真的非常美好。由于现在管理方式的改变，企业已没有过去的权利，一切支出都要经过国资委的审计……”。

2021年1月19日，区某向时任江门洗衣机厂法定代表人、金羚集团法定代表人、董事长罗某发送电子邮件，内容为“罗总：您好！金羚集团以国资名义（江门洗衣机厂、江门金羚日用电器有限公司等）申请的专利在2006年合资后，即没执行专利法关于专利授权后给发明人发奖金的规定（见附件《专利法实施细则》第七十七条）……作为国资单位不发该奖金甚为不妥，而导致之后专利申请大幅减少。建议恢复执法并清理欠账……”。罗某于次日回复邮件称“您知道我不是分管技术的，对您所说的这些问题不怎么了解，2006年后是否给专利发明人发过奖金？如果没有发又是因为什么原因没有发？……所有这些我都不清楚。所以，我需要一些时间作详细了解……”。2021年2月26日，罗某再次回复区某邮件称“根据领导分工，此事由梁某民分管，我已交代他跟进此事，具体请联系梁总”。2021年3月3日，梁某民向区某发送邮件称“对之前的情况，我不了解。有关情况，我了解一下”。此后，区某又多次发送邮件催问，罗某、梁某民均未再予以答复。

一审判理和结果

一审法院认为，本案为职务发明创造发明人奖励纠纷。涉案发明专利于2008年12月3日至2010年12月8日期间授权公告，双方关于涉案发明专利奖励发放的争议系基于涉案职务发明专利被授权的事实而产生，因此，本案应适用上述事实发生时的法律、司法解释的规定，且涉及新旧《专利法》的适用问题。

《最高人民法院关于学习贯彻修改后的专利法的通知》（法发〔2009〕49号）第二条规定，人民法院审理侵犯专利权纠纷案件，对于2009年10月1日以前的被诉侵犯专利权行为，适用修改前的专利法；对于2009年10月1日以后的被诉侵犯专利权行为，适用修改后的专利法；对于发生在2009年10月1日以前且持续到2009年10月1日以后的被诉侵犯专利权行为，依据修改前和修改后的专利法侵权人均应承担赔偿责任的，适用修改后的专利法确定赔偿数额。虽然对于职务发明创造发明人奖励类纠纷的法律适用问题并无明确规定，但可参照适用前述原则。故，涉案发明专利引起的纠纷应分别适用各发明专利授权时施行的《专利法》及《专利法实施细则》进行处理。

根据双方当事人诉辩意见以及案件事实，本案的争议焦点为：1.江门洗衣机厂是否是本案适格被告；2.区某提起本案诉讼是否已超过诉讼时效期间；3.区某是否有权请求江门洗衣机厂支付职务发明奖励，如区某有权请求支付职务发明奖励，其数额如何确定；4.区某请求通报江门洗衣机厂上级主管机关并给予行政处分以及请求江门洗衣机厂支付其为本案诉讼支出的相关费用是否应予支持。

一、关于江门洗衣机厂是否是本案适格被告的问题

根据《专利法》（2008年修正）第六条第一款、第十六条的规定，职务发明创造是基于用人单位与发明人之间劳动关系而产生的职务发明行为，被授予专利权的用人单位应据此给予发明人奖励，故需判断区某与江门洗衣机厂是否具有事实劳动关系，其参与涉案专利的发明是否基于职务行为。在案证据显示江门洗衣机厂、金羚公司等企业均隶属于金羚集团，历史沿革过程中在经营范围、股份投资、主要人员组成、高级管理人员及法定代表人等方面均存在高度重合，区某在金羚公司任职同时参与了江门洗衣机厂召集的工作任务，江门洗衣机厂相关管理人员在与区某的邮件往来中对区某退休后受返聘为金羚集团工作予以肯定，且从未对区某是否是江门洗衣机厂职工或区某涉案发明是否属于职务行为提出异议，应认定区某与江门洗衣机厂存在事实劳动关系，涉案专利均属于职务发明。

二、关于区某起诉是否已超过诉讼时效期间的问题

职务发明创造的发明人奖励请求权属于债权请求权，应受诉讼时效期间的限制。涉案八项发明专利中最早授权时间为2008年12月3日，最晚授权时间为2010年12月8日。区某于2010年3月2日以邮件方式请求江门洗衣机厂法定代表人安排发放相关职务发明奖励，并根据法定代表人回复于2010年至2018年2月期间不定期向相关负责同志主张权利，此后又于2021年1月19日向江门洗衣机厂再次请求发放上述奖励，从时间上看，在《民法总则》2017年10月1日施行之日前，区某多次向江门洗衣机厂提出履行请求导致诉讼时效中断并重新计算，且均未满《民法通则》规定的二年诉讼时效期间，区某主张适用《民法总则》关于三年诉讼时效期间的规定应予支持，故区某在2021年1月19日向江门洗衣机厂提出履行请求时，诉讼时效期间亦未届满，其于2021年9月20日向一审法院提起诉讼，并未超过诉讼时效，其诉讼权利依法受法律保护。

三、关于区某是否有权请求江门洗衣机厂支付职务发明奖励及其数额如何确定的问题

区某系涉案八项职务发明专利的发明人，江门洗衣机厂系涉案专利的专利权人，江门洗衣机厂应自涉案专利权授权公告之日起3个月内对区某给予奖励。基于江门洗衣机厂未对职务发明奖励数额进行规定或与区某进行约定，应适用2002年和2010年修正的《专利法实施细则》相关规定予以确定。江门洗衣机厂虽为集体所有制企业，但2000年修正的《专利法》规定奖励的支付主体为被授予专利权的单位，并未区分单位的所有制形式，2002年修正的《专利法实施细则》第七十七条规定中国其他单位可以参照执行，且2010年修正的《专利法实施细则》亦不再区分奖励支付主体的所有制形式，基于公平原则，涉及2010年2月1日前授权公告的涉案发明专利应参照2002年修正的《专利法实施细则》第七十四条予以确定。区某未举证证实其在涉案专利中所作贡献的大小，应按照发明人数量以等比例原则确定其应得发明奖励数额。

四、关于区某提出的其他诉讼请求是否应予支持的问题

区某确因本案维权支出了相关合理费用，应酌情予以支持。至于区某要求通报江门市国资委或其上级主管机关给予江门洗衣机厂行政处分的诉讼请求，并不属于本案审理范围，一审法院不予支持。

综上所述，一审法院判决江门洗衣机厂向区某支付职务发明创造发明人奖励8666.7元及合理维权费用1000元，并驳回区某的其他诉讼请求。

一审判决作出后，双方当事人均服判息诉，没有提出上诉。江门洗衣机厂还以本案判决计算标准为基础，主动召集其他职务发明人到知识产权局就奖励发放进行协商处理，一揽子解决了其余未诉纠纷。

【法官评述】

职务发明创造人、设计人奖励、报酬纠纷多发于双方劳动关系终止之后，常常伴随着时间跨度大、证据保存不完整等问题，给案件事实的查明带来诸多困难，应当建立合适的逻辑架构，并合理分配举证责任以厘清相关事实。此类案件涉及的审理要点，主要包括新旧《专利法》及《专利法实施细则》衔接适用、事实劳动关系认定、《民法通则》及《民法总则》关于诉讼时效的理解适用、集体所有制企业是否属于职务发明人奖励支付主体、职务发明人奖励数额标准等问题。裁判时可以参考以下思路：

一、法律适用的确定

雇佣双方对发明创造奖励、报酬发放的争议系基于所涉发明创造被授权的事实而产生，原则上应适用涉案发明创造授权公告时的法律、司法解释的规定予以审查，法律的准确适用直接影响相关奖励、报酬支付的方式、数额以及其他条件是否成就的确定。同一案件中涉及多个发明创造内容，且授权时间处于新旧法衔接过程中时，应当以各发明创造被授权的事实作为确定适用法律的时间节点，分别进行审查和认定。

二、职务发明人报酬、奖励请求权的构成要件

根据《专利法》(2008 年修正）第六条、第十六条的规定，职务发明人报酬、奖励请求权的成立，应当包括以下三个要件：一是涉案发明创造属于职务发明创造；二是该职务发明创造被批准、授权或实施；三是涉案发明创造的权利人系用人单位。其中，职务发明创造是基于用人单位与发明人之间劳动关系而产生的职务行为，因此双方是否具有劳动关系以及发明创造行为是否属于职务行为是认定关键。考虑到现实中可能存在用人单位不规范用工，集团式企业、关联企业等共用、借用人员以及企业改制、合并、分立等导致的人员流转等情形，不宜仅因劳动合同、社保缴纳记录等证据不足以在形式上证实双方劳动关系即径行否定，还应结合具体事实判断双方是否具有事实劳动关系。本案中，区某先后任职的四个单位隶属同一集团，上述单位在经营范围、股份投资、主要人员组成、高级管理人员及法定代表人等方面均存在重合及关联，区某亦已举证证实其任职期间为集团各单位完成工作任务，结合江门洗衣机厂曾向其支付劳务报酬的事实，足以证实二者存在事实劳动关系。至于发明创造行为是否属于职务行为，则根据发明人的实际工作岗位、职责等对该发明创造是否系执行单位任务或主要利用单位物质技术条件而完成进行判断即可。另外，发明创造奖励、报酬的请求权属于债权请求权，应受诉讼时效期间的限制，即应自发明人知道或者应当知道其有权主张奖励、报酬时开始计算。但值得注意的是，在此类纠纷中，劳动者处于相对弱势地位，在劳动关系存续期间往往怯于向用人单位主张权利或通过较为委婉、间接的方式提出诉求，法院在认定诉讼时效是否因提出履行请求而中断时，对劳动者提出履行请求的方式和措辞不宜过分苛刻，应重点考虑劳动者是否已在合理范围内积极行使其应有权利。此外，在认定劳动者提出履行请求的相对方是否有权代表用人单位时，应判断其是否具有代表用人单位处理相关事项的职责或得到相关负责人的授权，而不是机械地根据其职务名称或形式劳动关系予以确定。

三、发明创造奖励、报酬的支付条件、方式与数额

一般应按照“约定优先，法规兜底”的原则进行确定，双方对奖励、报酬支付的方式、数额计算方法或其他条件通过劳动合同、补充协议等进行约定的，从约定，未另行约定或约定不明确的，应当适用《专利法实施细则》等相关规定进行确定。发明人不能证明其在涉案发明创造中的贡献程度或建议被采纳等情况的，可以根据发明创造完成者人数予以等比例确定。

本案的典型意义在于准确把握了司法为民、公正司法的工作主线，对类案处理起到很好的借鉴作用，也为职务发明人进行维权提供重要参考，不仅取得了良好的社会效果，亦彰显了法院鼓励创新、尊重发明者智力劳动的司法价值取向，进一步激发了创造热情。

编写人：广州知识产权法院　韦晓云　林新宇

（编辑人：谢保明）

42

利拓制品厂、李某强与荣翘泰公司恶意提起知识产权诉讼损害责任及商业诋毁纠纷案

阅读提示：恶意提起知识产权诉讼的认定问题。

【裁判要旨】

是否构成恶意提起知识产权民事诉讼，具体应考察行为是否满足以下构成要件：1. 一方当事人提起知识产权侵权诉讼并完全败诉；2. 提起诉讼的一方当事人主观上具有恶意；3. 该诉讼行为给另一方当事人造成了损害后果；4. 诉讼行为与损害后果之间具有因果关系。

【案号】

一审：广州知识产权法院（2021）粤73知民初392号

【案情与裁判】

原告：中山市利拓金属制品厂（简称利拓制品厂）

原告：李某强

被告：广东荣翘泰新材料科技有限公司（简称荣翘泰公司）

起诉与答辩

利拓制品厂、李某强诉称，荣翘泰公司于2019年5月8日以利拓制品厂、李某强侵犯其实用新型专利权纠纷为由向一审法院提起诉讼，要求利拓制品厂、李某强向荣翘泰公司赔偿500万元经济损失（在开庭时变更为399万元），并承担相应的诉讼费用，案号为（2019）粤73知民初259号。根据荣翘泰公司所出示的证据及庭审中的陈述，荣翘泰公司明知利拓制品厂、李某强没有生产

其专利产品，但为达到其非法目的，假意委托利拓制品厂、李某强生产样品，以此取得利拓制品厂、李某强“侵权”的事实，继而控告利拓制品厂、李某强侵犯其专利权，将无辜的利拓制品厂、李某强拖入专利侵权诉讼，干扰其正常的生产经营活动，并要求利拓制品厂、李某强支付399万元的巨额赔偿。荣翘泰公司的行为明显存在恶意，故意以他人受到损害为目的，使利拓制品厂、李某强为维护自身的合法权益、聘请律师参加专利诉讼，对利拓制品厂、李某强造成经济损害，荣翘泰公司应当承担相应民事赔偿责任。同时利拓制品厂、李某强发现，荣翘泰公司以诉讼为由，向同行单位发送邮件，对利拓制品厂进行不实的诋毁，荣翘泰公司的行为给利拓制品厂的商誉造成了极大的打击，给李某强造成极大的精神压力，导致其产生抑郁情绪。一审法院于2019年7月31日作出判决，认定在该案中荣翘泰公司冒用他人名义多次要求利拓制品厂、李某强按其提供的图纸生产、销售被诉侵权产品，利拓制品厂、李某强并不存在侵权行为，驳回了荣翘泰公司的全部诉讼请求，并由其承担诉讼费。荣翘泰公司不服一审判决，向最高人民法院提出上诉。在二审时，最高人民法院通过详细审查比对分析，认定利拓制品厂、李某强的生产行为并不构成侵权，作出终审判决认定一审判决无误，驳回荣翘泰公司全部诉讼请求，并由荣翘泰公司承担全部的诉讼费用。利拓制品厂、李某强本是正常合法经营，但因荣翘泰公司虚构诉讼、巨额索赔、发布不实告同业书的行为，并非合理维权，而是恶意打击竞争对手，导致利拓制品厂的业务严重受挫、李某强承受精神压力，已经给利拓制品厂、李某强造成了极大的损害。为维护自身合法权益，利拓制品厂、李某强不得不聘请专业律师代为收集证据、出庭应诉，产生了巨额律师费及差旅费。请求法院判令：1. 荣翘泰公司赔偿利拓制品厂经济损失10万元，赔偿李某强经济损失10万元；2. 荣翘泰公司在全国性报刊刊登声明向利拓制品厂赔礼道歉、消除影响；3. 荣翘泰公司赔偿原告李某强精神损害赔偿2万元。在庭审中，利拓制品厂、李某强变更诉讼请求，对于诉讼请求第1项中，请求判令荣翘泰公司赔偿利拓制品厂经济损失11万元，赔偿原告李某强经济损失9万元。在诉讼中，利拓制品厂、李某强明确主张荣翘泰公司的行为构成恶意提起知识产权诉讼和商业诋毁，荣翘泰公司恶意提起知识产权诉讼，应向利拓制品厂赔偿直接经济损失11万元，赔偿李某强直接经济损失9万元，荣翘泰公司因商业诋毁，应各向利拓制品厂、李某强支付精神损害赔偿1万元，合计精神损害赔偿款2万元。

荣翘泰公司答辩称，1. 荣翘泰公司提起的知识产权诉讼具备权利基础。

2. 荣翘泰公司通过发送图纸订购产品的方式符合行业惯例，是正常的维权行为。3. 荣翘泰公司拥有众多专利，利拓制品厂、李某强的产品侵权很难因为荣翘泰公司采取的取证方式而避开，客观上荣翘泰公司也不构成恶意。4. 荣翘泰公司向利拓制品厂、李某强发送的提示函未超出必要限度，是正常维权行为。

一审审理查明

荣翘泰公司是专利名称为“一种导轨”、专利号为 ZL201620525607.6 的实用新型专利（以下简称涉案专利）的权利人，涉案专利申请日为 2016 年 6 月 1 日，2017 年 7 月 28 日取得专利授权。现该专利权维持有效。

荣翘泰公司以利拓制品厂、李某强侵犯涉案专利权为由，向一审法院提起专利侵权诉讼，案号为（2019）粤 73 知民初 259 号（以下简称 259 号案）。一审法院于 2019 年 3 月 18 日立案，2019 年 6 月 5 日组织各方当事人进行了庭前证据交换，于 2019 年 6 月 13 日公开开庭审理了该案。荣翘泰公司在该 259 号案中的诉讼请求为：1. 判令利拓制品厂及李某强停止制造、销售被诉侵权产品，并销毁生产被诉侵权产品的模具；2. 判令利拓制品厂及李某强赔偿因其侵权行为给荣翘泰公司造成的经济损失及维权成本共计 500 万元；3. 判令利拓制品厂及李某强承担本案的诉讼费用。在该案诉讼期间，荣翘泰公司变更上述第 2 项诉求为：判令利拓制品厂及李某强连带赔偿荣翘泰公司经济损失 399 万元（含维权成本）。在该案起诉状中，荣翘泰公司诉称其发现利拓制品厂未经许可制造、销售同类产品，并在取证过程中发现利拓制品厂、李某强共同侵犯荣翘泰公司的涉案专利权，经对比发现上述产品落入涉案专利权的保护范围，构成侵权等。

一审法院在 259 号案判决书中查明，2018 年 12 月 13 日，荣翘泰公司的工作人员曹某通过微信联系李某强，向李某强发送了两张设计图纸，图纸中显示有“东莞市荣翘泰五金有限公司”字样，设计人显示为潘某。曹某提供的购货人信息为“艾瑞卡全屋定制家居 曹生”。随后，利拓制品厂同意按照曹某要求依该图纸生产十副样品。荣翘泰公司在庭审中确认潘某为其公司的设计人员。2018 年 12 月 20 日，荣翘泰公司的委托代理人前往利拓制品厂，并在位于同一条路上该厂的另一厂址处接收了该厂工作人员交付的包装好的货物两箱等。2018 年 12 月 25 日，曹某与李某强通过微信联系，表示要再订购四副不同规格的样品，并指示李某强与徐某对接，约定该批样品的收货人为徐某。2019 年 1 月 2 日，徐某作为荣翘泰公司的委托代理人，从自称加运美速递的工作人员处接收商品一件。广东省广州市南粤公证处及广东省广州市南方公证处分别对上述两次订购的收货过程进行了公证。

根据259号案卷宗记载：1. 荣翘泰公司在该案中曾经向一审法院申请对利拓制品厂价值500万元的财产采取保全措施，后又于2019年4月15日撤回该财产保全申请；2. 荣翘泰公司的起诉材料中并未提供前述两张设计图纸，而利拓制品厂、李某强则在证据交换中提交了与定制方的微信聊天记录及前述两张设计图纸，并辩称被诉侵权产品系利拓制品厂接受荣翘泰公司委托，并按荣翘泰公司提供的图纸加工出的样品，利拓制品厂自身并未制造、销售同类产品，第一次定制加工的样品十个，仅收款1380元；3. 在证据交换及庭审中，荣翘泰公司承认该公司没有两次公证订购利拓制品厂、李某强生产的证据，也不能提供其他利拓制品厂、李某强生产的证据，并承认该公司也是生产厂家，生产的是专利产品；4. 在证据交换中，一审法院询问荣翘泰公司要求利拓制品厂、李某强赔偿500万元的法律和事实依据，荣翘泰公司代理人称暂时缺失这方面证据；5. 荣翘泰公司在证据交换中要求撤回第一次购买的被诉侵权产品，利拓制品厂、李某强则在庭审中反对荣翘泰公司撤回第一次购买的被诉侵权产品；6. 该案卷宗中的两张设计图纸上均记载，“东莞市荣翘泰五金有限公司”字样，日期：18/12/13，并注明不需要打公司LOGO；7. 2018年12月13日，荣翘泰公司的工作人员曹某通过微信联系李某强，向李某强发送前述两张设计图纸；8. 在证据交换中，荣翘泰公司确认两次封存的被诉侵权产品仅尺寸不同，技术方案与涉案专利技术方案一致；9. 荣翘泰公司在该案中聘请律师代理参加了诉讼。

2019年7月31日，一审法院对259号案作出一审判决。在该判决中，一审法院认为，利拓制品厂及李某强两次生产、销售被诉侵权产品均系按照荣翘泰公司的要求生产、销售，荣翘泰公司为此提供了图纸，要求利拓制品厂及李某强按照图纸生产样品，并按照图纸对样品进行验收付款，因此利拓制品厂及李某强的行为未侵害荣翘泰公司涉案专利权。对于荣翘泰公司指控利拓制品厂与李某强侵害涉案专利权的主张，一审法院根据《专利法》（2008年修正）第十一条第一款规定，驳回了荣翘泰公司的全部诉讼请求。荣翘泰公司不服上述一审判决，上诉于最高人民法院。最高人民法院于2019年9月12日立案，并于2019年11月23日作出（2019）最高法知民终字第484号民事判决，判决驳回上诉，维持原判。在该判决中，最高人民法院对259号案查明的基本事实予以确认，并认为荣翘泰公司在二审期间提交的该公司整理的录音文字材料不能反映第二次购买被诉侵权产品的全过程，而证人曹某系荣翘泰公司的员工，与本案有利害关系，其证人证言不可单独作为定案依据……根据一审中的聊天记录不能反映被诉侵权产品是利拓制品厂的库存产品，反而能够证明荣翘泰公司向利拓制品厂提供了图纸及规格……虽然第二次购买的被诉侵权产品与图纸不完全一致，但荣翘泰公司认可第二次购买的被诉侵权产品与第一次购买的产品技术特征一致，区别是规格尺寸不同，在此情况下，利拓制品厂作为专业的导轨生产厂家，可以按照图纸进行生产；所以荣翘泰公司的现有证据不足以证明第二次购买的被诉侵权产品不是按照其图纸制造的。同时，最高人民法院在该判决中认为被诉侵权产品缺乏“所述第一定位柱带动所述第一珠架运动，所述第二定位柱带动第二珠架运动”的技术特征，不落入涉案专利权的保护范围。荣翘泰公司不服最高人民法院的前述判决，向该院申请再审。最高人民法院以（2020）最高法民申 6487 号民事裁定书，驳回荣翘泰公司的再审申请。

在本案诉讼中，利拓制品厂、李某强提交了一份落款署名为荣翘泰公司、落款时间为 2019 年 4 月 4 日的提示函，该函件内容为：荣翘泰公司发现近期市场上有不少涉嫌侵犯涉案专利权的产品，经调查，部分涉嫌侵权产品来源于中山市利某厂，该公司已针对中山市利某厂涉嫌侵犯涉案专利权行为向一审法院提起侵权诉讼……荣翘泰公司温馨提示贵公司在从其他企业采购同类型产品时，需要尽到合理的注意义务，请勿采购侵权产品。该函件注明附件为涉案专利证书并记载了联系地址和联系电话。利拓制品厂、李某强称该函件为其客户通过手机转给李某强的，荣翘泰公司在本案庭审中承认，其提起 259 号案诉讼时，在一审法院没有起诉其他企业侵权。

利拓制品厂、李某强在本案庭审中称，在收到提示函后，大约有十个客户直接向其询问该事项，订单大量流失，但无提供具体发函对象的信息。荣翘泰公司则称，提示函的事情是公司业务员做的，曾经给几个客户发过提示函，现在不记得了，可能是两三家客户。荣翘泰公司承认其发送提示函的对象均是五金加工行业的客户，并称其自己生产的是专利产品。在庭审后，荣翘泰公司出具书面意见称，利拓制品厂、李某强未提供发函对象客户名单，其无从核实发函对象是否为荣翘泰公司客户，其积极联系当时的业务员确认相关事项，由于当时的业务员已经离职，新接手的业务员不清楚当时的发函对象。

对于损失方面，利拓制品厂、李某强提供的证据包括委托合同及律师费发票、银行流水记录等。

荣翘泰公司提供的证据包括涉案专利证书、专利权评价报告、无效审查决定书、荣翘泰公司发给利拓制品厂的图纸（一张）、荣翘泰公司与相关业务员的聊天记录等。

利拓制品厂性质为个人独资企业，投资人为李某强，经营范围为生产、加工、销售：金属制品、塑料制品、家具等。荣翘泰公司的性质为有限责任公司（自然人投资或控股），注册资本1000万元，经营范围为研发、产销：新材料；实业投资。

一审判理和结果

一审法院审理认为：

一、关于荣翘泰公司行为是否构成恶意提起知识产权民事诉讼的问题

首先，荣翘泰公司提起259号案诉讼时，其专利名称为“一种导轨”，专利号为ZL201620525607.6的实用新型专利处于合法有效状态，其专利权依法应当受到法律保护。因此，荣翘泰公司提起259号案诉讼具有合法权利基础。其次，对于事实依据。根据最高人民法院（2019）最高法知民终字第484号民事判决认定的事实及259号案在案证据，2018年12月13日，荣翘泰公司的工作人员曹某通过微信联系李某强，向李某强发送两张设计图纸，该两张设计图纸上均记载，“东莞市荣翘泰五金有限公司”字样，日期：18/12/13，并注明不需要打公司LOGO，荣翘泰公司在259号案庭审中已承认该设计图纸上的设计人员为该公司员工，并确认两次封存的被诉侵权产品仅尺寸不同，技术方案与涉案专利技术方案一致。除荣翘泰公司在提起259号案诉讼前进行了两次公证收货取证外，荣翘泰公司亦在259号案庭审中承认不能提供除两次委托生产外，利拓制品厂、李某强还存在制造案涉被诉侵权产品的其他证据。荣翘泰公司在259号案一审中的证据及二审期间所提交的新证据均不能证实利拓制品厂、李某强交付的被诉侵权产品不是根据荣翘泰公司提供的图纸制造的，也没有利拓制品厂、李某强生产被诉侵权产品的其他证据。因此，荣翘泰公司提起259号案缺乏事实依据。利拓制品厂、李某强的两次生产行为均根据荣翘泰公司提供的图纸生产，荣翘泰公司也没有利拓制品厂、李某强生产被诉侵权产品的其他证据。因此，荣翘泰公司提供图纸即技术方案给利拓制品厂、李某强生产所获得的证据，系引诱利拓制品厂、李某强实施侵权行为，不属于合法有效的侵权证据。再次，荣翘泰公司作为五金加工制造企业，其自身也申请了大量专利，其对于专利法亦应当具备相应的认知能力。荣翘泰公司聘请了律师代理259号案诉讼，荣翘泰公司应当对民事诉讼法要求的诚信诉讼和举证责任有清晰的认识。荣翘泰公司在提起259号案诉讼中所提交的两份公证书均是对收货过程的公证，而既未主动向法院提交其与利拓制品厂、李某强沟通定制过程的微信聊天记录，亦未主动向法院披露曾经向利拓制品厂、李某强提交两张设计图纸的事实。反而是利拓制品厂、李某强在应诉259号案时提交微信聊天记录和设计图纸，并陈述荣翘泰公司借用他人名义主动提供图纸的事实。根据现有证据显示，荣翘泰公司与利拓制品厂均为五金加工行业的企业，荣翘泰公司与利拓制品厂系同业竞争关系。涉案被诉侵权产品为一种导轨，每副定制价仅为一百多元，而荣翘泰公司在259号案中提出高达399万元的损害赔偿请求，该金额明显超出了利拓制品厂的正常经营规模以及该类产品合理的利润率和专利贡献度，即便侵权成立也不会获得法院全额支持，故荣翘泰公司提出该项诉请，显然具有诉讼维权以外的不正当目的。同时，荣翘泰公司在259号案诉讼中曾申请财产保全，要求冻结利拓制品厂资金500万元。虽然荣翘泰公司撤回了财产保全的申请，但荣翘泰公司应当预见到其变更诉讼请求前的500万元诉讼标的获得法院全额支持的可能性极低，若财产保全的申请得到支持，冻结利拓制品厂的资金500万元会给利拓制品厂造成不必要的损失或经营困难。综上，荣翘泰公司提起259号案诉讼具有损害利拓制品厂、李某强利益的不正当目的，且存在明显不当、有违诚信的诉讼行为。一审法院认定荣翘泰公司提起259号案诉讼具有主观恶意。荣翘泰公司关于其不构成恶意诉讼的理由不能成立，一审法院不予采信。

二、关于荣翘泰公司的提示函是否构成商业诋毁的问题

荣翘泰公司给利拓制品厂的客户发出涉案提示函，其内容包括发现部分涉嫌侵权产品来源于中山市利某厂，该公司已针对中山市利某厂涉嫌侵犯涉案专利权行为向广州知识产权法院提起侵权诉讼，并要求请勿采购侵权产品等内容，其实为对利拓制品厂客户的警告函。对于利拓制品厂、李某强主张荣翘泰公司的行为构成商业诋毁的问题。一审法院认为，荣翘泰公司在提示函中称其已对“利某厂”提起专利侵权诉讼，虽然没有明确是利拓制品厂，但对于利拓制品厂的客户而言，其直接指向利拓制品厂是不言而喻的。荣翘泰公司在函件中提示“贵公司在从其他企业采购同类型产品时，需要尽到合理的注意义务，请勿采购侵权产品”，但在函件中并无对利拓制品厂涉嫌侵权进行必要的分析意见，对于利拓制品厂的客户而言，在信息不明的情况下，难以自主判断利拓制品厂的产品是否可能涉嫌侵权。结合259号案系荣翘泰公司具有恶意提起侵权诉讼的目的，荣翘泰公司的发函行为足以误导利拓制品厂的客户。故荣翘泰公司的行为构成商业诋毁。

三、关于责任承担的问题

荣翘泰公司在明知其缺乏事实依据的情况下，对利拓制品厂、李某强恶意提起 259 号案，致使利拓制品厂、李某强在诉讼中支付了律师费等经济损失，应当予以赔偿。对于律师费等支出，利拓制品厂、李某强提交了相关的律师委托合同和发票及银行流水，现有证据显示，利拓制品厂、李某强分别支出律师费 3 万元及 8.5 万元，荣翘泰公司应当予以赔偿。利拓制品厂、李某强在本案中明确主张精神损害赔偿，而非经济损失的赔偿，其并无提供精神损害的证据，且要求荣翘泰公司承担精神损害赔偿责任与《反不正当竞争法》（2017 年修正）第十七条的规定不符。故一审法院对利拓制品厂、李某强主张精神损害赔偿，不予支持。

综上所述，一审法院依据《侵权责任法》第六条第一款，《反不正当竞争法》（2017 年修正）第十一条，《民事诉讼法》第十三条、第一百五十五条的规定，判决如下：1. 荣翘泰公司于判决发生法律效力之日起十日内分别赔偿利拓制品厂、李某强经济损失 30000 元及 85000 元；2. 驳回利拓制品厂、李某强的其他诉讼请求。

一审判决后，荣翘泰公司不服，向最高人民法院提起上诉，本案正处于二审程序中。

【法官评述】

本案是涉及恶意提起知识产权诉讼损害责任及商业诋毁的案件。《民事诉讼法》第十三条规定："民事诉讼应当遵循诚实信用原则。当事人有权在法律规定的范围内处分自己的民事权利和诉讼权利。"诚实信用原则要求当事人在民事诉讼中秉持诚实，善意行使权利和履行义务，它一方面保障当事人在合法范围内行使自己的诉讼权利，另一方面又要求当事人不得以损害他人利益为目的提起诉讼。恶意提起知识产权民事诉讼，是指当事人以获取非法或不正当利益为目的而故意提起的在法律上或事实上无依据的诉讼，致使相对人在诉讼中遭受损失的行为。根据行为发生时适用的《侵权责任法》第六条第一款规定，行为人因过错侵害他人民事权益，应当承担侵权责任。因此，恶意提起知识产权诉讼损害责任纠纷，本质上属于侵权纠纷，适用过错责任原则。

是否构成恶意提起知识产权民事诉讼，具体应考察行为是否满足以下构成要件：1. 一方当事人提起知识产权侵权诉讼并完全败诉；2. 提起诉讼的一方当事人主观上具有恶意；3. 该诉讼行为给另一方当事人造成了损害后果；4. 诉讼行为与损害后果之间具有因果关系。恶意诉讼中的主观恶意系指行为人明知其诉讼行为缺乏法律依据和事实根据、以损害对方当事人利益或者为自己谋取不正当利益为诉讼目的。

在涉及恶意提起知识产权诉讼损害责任的案件中，行为人主观恶意的判断往往是审理的难点。对此，可从以下三个方面进行考量：一是行为人在提起诉讼时是否知晓其诉请缺乏法律依据或事实根据；二是行为人是否有损害对方当事人利益或者为自己谋取不正当利益的目的；三是行为人在诉讼中是否存在明显不当且有违诚信的诉讼行为。

值得注意的是，权利人的取证行为是“机会提供型”还是“犯意诱发型”，应当在实践中准确把握。涉及知识产权的侵权行为较为隐蔽，与侵权行为有关的证据往往由侵权人掌握，权利人难以直接获得。因此，权利人为发现或者证明知识产权侵权行为，自行或者委托他人以普通购买者的名义向被诉侵权人购买侵权物品所取得的实物、票据等可以作为起诉被诉侵权人侵权的证据，被诉侵权人基于他人行为而实施侵害知识产权行为所形成的证据，也可以作为权利人起诉其侵权的证据，但取证应当限于固定证据。对于侵权人早在取证人取证前就已经有了侵权意图，甚至已经实施了侵权行为，取证人的行为只是为其实施侵权或者继续实施侵权提供了机会，那么取证人没有恶意，取证人的行为与侵权也没有直接的因果关系，因为即使不是取证人，也会有其他人为之提供这样的机会。此种情况下，取证人的行为没有侵犯侵权人的利益，双方的交易也是真实意思表示，只是它客观上为其证明侵权人侵权提供了证据。而被诉侵权人仅基于权利人的取证行为而实施侵害知识产权行为则不具有取证的合法性，因为取证人为了达到某种目的，采用各种手段引诱对方实施侵权行为，实际上相当于“教唆”，使原本没有侵权意图的人产生侵权意图并实施侵权行为，此种取证难谓是善意的取证。

编写人：广州知识产权法院　刘宏　汤瑛
（编辑：汤家丽）